应用型本科会计人才培养系列教材
YINGYONGXING BENKE KUAIJI RENCAI PEIYANG XILIE JIAOCAI

税法课程思政案例与习题

SHUIFA KECHENG SIZHENG ANLI YU XITI

主　编○刘　伟　李志凤
副主编○李秋茹　张嘉明　焦　熙　殷苑秋

西南财经大学出版社
Southwestern University of Finance & Economics Press
中国·成都

应用型本科会计人才培养系列教材
YINGYONGXING BENKE KUAIJI RENCAI PEIYANG XILIE JIAOCAI

编委会

总 序

会计学院是广州华商学院最早成立的院系之一，现开设会计学、财务管理、审计学和税收学四个专业。其中，会计学专业设会计师、注册会计师、管理会计师、金融会计、会计智能化和国际注册会计师（ACCA）六个专业方向；财务管理专业设公司理财和财务分析师（CFA）两个专业方向；审计学专业设审计师和信息技术（IT）审计两个专业方向；税收学专业设注册税务师专业方向。经过多年的探索，会计学院逐步形成以下办学特色：一是以 ACCA 和 CFA 为代表的国际化教学特色，二是以管理会计师（GAMA）卓越班为代表的协同育人特色，三是以线上线下混合教学实验区为代表的建构教学特色，四是将会计与投融资融为一体的多学科融合特色，五是以华商云会计产业学院为代表的产教融合特色。目前，会计学专业为国家一流专业建设点，财务管理专业为省级一流专业建设点，会计学科为广东省会计类特色重点学科。

在长期的教学实践中，广州华商学院一直秉承优质的教学理念，优选国内同类教材中最受欢迎的教材作为各专业课程的指定教材。教材选定的一般原则是：若有多种同类教材，首选教育部规划教材；若有多种教育部规划教材，首选其中的获奖教材；若没有教育部规划教材，优先选择国内知名高校的教材。这种教材筛选方式保证了会计学科各专业教学的高质量，但也不可避免地带来了一些问题。首先，所选教材难以满足应用型高校会计人才培养的需要。财政部出台的《会计行业中长期人才发展规划（2010—2020 年）》明确指出，适应经济社会发展对高素质应用型会计人才需求，加大应用型高层次会计人才培养力度。华商学院作为一所民办应用型高校，不论是从办学分工，还是从社会需求角度考虑，都必须以培养应用型人才为主要目标，但现有的教育部规划教材或名校教材大多偏重理论教学，鲜有明确为培养应用型人才而打造的教材。其次，各专业教材之间的衔接度不高。现有教材大多是各专业教师根据各学科教学要求选择的高规格知名高校教材，导致所选各学科教材之间的衔接度不高，有的内容重复讲授，有的内容则被遗漏，教学内容缺乏系统安排。最后，所选教材知识陈旧，跟不上相关会计准则与制度的变化。近年来，我国会计准则及税法、审计等相关法规制度均发生了较大变化，如新的《企业会计准则》的持续发布和重新修订、《管理会计基本指引》和《管理会计应用指引》的发布与实施，以及增值税法规和《中华人民共和国企业所得税法》的相继修订，导致现有教材内容跟不上制度的变化，学生无法系统地学习最新专业知识。在这一背景下，及时编写一套实践性和系统性强、体系完整、内容新颖、适用于应用型高校会计人才培养的会计系列教材就显得极为必要。

本系列教材的特点主要表现在以下几方面：第一，实践性强。本系列教材知识体系的构建、教学内容的选择以应用型人才培养为主要目标。第二，系统性强。各教材之间互有分工、各有重点、密切配合，共同构建了一个结构合理、内容完整的知识体系。第三，通用性强。本系列教材力求同时满足会计学、财务管理、审计学和税收学四个专业，多个专业方向同类课程的教学和学习要求，既方便了教师的教学安排，又增加了学生跨专业选课的便利性。第四，新颖性强。本系列教材根据最新发布的会计准则、税收法规，以及相关规章制度编写，以确保学生所学专业知识的新颖性。第五，可读性强。本系列教材力求做到通俗易懂、便于理解和使用，以方便学生自主学习、自主探索。

本系列教材包括会计学、财务管理、审计学和税收学四个专业的专业基础课、专业必修课和专业选修课教材。首批教材包括《初级财务会计》《中级财务会计》《高级财务会计》《成本会计》《管理会计》《财务管理》《审计学》《会计学》。第二批教材包括《财务共享服务》《会计信息系统》《企业行为模拟》《资本市场运作》《高级财务管理》。第三批教材包括《会计职业道德》《金融会计》《税法》《税收筹划》等。

本系列教材由广州华商学院的教授或教学经验丰富的教师担任主编，并由广州华商学院特聘教授或特聘讲席教授负责审稿，从而为所编教材的质量提供了保证。鉴于本系列教材涉及面较广，相关会计准则、制度处于不断的变动之中，加之编者学识有限，难免存在不当之处，真诚希望各位读者批评指正。

2021 年 6 月

前 言

税收是国家取得财政收入的重要途径，税法是规范税收行为的法律法规和制度的总称。“取之于民，用之于民”的社会主义税收，已深度融入人们的日常生活。近年来，我国税制改革不断深化，让学生尽快地熟悉税制改革的具体内容，熟练掌握新税制下各税种的计算、缴纳与纳税申报等内容在税法课程的教学中至关重要。为了帮助学生尽快熟悉税制改革的最新内容，更好地理解税法的基本概论、各税种税款的计算方法等，我们在《税法》教材的基础上，编写了这本《税法课程思政案例与习题》。

作为《税法》教材的配套用书，本书立足于高校应用型人才培养目标，具有以下几个特点：

第一，重视基础、强调重点。本书按照《税法》教材的章节对应编写了十八章课程思政案例与习题，题型包括单项选择题、多项选择题、判断题、思考题、业务计算题、案例分析题。各章习题和案例都是基于重视税法基础概念理解、着重进行税款计算能力培养的原则编写，有利于学生掌握重点内容，加深对税法基本理论和基本方法的理解。

第二，本书涵盖知识全面，并与职业资格考试内容接轨。税法是会计职称考试的必考内容，也是注册会计师、税务师考试的必考科目。本书中的习题覆盖面广，涉及知识全面，可以为学生通过上述职业资格考试奠定坚实的基础。

第三，突出应用性，简明实用。本书的习题设计侧重税法知识的应用，突出实用性。每章习题都配有参考答案，给出了详细的解答过程，力求通俗易懂，简明扼要，便于学生学习。

第四，注重税收法律制度的时效性。近年来，我国的税收法律变动频繁，教材更新需求迫切。本书的税收政策时限截至2021年3月底，力争将最新的政策呈现给读者。

第五，体现课程与思政元素相融合。本书根据社会主义核心价值观确定课程思政教学的核心理念，将党和国家的理论创新融入教材、引入课堂，让学生通过对专业知识的学习，成为德才兼备、爱岗敬业的税务专业人才。

本书由广州华商学院刘伟、李志凤担任主编，李秋茹、张嘉明、焦熙、殷苑秋担任副主编。本书在编写过程中，参考和借鉴了大量相关教材成果，得到了西南财经大学出版社李晓嵩编辑的大力支持。同时，广州华商学院会计学院的领导与教师也给本书提出了很多宝贵的意见，在此表示衷心的感谢。

由于编者水平有限，加之税收法律规定变化较快，内容难免有疏漏之处，恳请读者提出改进意见，以便我们进一步修订和完善。

编者

2021 年 3 月

目 录

第一章
税法概述

一、单项选择题

1. 下列关于税法的原则，表述不正确的是（　　）。
   A. 税收法定原则是税法的基本原则的核心
   B. 程序优于实体原则属于税法的基本原则
   C. 税法的原则反映税收活动的根本属性
   D. 实质课税原则属于税法的基本原则
2. 关于税法的要素，下列说法中，不正确的是（　　）。
   A. 纳税人是税法规定的直接负有纳税义务的单位和个人，也是实际负担税款的单位和个人
   B. 征税对象是税法中规定的征纳双方权利义务共同指向的客体或标的物
   C. 税率是对征税对象的征收比例或征收额度，是衡量税负轻重与否的重要标志
   D. 税目反映具体的征税范围，是对课税对象质的界定
3. 下列关于税收法律关系的说法中，错误的是（　　）。
   A. 税收法律关系是由税收法律关系的主体、客体和内容三方面构成的
   B. 税收法律关系中履行纳税义务的人包括法人、自然人等，但是不包括在华的外国企业、组织、外籍人
   C. 税收法律关系的内容是税法的灵魂
   D. 税收法律关系的产生、变更和消灭是由税收法律事件和税收法律行为来决定的
4. 关于我国现行税法体系，下列说法中，不正确的是（　　）。
   A. 我国目前还没有制定统一的税收基本法
   B. 个人所得税法属于税收程序法
   C. 商品和劳务税税法中主要包括增值税、消费税等
   D. 企业所得税法属于税收实体法

5. （　　）是指应根据客观事实确定是否符合课税要件，并根据纳税人的真实负担能力决定纳税人的税负，而不能仅考虑相关外观和形式。
   A. 税收法律主义原则　　B. 税收公平主义原则
   C. 税收效率原则　　D. 实质课税原则
6. 下列税种中，按照中央与地方各分享50%的税种是（　　）。
   A. 增值税（不含进口增值税）　　B. 企业所得税
   C. 资源税　　D. 城市维护建设税

7. 在税法的构成要素中，（　　）是对课税对象的量的规定。

A. 纳税义务人　　B. 税基

C. 税率　　D. 税目

8. 下列关于税收的说法中，正确的是（　　）。

A. 税收是国家取得财政收入的一种重要工具，其本质是一种生产关系

B. 税收分配是基于生产要素进行的分配

C. 国家课税的目的是满足提供社会公共产品的需要以及弥补市场失灵、促进公平分配等的需要

D. 国家要行使职能不需要财政收入作为保障

9. 下列选项中，不属于纳税人的权利的是（　　）。

A. 有权要求税务机关对企业的情况保密

B. 依法享有申请减税、免税、退税的权利

C. 依法享有申请行政复议、提起行政诉讼、请求国家赔偿等权利

D. 负责税收征收管理工作

10. 税法的基本原则中，要求税法的制定要有利于资源的有效配置和经济体制的有效运行的原则是（　　）。

A. 税收法定原则　　B. 税收公平原则

C. 税收效率原则　　D. 实质课税原则

11. 下列关于税收的表述中，错误的是（　　）。

A. 税收的本质是一种分配关系

B. 国家征税的依据是财产权利

C. 国家征税是为了满足社会公共需要

D. 税收是国家取得财政收入的一种重要工具

12. 下列选项中，属于中央政府收入的是（　　）。

A. 消费税　　B. 资源税

C. 个人所得税　　D. 房产税

13. 下列规范性文件中，属于国务院制定的税收行政法规的是（　　）。

A.《中华人民共和国税收征收管理法》

B.《中华人民共和国税收征收管理法实施细则》

C.《中华人民共和国土地增值税暂行条例》

D.《中华人民共和国个人所得税法》

14. 下列选项中，属于纳税人的权利的是（　　）。

A. 办理税务登记　　B. 依法缴纳税款

C. 申请延期纳税权　　D. 进行纳税申报

15. 根据税法的规定，下列关于纳税环节的选项中，正确的是（　　）。

A. 增值税在生产环节纳税

B. 企业所得税在生产环节纳税

C. 消费税在流通环节纳税

D. 个人所得税在分配环节纳税

16. 下列选项中，规定具体征税范围、体现征税广度的是（　　）。

A. 税率　　B. 纳税环节

C. 税目　　D. 纳税对象

17. 关于我国现行税法体系，下列说法中，不正确的是（　　）。

A. 目前，我国税法体系中采用超额累进税率的是个人所得税

B. 税收法律关系的内容就是权利主体所享有的权利和所应承担的义务，这是税收法律关系中最实质的东西

C. 税法关于期限纳税、征收滞纳金和罚款的规定是对税收法律关系的直接保护

D. 按照职能作用的不同，税法可以分为国内税法、国际税法

18. 下列关于我国税收立法权的划分的说法中，错误的是（　　）。

A. 经全国人大及其常委会授权，国务院有制定税法实施细则、增减税目和调整税率的权力

B. 地区性地方税收的立法权应只限于省级立法机关或经省级立法机关授权的同级政府，不能层层下放

C. 我国税收立法权的划分属于按照税种类型的不同来划分

D. 经全国人大及其常委会授权，全国性税种可以先由国务院以“条例”或“暂行条例”的形式发布实施

19. 下列选项中，属于中央政府与地方政府共享收入的是（　　）。

A. 关税　　B. 消费税

C. 个人所得税　　D. 土地增值税

20. 下列选项中，属于税率式减免的是（　　）。

A. 起征点　　B. 免征额

C. 抵免税额　　D. 零税率

二、多项选择题

1. 税法的基本原则包括（　　）。

A. 法律优位原则　　B. 税收公平原则

C. 税收效率原则　　D. 实质课税原则

2. 税收立法包括有权机关（　　）的活动。

A. 制定有关税收法律、法规、规章

B. 公布有关税收法律、法规、规章

C. 修改有关税收法律、法规、规章

D. 废止有关税收法律、法规、规章

3. 下列选项中，同时适用比例税率和定额税率的有（　　）。

A. 个人所得税　　B. 印花税

C. 消费税　　D. 房产税

4. 征税对象又称为（　　）。

A. 课税对象　　B. 征税客体

C. 征税主体　　D. 具体征税项目

5. 下列关于税法与其他法律之间关系的表述中，正确的有（　　）。

A. 税法是国家法律的组成部分，要依据宪法的原则制定

B. 税法调整方法的主要特点是平等、等价和有偿

C. 行政法大多为授权性法规，税法则是一种义务性法规

D. 税法具有行政法的一般特性

6. 下列选项中，属于比例税率的有（　　）。

A. 双重比例税率　　B. 差别比例税率

C. 幅度比例税率　　D. 单一比例税率

7. 下列选项中，属于税法的适用原则的有（　　）。

A. 程序优于实体原则　　B. 法律优位原则

C. 税收效率原则　　D. 新法优于旧法原则

8. 下列选项中，属于税法适用原则的有（　　）。

A. 国内法优于国际法

B. 在同一层次法律中，特别法优于普通法

C. 层次高的法律优于层次低的法律

D. 实体从旧，程序从新

9. 下列关于税收立法权的说法中，正确的有（　　）。

A. 税收立法权是制定、修改、解释或废止税收法律、法规、规章和规范性文件的权力

B. 我国税收立法权的划分属于可以根据税收执法的级次来划分的类型

C. 中央和地方共享税包括增值税、企业所得税

D. 地区性地方税收的立法权可以层层下放

10. 下列关于税法与其他法律的关系说法中，正确的有（　　）。

A. 税法是国家法律的组成部分，是依据宪法的原则制定的

B. 民法调整方法的主要特点是平等、等价和有偿，而税法调整方法要采用命令和服从的方法

C. 税法与刑法也有着密切的联系，但违反了税法，并不一定就是犯罪

D. 税法与行政法有十分密切的联系，都属于义务性法规

11. 税收的基本特征包括（　　）。

A. 固定性　　B. 强制性

C. 机动性　　D. 无偿性

12. 下列选项中，属于税收行政法规的有（　　）。

A.《中华人民共和国土地增值税暂行条例》

B.《中华人民共和国增值税暂行条例实施细则》

C.《中华人民共和国企业所得税法实施条例》

D.《中华人民共和国税收征收管理法实施细则》

13. 下列选项中，属于资源税和环境保护税类的有（　　）。

A. 城镇土地使用税　　B. 环境保护税

C. 车船税　　D. 资源税

14. 税法是国家制定的用以调整国家与纳税人之间在征纳税方面的权利及义务关系的法律规范的总称，具有（　　）的特点。

A. 义务性法规　　B. 授权性法规

C. 单一性法规　　D. 综合性法规

15. 下列选项中，属于全国人大及其常委会授权立法的有（　　）。

A.《中华人民共和国企业所得税暂行条例》

B.《中华人民共和国增值税暂行条例》

C.《中华人民共和国税收征收管理法实施细则》

D.《中华人民共和国消费税暂行条例》

16. 纳税人、扣缴义务人的权利包括（　　）。

A. 要求税务机关为纳税人、扣缴义务人的情况保密

B. 依法享有申请减税、免税、退税的权利

C. 依法享有申请行政复议、提起行政诉讼、请求国家赔偿等权利

D. 依照法律、行政法规的规定缴纳税款

三、判断题

1. 税收分配凭借政治权力为主、财产权利为辅。（　　）

2. 税收的“三性”是不同社会制度下税收的共性，是税收区别于其他财政收入形式的标志。（　　）

3. 累进税率的基本特点是税率等级与征税对象的数额等级同方向变动，所以在等级距临界点附近会出现税负增加超过征税对象数额增加的不合理现象。（　　）

4. 对同一征税对象，不论数额多少，均按同一比例征税的税率，称为定额税率。（　　）

5. 税法的调整对象是税收分配关系。（　　）

6. 税目是征税对象在应税内容上的具体化，体现了征税的深度。（　　）

7. 税率是应纳税额占征税对象数额的比例，也是衡量税负轻重的重要标志。（　　）

8. 税收法律主义的要求是单向的，即要求纳税人必须依法纳税。（　　）

9. 起征点是指达到或超过的就其全部数额征税，达不到的不征税；而免征额是指达到和超过的，可按扣除该数额后的余额计税。（　　）

10. 区别一种财政收入是税还是非税，不仅要看它的名称，还要看它是否具有无偿性。（　　）

11. 通过直接减少应纳税额的方式实现的减免税形式，称为税基式减免。（　　）

12. 税收法律关系的主体是指国家各级税务机关、海关和财政机关。（　　）

13. 直接税是由纳税人直接负担、不易转嫁的税种，如所得税、财产税、消费税。（　　）

14. 定额税率适用于从价计征的税种。 (　　)

15. “负担能力相等，税负相同；负担能力不等，税负不同”，这体现了实质课税原则。 (　　)

四、思考题

1. 税收的概念及特征是什么？

2. 税收的分类是什么？

3. 税收法律关系的构成是什么？

4. 税法的构成要素是什么？

5. 税法的基本原则是什么？

6. 税法的适用原则是什么？

7. 政府征税的正当性是什么？

五、案例分析题

【案例一】甲机械制造公司（以下简称“甲公司”）2020 年年末发现当年实现的会计利润较高，预计本年度需要缴纳 500 万元的企业所得税，单位负责人张某对财务部的工作不满意，指示会计机构负责人王某采取措施降低企业所得税税负。于是会计机构负责人王某在 2020 年 12 月底从甲公司账户直接划款给了本单位负责人张某入股的另一家企业乙公司（乙公司 2020 年度恰好亏损），同时做了一笔捐赠支出的凭证，签订了捐赠协议书。甲公司编制了如下会计分录：

借：营业外支出——捐赠支出　　　　2 000 000

　贷：银行存款　　　　2 000 000

附件仅为银行划款单据和捐赠协议书。

甲公司会计人员李某在进行 2020 年度企业所得税汇算清缴时，接受会计机构负责人王某的指示，并没有对应纳税所得额进行纳税调增。2021 年 10 月，甲公司的主管税务机关在进行企业所得税汇算清缴专项检查时发现了这笔捐赠支出，认定其不符合公益性捐赠的条件，不允许税前扣除，要求依法调增应纳税所得额，补缴企业所得税 50 万元，缴纳相应的滞纳金，并处以罚款。

思考：说明甲公司的主管税务机关的处理是否正确。

【案例二】甲服装生产企业（以下简称“甲公司”）的主管税务机关对甲公司进行纳税检查时发现，甲公司上年度将自有的闲散资金 1 000 万元无偿借给老客户使用，借款合同中约定无利息，也没有按照“贷款服务”缴纳增值税。税务机关就此作出以下处理：甲公司无偿提供借款服务，应当视同销售按照“贷款服务”缴纳增值税，利息收入按银行同期同类贷款利率计算，税务机关追缴其未缴税款、滞纳金，并处未缴税款 1 倍的罚款。

思考一：本案例中，甲公司的行为触犯了哪些法律？说明甲公司的主管税务机关的处理是否正确。

思考二：从本案例中可以吸取什么教训？

第二章
增值税

一、单项选择题

1. 根据增值税法的规定，一般纳税人年应征增值税销售额为（　　），可以登记为一般纳税人。

A. 500 万元以上　　B. 500 万元及以下

C. 80 万元　　D. 50 万元

2. 下列关于一般纳税人的登记管理的表述中，不正确的是（　　）。

A. 年应税销售额是指纳税人在连续不超过 12 个月或 4 个季度的经营期内累计应征增值税销售额

B. 年应税销售额包括纳税申报销售额、稽查查补销售额、纳税评估调整销售额

C. 纳税人偶然发生的销售无形资产的销售额不计入应税行为年应税销售额

D. 年应税销售额超过规定标准的其他个人可以成为一般纳税人

3. 增值税一般纳税人提供的有形动产租赁服务适用的增值税税率为（　　）。

A. 9%　　B. 6%

C. 13%　　D. 3%

4. 远洋运输中的程租业务、期租业务适用的增值税税率为（　　）。

A. 13%　　B. 9%

C. 6%　　D. 3%

5. 部分先进制造业纳税人允许退还的增量留抵税额按照（　　）公式计算。

A. 允许退还的增量留抵税额＝增量留抵税额×进项构成比例

B. 允许退还的增量留抵税额＝增量留抵税额×进项构成比例×60%

C. 允许退还的增量留抵税额＝增量留抵税额×60%

D. 允许退还的增量留抵税额＝增量留抵税额×进项构成比例×50%

6. 根据规定，纳税人（非先进制造业）符合规定的条件可以向主管税务机关申请退还增量留抵税额。该规定的条件之一为自 2019 年 4 月税款所属期起，连续 6 个月（按季纳税的，连续两个季度）增量留抵税额均大于零，且第 6 个月增量留抵税额不低于（　　）万元。

A. 20　　B. 30

C. 50　　D. 80

7. 某金店为增值税一般纳税人，2020 年 10 月采取“以旧换新”方式销售纯金项链 1 条，新金项链对外销售价格 6 000 元（含税，下同），旧金项链作价 4 000 元，从消费者手中收取新旧差价款 2 000 元；以同一方式销售某品牌手表 10 块，此手表对外零售价为每块 350 元，旧手表作价 200 元。下列关于“以旧换新”的说法中，正确的是（　　）。

A. 本期增值税销项税额为 632. 74 元

B. 本期增值税销项税额为 1 092. 92 元

C. 该金店“以旧换新”方式销售的手表，应当以 1 500 元为计税依据

D. 该金店“以旧换新”方式销售的金项链，应当以 6 000 元为计税依据

8. 下列选项中，属于视同销售货物，应计算增值税销项税额的是（　　）。

A. 某生产企业外购钢材用于扩建厂房

B. 某商店为厂家代销服装

C. 某运输公司外购棉大衣用于职工福利

D. 某歌厅购进一批酒水饮料用于个人消费

9. 不得从销项税额中抵扣的进项税额是（　　）。

A. 增值税一般纳税人购进的未取得增值税专用发票的货物

B. 从海关取得完税凭证上注明的增值税税额

C. 从销售方取得的增值税专用发票上注明的增值税税额

D. 正常损失的在产品所耗用的购进货物

10. 以下选项中，不免征增值税的项目是（　　）。

A. 用于集体福利的购进货物　　B. 向社会收购的古书

C. 避孕药品和用具　　D. 国际组织无偿援助的进口物资

11. 根据“营改增”政策的规定，下列选项中，不应当按照“建筑服务”征收增值税的有（　　）。

A. 有线电视安装服务　　B. 工程勘察勘探服务

C. 园林绿化　　D. 建筑物平移

12. 根据“营改增”政策的规定，下列选项中，应当按照“商务辅助服务”征收增值税的有（　　）。

A. 市场调查服务　　B. 人力资源服务

C. 物流服务　　D. 翻译服务

13. 下列选项中，不属于视同销售货物行为征收增值税的有（　　）。

A. 将委托加工的货物对外投资

B. 用自产货物换取生产资料

C. 销售代销的货物

D. 用自产产品对外投资

14. 下列关于增值税一般纳税人和小规模纳税人划分的规定，表述正确的是（　　）。

A. 个体工商户不需要办理一般纳税人资格等级

B. 年应税销售额超过小规模纳税人标准的其他个人不得办理一般纳税人资格等级

C. 年应税销售额是指纳税人从 1 月 1 日到 12 月 31 日的年度销售额

D. 年应税销售额未超过小规模纳税人标准的企业，不得办理一般纳税人资格等级

15. 下列行为在计算增值税销项税额时，应按照差额确定销售额的是（　　）。

A. 商业银行提供贷款服务

B. 转让金融商品

C. 直销员将从直销企业购买的货物销售给消费者

D. 企业逾期未收回的包装物不再退还押金

16. 利用销售额节税的关键在于（　　）。

A. 销售货物的多少　　B. 购货方的规模

C. 销售额的大小　　D. 税率的高低

17. 某副食品商店为增值税小规模纳税人，2019 年 12 月，销售副食品取得含税销售额 66 950 元，销售自己使用过的固定资产取得含税销售额 17 098 元。该商店应缴纳的增值税为（　　）元。

A. 2 282　　B. 2 291. 96

C. 2 448　　D. 2 477. 88

18. 下列选项中，不属于增值税一般纳税人可以选择简易计税的项目有（　　）。

A. 提供文化体育服务　　B. 装卸搬运服务

C. 公共交通运输服务　　D. 税务咨询服务

19. 出租车司机向使用本企业自有出租车的出租车司机收取的管理费用，应按（　　）征收增值税。

A. 有形动产租赁服务　　B. 物流辅助服务

C. 陆路运输服务　　D. 管道运输服务

20. 下列关于为销售货物出租出借包装物押金是否计入销售额的说法中，不正确的有（　　）。

A. 时间在一年以内，又未过期，不并入销售额征税

B. 逾期未收回但时间在一年以内的，不并入销售额征税

C. 时间超过一年的，并入销售额征税

D. 并入销售额征税时，不用将押金换算成不含税的金额

21. 某商业企业为增值税一般纳税人，2020 年 10 月购进高档化妆品一批，取得的增值税专用发票上注明价款为 30 000 元，增值税为 3 900 元。该企业将其中的 70%作为礼品赠送给关系单位，其余的 30%用于职工福利。该企业没有同类产品售价，对上述业务的税务处理，表述错误的是（　　）。

A. 购进高档化妆品可以抵扣的进项税额为 3 900 元

B. 作为礼品赠送的 70%，属于增值税视同销售，销项税额为 2 730 元

C. 用于职工福利的 30%，不属于视同销售，不可以抵扣进项税额

D. 购进高档化妆品不可以抵扣的进项税额为 1 170 元

22. 某家用电器生产厂（增值税一般纳税人）以“买二赠一”的方式销售货物。2020 年 10 月，该家用电器生产厂销售高清液晶电视机 50 台，售价总额（含税）为 232 000 元，同时赠送电磁炉 25 台，每台市场价格（含税）为 1 160 元。该家用电器生产厂此项业务应申报的销项税额是（　　）元。

A. 38 972. 5　　B. 34 000

C. 30 026. 54　　D. 69 030

23. 某市提供劳务派遣服务的 A 公司为小规模纳税人，以一个月为一个纳税期。2020 年 2 月，A 公司提供劳务派遣服务，取得含税收入 40 万元，A 公司代用工单位支付给劳务派遣员工工资、社会保险及福利共计 20 万元。已知 A 公司选择差额纳税，则当月 A 公司应缴纳的增值税为（　　）万元。

A. 1. 2　　B. 0. 95

C. 2　　D. 1

24. 某酒厂为增值税一般纳税人，2020 年 10 月向一小规模纳税人销售白酒，开具的普通发票上注明金额为 93 600 元；同时收取单独核算的包装物押金 2 000 元（尚未逾期）。关于此业务，该酒厂应计算的销项税额为（　　）元。

A. 13 890. 60　　B. 10 998. 23

C. 12 910. 34　　D. 13 600

25. 下列选项中，不属于增值税视同销售的是（　　）。

A. 将购进的货物用于无偿赠送

B. 将购进的货物用于向股东分配

C. 将购进的货物用于投资

D. 将购进的货物用于集体福利

26. 下列选项中，应征收增值税的是（　　）。

A. 纳税人销售汽车的同时代办保险而向购买方收取的保险费

B. 纳税人销售汽车，并提供按揭、代办服务业务取得的收入

C. 从事汽车销售的纳税人向购买方收取的代购买方缴纳的车辆购置税

D. 从事汽车销售的纳税人向购买方收取的代购买方缴纳的牌照费

27. 下列选项中，关于增值税适用税率的说法错误的是（　　）。

A. 花椒油的税率为 9%

B. 环氧大豆油的税率为 13%

C. 境内单位和个人向境外单位提供的完全在境外消费的研发服务，税率为 0

D. 纳税人提供邮政服务，税率为 6%

28. 下列选项中，符合现行增值税法有关规定的是（　　）。

A. 单用途卡企业销售单用途卡，要征收增值税

B. 银行销售金银业务不征收增值税

C. 拍卖行受托拍卖取得的手续费或佣金收入，按照“经纪代理服务”缴纳增值税

D. 航空运输企业已售票但未提供航空运输服务取得的逾期票证收入，不征收增值税

29. 2020年10月，某一般纳税人发生了道路、桥、闸通行费支出，其进项税额抵扣说法不正确的是（　　）。

A. 纳税人支付的高速公路通行费，如暂未能取得通行费增值税电子普通发票，可以按通行费纸质发票上注明的金额÷(1+5%)×5%抵扣进项税额

B. 纳税人支付的一级、二级公路通行费，如未能取得收费公路通行费增值税电子普通发票，不得抵扣进项税额

C. 纳税人支付的道路通行费，按照收费公路通行费增值税电子普通发票上注明的增值税额抵扣进项税额

D. 纳税人支付的桥、闸通行费，暂凭取得的通行费发票上注明的金额÷(1+5%)×5%抵扣进项税额

30. 甲餐饮企业为增值税一般纳税人，符合加计抵减政策，2020年11月可抵扣进项税额为30万元，其中取得增值税专用发票的进项税额为25万元，购进农产品计算抵扣的进项税额为5万元。在购进的农产品中，10%用于集体福利，则甲餐饮企业当期可以加计抵减进项税额（　　）万元。

A. 2.95　　　　B. 3.00

C. 4.43　　　　D. 4.50

二、多项选择题

1. 根据增值税法的规定，我国增值税的征税范围包括（　　）。

A. 销售货物　　　　B. 销售服务

C. 销售无形资产　　　　D. 销售不动产

2. 下列选项中，属于《中华人民共和国增值税暂行条例》规定的免税项目有（　　）。

A. 外国政府无偿援助的进口物资和设备

B. 销售向社会收购的旧书

C. 零售、批发蔬菜

D. 其他个人销售自己使用过的物品

3. 根据增值税法的规定，下列选项中，属于增值税视同销售行为的是（　　）。

A. 同一县（市）的两个企业之间的货物移送行为

B. 将货物交付其他单位或个人代销

C. 将自产货物用于集体福利或个人消费

D. 将外购的货物用于职工福利

4. 下列选项中，准予从销项税额中抵扣的进项税额包括（　　）。

A. 购进的旅客运输服务、贷款服务、餐饮服务、居民日常服务

B. 从海关取得的海关进口增值税专用发票上注明的增值税额

C. 农产品销售发票上注明的税额

D. 将外购的货物用于集体福利或个人消费

5.《中华人民共和国增值税暂行条例实施细则》规定，按销售结算方式的不同，应税销售行为的纳税义务发生时间分别为（　　）。

A. 采取直接收款方式销售货物的，不论货物是否发出，均为收到销售款或取得索取销售凭据的当天

B. 采取赊销和分期收款方式销售货物的，为收到货款的当天

C. 采取托收承付和委托银行收款方式销售货物的，为发出货物并办妥托收手续的当天

D. 采取预收款方式销售货物的，为货物发出的当天

6. 下列选项中，符合增值税加计抵减政策规定的有（　　）。

A. 2019 年 10 月 1 日至 2021 年 12 月 31 日，允许生活性服务业纳税人按照当期可抵扣进项税额加计 15%，抵减应纳税额

B. 生产、生活性服务业纳税人是指提供邮政服务、电信服务、现代服务、生活服务取得的销售额占全部销售额的比重超过 30%的纳税人

C. 纳税人可计提但未计提的加计抵减额，可以在确定适用加计抵减政策当期一并计提

D. 纳税人确定适用加计抵减政策后，当年内不再调整，以后年度是否适用，根据上年度销售额计算确定

7. 增值税一般纳税人销售自产的下列货物中，可以选择按照简易办法计算缴纳增值税的有（　　）。

A. 生产建筑材料所用的砂土

B. 以水泥为原材料生产的水泥混凝土

C. 用微生物制成的生物制品

D. 县级以下小型火力发电单位生产的电力

8. 下列选项中，一般纳税人可以选择适用简易计税方法的有（　　）。

A. 为甲供工程提供的建筑服务

B. 提供非学历教育服务

C. 饮水工程运营管理单位向农村居民提供生活用水取得的自来水销售收入

D. 提供劳务派遣服务

9. 企业提供的下列服务中，应征收增值税的有（　　）。

A. 快递公司的快递服务

B. 纳税人取得的财政补贴收入，与其销售货物、劳务、服务、无形资产、不动产的收入或数量直接挂钩的

C. 单用途卡发卡企业或售卡企业销售单用途卡

D. 不动产租赁服务

10. 下列选项中，适用零税率的有（　　）。

A. 在境内载运旅客出境

B. 在境外载运旅客入境

C. 境内单位向境外单位提供的完全在境外消费的设计服务

D. 航天运输服务

11. 下列选项中，不征收增值税的有（　　）。

A. 纳税人对安装运行后的电梯提供的维护保养服务

B. 被保险人获得的保险赔付

C. 拍卖行受托拍卖取得的手续费或佣金收入

D. 单用途卡发卡企业销售单用途卡

12. 下列选项中，属于进项税额，可以从销项税额中抵扣的业务有（　　）。

A. 提供保险服务的纳税人以实物赔付方式承担机动车辆保险责任的，自行向车辆修理劳务提供方购进的车辆修理劳务

B. 提供保险服务的纳税人以现金赔付方式承担机动车辆保险责任的，将应付给被保险人的赔偿金直接支付给车辆修理劳务提供方

C. 购进旅客运输服务

D. 购置水泥用于办公楼的在建工程

13. 下列选项中，属于增值税混合销售行为的有（　　）。

A. 建材商店在销售建材的同时，又为其他客户提供装饰服务

B. 汽车制造公司在生产销售汽车的同时，又为其他客户提供修理服务

C. 塑钢门窗销售商店在销售产品的同时，又为客户提供安装服务

D. 销售软件并提供现场培训

14. 下列选项中，属于混合销售行为特征的有（　　）。

A. 既涉及货物又涉及服务

B. 发生在同一项销售行为中

C. 从一个购买方取得货款

D. 从不同购买方收取货款

15. 根据税法的规定，下列选项中，不属于增值税混合销售行为的有（　　）。

A. 网校销售辅导书籍，也销售网校教师的税收实务课程

B. 商场销售商品并负责运输送货

C. 饭馆在提供餐饮服务的同时，向其他顾客销售烟酒

D. 纳税人销售钢结构件等自产货物的同时，提供建筑服务

16. 依据出口退（免）税政策，一般情况下，应按“免、抵、退”税方法计算退税的有（　　）。

A. 生产企业自营出口货物

B. 生产企业委托出口货物

C. 生产企业出口视同自产货物

D. 外贸企业出口收购货物

17. 下列选项中，可以成为一般纳税人的有（　　）。

A. 个体工商户以外的其他个人

B. 非企业性单位

C. 不经常发生增值税应税行为的企业

D. 个体工商户

18. 关于以旧换新方式销售货物的增值税处理，正确的有（　　）。

A. 以旧换新方式销售货物（金银首饰除外），应按新货物的同期销售价格确定销售额，不得扣减货物的收购价格

B. 以旧换新方式销售货物（金银首饰除外），应以实际收取的不含增值税的全部价款征收增值税

C. 以旧换新方式销售金银首饰，以新首饰的不含税售价为计税依据计算缴纳增值税

D. 以旧换新方式销售金银首饰，以实际收取的不含增值税价款为计税依据计算缴纳增值税

19. 根据增值税的现行规定，下列关于以旧换新的表述中，正确的有（　　）。

A. 采取以旧换新方式销售金银首饰以外货物，应按新货物的同期销售价格确定销售额，不得冲减旧货物的收购价格

B. 销售货物与有偿收购旧货是两项不同的业务活动，销售额与收购额不能相互抵减

C. 对金银首饰以旧换新业务，按销售方销售金银首饰不含增值税的全部价款计算缴纳增值税

D. 对金银首饰以旧换新业务，按销售方实际收取的不含增值税的全部价款计算缴纳增值税

20. 在现行增值税相关政策下，一般纳税人企业采取以旧换新方式销售空调，下列选项中，错误的有（　　）。

A. 以新空调定价为依据计算销项税额，收回旧空调可按16%计算进项税额

B. 以新空调定价为依据计算销项税额，收回旧空调可比照收购废旧物品按10%计算进项税额

C. 以新空调定价为依据计算销项税额，收回旧空调无法取得增值税专用发票，不计算进项税额

D. 以实际收取的金额为依据计算销项税额，收回旧空调不计算进项税额

21. 增值税一般纳税人可以选择简易计税的有（　　）。

A. 提供文化体育服务　　B. 提供装卸搬运服务

C. 提供公共交通运输服务　　D. 提供税务咨询服务

22. 一般纳税人所提供的下列应税服务中，可以选择按简易计税方法缴纳增值税的有（　　）。

A. 公共交通运输服务　　B. 有形动产租赁服务

C. 电影放映服务　　D. 装卸搬运服务

23. 某企业2020年8月10日进口一批工业品，海关于当日填发了进口增值税专用缴款书，关税完税价格为40万元，关税税率为10%，进口增值税税额和最迟纳税期限分别是（　　）。

A. 进口增值税为7.48万元　　B. 进口增值税为7.04万元

C. 最迟期限为8月18日　　D. 最迟期限为8月24日

24. 下列关于增值税征收管理的规定中，说法正确的有（　　）。

A. 纳税人提供有形动产租赁服务采取预收款方式的，其纳税义务发生时间为收到预收款的当天

B. 纳税人进口货物，应当自海关填发进口增值税专用缴款书之日起 7 日内缴纳税款

C. 非固定业户销售货物，应当向销售地主管税务机关申报纳税

D. 增值税一般纳税人和小规模纳税人，应纳税额较少的，可以申请以 1 个季度为增值税纳税期限

25. 下列选项中，表述正确的有（　　）。

A. 一般纳税人以清包工方式提供的建筑服务，只能按一般计税方法计税

B. 一般纳税人收取试点前开工的一级公路、二级公路、桥、闸通行费，可以选择按简易计税方法计税

C. 一般纳税人提供人力资源外包服务，可以选择适用简易计税方法，按照3%的征收率计算缴纳增值税

D. 一般纳税人提供劳务派遣服务，可以选择差额纳税，以取得的全部价款和价外费用，扣除代用工单位支付劳务派遣员工的工资、福利和为其办理社会保险及住房公积金后的余额为销售额，按照简易计税方法依5%的征收率计算缴纳增值税

26. 下列关于年应税销售额的说法中，表述正确的有（　　）。

A. 年应税销售额是指纳税人在连续不超过 12 个月或 4 个季度的经营期内累计应征增值税销售额

B. 年应税销售额不包含销售免税货物的销售额

C. 销售服务、无形资产或不动产有扣除项目的纳税人，其应税行为年应税销售额按扣除之后的销售额计算

D. 纳税人偶然发生的销售无形资产、转让不动产的销售额，不计入应税行为年应税销售额

三、判断题

1. “生产型增值税”与“消费型增值税”的区别在于，是否允许企业将购入固定资产所含增值税税额进行抵扣。（　　）

2. 纳税人出口货物，税率为零，因此增值税一般纳税人的税率有两档，即基本税率和零税率。（　　）

3. 年不含税销售额在 500 万元以下，从事货物生产的纳税人，只能被认定为小规模纳税人。（　　）

4. 凡是在我国境内销售货物或提供加工、修理修配劳务以及进口货物的单位和个人，都是增值税的纳税义务人。（　　）

5. 增值税小规模纳税人实行简易方法征收增值税，即使取得增值税专用发票，也不能作为进项税额抵扣，特殊规定除外。（　　）

6. 个体工商户不得办理增值税一般纳税人资格认定。（　　）

7. 商业企业的增值税小规模纳税人，如果其财务核算健全，仍然有被认定为增值税一般纳税人的可能。（　）

8. 增值税一般纳税人购进免税农产品，全部按照买价的 9%计算进项税额，准予抵扣。（　）

9. 增值税小规模纳税人一律按照销售额 3%的征收率计算应纳税款，不得抵扣进项税额。（　）

10. 增值税一般纳税人与增值税小规模纳税人的计税依据相同，都是不含税的销售额。（　）

11. 增值税的计税依据是不含增值税的价格，它的最终承担者是经营者。（　）

12. 进口货物按组成计税价格和规定的税率计算增值税，不得抵扣任何税额。（　）

13. 纳税人代收的运费，应视为价外收费征收增值税。（　）

14. 商业企业采取分期付款方式购进货物的，凡是发生销售方先全额开具增值税专用发票，购货方再按规定分期付款情况的，应在每次支付款项以后申报抵扣进项税额。（　）

15. 纳税人采取折扣方式销售货物，销售额和折扣额不在同一张发票上分别注明的，可以按折扣后的销售额征收增值税。（　）

16. 凡随同销售货物或提供应税劳务向购买方收取的价外费用，无论其会计制度如何核算，均应并入销售额计算应纳税额。（　）

17. 销售汽车的同时，向购买方收取的代购买方缴纳的车辆购置税、车辆牌照费，属于价外费用，应并入销售额计算应纳税额。（　）

18. 增值税法规定，纳税人采取现金折扣方式销售货物，在计算销项税额时可以扣除折扣额部分。（　）

19. 纳税人采取以旧换新方式销售货物（金银首饰除外），应按新货物不含税售价，全额计征增值税。（　）

20. 甲企业未按规定向乙企业支付货款，乙企业按合同规定向甲企业收取违约金，由于违约金是在销售实现后收取的，因此不应征增值税。（　）

21. 对收取 1 年以上的出租、出借包装物押金，无论是否退还均并入销售额征税。（　）

22. 采取还本销售方式销售货物，其销售额就是货物的销售价格，不得从销售额中减除还本支出。（　）

23. 在以物易物活动中，应分别开具合法的票据，如收到的货物不能取得相应的增值税专用发票或其他合法凭证，不能抵扣进项税额。（　）

24. 出租车公司向使用本公司自有出租车的出租车司机收取的管理费用，按照有形动产租赁服务征收增值税。（　）

25. 增值税一般纳税人提供贷款服务，以其取得的全部利息及利息性质的收入为销售额；增值税一般纳税人接受贷款服务，凭增值税专用发票上注明的税额作为进项税额抵扣。（　）

26. 货物销售后，由于其品种、质量等原因，销货方给予购货方销售折让，销售折让可以按折让后的货款为销售额。（　　）

27. 销货方将自产、委托加工和购买的货物用于实物折扣的（如买二赠一），则该实物款额不能从原销售额中减除，且该实物应按“视同销售货物”中的“无偿赠送”计算征收增值税。（　　）

四、思考题

1. 增值额和增值税的特点是什么？

2. 增值税的类型有哪些？

3. 增值税税率分为哪几类？

4. 增值税的计税原理是什么？

5. 简述小规模纳税人应纳税额的计算方法。

6. 增值税税收优惠政策分为哪几类?

五、计算问答题

1. 某食品生产企业为增值税一般纳税人，其生产的货物适用13%的增值税税率。2020年10月，该企业的有关生产经营业务如下：

（1）该企业销售甲产品给某大商场，开具了增值税专用发票，取得不含税销售额80万元；同时取得销售甲产品的送货运输费收入5.65万元（含增值税价格，与销售货物不能分别核算）。

（2）该企业销售乙产品，开具了增值税普通发票，取得含税销售额33.9万元。

（3）该企业将自产的一批应税新产品用于本企业集体福利项目，成本价为20万元。该新产品无同类产品市场销售价格，国家税务总局确定该产品的成本利润率为10%。

（4）该企业销售2016年10月购进作为固定资产使用过的进口摩托车5辆，开具的增值税专用发票上注明每辆取得销售额1万元。

（5）该企业购进货物取得的增值税专用发票上注明货款金额为60万元、税额为7.8万元；另外支付购货的运输费用6万元，取得运输公司开具的增值税专用发票上注明税额为0.54万元。

（6）该企业从农产品经营者（小规模纳税人）处购进农产品一批（不适用进项税额核定扣除办法），作为生产货物的原材料，取得的增值税专用发票上注明金额为30万元，税额为0.3万元，同时支付给运输单位的运费5万元（不含增值税），取得运输部门开具的增值税专用发票上注明税额为0.45万元。本月下旬，该企业将购进的农产品的20%用于本企业职工福利，小规模纳税人的征收率为1%。

（7）该企业当月租入商用楼房一层，为工会活动使用，取得对方开具的增值税专用发票上注明税额为5.8万元。

以上相关票据均符合税法的规定。

要求：按下列顺序计算该企业2020年10月应缴纳的增值税税额。

（1）计算销售甲产品的销项税额。

（2）计算销售乙产品的销项税额。

（3）计算自产自用新产品的销项税额。

（4）计算销售使用过的摩托车的应纳税额。

（5）计算当月允许抵扣进项税额的合计数。

（6）计算该企业10月合计应该缴纳的增值税税额。

2. 某商业企业是增值税一般纳税人。2020 年 2 月，该企业的增值税留抵税额为 3 000 元。2020 年 3 月，该企业发生下列业务：

（1）该企业购入壁纸一批，取得增值税专用发票，价款为 200 000 元、增值税为26 000元。这批壁纸 50%用于装饰职工食堂，50%用于零售，取得含税收入 150 000元。

（2）该企业购入书包 10 000 个，取得的增值税专用发票上注明价款为 9 000 元、增值税为 11 700 元。该企业将其中 500 个书包赠送某共建小学，其余书包以每个 20 元的零售价格全部零售。

（3）该企业将本企业电梯广告位出租给某广告公司发布广告，收取含税广告位占用费 400 元。该建筑在“营改增”政策实施之前取得。该企业对此项业务选择简易计税方法计税。

（4）该企业为 B 食品厂（增值税一般纳税人）代销橄榄油，取得零售收入 77 390元。该企业和 B 食品厂结账，支付 B 食品厂 44 690 元（含税），取得增值税专用发票。该企业另向 B 食品厂收取结账额 5%的返还收入。

（5）该企业将企业使用过的包装物卖给废品回收公司，取得含税收入 4 520 元。

上述相关增值税专用发票均符合规定且在本月抵扣。

要求：根据上述资料，回答下列问题。

（1）计算业务（1）和业务（2）可抵扣的进项税额合计。

（2）计算业务（1）和业务（2）可抵扣的销项税额合计。

（3）计算该企业当期应抵扣的进项税额合计。

（4）计算该企业当期的增值税销项税额合计。

（5）计算该企业当期应纳增值税。

3. 某自行车厂（增值税一般纳税人）生产销售自行车，出厂不含税单价为 280 元/辆。2020 年 5 月末，该厂留抵税额为 3 000 元。2020 年 6 月，该厂购销情况如下：

（1）该厂向当地百货大楼销售 800 辆自行车。在百货大楼当月付清货款后，该厂给予了 8%的现金折扣。

（2）该厂向外地特约经销点销售 500 辆自行车，当期销售自行车发出包装物收取押金 56 500 元，本月没收逾期未收回的包装物押金 47 460 元。

（3）该厂购进自行车零部件、原材料取得的增值税专用发票上注明增值税税额合计 27 000 元；支付运输公司（一般纳税人）运费，取得的增值税专用发票上注明运费金额为 15 000 元。

（4）该厂销售本厂 2008 年购买自用的机器 1 台，取得含税收入 12 000 元。

（5）该厂出租位于本市的一幢 4 年前取得的办公用房，价税合计收取 4 个月的租金 80 000 元，选择简易计税方法计税。

取得符合规定的发票均在当月抵扣；纳税人销售自己使用过的固定资产，未放弃减税。

要求：根据上述资料，回答下列问题。

（1）计算业务（1）的增值税销项税。

（2）计算业务（2）的增值税销项税。

（3）计算业务（4）和业务（5）应纳增值税合计数。

（4）计算当月该厂应纳增值税的合计数。

4. 某电子企业为增值税一般纳税人，2020 年 10 月发生下列经济业务：

（1）该企业销售 A 产品 50 台，不含税单价为 8 000 元。货款收到后，该企业向购买方开具了增值税专用发票，并将提货单交给了购买方。截至月底，购买方尚未提货。

（2）该企业将 20 台新试制的 B 产品分配给投资者，单位成本为 6 000 元。该产品尚未投放市场。

（3）单位内部职工集体福利领用甲材料 1 000 千克，每千克单位成本为 50 元。

（4）该企业某项免征增值税项目领用甲材料 200 千克，每千克单位成本为 50 元，同时领用 A 产品 5 台。

（5）该企业当月丢失库存乙材料 800 千克，每千克单位成本为 20 元，作为待处理财产损溢处理。

（6）该企业当月发生购进货物的全部进项税额为 70 000 元。

该企业上月进项税额已全部抵扣完毕，本月取得的进项税额抵扣凭证均已申报抵扣。购销货物增值税税率均为 13%，税务局核定的 B 产品成本利润率为 10%。

要求：（1）请计算当月销项税额。

（2）请计算当月可抵扣进项税额。

（3）请计算当月应缴增值税税额。

5. 某商业企业是增值税一般纳税人。2020 年 12 月初，该企业留抵税额为 2 000 元。2020 年 12 月，该企业发生下列业务：

（1）该企业购入商品一批，取得认证税控发票，价款为 10 000 元，税款为 1 300元。

（2）该企业 3 个月前从农民手中收购的一批粮食毁损，账面成本为 5 220 元。

（3）该企业从农民手中收购大豆 1 吨，税务机关规定的收购凭证上注明收购款为 1 500 元。

（4）该企业从小规模纳税人处购买商品一批，取得税务机关代开的发票，价款为 30 000 元，税款为 300 元，款已付，货物未入库，发票已认证。

（5）该企业购买建材一批用于修缮仓库，取得增值税专用发票，价款为 20 000 元，税款为 2 600 元。

（6）该企业零售日用商品，取得含税收入 150 000 元。

（7）该企业将 2 个月前购入的一批布料捐赠受灾地区，账面成本为 20 000 元，同类不含税销售价格为 30 000 元。

（8）该企业外购电脑 20 台，取得增值税专用发票，每台不含税单价为6 000元，购入后 5 台办公使用，5 台捐赠希望小学，另 10 台全部零售，零售价每台为 8 000元。

假定相关可抵扣进项税的发票均经过认证并申报抵扣。

要求：（1）请计算当期全部可从销项税中抵扣的增值税进项税合计数（考虑转出的进项税）。

（2）请计算当期增值税销项税额。

（3）请计算当期应纳增值税税额。

六、案例分析题

高某是新疆哈密市人，通过朋友介绍认识了想在哈密市做生意的河北省廊坊市人员李某和薛某。李某把河南人汪某的身份证件提供给高某，高某以开办公司为由向公安机关提供虚假地址为汪某办理暂住证件，然后聘用会计周某在工商部门注册了 XC 商贸公司，在税务机关办理税务登记。在两个月时间内，高某和会计周某在李某和薛某的授意下，使用他人身份证件，采用和注册 XC 商贸公司相同的手段，又先后设立 DC 商贸公司等 5 家企业并办理了税务登记。

会计周某以 6 家企业的名义，先后向主管税务机关申领空白发票 1 300 多份，交给高某，高某再通过快递方式将空白发票邮寄给河北省廊坊市的薛某。薛某和李某根据孙某的授意向河北省、天津市 9 家企业（注册地地址均为虚假且经营场所关闭，已经出逃）开具货物名称为煤炭、废钢铁的增值税专用发票，且此 9 家企业已经认证抵扣 1 300 多万元进项税额，向河北省 13 家企业（均为注册地址虚假或无实际经营能力的“空壳公司”）开具增值税专用发票 437 份，涉及金额 4 200 余万元，受票企业已认证抵扣增值税进项税额 710 余万元。

另外，辽宁省和吉林省两地 17 家企业向 XC 商贸公司累计开具增值税发票 763 份，货物名称为稻谷、绿豆等，但是 17 家企业在开票以后，把相关货款随即转入个人开设的“中转账户”，在扣除固定比例金额后，最终转回 XC 商贸公司银行账户。

新疆哈密市某税务局税务人员在分析企业涉税信息时，发现 XC 商贸公司存在发票申请数量大、短期开票金额大以及未按期申报等多项疑点，就移交给稽查部门，税务机关与公安机关联系通报案情，请公安机关经侦支队提前介入，双方成立联合专案组，对 XC 商贸公司立案调查，发现了薛某、李某、孙某这一系列设立“空壳公司”、接受虚开发票和虚开没有业务的发票的情形，案件移交司法部门审理。

思考一：根据本案例，请列举虚开增值税专用发票的特征。

思考二：请简述虚开增值税专用发票行为的法律后果。

思考三：作为财务人员，请谈谈如何防范此类风险的发生。

第三章
消费税

一、单项选择题

1. 下列应税消费品中，除了在生产销售环节征收消费税外，还应在批发环节征收消费税的是（　　）。

A. 卷烟　　B. 超豪华小汽车

C. 高档手表　　D. 高档化妆品

2. 下列选项中，属于消费税中按“其他酒”税目征收消费税的是（　　）。

A. 葡萄酒　　B. 果汁啤酒

C. 调味料酒　　D. 食用酒精

3. 下列消费品中，暂缓征收消费税的是（　　）。

A. 石脑油　　B. 溶剂油

C. 航空煤油　　D. 润滑油

4. 下列产品中，属于消费税征收范围的是（　　）。

A. 电动汽车　　B. 载客 50 座的商用客车

C. 起航容量 200 毫升的摩托车　　D. 8 座乘用车

5. 下列产品中，属于消费税征收范围的是（　　）。

A. 轮胎　　B. 卡丁车

C. 电池　　D. 酒精

6. 某酒厂 2020 年 12 月销售粮食白酒 12 000 斤，不含税单价为 5 元/斤，随同销售的包装物价格为 7 006 元；本月销售礼品盒 6 000 套，不含税单价为 300 元/套，每套包括粮食白酒 2 斤、单价 80 元，干红酒 2 斤、单价 70 元。该企业 12 月应纳消费税（　　）元。

A. 379 240　　B. 391 240

C. 391 251　　D. 444 419. 47

7. 下列选项中，消费品的生产经营环节，既征收增值税又征收消费税的是（　　）。

A. 啤酒的批发环节　　B. 金银首饰的零售环节

C. 高档手表的零售环节　　D. 高档化妆品的批发环节

8. 下列选项中，应当征收消费税的是（　　）。

A. 影视演员上妆用的上妆油

B. 体育上用的发令纸

C. 价值为 8 800 元的手表

D. 娱乐业举办的啤酒屋利用啤酒生产设备生产的啤酒

9. 下列关于消费税税率的表述中，错误的是（　　）。

A. 消费税采用比例税率和定额税率两种形式，以适应不同应税消费品的实际情况

B. 卷烟在批发环节加征一道复合税，税率为5%加0.005元/支

C. 高档化妆品的税率是15%

D. 纳税人将不同税率的应税消费品组成成套消费品销售的，从高适用税率

10. 下列选项中，征收消费税的是（　　）。

A. 零售环节销售的镀金首饰　　B. 高档护肤类化妆品

C. 高尔夫车　　D. 售价9 900元的手表

11. 下列关于消费税税目“烟”的说法中，正确的是（　　）。

A. 卷烟无论是在生产销售环节还是在批发环节，均采用复合计税方法计征消费税

B. 卷烟、雪茄烟、烟丝在生产、委托加工、进口环节征收消费税后，在批发环节加征一道消费税

C. 从事卷烟批发的纳税人之间销售的卷烟征收消费税

D. 卷烟批发企业的机构所在地，总机构与分支机构不在同一地区的，应各自向机构所在地的税务机关申报缴纳消费税

12. 税务机关在税务检查中发现，张某委托本地个体户李某加工实木地板。张某已将实木地板收回并销售，但未入账，也不能出示消费税完税证明。下列关于税务机关征管行为的表述中，正确的是（　　）。

A. 要求李某补缴税款

B. 要求张某补缴税款

C. 应对张某处以未缴消费税税额0.5倍至3倍的罚款

D. 应对李某处以未代收代缴消费税税额0.5倍至3倍的罚款

13. 下列选项中，应视同销售缴纳消费税的情况有（　　）。

A. 将外购已税消费品继续加工成应税消费品

B. 将受托加工收回的应税消费品继续加工成应税消费品

C. 自制应税消费品继续加工成应税消费品

D. 自制应税消费品用于向外单位投资

14. 在啤酒定价方面，下列说法中，正确的是（　　）。

A. 啤酒从量征收消费税，定价高低与其纳税多少无关

B. 啤酒包装物押金不纳消费税，收取多少包装物押金与纳税无关

C. 啤酒的定价与其消费税税负的关系主要是通过啤酒定额税率实现的

D. 啤酒逾期押金不退时，不需要缴纳增值税和消费税

15. 从税收筹划的角度看，某金店（生产企业）销售给消费者（　　）首饰，不应作为成套销售时的组成部分。

A. 珍珠项链　　B. 纯金戒指

C. 包金手镯　　D. 首饰盒

16. 下列选项中，作为中间产品的应税消费品，在移送环节应缴纳消费税的是（　　）。

A. 酒厂自产的白酒用于生产酒心巧克力

B. 鞭炮厂用自产的鞭炮焰火连续生产鞭炮焰火

C. 化妆品厂自产的香水精用于生产香水

D. 卷烟厂用自产的烟丝连续生产卷烟

17. 某日化厂通过其独立核算的门市部销售其自产的化妆品，日化厂和其门市部的纳税情况是（　　）。

A. 日化厂销售化妆品不缴纳消费税

B. 按门市部销售价格计算缴纳消费税

C. 门市部销售化妆品既不缴纳消费税也不缴纳增值税

D. 日化厂销售化妆品既缴纳消费税也缴纳增值税

18. 下列关于化妆品包装物的税收筹划的说法中，错误的是（　　）。

A. 对于能够周转使用的包装物，尽量不随产品作价销售

B. 对于能够周转使用的包装物，可以通过收取包装物押金的方式降低产品销售额，进而降低销售时的消费税纳税义务

C. 对于预计不易回收的包装物，应不随产品作价销售，而是通过收取包装物押金的方式来取得货币的时间价值

D. 对于能够周转使用的包装物，如果不随产品作价销售，那么可以随产品销售时一并收取租金

19. 在计算消费税时，汽车厂的下列行为中，最有利的是（　　）。

A. 汽车厂将自产的小汽车用于对外偿还债务

B. 车厂将自产的小汽车用于换取原材料

C. 车厂将自产的小汽车用于对外投资

D. 汽车厂将自产的小汽车先对外销售，然后用销售收入对外投资

20. 2020 年 10 月，某首饰厂从某商贸企业购进一批珠宝玉石，增值税发票上注明价款为 50 万元，增值税税款为 6.5 万元。该首饰厂将其打磨后再销售给首饰商城，收到不含税价款 90 万元。已知珠宝玉石的消费税税率为 10%，该首饰厂以上业务应缴纳消费税（　　）。

A. 4 万元　　B. 5 万元

C. 9 万元　　D. 14 万元

21. 外购已税消费品用于连续生产应税消费品的，准予按生产领用数量计算扣除外购已税消费品已纳消费税。下列说法中，符合这一规定的是（　　）。

A. 以外购高档手表改装加工的钻石手表

B. 以外购已税木制一次性筷子为原料生产的高档筷子

C. 外购已税卷烟贴商标、包装生产出售的卷烟

D. 以外购的柴油用于连续生产生物柴油

22. 下列选项中，符合消费税法应按当期生产领用数量计算准予扣除外购的应税消费品已纳消费税税款规定的是（　　）。

A. 外购已税白酒生产的药酒

B. 外购已税珠宝玉石生产的金银镶嵌首饰

C. 外购已税白酒生产的巧克力

D. 外购已税汽油生产的应税成品油

23. 下列选项中，符合委托加工应税消费品规定的是（　　）。

A. 受托方代垫原料和主要材料，委托方提供辅助材料的

B. 委托方提供原料和主要材料，受托方代垫部分辅助材料的

C. 受托方负责采购委托方所需原材料的

D. 受托方提供原材料和全部辅助材料的

24. 某烟丝加工厂为增值税一般纳税人，2020 年 10 月接受某烟厂委托加工烟丝，烟丝厂自行提供烟叶的成本为 32 000 元，代垫辅助材料为 2 000 元，加工费为 50 000 元；烟丝厂上月留抵税额为 3 400 元。税务机关对其采用核定价格计税，加工费增值税专用发票经过认证。以上价格均为不含税金额；烟丝的消费税税率为 30%，烟丝的成本利润率为 5%。下列选项中，正确的是（　　）。

A. 加工厂应纳增值税 5 100 元，应代收代缴消费税 28 450 元

B. 加工厂应纳增值税 10 115 元，应纳消费税 15 000 元

C. 加工厂应纳增值税 5 100 元，应纳消费税 15 000 元

D. 加工厂本月应纳增值税 12 980 元，应纳消费税 37 800 元

25. 卷烟厂为增值税一般纳税人，2020 年 10 月发生以下业务：从烟农手中收购一批烟叶，支付收购价款 50 000 元。该卷烟厂将该批烟叶全部运往甲烟丝加工厂，委托其加工生产烟丝 2 000 千克，发生运费 4 000 元，取得了运输发票。本月烟丝加工完毕，卷烟厂全部收回，取得甲企业开具的增值税专用票，注明的加工费为 6 000 元。甲烟丝加工厂该类烟丝的不含税销售价格为 50 元/千克。本月应由甲烟丝加工厂代收代缴消费税（　　）元（烟丝的消费税税率为 30%）。

A. 28 774. 29　　　　B. 26 202. 86

C. 30 000　　　　D. 32 451. 43

26. 某企业委托酒厂加工药酒 10 箱，该药酒无同类产品销售价格。已知委托方提供的原料成本为 1. 8 万元，受托方垫付辅料成本为 0. 15 万元，另收取的不含增值税加工费为 0. 5 万元，则该酒厂代收代缴的消费税为（　　）元（消费税税率为 10%）。

A. 2 550　　　　B. 2 722. 22

C. 3 833. 33　　　　D. 2 388. 88

27. 2020 年 10 月，甲烟草集团公司从某烟丝厂购进已税烟丝，支付不含税价款 150 万元，取得增值税专用发票；委托乙企业将该批烟丝加工成甲类卷烟 600 箱（250 条/箱，200 支/条），当月加工完毕。甲烟草集团公司将卷烟全部收回，乙企业收取不含税加工费 20 万元。已知烟丝的消费税税率为 30%，甲类卷烟的消费税税率为 56%加 0. 003 元/支。乙企业应代收代缴消费税（　　）万元。

A. 181. 09　　　　B. 208. 36

C. 236. 82　　　　D. 244. 36

28. 某化妆品生产企业为增值税一般纳税人，2020 年 10 月上旬从国外进口一批散装高档化妆品，缴纳进口消费税 37. 06 万元，进口增值税 42 万元。本月企业领用

进口的散装高档化妆品的80%生产加工为成套化妆品 7 800 件，对外批发销售6 000件，取得不含税销售额 290 万元；向消费者零售 800 件，取得含税销售额 51.48 万元。该企业国内生产销售应缴纳消费税（　　）万元（消费税税率为 15%）。

A. 20.68　　B. 72

C. 10.2　　D. 15

29. 甲化妆品公司（一般纳税人）将购进的洗发水（不含税价 7 万元）全部和自产的化妆品搭配成成套化妆品 5 000 套，2020 年 10 月对外销售成套化妆品 3 000 套，不含税价共计 14 万元；销售自产护发素，取得不含税售价 9 万元。该企业上述业务应纳消费税（　　）万元（消费税税率为 15%）。

A. 2.45　　B. 2.96

C. 2.68　　D. 2.10

30. 某精工机械制造公司系增值税一般纳税人，生产各种礼品手表。2020 年 8 月，该公司为某部门制造纪念表 300 只，每只不含税价为 9 000 元，制造国宾表 12 只，每只不含税价为 1.5 万元；为某银行成立 100 周年特制尊贵金表 2 只，消耗黄金 59 克，人造钻石 3 克，不含税价合计 18 万元；赠送某关系企业一只光电纯银手表，无同类售价，成本利润率为 20%，成本为 8 689 元。该公司的上述业务共应缴纳消费税（　　）元。

A. 66 769　　B. 68 952.23

C. 74 606.7　　D. 72 000

二、多项选择题

1. 下列选项中，既缴纳增值税又缴纳消费税的有（　　）。

A. 酒厂将自产的白酒赠送给协作单位

B. 卷烟厂将自产的烟丝移送用于生产卷烟

C. 日化厂将自产的香水精（属高档化妆品）移送用于生产护肤品

D. 汽车厂将自产的应税小汽车赞助给某艺术节组委会

2. 下列选项中，消费品移送使用时应缴纳消费税的有（　　）。

A. 将自产烟丝移送用于生产卷烟

B. 将自产卷烟用于职工福利

C. 将自产高档化妆品用于广告样品

D. 将自产的木制一次性筷子用于生产高档筷子

3. 某汽车制造厂生产的小汽车用于（　　），应缴纳消费税。

A. 本厂研究做碰撞试验

B. 投资给某企业

C. 移送改装分厂改装加长型豪华小轿车

D. 赠送当地公安机关办案使用

4. 纳税人自产自用的应税消费品用于（　　），应视同销售计算消费税。

A. 生产非应税消费品　　B. 连续生产其他应税消费品

C. 在建工程　　D. 馈赠

5. 依据消费税相关规定，下列应税消费品中，准予扣除外购已纳消费税的有（　　）。

A. 以已税烟丝为原料生产的卷烟

B. 以已税珠宝玉石为原料生产的钻石首饰

C. 以已税粮食白酒连续生产的药酒

D. 以已税润滑油为原料生产的应税成品油

6. 下列关于消费税纳税人的说法中，正确的有（　　）。

A. 零售金银首饰的纳税人是消费者

B. 委托加工高档化妆品的纳税人（不包括其他个人和个体工商户）是受托加工企业

C. 携带卷烟入境的纳税人是携带者

D. 邮寄入境高档手表的纳税人是收件人

7. 下列关于从量计征消费税计税依据确定方法的表述中，正确的有（　　）。

A. 销售应税消费品的，为应税消费品的销售数量

B. 进口应税消费品的，为海关核定的应税消费品数量

C. 以应税消费品投资入股的，为应税消费品移送使用数量

D. 委托加工应税消费品的，为加工完成的应税消费品数量

8. 纳税人发生的下列行为中，应征收消费税的有（　　）。

A. 白酒厂将自产的白酒赠送给客户

B. 葡萄酒厂将自产的葡萄酒用于连续生产酒心巧克力

C. 化妆品厂将自产的高档化妆品作为福利发给职工

D. 汽车制造厂将自产的小汽车提供给工厂内部的行政部门使用

9. 下列选项中，在计算缴纳消费税时准许扣除外购应税消费品已纳消费税的有（　　）。

A. 外购已税烟丝生产的卷烟

B. 外购已税实木素板涂漆生产的实木地板

C. 外购已税白酒加香生产的白酒

D. 外购已税手表镶嵌钻石生产的手表

10. 某酒厂下设一非独立核算的门市部，下列说法中，正确的是（　　）。

A. 应以门市部销售价格作为消费税计税依据

B. 应以酒厂与门市部的结算价作为消费税计税依据

C. 应以门市部销售量作为消费税计税依据

D. 可以通过低价转让给门市部，再由门市部以市价售出的转让定价策略实现消费税税收筹划

11. 下列选项中，属于消费税“高档化妆品”税目征收范围的有（　　）。

A. 护发素

B. 唇笔

C. 演员化妆用的油彩

D. 成套化妆品

12. 下列关于卷烟批发环节应纳消费税的说法中，正确的有（　　）。

A. 纳税人销售给纳税人以外的单位和个人的卷烟应于销售时缴纳消费税

B. 纳税人应将卷烟销售额与其他商品销售额分开核算，未分开核算的，一并征收消费税

C. 卷烟批发企业的机构所在地，总机构与分支机构不在同一地区的，在各自所在地申报纳税

D. 卷烟消费税在生产和批发两个环节征收后，批发企业在计算纳税时可以扣除已含的生产环节的消费税税款

13. 下列选项中，符合卷烟批发环节征收消费税的规定的有（　　）。

A. 卷烟批发商之间销售卷烟不缴纳消费税

B. 纳税人批发卷烟和其他商品不能分别核算的，一并征收消费税

C. 卷烟批发企业的总分支机构不在同一地区的，由各分支机构分别纳税

D. 批发环节计算纳税时，不得扣除已含的生产环节消费税税款

14. 下列关于批发环节消费税的规定中，正确的有（　　）。

A. 从事卷烟批发业务的单位和个人，批发销售给零售商的所有牌号规格的卷烟，均按统一税率从价缴纳消费税

B. 纳税人应将卷烟销售额与其他商品销售额分开核算，未分开核算的，一并征收消费税

C. 从事卷烟批发业务的单位和个人之间销售卷烟，不缴纳消费税

D. 批发企业在计算纳税时，可以扣除已含的生产环节的消费税税款

15. 依据消费税法的规定，下列应税消费品中，准予扣除已纳消费税的有（　　）。

A. 以已税杆头、杆身和握把为原料生产的高尔夫球杆

B. 以已税珠宝玉石为原料生产的贵重珠宝首饰

C. 以已税鞭炮焰火连续生产的鞭炮焰火

D. 以已税润滑油为原料生产的润滑油

16. 下列关于委托加工应税消费品收回后的消费税处理中，说法正确的有（　　）。

A. 委托方将委托加工产品收回后，用于售价高于受托方代收代缴消费税的计税价格，按规定申报纳税

B. 委托方将委托加工产品收回后，用于直接销售的，在销售时不再缴纳消费税

C. 委托加工产品收回后，用于连续生产应税消费品，已纳税款按规定准予抵扣

D. 委托加工产品收回后，用于连续生产应税消费品，已纳税款不准予抵扣

17. 委托加工应税消费品消费税的组成计税价格中应包括的项目有（　　）。

A. 增值税　　B. 委托方提供加工材料的实际成本

C. 加工费　　D. 受托方代收代缴的消费税金

18. 卷烟消费税的纳税环节包括（　　）。

A. 批发环节　　B. 进口环节

C. 零售环节　　D. 生产销售环节

19. 下列关于消费税纳税环节的说法中，正确的有（　　）。

A. 金店销售金银饰品在销售环节纳税

B. 啤酒屋自制的啤酒在销售时纳税

C. 白酒在生产环节和批发环节纳税

D. 销售珍珠饰品在零售环节纳税

20. 依据消费税法的有关规定，下列消费品中，不得扣除已纳消费税的有（　　）。

A. 以委托加工收回的烟叶为原料生产的烟丝

B. 以委托加工收回的电池为原料生产的蓄电池

C. 以委托加工收回的已税石脑油为原料生产的应税成品油

D. 以委托加工收回的护肤品为原料生产的高档化妆品

21. 下列有关消费税的表述中，正确的有（　　）。

A. 除国务院另有规定外，进口环节消费税一律不得给予减免税

B. 委托加工的已税烟丝已由受托方代收代缴的消费税，准予按规定从连续生产卷烟应缴纳的消费税税额中扣减

C. 对超豪华小汽车，在生产（进口）环节按现行税率征收消费税基础上，在零售环节加征消费税，税率为10%

D. 进口的高档化妆品直接在国内销售时征收消费税

22. 下列选项中，属于复合计征消费税的货物有（　　）。

A. 烟丝　　B. 卷烟

C. 啤酒　　D. 粮食白酒

23. 白酒生产企业生产销售白酒取得的下列款项中，应并入销售额计征消费税的有（　　）。

A. 优质费　　B. 品牌使用费

C. 滞纳金　　D. 违约金

24. 下列关于消费税的说法中，表述错误的有（　　）。

A. 消费税属于价内税，并实行单一环节征收，一般是在应税消费品的生产、委托加工和进口环节缴纳，在以后的批发、零售等环节中，由于价款中已包含消费税，因此不必再缴纳消费税（卷烟、金银首饰除外）

B. 卷烟厂生产出烟丝，再用生产出的烟丝连续生产卷烟对外销售的，用于连续生产卷烟的烟丝和销售的卷烟均征收消费税

C. 带料加工的金银首饰，视同自产金银首饰，应由委托方按同类金银首饰的销售价格确认计税依据征收消费税，没有同类金银首饰销售价格的，按照组成计税价格计算纳税

D. 对饮食业、商业、娱乐业举办的啤酒屋（啤酒坊）利用啤酒生产设备生产的啤酒，应当征收消费税

25. 下列选项中，在零售环节征收消费税的有（　　）。

A. 金银首饰　　B. 钻石

C. 铂金首饰　　D. 珠宝玉石

三、判断题

1. 消费税应税消费品在生产、委托加工和进口环节缴纳，实行的是价内税。（　　）

2. 将不同税率的应税消费品组成成套消费品销售的，从高适用税率。（　　）

3. 企业把自己生产的应税消费品以福利或奖励的形式发给本单位职工，由于不是对外销售，不必计入销售额，因此不征收消费税。（　　）

4. 委托加工的应税消费品，受托方为个人的，由委托方向其机构所在地的税务机关申报缴纳消费税。（　　）

5. 我国的消费税在生产销售、委托加工和进口环节计征，并实行单一环节征税，批发、零售环节一律不征收消费税。（　　）

6. 甲酒厂本年 7 月销售自产红酒，取得含增值税价款 90.4 万元，另收取包装物押金 4.52 万元、手续费 2.26 万元。已知红酒的增值税税率为 13%，消费税税率为 10%。甲酒厂该笔业务应缴纳消费税税额 = (90.4+4.52+2.26) ÷ (1+13%) ×10% = 8.6（万元）（　　）

7. 某卷烟厂通过自设独立核算门市部销售自产卷烟，应当按照门市部对外销售额或销售数量计算征收消费税。（　　）

8. 纳税人销售的应税消费品，如因质量等原因由购买者退回，经机构所在地或居住地主管税务机关审核批准后，可退还已缴纳的消费税税款。（　　）

9. 甲企业本年 7 月受托加工一批烟丝，已收到由委托方提供的材料及加工费，该烟丝计划于本年 8 月 10 日加工完成并交付。甲企业应于本年 8 月 15 日前向税务机关缴纳代收代缴的委托加工环节消费税。（　　）

10. 纳税人将外购的已税珠宝、玉石原料生产的应在零售环节征收消费税的金银镶嵌首饰，在计税时一律不得扣除外购珠宝、玉石的已纳税款。（　　）

11. 根据现行消费税政策，采取比例税率和定额税率双重征收的税目只有卷烟和啤酒。（　　）

12. 委托加工的应税消费品直接出售的，不再缴纳消费税。（　　）

13. 兼营不同税率的应税消费品生产销售时，可以通过分开核算各种应税消费品的销售额避免加重消费税税收负担。（　　）

14. 只有属于纳税人收入的价外费用，才并入销售额计算征收消费税。（　　）

15. 卷烟批发企业在计算缴纳消费税时，准予扣除该批卷烟在生产环节已纳的消费税税款。（　　）

四、思考题

1. 简述消费税的特点。

2. 简述金银首饰的零售业务。

3. 简述消费税的计税方法。

4. 什么是委托加工的应税消费品？

5. 纳税人销售应税消费品的纳税义务发生时间是怎样规定的？

6. 纳税人应税消费品的计税价格明显偏低且无正当理由的，由主管税务机关核定其计税价格。该计税价格的核定权限是如何规定的？

7. 哪些应税消费品准予从消费税应纳税额中扣除原料已纳的消费税税款?

8. 简述消费税代收代缴税款的法定义务和法定责任。

9. 简述消费税法关于包装物的规定。

五、计算问答题

1. 甲酒厂为增值税一般纳税人，主要经营粮食白酒的生产与销售，2020 年 6 月发生下列业务：

（1）甲酒厂以自产的 10 吨 A 类白酒换入乙企业的蒸汽酿酒设备，取得乙企业开具的增值税专用发票上注明价款为 20 万元，增值税为 3.2 万元。已知该批白酒的生产成本为 1 万元/吨，不含增值税平均销售价格为 2 万元/吨，不含增值税最高销售价格为 2.5 万元/吨。

（2）甲酒厂移送 50 吨 B 类白酒给自设非独立核算门市部，不含增值税售价为 1.5 万元/吨，当月全部售出。门市部对外不含增值税售价为 3 万元/吨。

（3）甲酒厂受丙企业委托加工 20 吨粮食白酒，双方约定由丙企业提供原材料，成本为 30 万元，开具的增值税专用发票上注明加工费为 8 万元、增值税为 1.28 万元。甲酒厂同类产品售价为 2.75 万元/吨。其他相关资料如下：白酒的消费税税率为 20%加 0.5 元/500 克，粮食白酒成本利润率为 10%。

要求：根据上述资料，按照下列序号回答问题，如有计算需计算出合计数。

（1）计算业务（1）应缴纳的消费税税额。

（2）计算业务（2）应缴纳的消费税税额。

（3）说明业务（3）的消费税纳税义务人和计税依据。

（4）计算业务（3）应缴纳的消费税税额。

2. 甲地板厂系增值税一般纳税人，2020 年 10 月发生如下业务：

（1）甲地板厂进口实木地板 A 一批，海关审定的关税完税价格为 8 万元。

（2）甲地板厂从乙实木地板厂购进未经涂饰的素板，取得的增值税专用发票上注明价款为 5 万元，增值税为 0.65 万元。甲地板厂当月领用进口实木地板 A 的 20%和未经涂饰素板的 70%用于继续生产实木地板 B。生产完成后，甲地板厂以直接收款方式将部分实木地板 B 对外出售，取得不含税销售收入 32 万元。

（3）甲地板厂采取赊销方式向某商场销售剩余的实木地板 B，不含税销售额为 150 万元，合同约定当月 15 日付款。由于商场资金周转不开，实际于下月 20 日支付该笔货款。

（4）甲地板厂将自产的一批实木地板 C 作价 200 万元投资给某商店。该批实木地板的最低不含增值税销售价格为 160 万元，平均不含增值税销售价格为 180 万元，最高不含增值税销售价格为 200 万元。

（5）甲地板厂将新生产的豪华实木地板用于本企业办公室装修。该批实木地板成本为 90 万元，市场上无同类产品的销售价格。

其他相关资料：实木地板的消费税税率为 5%、成本利润率为 5%、进口关税税率为 30%，上述业务涉及的相关票据均已申报抵扣。

要求：根据上述相关资料，按顺序回答下列问题，如有计算需计算出合计数。

（1）计算业务（1）甲地板厂应缴纳的进口环节增值税和消费税。

（2）计算业务（2）准予抵扣的实木地板已纳消费税。

（3）计算业务（2）和业务（3）甲地板厂应纳的消费税。

（4）计算业务（4）甲地板厂应纳的消费税。

（5）计算业务（5）甲地板厂应纳的消费税。

3. 甲涂料厂（以下简称“甲厂”）为增值税一般纳税人，生产 VOC 含量为 450 克/升的 A 涂料，平均出厂价格不含增值税为 100 元/桶，最高出厂价格不含增值税为 110 元/桶。VOC 含量 420 克/升的 B 涂料，平均出厂价格不含增值税为 120 元/桶，最高出厂价格不含增值税为 130 元/桶。2020 年 1 月，甲厂发生下列业务：

（1）甲厂外购原材料并支付运费，取得的增值税专用发票上注明材料金额为 50 万元、税额为 6.5 万元，取得的运输企业开具的增值税专用发票上注明运费金额为 1 万元、税额为 0.09 万元。

（2）甲厂将自产 A 涂料对外销售并开具的增值税专用发票上注明销售金额为 60 万元、税额为 1.8 万元。

（3）甲厂将自产 A 涂料 200 桶用于车间修缮，将自产 A 涂料 300 桶换取一批生产工具。上述业务未互开发票。

（4）甲厂受乙企业委托订制一批带有乙企业标识的 B 涂料 300 桶，乙企业提供主要材料，价值为 2 万元并支付不含税加工费为 1 万元。

其他相关资料：涂料的消费税税率为 4%。

要求：根据上述资料，按照下列序号回答问题，每问需计算出合计数。

（1）计算业务（2）应缴纳的消费税。

（2）计算业务（3）应缴纳的消费税。

（3）计算业务（4）应缴纳的消费税。

（4）计算甲厂应缴纳的增值税。

4. 某首饰商城为增值税一般纳税人，2020 年 1 月发生以下业务：

（1）该首饰商场零售金银首饰与镀金首饰组成的套装礼盒，取得收入 28.25 万元，其中金银首饰收入 20 万元，镀金首饰收入 8.25 万元。

（2）该首饰商场采取“以旧换新”方式向消费者销售金项链 600 条，新金项链每条零售价为 0.35 万元，旧金项链每条作价为 0.25 万元，每条金项链取得差价款 0.1 万元。

（3）该首饰商场为个人定制加工金银首饰，提供原料含税金额为 30 万元，取得个人支付的含税加工费收入为 3.9 万元（该首饰商场无同类首饰价格）。

（4）该首饰商场用 300 条银基项链抵偿债务。该批银基项链账面成本为 39 万元，零售价为 67.8 万元（该银基项链最高销售价格等于平均销售价格）。

其他相关资料：金银首饰零售环节的消费税税率为 5%，金银首饰的成本利润率为 6%。

要求：根据上述资料，按下列序号计算回答问题，每问需计算出合计数。

（1）计算销售成套礼盒应缴纳的消费税。

（2）计算“以旧换新”销售金项链应缴纳的消费税。

（3）计算定制加工金银首饰应缴纳的消费税。

（4）计算用银基项链抵偿债务应缴纳的消费税。

六、案例分析题

五粮液为大曲浓香型白酒，产于四川省宜宾市，用小麦、大米、玉米、高粱、糯米 5 种粮食发酵酿制而成，在中国浓香型酒中独树一帜。现在五粮液由宜宾五粮液集团有限公司酿制。

五粮液集团有限公司位于“万里长江第一城”——中国西南腹地的四川省宜宾市的岷江之滨。五粮液集团有限公司是以五粮液及其一系列酒的生产经营为主，以现代制造业、现代工业包装、光电玻璃、现代物流、橡胶制品、现代制药等产业为辅多元发展，具有深厚企业文化的特大型现代企业集团。

2009 年 9 月 9 日午间，深圳证券交易所第三大权重股五粮液突发公告称，公司接到证监会调查通知书，具体内容为：“因你公司涉嫌违反证券法律法规，根据《中华人民共和国证券法》的有关规定，我会决定立案调查，请予以配合。”对于五粮液突遭调查，业界产生了五大猜测，其中之一是五粮液遭证监会调查或与其涉嫌少纳消费税有关。

2009 年 4 月，封某、周某等四位小股民发现五粮液存在少纳消费税嫌疑，于是委托上海市李国机律师事务所周爱文律师向成都市中级人民法院提起诉讼，要求五粮液集团有限公司及为其年报出具审计意见的会计师事务所赔偿损失。

周爱文律师提出的诉讼理由是通过对五粮液从 2006 年至 2008 年年报的分析，得出五粮液三年存在少缴纳消费税约 19.51 亿元嫌疑的结论。

周爱文表示，从 2008 年年报披露的宜宾五粮液供销有限公司等相关信息，分析计算出五粮液 2008 年少缴纳消费税约 5.42 亿元；依据同样的计算办法，计算出 2007 年少缴纳消费税约 8.84 亿元；2006 年少缴纳消费税约 5.25 亿元。

思考一：请根据五粮液披露的年报信息，判定五粮液公司是否存在偷税、漏税行为?

思考二：如果存在该行为，又是如何进行的?

思考三：请谈谈消费税对合理引导消费的意义。

第四章
企业所得税

一、单项选择题

1. 下列各项收入中，需计入应纳税所得额计算缴纳企业所得税的是（　　）。
   A. 国债利息收入
   B. 存款利息收入
   C. 财政拨款
   D. 符合条件的居民企业之间的股息、红利等权益性收益
2. 下列关于公司制企业与合伙企业相比较的说法中，错误的是（　　）。
   A. 一般来说，公司制企业的税收负担更重
   B. 公司的营业亏损可以在一定年限内进行税前弥补，并能分摊给股东，冲抵个人所得税
   C. 公司的设立和解散程序复杂、费用较高，但具有一定的规模效应
   D. 有限责任公司只承担有限责任，风险相对较小
3. 下列选项中，属于设立子公司的有利条件的是（　　）。
   A. 便于经营，财务会计制度要求也比较简单
   B. 经营期内，境外子公司的亏损可以在当期抵冲母公司的利润，减轻税收负担
   C. 若东道国适用税率低于居住国，子公司的累积利润可递延纳税，有时子公司的适用税率比分公司低
   D. 子公司与母公司之间的资本转移，不涉及所有权变动，不必负担税收
4. 下列选项中，属于设立分公司的有利条件的是（　　）。
   A. 亏损可以冲抵总公司的利润
   B. 可享有东道国给其居民公司同等的优惠待遇
   C. 独立承担企业所得税的纳税义务
   D. 与母公司各自以其独立的财产承担责任
5. 下列选项中，不属于企业所得税纳税人的是（　　）。
   A. 国有企业　　B. 外商投资企业
   C. 公司制企业　　D. 个人独资企业
6. 下列选项中，属于无形资产的是（　　）。
   A. 货币资金　　B. 建筑物
   C. 商誉　　D. 设备

7. 在税法允许的前提下，采用（　　）进行固定资产折旧最好。

A. 直线折旧法　　B. 产量法

C. 双倍余额递减法　　D. 平均年限法

8.《中华人民共和国企业所得税法》规定，企业与其关联方共同开发、受让无形资产，或者共同提供、接受劳务发生的成本，在计算应纳税所得额时应当按照（　　）进行分摊。

A. 公平交易原则　　B. 独立交易原则

C. 公允市场价值　　D. 非受控第三方价格

9. 按照我国税法的规定，企业当期发生亏损，可用以后（　　）年税前利润进行弥补。

A. 3　　B. 6

C. 5　　D. 4

10. 就税收负担来说，公司形式应以（　　）为佳。

A. 有限责任公司　　B. 股份有限公司

C. 私营企业　　D. 个人独资企业

11. 企业销售货物时，知道对方的资金周转情况不好，应采用（　　）销售。

A. 分期收款方式　　B. 直接收款法

C. 代销结算方式　　D. 委托收款方式

12. 企业在对结算方式进行税收筹划时，主要分为采购结算方式的筹划和（　　）。

A. 赊购方式的筹划　　B. 现金采购的筹划

C. 销售结算方式的筹划　　D. 现金折扣的筹划

13. 下列选项中，固定资产不得提取折旧的是（　　）。

A. 以经营租赁方式租入的固定资产

B. 以经营租赁方式租出的固定资产

C. 以融资租赁方式租入的固定资产

D. 经营生产用设备

14. 合理提前所得年度或合理推迟所得年度，从而起到减轻税负或延期纳税的作用，这种税务处理属于（　　）。

A. 企业投资决策中的税收筹划　　B. 企业生产经营中的税收筹划

C. 企业成本核算中的税收筹划　　D. 企业成果分配中的税收筹划

15. 就所得税处理中的费用扣除问题，从税收筹划的角度看，下列选项中，不利于企业获得税收利益的是（　　）。

A. 各项费用中能待摊不预提

B. 各项支出中凡是能直接计入营业成本、期间费用和损失的不计入生产成本

C. 各项支出中凡是能计入成本的不计入资产

D. 费用扣除的基本原则是就早不就晚

16. 下列关于企业税收筹划的说法中，正确的是（　　）。

A. 企业进行税收筹划时，应当尽可能避免作为非居民纳税人，而选择作为居民纳税人可以达到节省税金支出的目的

B. 许多外商投资企业和外国企业将实际管理机构设在低税区，或者在低税区设立销售公司，然后以该销售公司的名义从事营销活动。这种方法对所有的商品转让都适合，在跨国经营公司中尤其如此

C. 一般而言，税负可以转嫁的税种称为间接税

D. 一般而言，税负不能转嫁的税种称为间接税

17. 下列关于税收递延的说法中，正确的是（　　）。

A. 从是否可调整的角度看，税收递延涉及的是时间性差异

B. 从是否可调整的角度看，税收递延涉及的是永久性差异

C. 由于时间性差异的发生是由于所得税法与会计准则的实质性差别所引起的，因此不存在递延问题

D. 会计所得与计税所得的差异仅指时间性差异

18. 下列选项中，不允许在企业所得税应纳税所得额中据实扣除的有（　　）。

A. 企业的财产保险费　　B. 向金融机构的借款利息支出

C. 转让固定资产的费用　　D. 企业的赞助支出

19. 企业从事（　　）项目的所得，减半征收企业所得税。

A. 糖料作物的种植　　B. 香料作物的种植

C. 油料作物的种植　　D. 麻料作物的种植

20、纳税人在计算企业所得税应纳税所得额时，企业发生的（　　），不超过规定比例的部分准予在税前扣除，超过部分准予在以后纳税年度结转扣除。

A. 职工教育经费　　B. 工会经费

C. 社会保险费　　D. 职工福利费

21. 下列选项中，不属于我国企业所得税纳税人的是（　　）。

A. 在外国成立但实际管理机构在中国境内的企业

B. 在中国境内成立的外商独资企业

C. 在中国境内成立的个人独资企业

D. 在中国境内未设立机构、场所，但有来源于中国境内所得的企业

22. 下列选项中，按照负担、支付所得的企业场所所在地确定所得来源地的是（　　）。

A. 股息、红利所得　　B. 提供劳务所得

C. 权益性投资资产转让所得　　D. 利息所得

23. 某居民企业2020年实际支出的工资、薪金总额为150万元，本期发生福利费20万元，拨缴工会经费3万元，已取得工会拨缴收据，实际发生职工教育经费4.5万元。该企业2020年应调整的应纳税所得额为（　　）万元。

A. 0　　B. 0.75

C. 9.75　　D. 5.50

24. 某工业企业2020年度全年销售收入为1 000万元，转让无形资产所有权收入100万元，提供加工劳务收入150万元，变卖固定资产收入30万元，视同销售收入100万元，当年发生业务招待费10万元。该企业2020年度所得税税前可以扣除的业务招待费用为（　　）万元。

A. 6　　B. 6.25

C. 4.75　　D. 3.75

25. 根据《中华人民共和国企业所得税法》及其实施条例的规定，下列选项中，允许在应纳税所得额中扣除的是（　　）。

A. 子公司以管理费名义支付给母公司的费用

B. 税务机关处以的罚款

C. 非正常损失有赔偿的部分

D. 企业之间支付的租金

26. 某企业注册资本为3 000万元，2020年按同期金融机构贷款利率从其关联方借款6 800万元，发生借款利息680万元。关联方实际税负低于该企业。该企业准予扣除的利息金额为（　　）万元。

A. 680　　B. 600

C. 480　　D. 490

27. 下列选项中，按分配所得的所在地确定所得来源地的是（　　）。

A. 销售货物所得　　B. 股息所得

C. 动产转让所得　　D. 特许权使用费所得

28. 某企业2020年销售收入2 000万元。当年实际发生业务招待费20万元。该企业当年可以在所得税税前列支的业务招待费金额为（　　）万元。

A. 10　　B. 12

C. 15　　D. 20

29. 某居民企业2020年度取得生产经营收入总额2 800万元，发生销售成本2 000万元、财务费用150万元、管理费用400万元（其中，含业务招待费为15万元，未包含相关税金及附加），上缴增值税60万元、消费税140万元、城市维护建设税14万元、教育费附加6万元。“营业外支出”账户中列支被工商行政管理部门罚款7万元、通过公益性社会团体向扶贫地区进行扶贫捐赠10万元。该企业在计算2020年度应纳税所得额时，准予扣除的公益性捐赠的金额为（　　）万元。

A. 2.25　　B. 8.76

C. 1.24　　D. 10

30. 某高新技术企业因扩大生产规模新建厂房，由于自有资金不足，2020年1月1日向银行借入长期借款1笔，金额为3 000万元，贷款年利率为4.5%。2020年4月1日，该厂房开始建设；12月31日，房屋竣工结算并交付使用。该企业2020年度可以在税前直接扣除的该项借款费用为（　　）万元。

A. 36.65　　B. 35.45

C. 32.75　　D. 33.75

31. 企业发生的下列支出中，可以在发生当期直接在企业所得税税前扣除的是（　　）。

A. 固定资产的大修理支出

B. 租入固定资产的改建支出

C. 固定资产的日常修理支出

D. 已足额提取折旧的固定资产的改建支出

32. 2020 年年初甲居民企业以实物资产 1 600 万元直接投资于乙居民企业，取得乙居民企业 40%的股权。2020 年 12 月，甲居民企业撤回对乙居民企业的全部投资，取得资产总计 2 600 万元，投资撤回时乙居民企业累计未分配利润为 1 000 万元，累计盈余公积为 150 万元。甲居民企业投资撤回应缴纳的企业所得税为（　　）万元。

A. 200　　B. 135

C. 340　　D. 0

33. 下列选项中，免征企业所得税的项目是（　　）。

A. 牲畜、家禽的饲养　　B. 花卉作物的种植

C. 内陆养殖　　D. 香料作物的种植

34. 某高新技术企业取得技术转让收入为 900 万元，其中成本为 100 万元。该企业应缴纳企业所得税（　　）万元。

A. 22.5　　B. 30

C. 37.5　　D. 33

35. 2018 年 1 月 1 日至 2020 年 12 月 31 日，某企业发生的研发费用，未形成无形资产计入当期损益的，在按照规定据实扣除的基础上，再按照研究开发费用的（　　）加计扣除。

A. 50%　　B. 75%

C. 150%　　D. 175%

36. 某居民企业 2020 年 6 月购置并投入使用环境保护专用设备（属于企业所得税优惠目录的范围），取得的增值税专用发票上注明的金额为 300 万元、税额为 39 万元。2020 年，该企业应纳税所得额为 168 万元。该企业当年应缴纳的企业所得税为（　　）万元。

A. 12　　B. 6.9

C. 26　　D. 42

37. 甲生产企业 2020 年 8 月与乙公司达成债务重组协议，甲生产企业以自产的产品抵偿所欠乙公司一年前发生的债务 280 万元。该产品生产成本为 180 万元，市场价值 220 万元。另外，甲生产企业库存产品因管理不善发生非正常损失，账面成本为 15 万元，其中原材料成本为 10 万元（对应进项税额已经抵扣）。经税务机关批准，该损失可以税前扣除。就这两项业务，甲生产企业应纳企业所得税为（　　）万元。

A. 11.48　　B. 12.05

C. 13.78　　D. 21.48

38. 摩托车生产企业合并一家小型股份公司。小型股份公司全部资产公允价值为5 700万元、全部负债为3 200万元、未超过弥补年限的亏损额为620万元。合并时，摩托车生产企业给小型股份公司的股权支付额为2 300万元、银行存款为200万元。该合并业务符合企业重组特殊性税务处理的条件且实行此方法。截至当年年末，国家发行的最长期限的国债利率为6%。合并企业可弥补的被合并企业亏损限额为（　　）万元。

A. 620　　B. 120

C. 150　　D. 200

39. 某居民企业2020年实现会计利润总额120万元。该居民企业在当年生产经营活动中发生了对目标脱贫地区的捐赠支出20万元，购买了价值30万元的环境保护专用设备，取得了增值税专用发票。假设该居民企业当年无其他纳税调整项目，2020年，该居民企业应缴纳企业所得税（　　）万元。

A. 27　　B. 28.4

C. 30　　D. 31.4

40. 企业发生的公益性捐赠支出未在当年税前扣除的部分，准予向以后年度结转扣除，但结转年限自捐赠发生年度的次年起计算，最长不得超过（　　）年。

A. 1　　B. 2

C. 3　　D. 5

二、多项选择题

1. 根据我国企业所得税法的有关规定，下列说法中，正确的有（　　）。

A. 非居民企业不在我国缴纳企业所得税

B. 非居民企业只就来源于中国境内的所得缴纳企业所得税

C. 居民企业应就来源于中国境内外的所得缴纳企业所得税

D. 在中国境内未设立机构场所的非居民企业来源于境外的所得，不缴纳企业所得税

2. 下列选项中，按10%的税率计算企业所得税的是（　　）。

A. 小型微利企业

B. 在中国境内虽设立机构、场所但取得所得与其机构、场所没有实际联系的非居民企业

C. 在中国境内未设立机构、场所但有来源于中国境内所得的非居民企业

D. 在中国境内设立机构场所的非居民企业，来源于境外与其所设机构、场所有实际联系的所得

3. 下列选项中，属于企业所得税免税收入的有（　　）。

A. 企业投资者持有2019—2023年发行的铁路债券取得的利息收入

B. 2020年，电影主管部门按照各自职能权限批准从事电影制片、发行、放映的电影集团公司取得的转让电影版权的收入

C. 居民企业直接投资于其他居民企业取得的投资收益

D. 非营利组织从事营利性活动取得的收入

4. 下列选项中，属于企业所得税不征税收入的有（　　）。

A. 企业根据法律、行政法规等有关规定，代政府收取的具有专项用途的财政资金

B. 符合条件的非营利组织的收入

C. 企业取得的，经国务院批准的财政、税务主管部门规定专项用途的财政性资金

D. 国债利息收入

5. 下列选项中，属于视同销售行为，应缴纳企业所得税的有（　　）。

A. 企业将自产的货物分配给投资者

B. 企业将外购的货物用于对外投资

C. 企业将自产的原材料继续加工生产产品

D. 企业将外购的货物无偿赠送他人

6. 下列关于确定企业所得税收入的说法中，正确的有（　　）。

A. 企业发生的商业折扣应当按扣除商业折扣后的余额确定销售商品收入金额

B. 企业发生的现金折扣应当按扣除现金折扣后的余额确定销售商品收入金额

C. 为特定客户开发软件的收费，应根据开发的完工进度确认收入

D. 采取产品分成方式取得收入的，按照企业分得产品的日期确认收入的实现

7. 下列关于企业所得税收入的表述中，正确的有（　　）。

A. 只允许取得会籍而收取的会员费，于取得时确认收入

B. 长期为客户提供重复的劳务收取的劳务费，在相关劳务活动发生时确认收入

C. 属于提供初始及后续服务的特许权费，在提供服务时确认收入

D. 企业以买一赠一等方式组合销售本企业商品的，赠品不缴纳企业所得税

8. 下列选项中，属于我国企业所得税居民企业的是（　　）。

A. 依法在我国境内成立的外商投资企业

B. 在加拿大注册，但是实际管理机构在我国境内的企业

C. 在我国香港注册且实际管理机构也在我国香港的企业

D. 在美国注册成立且实际管理机构不在我国境内，但是在我国设立机构场所的企业

9. 根据企业所得税的相关规定，下列关于企业亏损弥补的说法中，正确的有（　　）。

A. 境外营业机构的亏损可以用境内营业机构的盈利弥补

B. 一般企业亏损弥补的年限最长不得超过 5 年

C. 一般性税务处理下被分立企业的亏损不得由分立企业弥补

D. 境内营业机构的亏损可以用境外营业机构的盈利弥补

10. 下列选项中，不可以在企业所得税税前扣除的有（　　）。
A. 企业因自然灾害造成的财产损失
B. 支付合同违约金
C. 未取得合法有效的扣除凭证的支出
D. 企业缴纳的税款滞纳金
11. 下列选项中，不属于企业所得税工资、薪金支出范围的有（　　）。
A. 雇员年终加薪的支出
B. 按规定为雇员缴纳社会保险的支出
C. 为雇员提供的劳动保护费的支出
D. 向雇员支付加班工资的支出
12. 下列关于企业所得税收入确认时间的表述中，正确的有（　　）。
A. 企业转让股权收入，应于转让协议生效且完成股权变更手续时，确认收入的实现
B. 股息、红利等权益性投资收益，除另有规定外，按照投资方做出利润分配决定的日期确认收入的实现
C. 特许权使用费收入，按照合同约定的特许权使用人应付特许权使用费的日期确认收入的实现
D. 接受捐赠收入，按照实际收到捐赠资产的日期确认收入的实现
13. 下列选项中，不得在企业所得税税前扣除的有（　　）。
A. 自创商誉
B. 外购商誉的支出
C. 已足额提取折旧仍继续使用的固定资产
D. 房屋、建筑物以外的未投入使用的固定资产计提折旧
14. 下列选项中，收入暂不征收企业所得税的是（　　）。
A. 对证券投资基金从证券市场中取得的收入
B. 对投资者从证券投资基金分配中取得的收入
C. 对证券投资基金管理人运用基金买卖股票、债券的差价收入
D. 国债利息收入
15. 下列关于企业所得税实际征收率的表述中，正确的有（　　）。
A. 符合条件的小型微利企业取得的所得，实际征收率为10%
B. 经认定的技术先进型服务企业，实际征收率为15%
C. 在中国境内未设立机构、场所的非居民企业，取得的来源于中国境内的所得，实际征收率为10%
D. 在中国境内设立机构、场所的非居民企业，取得与该机构、场所有实际联系的所得，实际征收率为15%

16. 下列选项中，自取得项目第一笔生产经营收入年度起，享受企业所得税“三免三减半”优惠政策的有（　　）。
A. 从事符合条件的环境保护、节能节水项目所得
B. 综合利用资源取得的所得

C. 从事国家重点扶持的公共基础设施项目投资经营的所得

D. 企业承包建设符合条件的公共基础项目投资经营的所得

17. 下列关于固定资产加速折旧优惠的表述中，正确的有（　　）。

A. 自 2019 年 1 月 1 日起，适用规定固定资产加速折旧优惠的行业范围，扩大至全部制造业领域

B. 企业的固定资产由于技术进步等原因，确需加速折旧的，可以缩短折旧年限或采取加速折旧的方法

C. 采取缩短折旧年限方法的，最低折旧年限不得低于规定折旧年限的 80%

D. 采取加速折旧方法的，可以采取双倍余额递减法或年数总和法

18. 在一般性税务处理条件下，下列选项中，对企业股权收购重组交易的处理符合规定的有（　　）。

A. 被收购方应确认股权转让所得或损失

B. 收购方取得股权的计税基础应以公允价值为基础确定

C. 被收购企业的相关所得税事项原则上保持不变

D. 收购方取得股权的计税基础应以账面价值为基础确定

19. 下列关于企业重组的所得税处理的表述中，正确的有（　　）。

A. 重组交易中，适用特殊性税务处理规定时，双方均不计算所得或损失

B. 发生债权转股权的，应当分解为债务清偿和股权投资两项业务，确认有关债务清偿所得或损失

C. 适用一般性税务处理时，企业分立相关企业的亏损不得相互结转弥补

D. 资产收购，所得税要适用特殊性税务处理规定，条件之一是受让企业收购的资产不低于转让企业全部资产的 50%

20. 根据企业所得税的相关规定，下列选项中，属于在资产收购时适用特殊性税务处理条件的有（　　）。

A. 具有合理的商业目的且不以减少、免除或推迟缴纳税款为主要目的

B. 受让企业收购的资产不低于转让企业全部资产的 85%

C. 受让企业在资产收购发生时的股权支付金额不低于其交易支付总额的 50%

D. 资产收购后的连续 12 个月内不改变收购资产原来的实质性经营活动

21. 生产性生物资产包括（　　）。

A. 薪炭林　　B. 防风固沙林

C. 经济林　　D. 产畜

22. 下列关于无形资产的企业所得税处理中，正确的有（　　）。

A. 无形资产的摊销，采取直线法计算

B. 无形资产的摊销年限不得低于 10 年

C. 自创的商誉不得计算摊销费用扣除

D. 自行开发的支出已在计算应纳税所得额时扣除的无形资产，可以计算摊销税前扣除

三、判断题

1. 在所得税方面，纯粹从税收角度来考虑，个体工商户的税负较私营企业稍重。（ ）

2. 在中国境内未设立机构、场所的非居民企业，不在中国境内纳税。（ ）

3. 在分支机构发生亏损时，子公司比分公司可以享受更多的税收利益。（ ）

4. 选择分支机构时，还要考虑非税因素的影响。（ ）

5. 外国政府债券利息收入免征企业所得税。（ ）

6. 盈利企业兼并亏损企业，有助于实现盈利企业的规模化经营，但不能实现税收筹划的目标。（ ）

7. 所得税类一般不存在转嫁问题，因此被称为间接税。（ ）

8. 某国有企业直接向某希望小学捐款，可以在计算应纳税所得额时扣除。（ ）

9. 企业在计算应纳税所得额时，其向非金融机构借款的利息支出可按实际发生额扣除。（ ）

10. 外国企业在中国境内未设有机构、场所，但有来源于中国境内的所得时，应按我国税法规定缴纳企业所得税。（ ）

11. 《中华人民共和国企业所得税法》中的居民企业纳税义务人负有全面纳税义务，应就其来源于境内、境外所得申报缴纳企业所得税。（ ）

12. 综合利用资源，生产国家非限制和禁止并符合国家和行业相关标准的产品取得的收入，减按90%计入收入总额。（ ）

13. 在中国境内设有机构、场所且所得与机构、场所有关联的非居民企业适用20%的企业所得税税率。（ ）

14. 捐赠支出可以在计算企业所得税前予以扣除。（ ）

15. 企业从事蔬菜种植的所得免征企业所得税。（ ）

16. 一个纳税年度内，居民企业取得800万元的技术转让所得，免征企业所得税。（ ）

17. 企业为开发新技术、新产品、新工艺发生的研究开发费用，未形成无形资产的，计入当期损益据实扣除。（ ）

18. 《中华人民共和国企业所得税法》规定，企业安置残疾人就业所支付的工资，在据实扣除的基础上，按照支付给残疾职工工资的100%加计扣除。（ ）

19. 利息收入和股息收入一样，都表现为全额增加企业所得税的应纳税所得额。（ ）

20. 纳税人缴纳的增值税不得在企业所得税前扣除，但按照当期实际缴纳的增值税计算的城市维护建设税和教育费附加，准予在所得税前扣除。（ ）

21. 纳税人在生产、经营期间的借款利息支出作为费用，在计算应纳税所得时，可以按实际发生额扣除。（ ）

22. 企业发生的年度亏损，可以用以后5个盈利年度的所得弥补。（ ）

23. 某一般居民企业当年应纳税所得额为50万元，但上一年度利润表上亏损48万元，则当年应缴纳企业所得税5 000元。（ ）

四、思考题

1. 企业设立从属机构时有哪些选择？相应的税收待遇有什么区别？

2. 公司与个人独资企业缴纳所得税有什么区别？

3. 企业应如何合理地选择折旧方法？固定资产折旧筹划的方法有哪些？

4. 如何运用企业所得税的税率进行税收筹划？

5. 如何利用小型微利企业的税收待遇进行税收筹划？

6. 国家对于科技研发给予了怎样的税收支持？

7. 我国在安置特殊人员就业方面制定了哪些企业所得税税收优惠政策？请比较分析这些政策的优惠待遇，并分析利用这些优惠政策进行税收筹划的适用条件及范围。

五、计算问答题

1. 某居民企业2020年取得销售产品收入为1 000万元，利润总额为250万元，已经按照规定预缴了企业所得税50万元。2021年2月，会计师事务所受托对该企业2020年度纳税情况进行审核，获得如下资料：

（1）“投资收益”科目中包括转让国债收入25万元（其中，含国债利息收入10万元），从境内未上市居民企业取得投资收益100万元。

（2）“营业外支出”科目中包括通过民政部门向灾区捐赠50万元，直接向某农村小学捐赠20万元，自然灾害净损失30万元。

（3）企业销售费用中含广告费185万元、给客户的回扣费用5万元（无法提供合理票据）。企业管理费用中包含业务招待费12.5万元、研发费50万元。

（4）企业于2020年向境内某居民企业（非关联方）支付借款利息支出48万元。该笔利息的借款发生在2020年1月1日，借款金额为530万元，约定借款期1年。金融机构同期同类贷款年利率为6%。

（5）企业2020年12月接受其他单位捐赠的汽车一辆，取得的增值税普通发票上注明金额为45万元，企业未进行任何账务处理。

要求：根据上述资料，回答下列问题。

（1）计算业务（1）应调整的应纳税所得额。

（2）计算业务（2）应调整的应纳税所得额。

（3）计算业务（3）合计应调整的应纳税所得额。

（4）计算业务（4）应调整的应纳税所得额。

（5）计算企业应补缴的企业所得税。

2. 某医药制造企业（增值税一般纳税人）是国家需要重点扶持的高新技术企业。该企业2020年取得商品销售收入5 500万元，转让固定资产的净收益550万元，投资收益为80万元；发生商品销售成本2 200万元，发生税金及附加120万元，发生销售费用1 900万元，发生管理费用960万元，发生财务费用180万元，发生营业外支出100万元，实现利润总额670万元，预缴企业所得税75万元。注册会计师经审核发现2020年该企业存在如下问题：

（1）该企业于12月购进一台符合《安全生产专用设备企业所得税优惠目录》规定的安全生产专用设备，取得的增值税专用发票上注明价款为30万元、增值税为3.9万元，当月投入使用。

（2）管理费用中含业务招待费80万元，研发费100万元。

（3）销售费用中含广告费800万元，业务宣传费300万元。

（4）财务费用中含支付给银行的借款利息60万元（借款金额1 000万元，期限1年，用于生产经营）；支付给境内关联方借款利息60万元（借款金额1 000万元，期限1年，用于生产经营）。已知关联方的权益性投资为400万元，此项交易活动不符合独立交易原则且该企业实际税负高于境内关联方。

（5）营业外支出中含通过公益性社会组织向灾区捐款55万元、向目标脱贫地区捐赠10万元，因违反合同约定支付给其他企业违约金30万元，因违反工商管理规定被工商管理部门处以罚款5万元。

（6）投资收益中含国债利息收入10万元，从境外A国子公司分回税后收益45万元（A国政府规定的所得税税率为20%），从境外B国子公司分回税后投资收益25万元（B国政府规定的所得税税率为10%）。

（7）已计入成本、费用中的全年实发合理的工资总额为400万元，实际拨缴的工会经费为6万元，发生职工福利费为60万元、职工教育经费为15万元。其他相关资料：该企业选择“分国（地区）不分项”方式计算可抵免境外所得税税额和抵免限额，不考虑预提所得税。

要求：根据上述资料，回答下列问题。

（1）计算该企业业务招待费应调整的应纳税所得额。

（2）计算该企业研发费应调整的应纳税所得额。

（3）计算该企业广告费和业务宣传费应调整的应纳税所得额。

（4）计算该企业利息费用应调整的应纳税所得额。

（5）计算该企业营业外支出应调整的应纳税所得额。

（6）计算该企业工会经费、职工福利费和职工教育经费应调整的应纳税所得额。

（7）计算该企业2020年度境内应纳税所得额。

（8）计算该企业境外所得应在我国补缴的企业所得税。

（9）计算该企业应补（退）企业所得税税额。

3. 设立在我国境内的某重型机械生产企业，由未在中国境内设立机构、场所的非居民企业持股25%，2020年主营业务收入7 500万元，其他业务收入2 300万元，营业外收入1 200万元，主营业务成本6 000万元，其他业务成本1 300万元，营业外支出800万元，可以扣除的相关税费及附加420万元，销售费用1 800万元，管理费用1 200万元，财务费用180万元，投资收益1 700万元。

当年发生的部分具体业务如下：

（1）该企业当年10月将两台重型机械设备通过市政府捐赠给受灾地区，用于公共设施建设。“营业外支出”中已列支两台设备的成本及对应的销项税额合计236.4万元。每台设备市场售价为140万元（不含增值税）。

（2）该企业当年10月向95%持股的境内子公司转让一项账面余值（计税基础）为500万元的专利技术，取得转让收入700万元。假设不考虑相关税费，该项转让业务已通过省科技部门认定登记。

（3）该企业当年实际发放职工工资1 400万元，发生职工福利费支出200万元，拨缴工会经费30万元并取得专用收据，发生职工教育经费支出25万元，以前年度累计结转至本年的职工教育经费为5万元。

（4）该企业当年发生广告费支出1 505万元，以前年度累计结转至本年的广告费为15万元。

（5）该企业从事国家重点支持的高新技术领域规定项目的研究开发活动，对研发费用实行专账管理，发生研发费用支出200万元（含委托境外单位开展研发活动的委托研发费用80万元），未形成无形资产，计入当期损益。

（6）该企业就2020年税后利润向全体股东分配股息1 000万元。

其他相关资料：除非特别说明，各扣除项目均已取得有效凭证，相关优惠已办理必要手续，不考虑税收协定的影响。

要求：根据上述资料，按照下列顺序计算回答问题。

（1）计算业务（1）应调整的应纳税所得额。

（2）计算业务（2）应调整的应纳税所得额。

（3）计算业务（3）应调整的应纳税所得额。

（4）计算业务（4）应调整的应纳税所得额。

（5）计算业务（5）应调整的应纳税所得额。

（6）计算业务（6）应预提的企业所得税税额。

（7）计算该企业2020年应纳企业所得税税额。

4. 某市生产企业为增值税一般纳税人，2020 年取得产品不含税销售收入6 000 万元，当年发生产品销售成本 2 600 万元，销售费用 1 200 万元，管理费用 480 万元，财务费用 60 万元，投资收益 120 万元，营业外支出 150 万元，销售税金 160 万元（其中，含增值税 120 万元）。该企业当年发生部分业务如下：

（1）计入成本、费用中的实发工资总额为 1 000 万元，拨缴职工工会经费 25 万元，发生职工福利费 150 万元，发生职工教育经费 30 万元。

（2）销售费用含当年发生的广告支出 1 050 万元。

（3）管理费用中含当年发生的业务招待费 25 万元。

（4）营业外支出中含通过公益性社会团体向贫困山区捐款 100 万元，因管理不善造成的资产损失 15 万元，直接捐赠给扶贫帮扶对象 5 万元，支付税收滞纳金 6 万元。

（5）该企业向境内关联方借款 750 万元，年利率为 7%（金融企业同期贷款利率为 6%），实际支付利息 52.5 万元。关联企业在该企业的权益性投资为 250 万元。该企业不能证明此项交易符合独立原则，也不能证明实际税负不高于关联企业。

（6）该企业撤回对境内某公司的股权投资取得 85 万元，其中原始投资成本 50 万元，相当于被投资企业累计未分配利润和累计盈余公积按减少实收资本的比例计算的部分为 15 万元。

（7）该企业 2019 年 12 月购入机器设备一台并投入使用，不含税价款为 350 万元，采用直线法进行摊销，预计使用年限为 10 年，净残值率为 5%。该企业选择一次性扣除。

（8）该企业分别在 A、B 两国设有分公司（我国与 A、B 两国已经缔结避免双重征税协定）。该企业在 A 国分公司的应纳税所得额为 50 万元，A 国税率为 20%；在 B 国分公司的应纳税所得额为 30 万元，B 国税率为 30%。两个分公司在 A、B 两国分别缴纳了 10 万元和 9 万元的企业所得税，该企业选择分国抵免方法。

要求：根据上述资料，按下列顺序计算回答问题，如有计算，每问需计算出合计数。

（1）计算企业的会计利润总额。

（2）计算业务（1）应调整的应纳税所得额。

（3）计算业务（2）应调整的应纳税所得额。

（4）计算业务（3）应调整的应纳税所得额。

（5）计算业务（4）应调整的应纳税所得额。

（6）计算业务（5）应调整的应纳税所得额。

（7）计算业务（6）应调整的应纳税所得额。

（8）计算业务（7）应调整的应纳税所得额，并说明理由。

（9）计算企业境内所得的应纳税所得额。

（10）计算企业境外所得在我国应补缴的企业所得税额。

（11）计算企业年终汇算清缴实际缴纳的企业所得税。

六、案例分析题

【案例一】境内 M 基金公司与 A、B 两家公司的境外股东 N 投资公司为关联企业，其意图获得 A、B 两家公司 100%股权，从而间接拥有两家公司名下某楼宇的所有权，进而以该楼宇价值为担保对外公开发行企业债券。于是 M 基金公司新设立金 A 公司和金 B 公司，分别与 N 投资公司签订股权转让协议，金 A 公司收购 A 公司 100%的股权，金 B 公司收购 B 公司 100%的股权，从而实现 M 公司对 A 公司和 B 公司所持有的楼宇的控制权。

按双方合同约定，A、B 两家公司 2016 年度前 9 个月的投资收益仍归属于原股东——境外非居民企业 N 投资公司。待股权转让完成后，A、B 两家公司立即对股权受让方分别实行反向合并，即 A 公司对金 A 公司进行吸收合并，B 公司对金 B 公司进行吸收合并，合并后，A、B 两家公司继续经营，而金 A、金 B 两家公司则随后注销。

税务机关调查人员在审核业务信息时对 A、B 两家公司频繁向境外股东分配股息的做法感到困惑。经过调查最终发现，金 A、金 B 两家公司成立已半年有余，却迟迟未办理税务登记，已经违反了税法规定。按照税法规定，境内企业与非居民企业签署股权转让合同，应于合同签署生效起 30 日内向主管税务机关备案，但金 A、金 B 两家公司同样没有依照规定按时报送股权交易有关资料，从而逃避缴纳相应的股权转让所得税款。

思考一：逃避缴纳企业所得税税款将会对企业自身及国家造成什么样的影响？

思考二：随着新型金融市场交易方式的产生，税收征管方面将会面临哪些新的难题？

思考三：面对此种情况，企业应如何应对？

【案例二】A 公司是北京市一家园林绿化企业，收入主要来源于绿化工程、绿化养护和租赁服务。其中，绿化工程大部分为政府工程，与区域经济联系紧密。2013 年，A 公司取得绿化工程收入 33 222 万元、租赁收入 8 万元、绿化养护服务收入 91 万元。该公司 2013 年收入虽超过 3 亿元，但同年申报的企业所得税应纳税款为 0，收入利润率畸低。

A 公司承接的很多绿化工程在北京市的远近郊区，很多需要与乡镇、农户打交道。为确保施工顺利，A 公司遵从业内的一些“潜规则”，采购了很多“不得不买”的树苗。但是很多卖树苗的人开不出发票，于是卖树苗的人就采用其他方式找发票来卖树苗。只要是真发票，A 公司就收下当做进项抵扣。

税务机关根据市局提供的线索，通过对 A 公司的收入费用展开核查，最终查明 A 公司共取得 48 张问题发票，涉及金额 3 600 余万元，A 公司存在重大“偷税”嫌疑。但是，A 公司称其有关苗木支出是真实的。税务机关以证据为基础，成功复原了 A 公司采购苗木的真实情况：在原 3 610 万元问题发票中，有 2 583 万元支出符合税法规定，可以在企业所得税税前扣除；有 1 027 万元支出未能证实其真实性，不允许在税前扣除。综合其他税款、弥补亏损等因素，A 公司最终查补企业所得税 228 万元，加收税款滞纳金 31 万元。

思考一：计算企业所得税应纳税额时，有哪些项目准予税前扣除？

思考二：案例中的问题发票如何影响了企业所得税的缴纳金额？

第五章
个人所得税

一、单项选择题

1. 根据个人所得税法的规定，个人所得税的纳税义务人不包括（　　）。

A. 个体工商业主　　B. 个人独资企业

C. 在中国有所得的外籍人员　　D. 私营企业

2. 李某在一家晚报上连载某小说半年，前3个月每月月末报社支付稿酬10 000元；后3个月每月月末报社支付稿酬5 000元。李某所获稿酬应缴纳的个人所得税为（　　）元。

A. 3 688　　B. 4 500

C. 4 980　　D. 5 040

3. 个体工商户的生产经营所得，以每一纳税年度的收入总额，减除成本、费用以及损失后的余额，为应纳税所得额。下列关于对个体工商户捐赠支出扣除的说法中，错误的是（　　）。

A. 捐赠手段在必要时可以达到税收筹划的效果，从而收到既降低税收负担又扩大纳税人的社会影响的效果

B. 捐赠必须是间接捐赠，主要是指个人将其所得通过中国境内的社会团体、国家机关向教育和其他社会公共事业及遭受严重自然灾害地区、贫困地区捐赠

C. 捐赠额未超过纳税人申报的应纳税所得额30%的部分，可以从其应纳税所得额中扣除

D. 纳税人发生的纯公益性捐赠支出可以在税前从应税所得额中全额扣除

4. 下列选项中，不属于免纳个人所得税项目的是（　　）。

A. 国债和国家发行的金融债券利息

B. 按照国家统一规定发给的补贴、津贴

C. 依照我国有关法律规定应予免税的各国驻华使馆、领事馆的外交代表、领事官员和其他人员的所得

D. 个人转让自用达5年以上并且是唯一的家庭居住用房取得的所得

5. 我国税法规定，纳税义务人从中国境外取得的所得，准予其在应纳税额中扣除已在境外缴纳的个人所得税税额。关于该规定的具体执行，下列说法中，错误的是（　　）。

A. 扣除额不得超过该纳税人境外所得依照税法规定计算的应纳税额

B. 已在境外缴纳的个人所得税税款是指纳税人从中国境外取得的所得，依照该所得来源国家或地区的法律应当缴纳并且实际已经缴纳的税款

C. 依照税法规定计算的应纳税额是指纳税人从中国境外取得的所得，区别不同国家或地区，但不区分应税项目，依照税法规定的费用减除标准和适用税率计算的应纳税额

D. 纳税人在中国境外一个国家或地区实际已经缴纳的个人所得税税额，超过该国家或地区扣除限额的，其超过部分不得在本纳税年度的应纳税额中扣除，但是可以在以后不超过5个纳税年度的该国家或地区扣除限额的余额中补扣

6. 根据《中华人民共和国个人所得税法》的规定，居民纳税义务人是指在中国境内有住所，或者无住所而在中国境内居住满（　　）天的个人。

A. 183　　B. 365

C. 90　　D. 180

7. 个人作品以图书、报刊形式出版、发表取得的所得应按（　　）税目计征个人所得税。

A. 工资、薪金所得　　B. 劳务报酬所得

C. 特许权使用费所得　　D. 稿酬所得

8. 约翰是美国人，在我国境内无住所，2020年7月10日来华工作，2021年5月15日回国。其间从未离境，则该纳税人（　　）。

A. 2020年度为我国非居民个人，2021年度为我国居民个人

B. 2020年度为我国居民个人，2021年度为我国非居民个人

C. 2020年度和2021年度均为我国非居民个人

D. 2020年度和2021年度均为我国居民个人

9. 张先生为自由职业者，2020年5月取得如下所得：从境内A上市公司取得股息所得16 000元，持股满6个月；从境内B非上市公司取得股息所得7 000元；取得国债利息收入5 000元。张先生上述所得应缴纳个人所得税（　　）元。

A. 4 600　　B. 3 000

C. 2 000　　D. 5 600

10. 以下在计算个人独资企业生产经营所得的应纳税所得额时，不允许扣除的项目有（　　）。

A. 业主每月领取的工资

B. 以经营租赁方式租入固定资产的费用

C. 按规定缴纳的协会会费

D. 发生的与生产经营有关的财产保险费

11. 中国公民李某取得工程设计收入20 000元。李某从中拿出5 000元，直接捐赠给了农村义务教育。李某就该笔收入应预缴的个人所得税为（　　）元。

A. 0　　B. 1 400

C. 3 200　　D. 3 800

12. 个体工商户发生的下列支出中，允许在个人所得税税前扣除的是（　　）。

A. 用于家庭的支出

B. 非广告性质赞助支出

C. 已缴纳的增值税税款

D. 生产经营过程中发生的财产转让损失

13. 下列选项中，应按“综合所得”缴纳个人所得税的是（　　）。

A. 工资、薪金所得　　B. 经营所得

C. 财产租赁所得　　D. 财产转让所得

14. 下列选项中，属于个人所得税“工资、薪金所得”征税范围的是（　　）。

A. 独生子女补贴　　B. 劳动分红

C. 托儿补助费　　D. 外国来华留学生领取的生活津贴费

15. 下列选项中，应按照特许权使用费所得征收个人所得税的是（　　）。

A. 转让债券取得的所得

B. 转让住房取得的所得

C. 个人将其收藏的已故作家文字作品手稿拍卖取得的所得

D. 个人将自己的文字作品手稿拍卖取得的所得

16. 在计算个人所得税时，下列选项中，允许在税前全额扣除的是（　　）。

A. 通过非营利性社会团体向贫困地区的捐赠

B. 通过非营利性社会团体向遭受严重自然灾害地区的捐赠

C. 用于对关联性科研机构经费的资助

D. 个人捐赠北京 2022 年冬奥会、冬残奥会、测试赛的资金和物资支出

17. 在计算个人独资企业生产经营所得的应纳税所得额时，下列选项中，不允许扣除的项目是（　　）。

A. 因贩卖假货被群众举报，市场监督部门查收的假货造成的损失

B. 以融资租赁方式租入固定资产的折旧费用

C. 广告性质的赞助支出

D. 因迟交社保而向社保部门缴纳的滞纳金

18. 根据个人所得税相关规定，计算财产转让所得时，下列选项中，准予扣除的是（　　）。

A. 定额 800 元　　B. 定额 800 元或定率 20%

C. 财产净值　　D. 财产原值和合理费用

19. 个人以非货币资产投资所得，应当属于个人所得税的税目是（　　）。

A. 偶然所得　　B. 股息、红利所得

C. 财产转让所得　　D. 经营所得

20. 某公民 2020 年 8 月买进某公司债券 20 000 份，每份买价为 8 元，共支付手续费 800 元；10 月卖出 10 000 份，每份卖价为 8.3 元，共支付手续费 415 元；11 月末债券到期，该公民取得债券利息收入 2 700 元。该公民应缴纳个人所得税（　　）元。

A. 977　　B. 940

C. 697　　D. 600

21. 纳税人取得的以下所得或发生的以下事项应按照“财产转让所得”缴纳个人所得税的是（　　）。

A. 出租汽车经营单位将出租车所有权转移给驾驶员的，出租车驾驶员从事客货运营取得的收入

B. 合伙企业的个人投资者以企业资金为本人购买汽车

C. 个人终止投资经营收回款项

D. 股份公司为股东购买车辆并将车辆所有权办到股东个人名下

22. 王某 2020 年 3 月因身体原因提前 2 年退休，企业按照统一标准发放给王某一次性补贴 150 000 元。王某应就该项一次性补贴缴纳的个人所得税为（　　）元。

A. 700　　B. 750

C. 780　　D. 900

23. 某企业职工刘某于 2020 年 12 月办理了提前退休手续，其距离法定退休年龄尚有 3 年，一次性补偿款收入为 90 000 元。刘某于 2020 年 12 月应缴纳个人所得税（　　）元。

A. 0　　B. 30

C. 45　　D. 55

24. 王某投资于境内某居民企业，2020 年，由于该居民企业经营状况下降，被某上市公司收购，王某终止其投资，取得股权转让收入 250 000 元，补偿金 10 000 元。已知王某实际出资额为 200 000 元。2020 年，王某终止投资行为应缴纳个人所得税（　　）元。

A. 12 000　　B. 6 000

C. 0　　D. 52 000

25. 个体工商户发生的下列支出中允许在个人所得税税前扣除的是（　　）。

A. 罚金、罚款和被没收财务的损失

B. 个人所得税税款

C. 因管理不善发生的存货损失

D. 直接捐款给失学儿童张某的款项

26. 下列选项中，属于个人所得税“稿酬所得”征税范围的是（　　）。

A. 记者在本单位刊物上发表文章取得的报酬

B. 将国外的图书翻译出版取得的报酬

C. 某知名画家按客户要求进行绘画取得的报酬

D. 提供著作权而取得的报酬

27. 2020 年 7 月 1 日，某内资上市公司实施员工期权计划，A 员工获得 10 000 股（按价格 1 元购买）的配额。2020 年 8 月 1 日，该公司实施第二次期权鼓励计划，A 员工因为职位晋升，获得 20 000 股（按照每股 1 元购买）的配额。2021 年 5 月 1 日，A 员工将第一次期权行权，当日市场价格每股 6 元。当年 6 月 1 日，A 员工将第二次期权行权，当日市场价格每股 8 元。则 A 员工累计应纳个人所得税为（　　）元。

A. 44 500　　B. 33 000

C. 30 375　　D. 21 080

28. 下列关于股票期权个人所得税的有关规定的表述中，不正确的是（ ）。

A. 员工接受实施股票期权计划企业授予的股票期权时，一律不征收个人所得税

B. 员工在行权日之前将股票期权转让的，以股票期权的转让净收入，按“工资、薪金所得”缴纳个人所得税

C. 员工行权时，从企业取得股票的实际购买价低于购买日公平市场价的差额，单独计算个人所得税

D. 员工因拥有股权而参与税后利润分配取得的所得，按“利息、股息、红利所得”缴纳个人所得税

29. 王某2019年4月持有某上市的甲公司股票10 000股，该上市公司2019年度的利润分配方案为每10股送3股，并于2019年9月实施。该股票的面值为每股1元。2020年6月，王某转让该上市公司股票。上市公司应扣缴王某的个人所得税（ ）元。

A. 0　　B. 300

C. 600　　D. 3 000

30. 下列关于个人所得税稿酬所得每次收入确定的表述中，错误的是（ ）。

A. 同一作品再版取得的所得，应视作另一次稿酬所得计征个人所得税

B. 同一作品先在报刊上连载，然后再出版，应视为一次稿酬所得征税

C. 同一作品在报刊上连载取得收入的，以连载完成后取得的所有收入合并为一次，计征个人所得税

D. 同一作品在出版和发表时，以预付稿酬取得的稿酬收入，应合并计算为一次，计征个人所得税

31. 下列选项中，不属于我国居民个人的是（ ）。

A. 在我国有住所，因学习在美国居住一年的李某

B. 在我国工作2年的外籍专家

C. 在我国工作4年的彼得，这期间每年回国探亲25天

D. 来华学习，180天后回国的罗伯特

32. 某高校吴教授取得翻译收入为20 000元，从中先后拿出6 000元、5 000元，通过国家机关分别捐给了农村义务教育和贫困山区。该项翻译收入应预扣预缴的个人所得税为（ ）元。

A. 700　　B. 1 040

C. 1 280　　D. 1 428

33. 某个人独资企业2020年全年销售收入为20万元，销售成本和期间费用为8万元，其中业务招待费为1万元，未发生综合所得。该个人独资企业2020年应预扣预缴的个人所得税为（ ）元。

A. 5 400　　B. 6 900

C. 32 500　　D. 40 000

34. 李某受聘于一家财务咨询服务公司，2020 年每月领取工资 13 600 元，个人负担“五险一金”2 500 元/月。申报专项附加扣除时，李某向单位报送的专项附加扣除信息如下：上小学的儿子一名、尚在偿还贷款的于 5 年前购入的境内住房一套、年满 60 周岁的父母。已知李某是独生子女，所购住房为首套住房，夫妻约定女子教育和住房贷款利息全额由李某扣除。财务咨询服务公司 1 月应为李某预扣预缴工资、薪金所得的个人所得税金额为（　　）元。

A. 0　　B. 45

C. 63　　D. 75

35. 企事业单位对未达到法定退休年龄、正式办理提前退休手续的个人，按照统一标准向提前退休工作人员支付一次性补贴，应按照（　　）项目征收个人所得税。

A. 工资、薪金所得　　B. 劳务报酬所得

C. 经营所得　　D. 偶然所得

36. 王某 2020 年 1 月的工资单由如下项目构成：基本工资 8 000 元，加班费 1 200元，2019 年度 12 月奖金 1 500 元，差旅费津贴 300 元，按规定扣缴的“五险一金”为 960 元。王某向单位报送的专项附加扣除信息如下：上小学的儿子一名，夫妻约定子女教育分别扣除 50%；王某为独生子女，父亲年满 60 周岁。当月单位应预扣预缴王某个人所得税（　　）元。

A. 76.2　　B. 52.2

C. 67.2　　D. 32.7

37. 李某为甲房地产公司的置业顾问，月工资 5 200 元，由于销售业绩显著，2020 年 1 月被评为公司优秀员工，获得去海南三亚旅游的机会，发生旅游费 8 000 元。当月企业从李某的工资中代其缴纳了“五险一金”1 400 元。李某没有专项附加扣除项目。李某 2020 年 1 月应预扣预缴个人所得税（　　）元。

A. 204　　B. 0

C. 354　　D. 216

38. 张某为某公司营销经理，月工资 5 000 元，由于营销业绩突出，2020 年 1 月被公司以工作考察为由派往澳门旅游，免旅游费 9 000 元作为奖励。张某向任职单位申报的专项附加扣除显示：张某有两个孩子，均在上小学，经约定子女教育支出由张某按 100% 扣除；购买具有“税优识别码”的商业健康险，月支出 300 元。张某当月应纳个人所得税（　　）元。

A. 210　　B. 201

C. 204　　D. 240

39. 某个体工商户 2020 年全年销售收入为 10 000 000 元，销售成本和期间费用为 7 600 000 元，其中业务招待费 100 000 元、广告费 150 000 元、业务宣传费 80 000元、业主工资 54 000 元。增值税以外的各种税费 1 500 000 元，没有其他涉税调整事项，无综合所得和专项附加扣除。该个体工商户应缴纳的个人所得税为（　　）元。

A. 304 500　　B. 247 400

C. 267 000　　D. 264 900

40. 王某 2020 年 1 月起承包某服装厂，依据承包协议，服装厂工商登记更改为个体工商户。2020 年，王某经营的服装厂共取得营业收入 80 万元，发生成本、费用、税金等相关支出 65 万元（其中包括工商户业主工资每月 6 000 元，广告费 7 万元）。王某无综合所得，专项附加扣除信息如下：有一个正在上小学的儿子，与妻子协商子女教育由王某独自扣除；独生子女，母亲年满 60 岁。2020 年，王某应缴纳个人所得税为（　　）元。

A. 3 900　　B. 7 500

C. 14 700　　D. 11 100

41. 下列选项中，应按“劳务报酬所得”项目综合征收的是（　　）。

A. 企业和单位对营销业绩突出的非雇员以培训等名义免费旅游所发生的费用

B. 个人非独立劳动取得报酬

C. 个人提供专利权的使用权取得的所得

D. 为电视剧制作单位提供剧本取得的剧本使用费收入

42. 某知名画家参加笔会现场作画取得的作画所得属于（　　）。

A. 工资、薪金所得　　B. 劳务报酬所得

C. 稿酬所得　　D. 个体工商户生产、经营所得

43. 下列选项中，应按“劳务报酬所得”征收个人所得税的是（　　）。

A. 个人处置打包债权取得的收入

B. 个人取得不竞争款项

C. 个人取得的不在公司任职的董事费收入

D. 个人转让限售股所得

44. 公民李某向其投资的企业（非个人独资企业、合伙企业）以企业资金为儿子购买汽车、住房，对于该借款的税务处理正确的是（　　）。

A. 按照“经营所得”项目缴纳个人所得税

B. 按照“股息、利息、红利所得”项目缴纳个人所得税

C. 按照“工资、薪金所得”项目缴纳个人所得税

D. 不缴纳个人所得税

45. 陈某在参加商场的有奖销售活动过程中，中奖所得共计价值 20 000 元。陈某领奖时告知商场，从中奖收入中拿出 4 000 元通过教育部门向某希望小学捐赠。商场按照规定代扣代缴个人所得税后，陈某实际可得中奖金额为（　　）元。

A. 16 800　　B. 13 800

C. 16 000　　D. 12 800

46. 郑某 2020 年 10 月中奖 9 000 元，领奖时发生交通费 50 元、食宿费 20 元（均由郑某承担）。已知偶然所得适用的个人所得税税率为 20%。郑某中奖收入应缴纳的个人所得税为（　　）元。

A. 0　　B. 1 800

C. 1 790　　D. 1 786

47. 王某为某企业提供担保取得收入 20 000 元，通过公益部门向当地的教育事业捐款 5 000 元。陈某该项担保收入应缴纳个人所得税（　　）元。

A. 3 000　　B. 5 000

C. 40 000　　D. 50 000

48. 2020 年 12 月，张某取得全年一次性奖金 50 000 元，当月取得工资、薪金收入 6 000 元，则张某 12 月全年一次性奖金应纳的个人所得税为（　　）元（注：全年一次性奖金不选择并入综合所得计算个税）。

A. 8 625　　B. 8 000

C. 7 450　　D. 4 790

49. 李某 2020 年 12 月从中国境内取得年终奖 36 000 元，当月工资所得 4 000 元，李某 2020 年全年一次性奖金应缴纳的个人所得税为（　　）元（注：全年一次性奖金不选择并入综合所得计算个税）。

A. 4 315. 33　　B. 3 833. 33

C. 1 050　　D. 1 080

50. 张某就职于境内某网络公司，每月缴纳“五险一金”2 000 元。2020 年 12 月，公司拟对其发放当月工资 10 000 元、全年一次性奖金 60 000 元。张某 12 月缴纳的全年一次性奖金的个人所得税为（　　）元（注：全年一次性奖金不选择并入综合所得计算个税）。

A. 5 790　　B. 5 860

C. 6 000　　D. 6 220

51. 个人的下列所得不属于应按“经营所得”缴纳个人所得税的是（　　）。

A. 取得年终加薪

B. 个人从事彩票代销业务而取得的所得

C. 出租车属于个人所有，但挂靠出租汽车经营单位或企事业单位，驾驶员向挂靠单位缴纳管理费的

D. 个人转包建筑安装工程取得的所得

52. 个人取得的下列所得中，适用按年征收个人所得税的是（　　）。

A. 经营家庭旅馆取得的所得

B. 将房产以年租的方式取得的租金所得

C. 转让房产取得的所得

D. 转让持有期满一年的股票取得的所得

53. 根据个人所得税相关规定，兼职律师应于次月（　　）日内自行向主管税务机关申报两处或两处以上取得的工资、薪金所得，合并计算缴纳个人所得税。

A. 3　　B. 5

C. 7　　D. 15

54. 某杂志社专职编辑李某 2020 年 10 月取得工资 4 200 元，同时由于在本单位杂志上发表文章，取得稿酬 1 800 元，还取得 2019 年年终奖 10 400 元，李某 2019 年在本市贷款购买住房一套，每月还房贷 800 元，贷款期限为 30 年。李某 2020 年 10 月应预扣预缴个人所得税（　　）元。

A. 342　　B. 318

C. 312　　D. 520

55. 2020 年 10 月，王某的一篇论文被编入某论文集出版，取得稿酬 5 000 元。王某当月工资为 11 000 元，专项扣除为 1 080 元。专项附加扣除信息为王某购买具有“税优识别码”的商业健康险，月支出 300 元；有一个女儿正在上幼儿园，夫妻经约定，子女教育支出由王某按 100% 扣除。王某当月被预扣预缴的个人所得税合计为（　　）元。

A. 560　　B. 671.6

C. 668.6　　D. 677.6

56. 某教授 2020 年 11 月因其编著的小说出版，获得稿酬 9 000 元，2020 年 11 月又在另外一个出版社出版取得稿酬 4 000 元。该教授 11 月仅就稿酬所得应预扣预缴的个人所得税为（　　）元。

A. 1 252　　B. 1 288

C. 1 456　　D. 1 458

57. 下列关于个人独资企业计算个人所得税时有关扣除项目的表述中，不正确的是（　　）。

A. 投资者工资不得在税前扣除

B. 企业发生的职工工会经费、职工福利费扣除比例分别是 2%、14%

C. 个人独资企业生产经营和投资者及其家庭生活共用的固定资产，难以划分的，全部视为投资者及其家庭的资产，不得税前扣除折旧

D. 企业计提的各种准备金不得在税前扣除

58. 下列关于个人独资企业计算个人所得税的表述中，不正确的是（　　）。

A. 实行查账征税方式的个人独资企业和合伙企业改为核定征税方式后，在查账征税方式下认定的年度经营亏损未弥补完的部分，不得再继续弥补

B. 实行核定征税的投资者，不能享受个人所得税优惠政策

C. 个人独资企业生产经营和投资者及其家庭生活共用的固定资产，难以划分的，全部视为投资者及其家庭的资产，不得税前扣除折旧

D. 企业计提的各种准备金不得在税前扣除

59. 2020 年 11 月，某电视剧制作中心编剧李某从该中心取得工资 5 000 元，取得 2019 年第三季度的奖金 8 000 元以及剧本使用费 30 000 元。李某有两个正在上幼儿园的孩子，与妻子约定子女教育费用平均扣除；父母年龄均超过 60 岁，李某为独生子。李某当月应预扣预缴个人所得税（　　）元。

A. 7 120　　B. 4 950

C. 1 065　　D. 4 965

60. 赵某2020年取得两次特许权使用费收入，一次收入为3 000元，另一次收入为4 500元。赵某取得的特许权使用费应预扣预缴的个人所得税为（　　）元。

A. 1 160　　B. 1 200

C. 1 340　　D. 1 500

二、多项选择题

1. 下列关于个人所得税法中稿酬所得纳税的规定中，正确的是（　　）。

A. 同一作品再版取得的所得，应视作另一次稿酬所得计征个人所得税

B. 同一作品先在报刊上连载，然后再出版，或者先出版，再在报刊上连载的，应视为两次稿酬所得征税，即连载作为一次，出版作为另一次

C. 同一作品在报刊上连载取得收入的，以连载完成后取得的所有收入合并为一次，计征个人所得税

D. 同一作品在出版和发表时，以预付稿酬或分次支付稿酬等形式取得的稿酬收入，应合并计算为一次

E. 同一作品出版、发表后，因添加印数而追加稿酬的，应与以前出版、发表时取得的稿酬合并为一次计算，计征个人所得税

2. 《中华人民共和国个人所得税法》对外籍人员和在境外工作的中国公民的工资、薪金所得增加了附加减除费用的照顾，下列各类人员属于附加费用扣除适用范围的是（　　）。

A. 应聘在中国境内的企事业单位、社会团体、国家机关中工作取得工资、薪金所得的外籍专家

B. 应聘在中国境外的企业，同时又在境内事业单位、社会团体、国家机关中工作取得工资、薪金所得的中国专家

C. 在中国境内有住所而在中国境外任职或受雇取得工资、薪金所得的个人

D. 在中国境外有住所而在中国境内任职或受雇取得工资、薪金所得的个人

E. 财政部确定的取得工资、薪金所得的其他人员

3. 下列关于各项所得计算个人所得税时的费用减除标准的说法中，错误的是（　　）。

A. 工资、薪金所得现执行的标准是每月收入额减除2 000元后的余额为应纳税所得额

B. 个体工商户的生产、经营所得，以每一纳税年度的收入总额，减除成本、费用以及损失后的余额为应纳税所得额

C. 劳务报酬所得、对企事业单位的承包经营或承租经营所得、稿酬所得、特许权使用费所得、财产租赁所得，每次收入不超过4 000元的，减除费用800元；4 000元以上的，减除20%的费用，其余额为应纳税所得额

D. 财产转让所得，以转让财产的收入额减除财产原值和合理费用后的余额为应纳税所得额

E. 利息、股息、红利所得，偶然所得和其他所得，以每次收入额减除各项手续费后的余额为应纳税所得额

4. 下列选项中，属于个人所得税专项附加扣除项目的有（ ）。

A. 子女教育　　B. 继续教育

C. 住房租金　　D. 赡养老人

5. 下列关于《中华人民共和国个人所得税法》中对利息、股息、红利所得设定的税收优惠的说法中，错误的是（ ）。

A. 个人取得的国债和国有金融企业发行的债券利息所得免税

B. 国家发行的金融债券利息所得免税

C. 个人持有中国铁路建设债券而取得的利息所得免税

D. 对个人投资者买卖基金获得的差价收入，在对个人买卖股票的差价收入未恢复征收个人所得税以前，暂不征收个人所得税

E. 对投资者从基金分配中获得的国债利息和个人买卖股票差价收入，在国债利息收入和个人买卖股票差价收入未恢复征收个人所得税以前，暂不征收个人所得税

6. 根据《中华人民共和国个人所得税法》的规定，个人所得税的纳税义务人包括（ ）。

A. 个体工商业主　　B. 个人独资企业

C. 在中国有所得的外籍人员　　D. 私营企业

7. 下列选项中，不应按照“利息、股息、红利所得”项目征收个人所得税的有（ ）。

A. 个人取得的企业债券利息

B. 合伙企业的个人投资者以企业资金为本人购买住房

C. 个人参与商场的抽奖活动抽到的奖金

D. 公司职工取得的用于购买企业国有股权的劳动分红

8. 对个体工商户的生产经营所得在计算个人所得税时，允许对一些支出项目按一定标准予以税前扣除。下列关于税前扣除项目和标准的表述中，正确的有（ ）。

A. 个体工商户业主的工资、薪金可以据实扣除

B. 实际支付给从业人员合理的工资、薪金和缴纳的“五险一金”可以税前扣除

C. 在经营过程中发生的业务招待费可以据实扣除

D. 以经营租赁方式租入固定资产发生的租赁费支出，按照租赁期限均匀扣除

9. 下列选项中，按“工资、薪金所得”缴纳个人所得税的有（ ）。

A. 年终一次性奖金

B. 退休后再任职取得的收入

C. 从事个体出租车运营的出租车驾驶员取得的收入

D. 出租汽车经营单位对出租车驾驶员采取单车承包或承租方式运营，出租车驾驶员从事客货营运取得的收入

10. 个人独资企业的投资者缴纳所得税时，下列选项中，应作为生产经营所得的有（　　）。

A. 投资者买彩票的中奖所得

B. 独资企业对外投资分回来的股息

C. 投资者个人从独资企业领取的工资

D. 独资企业分配给投资者个人的所得

11. 下列选项中，可以免征个人所得税的有（　　）。

A. 个人取得的国库券利息

B. 个人取得的公司债券利息

C. 个人取得的国家发行的金融债券利息

D. 个人取得持有期间不足一年的股票取得的股息

12. 下列选项中，应按照“财产转让所得”项目计征个人所得税的有（　　）。

A. 个人销售无偿受赠不动产的所得

B. 职工将改制中取得的量化资产转让

C. 员工将行权后的股票再转让时获得的高于购买日公平市场价的差额

D. 股份制企业为个人股东购买住房而支出的款项

13. 下列选项中，不应按照“利息、股息、红利所得”项目征收个人所得税的有（　　）。

A. 个人取得的企业债券利息

B. 合伙企业的个人投资者以企业资金为本人购买住房

C. 个人参与商场的抽奖活动抽到的奖金

D. 公司职工取得的用于购买企业国有股权的劳动分红

14. 张某在 2014 年巴西足球世界杯期间参加下列活动所获得的收益中，应当缴纳个人所得税的有（　　）。

A. 参加某电商的秒杀活动，以 100 元购得原价 2 000 元的足球鞋一双

B. 为赴巴西看球，开通手机全球漫游套餐，获赠价值 1 500 元的手机一部

C. 参加某电台举办的世界杯竞猜活动，获得价值 6 000 元的赴巴西机票一张

D. 作为某航空公司金卡会员被邀请参加世界杯抽奖活动，抽得市价 2 500 元的球衣一套

15. 下列选项中，应按“个体工商户的生产、经营所得”项目征收个人所得税的有（　　）。

A. 从事个体出租车运营的出租车驾驶员取得的收入

B. 个人因从事彩票代销业务而取得的所得

C. 出租汽车经营单位将出租车所有权转移给驾驶员的，出租车驾驶员从事客货运营取得的收入

D. 法人企业的个人投资者以企业资金为本人购买的汽车

16. 下列选项中，适用代扣代缴纳税方式的有（ ）。

A. 稿酬所得　　B. 个人从基金公司取得股息

C. 偶然所得　　D. 个体工商户生产经营所得

17. 下列关于个人所得税相关内容的表述中，不正确的有（ ）。

A. 企业组织营销业绩突出的雇员免费旅游，由企业负担开支的，不征收个人所得税

B. 对个人投资者从上市公司取得的股息、红利所得，直接作为应纳税所得额

C. 个人独资企业的个人投资者以企业资金为本人购买的住房，按“个体工商户生产、经营所得”项目征税

D. 个人兼职取得的收入应按“劳务报酬所得”项目征税

18. 在中国境内无住所，但在一个纳税年度内在中国境内居住超过 90 天或 183 天但不超过一年的外籍个人（非高级管理人员或董事），其来源于中国境内或境外的工资、薪酬所得，下列选项中，正确的有（ ）。

A. 境内所得境内企业支付的纳税

B. 境内所得境外企业支付的部分不纳税

C. 境内所得境外支付的部分纳税

D. 境外所得境内企业支付的部分纳税

19. 下列关于股票转让的个人所得税纳税问题的表述中，不正确的有（ ）。

A. 王某转让持有上市的居民企业的股票，免征个税

B. 杨某转让持有非上市的居民企业的股票，免征个税

C. 钱某转让持有境外上市公司的股票，不免征个税

D. 李某转让持有非上市的非居民企业的股票，免征个税

20. 在对个体工商户的生产经营所得查账征收个人所得税时，准予在个人所得税前扣除的项目有（ ）。

A. 与生产经营有关的修理费用

B. 缴纳的个人所得税

C. 各种赞助支出

D. 员工的工资

21. 根据个人所得税的相关规定，下列说法中，正确的有（ ）。

A. 个人独资企业计提的各种准备金支出不得扣除

B. 投资者的工资不得在税前扣除

C. 个体工商户在生产经营过程中发生的与家庭生活混用的费用，不可以在个人所得税前扣除

D. 投资者兴办两个或两个以上独资企业，年度终了后，汇总计算应纳税所得额，以此确定适用税率，计算全年经营所得的应纳税额，再根据每个企业的经营所得占所有企业经营所得的比例，分别计算每个企业的应纳税额

22. 关于个人所得税的说法中，符合个人所得税的相关规定的有（　　）。

A. 个体工商户为经过12个月以上的建造才能达到预定可销售状态的存货发生借款的，其合理的借款费用应当作为资本性支出计入有关资产的成本，不得直接税前扣除

B. 个体工商户发生的合理的劳动保护支出，准予扣除

C. 个体工商户在生产经营过程中发生的与家庭生活混用的费用，不得在所得税前扣除

D. 投资者兴办两个或两个以上独资企业，年度终了后，汇总计算应纳税所得额，以此确定适用税率，计算全年经营所得的应纳税额，再根据每个企业的经营所得占所有企业经营所得的比例，分别计算每个企业的应纳税额

23. 根据个人所得税的相关规定，下列说法中，正确的有（　　）。

A. 个人独资企业计提的各种准备金支出不得扣除

B. 个体工商户代其从业人员或他人负担的税款，不得税前扣除

C. 个体工商户为业主缴纳的补充医疗保险，不超过其工资、薪金5%的部分可以税前扣除，超过的部分不得扣除

D. 投资者兴办两个或两个以上独资企业，年度终了后，汇总计算应纳税所得额，以此确定适用税率，计算全年经营所得的应纳税额，再根据每个企业的经营所得占所有企业经营所得的比例，分别计算每个企业的应纳税额

24. 下列说法中，不符合个人所得税稿酬所得相关规定的有（　　）。

A. 小说连载的，应以连续一月取得的所得为一次

B. 编剧从电视剧制作单位取得的剧本使用费属于稿酬所得

C. 杂志社员工在本单位杂志上发表作品取得的报酬属于稿酬所得

D. 专业作者翻译的作品以图书形式出版取得的报酬属于稿酬所得

25. 下列说法中，符合劳务报酬所得和稿酬所得的相关规定的有（　　）。

A. 甲某单纯地为出版社提供翻译所取得的所得，应当按照“劳务报酬”所得纳税

B. 乙某提供翻译，并且在作品上署名取得的所得，应当按照“劳务报酬”所得纳税

C. 稿酬就是指个人因其作品以图书、报刊形式出版、发表而取得的所得

D. 劳务报酬所得主要是指接受别人的委托所从事的劳务所得

26. 在计算个人所得税时，个人股权转让收入虽然明显偏低，但是视为有正当理由的情形有（　　）。

A. 能出具有效文件，证明被投资企业因国家政策调整，生产经营受到重大影响，导致低价转让股权

B. 将股权转让给承担直接抚养或赡养义务的抚养人或赡养人

C. 将股权转让给其能提供具有法律效力身份关系证明的配偶

D. 符合相关法律、政府文件或企业章程的规定，并有相关资料充分证明转让价格合理且真实的本企业员工持有的不能对外转让股权的内部转让

27. 下列关于个人所得税的表述中，正确的有（　　）。

A. 在中国境内居住累计满 183 天的任一年度中有一次离境超过 30 天的，其在中国境内居住累计满 183 天的年度的连续年限重新起算

B. 在中国境内无住所，且在一个纳税年度中在中国境内连续或者累计居住不超过 90 天的个人，其来源于中国境内的所得应全部按照相关规定缴纳个人所得税

C. 在中国境内无住所，且一个纳税年度内在中国境内一次居住不超过 30 天的个人，为非居民个人

D. 在中国境内无住所的个人，在中国境内居住累计满 183 天的年度连续不满 6 年的，经向主管税务机关备案，其来源于中国境外且由境外单位或个人支付的所得，免予缴纳个人所得税

28. 下列关于个人所得税的表述中，正确的有（　　）。

A. 在中国境内无住所，而一个纳税年度内在中国境内居住累计满 183 天的个人，为居民个人

B. 非居民个人从中国境内取得的所得，不缴纳个人所得税

C. 居民个人从中国境内和境外取得的所得，按规定缴纳个人所得税

D. 在中国境内无住所又不居住，或者无住所而一个纳税年度内在中国境内居住累计不满 183 天的个人为非居民个人

29. 下列选项中，纳税人应当依法办理个人所得税纳税申报的有（　　）。

A. 取得综合所得需要办理汇算清缴

B. 取得应税所得没有扣缴义务人

C. 取得应税所得，扣缴义务人未扣缴税款

D. 取得境外所得

30. 下列选项中，属于“利息、股息、红利所得”项目征税范围的有（　　）。

A. 个人购买上市公司股票分得的股利分红

B. 合伙企业的个人投资者以企业资金为本人购买的住房

C. 个人独资企业的个人投资者以企业资金为本人购买的汽车

D. 个人在银行存款孳生的利息

31. 王某承包了一家餐厅，餐厅每年支付王某承包收入 20 万元，王某不参与分享餐厅经营成果。张某承包了一家国有招待所，承包合同规定每月支付张某工资 5 000元，同时张某每年要上交承包费 60 万元，其余招待所经营成果归张某所有。下列关于个人所得税的说法中，正确的有（　　）。

A. 王某取得的所得按照“工资、薪金所得”项目征税

B. 王某取得的所得按照“企事业单位承包经营、承租经营所得”项目征税

C. 张某取得的工资按照“工资、薪金所得”项目征税

D. 张某取得的工资和承包经营成果按照“经营所得”项目征税

32. 下列关于对企事业单位承包、承租经营所得的说法中，正确的有（　　）。

A. 对企事业单位的承包经营、承租经营所得是指个人承包经营或承租经营以及转包、转租取得的所得

B. 承包、承租人对企业经营成果不拥有所有权，仅是按合同规定取得一定所得的，其所得按“工资、薪金所得”项目缴纳个人所得税

C. 承包、承租人按合同的规定只向发包、出租方缴纳一定费用后，企业经营成果归其所有的，承包、承租人取得的所得，按经营所得项目缴纳个人所得税

D. 承包、承租人取得所得，应在月度或季度终了后 15 日内，向经营管理所在地主管税务机关办理预缴纳税申报

33. 下列选项中，按照个人所得税律师事务所的有关原则进行个人所得税处理的有（　　）。

A. 会计师事务所　　B. 税务师事务所

C. 审计师事务所　　D. 中介机构

34. 计算个人独资企业生产经营所得的应纳税所得额时，允许扣除的项目有（　　）。

A. 投资者的工资　　B. 按规定缴纳的协会会费

C. 职工的工资　　D. 业主每月领取的工资

35. 下列有关个人所得税所得来源地的表述中，不正确的有（　　）。

A. 财产租赁所得以租赁所得的实现地作为所得来源地

B. 特许权使用费所得以特许权的使用地作为所得来源地

C. 利息、股息、红利所得以取得收入的地点为所得来源地

D. 劳务报酬所得以纳税人实际取得收入的支付地为所得来源地

36. 下列关于个人所得税纳税人因移居境外注销中国户籍的纳税申报的表述中，正确的有（　　）。

A. 尚未办理上一年度综合所得汇算清缴的，应当在办理注销户籍纳税申报时一并办理

B. 尚未办理上一年度经营所得汇算清缴的，应当在办理注销户籍纳税申报时一并办理

C. 纳税人有未缴或少缴税款的，应当在注销户籍前，结清欠缴或未缴的税款

D. 纳税人存在分期缴税且未缴纳完毕的，应当在注销户籍前，结清尚未缴纳的税款

37. 取得个人所得税综合所得且符合下列情形之一的纳税人，应当依法办理汇算清缴的有（　　）。

A. 从两处以上取得综合所得且综合所得年收入额减除专项扣除后的余额超过 12 万元

B. 取得劳务报酬所得且综合所得年收入额减除专项扣除后的余额超过 6 万元

C. 纳税年度内预缴税额高于应纳税额

D. 纳税人申请退税

38. 下列关于个人所得来源地的表述中，正确的有（　　）。

A. 将财产出租给承租人在中国境内使用而取得的所得，为来源于中国境内的所得

B. 向境外某公司转让位于我国境内的不动产取得的所得，为来源于中国境内的所得

C. 许可各种特许权在中国境内使用而取得的所得，为来源于中国境内的所得

D. 向境外公司转让我国上市公司股权取得的所得，属于源于境外的所得

39. 根据个人所得税法的规定，下列选项中，不论支付地点是否在中国境内，均为来源于中国境内所得的有（　　）。

A. 在中国境内转让动产以及其他财产取得的所得

B. 由中国境内企事业单位和其他经济组织以及居民个人支付或负担的稿酬所得、偶然所得

C. 我国居民个人转让境外不动产取得的财产转让所得

D. 在中国境内开展经营活动而取得与经营活动相关的所得

40. 下列选项中，适用20%个人所得税税率的有（　　）。

A. 偶然所得

B. 合伙企业的生产经营所得

C. 利息、股息、红利所得

D. 财产租赁所得

41. 根据个人所得税法的相关规定，下列表述中，正确的有（　　）。

A. 居民个人当年收入类型为工资、薪金所得和劳务报酬所得，应按纳税年度合并计算个人所得税，适用七级超额累进税率

B. 非居民个人当年收入类型为稿酬所得和特许权使用费所得，应按纳税年度合并计算个人所得税，适用七级超额累进税率

C. 居民个人取得利息、股息所得和偶然所得，适用20%的税率分别计算个人所得税

D. 非居民个人取得利息、股息所得和偶然所得，适用20%的税率计算个人所得税

42. 下列个体工商户生产经营所得的征税方法中，不符合个人所得税相关规定的是（　　）。

A. 个体工商户发生的与生产经营有关的业务招待费支出，按照发生额的60%扣除，但最高不得超过销售收入的5‰

B. 对账册健全的个体工商户，其经营所得应纳的税款，应在年度终了后3个月内汇算清缴、多退少补

C. 个体工商户为非关联的科研机构开发新产品而发生的研究开发经费资助，可以全额扣除，不足抵扣的，可以结转抵扣

D. 个体工商户为研究开发新产品、新技术和新工艺而购置测试仪器和实验性装置发生的购置费，允许全额在发生当期扣除

43. 根据个人所得税法律制度的规定，下列选项中，免予缴纳个人所得税的有（　　）。

A. 保险赔款　　B. 劳动分红

C. 退休工资　　D. 军人转业费

44. 个人独资企业的投资者缴纳所得税时，下列选项中，应作为经营所得的有（　　）。

A. 投资者买彩票的中奖所得

B. 独资企业对外投资分回来的股息

C. 投资者个人从独资企业领取的工资

D. 独资企业分配给投资者个人的所得

45. 纳税人取得的以下所得不是按照“工资、薪金所得”项目缴纳个人所得税的有（　　）。

A. 单位为职工个人购买商业性保险

B. 对职工个人以股份形式取得的拥有所有权的企业量化资产

C. 个人独资企业的个人投资者以企业资金为本人购买的住房

D. 个人在任职单位取得的超标准的公务交通、通信补贴收入

46. 下列选项中，按“工资、薪金所得”项目缴纳个人所得税的有（　　）。

A. 非任职单位的董事费收入　　B. 退休后再任职取得的收入

C. 年终加薪和劳动分红　　D. 年终一次性奖金

47. 下列选项中，适用比例税率的有（　　）。

A. 工资、薪金所得　　B. 劳务报酬所得

C. 财产转让所得　　D. 偶然所得

48. 对个体工商户的生产经营所得在计算个人所得税时，允许对一些支出项目按一定标准予以税前扣除。下列关于税前扣除项目和标准的表述中，正确的有（　　）。

A. 个体工商户业主的工资、薪金可以据实扣除

B. 实际支付给从业人员合理的工资、薪金和缴纳的“五险一金”可以在税前扣除

C. 在经营过程中发生的业务招待费可以据实扣除

D. 以经营租赁方式租入固定资产发生的租赁费支出，按照租赁期限均匀扣除

49. 下列选项中，适用个人所得税全员全额扣缴申报的有（　　）。

A. 工资、薪金所得　　B. 经营所得

C. 利息、股息、红利所得　　D. 偶然所得

50. 下列选项中，在计算个人所得税时可以扣除相关费用的有（　　）。

A. 财产租赁所得　　B. 股息、红利所得

C. 非居民个人取得的稿酬所得　　D. 偶然所得

51. 下列关于个人所得税计税依据的说法中，正确的有（　　）。

A. 对工资、薪金所得涉及的个人生计费用，采取定额和定率扣除的办法

B. 对财产租赁所得，仅采用定率扣除办法

C. 对个体工商户的生产经营所得，采取会计核算办法扣除有关成本、费用等

D. 对偶然所得，不得扣除任何费用

52. 根据个人所得税的现行规定，下列关于“次”的表述中，正确的有（　　）。

A. 财产租赁所得，以一个月内取得的收入为一次

B. 同一件作品再版取得的所得，应视作另一次稿酬所得

C. 同一件作品在报刊上连载取得收入的，以连载完成后取得的所有收入合并为一次

D. 利息、股息、红利所得，以全年取得的利息、股息、红利合计取得收入为一次

53. 下列关于劳务报酬所得“次”的表述中，正确的有（　　）。

A. 只有一次性收入的，以取得该项收入为一次

B. 只有一次性收入的，应以每次提供劳务取得的收入为一次

C. 属于同一事项连续取得收入的，以一个月内取得的收入为一次

D. 属于同一事项连续取得收入的，以每次取得的收入为一次

54. 下列关于个人所得税的说法中，正确的有（　　）。

A. 企业年金单位缴费部分，在计入个人账户时，个人缴纳个人所得税

B. 企业年金个人缴费部分，在不超过本人缴费工资计税基数的4%标准内的部分，暂从个人当期的应纳税所得额中扣除

C. 企业年金单位根据国家有关政策规定的办法和标准缴费部分，在计入个人账户时，个人暂不缴纳个人所得税

D. 企业年金按年领取的，适用综合所得税率表计算纳税

55. 下列选项中，按照特许权使用费所得缴纳个人所得税的有（　　）。

A. 个人提供专利权所得

B. 个人提供著作权所得

C. 个人出版图书的所得

D. 个人转让专有技术的所得

56. 内地的李先生通过“沪港通”机制购买香港联交所股票，下列关于个人所得税，税收处理正确的有（　　）。

A. 股票转让差价免税

B. 股票转让差价按“财产转让所得”项目缴纳个人所得税

C. 取得的股息、红利，按照20%的税率缴纳个人所得税

D. 取得的股息、红利，实行差别化待遇缴纳个人所得税

57. 下列关于股权奖励缴纳个人所得税政策的相关表述中，正确的有（　　）。

A. 自2016年1月1日起，全国范围内的高新技术企业转化科技成果，给予本企业相关技术人员的股权奖励，个人一次缴纳税款有困难的，可以根据实际情况自行制订分期缴税计划，在不超过5个公历年度内（含）分期缴纳

B. 股权奖励的计税价格主要是按照公平市场价格确定

C. 纳税人享受分期缴税政策时，需要根据自身情况制订分期缴税计划，由其所在单位统一汇总后，随同其他相关资料，于发生股权奖励或转增股本次月 15 日内一并报送给主管税务机关备案

D. 在分期纳税年度中，纳税人并不需要自己办理纳税申报，由其所在单位依提交给税务机关备案的分期缴税计划及时代扣代缴个人所得税，并办理纳税申报即可

58. 下列关于个人所得税专项附加扣除的表述中，正确的有（　　）。

A. 未成年子女发生的医药费用支出可以选择由其父母一方扣除

B. 住房贷款利息扣除期限最长不超过 360 个月

C. 纳税人只能享受一次首套住房贷款的利息扣除

D. 纳税人为独生子女的，按照每月 2 000 元的标准定额扣除

59. 下列关于个人所得税专项附加扣除的表述中，正确的有（　　）。

A. 纳税人需要留存备查的相关资料应当留存 3 年

B. 住房租金支出由签订租赁住房合同的出租人扣除

C. 扣缴义务人发现纳税人提供的信息与实际情况不符的，可以要求纳税人修改

D. 个人所得税专项附加扣除额在一个纳税年度扣除不完的，不能结转以后年度扣除

60. 下列选项中，不属于子女教育费用扣除范围的有（　　）。

A. 小张为其 2 周岁的女儿报早教班发生的费用

B. 老李的 18 周岁的儿子高中毕业后去国外读大学发生的费用

C. 老王的儿子一边工作一边进行在职研究生的学习发生的费用

D. 小刘因工作原因将 2 岁 10 个月的女儿送去私立幼儿园发生的费用

三、判断题

1. 在中国境内无住所，但是在中国境内居住累计满 183 天的年度连续不满 6 年的个人，其来源于中国境外的所得，经向主管税务机关备案，可以免征个人所得税。（　　）

2. 在中国境内无住所的个人，在中国境内居住累计满 183 天的年度连续满 6 年的，且在 6 年间未发生单次离境超过 30 天情形的，从第 7 年起，继续在中国境内旅居累计满 183 天的，应当就其来源于中国境外的全部所得缴纳个人所得税。（　　）

3. 个人担任董事职务所取得的董事费收入，属于工资、薪金所得性质，按照“工资、薪金所得”项目征收个人所得税。（　　）

4. 我国税法规定，纳税义务人从中国境外取得的所得，准予其在应纳税所得额中扣除已在境外缴纳的个人所得税税额，但扣除额不得超过该纳税人境外所得依照我国税法规定计算的应纳税额。（　　）

5. 个人独资企业，其生产经营所得实行核定应税所得率征收方式的，不能享受个人所得税的优惠政策。（　　）

6. 个人将其所得通过中国境内的社会团体、国家机关向社会公益事业以及遭受严重自然灾害地区、贫困地区捐赠，捐赠额未超过纳税义务人申报的应纳税所得额20%的部分，可以从其应纳税所得额中扣除。（ ）

7. 同一作品出版、发表后，因增加印数而追加稿酬的，应与以前出版、发表时取得的稿酬合并为一次，计征个人所得税。（ ）

8.《中华人民共和国个人所得税法》中对居民纳税人身份判定的相关规定中，关于“中国境内”的概念，是指中国大陆地区，包括香港特别行政区、澳门特别行政区，但不包括台湾地区。（ ）

9. 个人办理内部退养手续后从原任职单位取得的一次性收入，免征个人所得税。（ ）

10. 作者将自己的文字作品手稿原件或复印件拍卖取得的所得，按照“财产转让所得”项目适用20%的税率缴纳个人所得税。（ ）

四、思考题

1. 个人所得税的特点是什么?

2. 个人所得税有哪些征税项目?

3. 居民个人取得劳务报酬预扣预缴税款如何计算？是否需要进行汇算清缴?

4. 个人所得税的计税原理是什么?

5. 股权投资是当前投资的主要方式，居民个人取得股权和转让股权时应如何纳税？

6. 经营所得中，个体工商户个人所得税的缴纳方法是怎样的？

五、计算问答题

1. 中国公民李某为某大学的教授，每月工资为10 000元。2019年1~12月，李某除了从所在大学取得工资、薪金收入外，还取得以下收入：

（1）3月，李某受某出版社委托进行审稿，取得审稿收入50 000元。

（2）4月，李某与朋友王某共同出版一本小说，共取得稿酬50 000元，李某与王某平分稿酬，各取得收入25 000元。

（3）5月，李某将自己的一本小说手稿复印件在国内市场上公开拍卖，取得拍卖收入30 000元。

（4）6月，李某与一家培训机构签订了半年的劳务合同。合同规定，从6月起，李某每周六为该培训机构授课一次，每次报酬700元，每月为培训机构授课4次。

（5）7月，李某出版短篇小说一篇，取得稿酬收入3 000元。

其他相关资料：李某每月自行负担“五险一金”1 500元；李某每月需支付其名下首套住房贷款3 500元，李某的独生女就读小学二年级，李某与其妻子约定子女教育支出、住房贷款利息支出在李某的综合所得中扣除。

要求：根据上述资料，回答下列问题。

（1）计算李某3月审稿所得预扣预缴个人所得税。

（2）计算李某4月出版小说所得预扣预缴个人所得税。

（3）计算李某5月拍卖小说手稿复印件预扣预缴个人所得税。

（4）计算李某6月授课收入预扣预缴个人所得税。

（5）计算李某7月出版小说预扣预缴个人所得税。

（6）计算李某全年综合所得共应缴纳个人所得税。

2. 中国公民李某每月工资 9 000 元，任职于境内甲企业，同时为乙企业的个人大股东。2019 年 1~12 月，李某取得以下收入：

（1）李某取得保险赔款 3 000 元。

（2）李某取得甲企业支付的独生子女补贴 10 000 元。

（3）李某购买福利彩票，一次中奖收入 20 000 元。

（4）李某取得兼职收入 3 000 元。

（5）5 月，李某因持有某上市公司股票而取得红利 12 000 元，已知该股票为李某 2018 年 1 月从公开发行和转让市场取得的。

（6）7 月，甲企业购置一批住房低价出售给职工，李某以 26 万元的价格购置了其中一套住房（甲企业原购置价格为 50 万元）。

（7）8 月，李某将其拥有的两处住房中的一套（已使用 7 年）出售，不含增值税转让收入 200 000 元。该房产买价 90 000 元。李某另支付其他允许税前扣除的相关税费 8 000 元。

（8）10 月，乙企业为李某购买了一辆小轿车并将所有权归到李某名下。已知该车购买价为 300 000 元，经当地税务机关核定，乙企业在代扣个人所得税税款时允许税前减除的数额为 100 000 元。

其他相关资料：李某每月自行负担“五险一金”1 000 元；李某的独生子正在读高中二年级，李某与其妻子约定子女教育支出各扣除 50%；李某的父母均已年过 60 岁，且李某是独生子。

要求：根据上述资料，回答下列问题。

（1）计算李某取得的兼职收入预扣预缴的个人所得税；

（2）计算李某取得的福利彩票中奖收入和保险赔款应缴纳的个人所得税；

（3）计算李某 5 月取得的红利所得应缴纳的个人所得税；

（4）计算李某低价从单位购房应缴纳的个人所得税。

3. 王海和李红是夫妻，有两个孩子，都处在接受义务教育阶段，二人可享受子女教育的专项扣除为 2 000 元，他们选择夫妻二人各扣除 1 000 元。2019 年度结束后，王海收入高，李红收入低。王海全年收入 124 000 元，除子女教育外，符合条件的各项扣除为 32 000 元；李红全年收入 90 000 元，除子女教育外，符合条件的各项扣除为 31 000 元。

要求：分析王海和李红夫妻应如何进行税收筹划。

4. 美国公民丹尼尔和乔治受雇于美国大型设计公司，两人均在 2019 年年底被派往该公司在中国的分公司工作。2020 年，因工作需要，丹尼尔 3~6 月离境 100 天回美国述职，10~12 月又回国探亲 90 天。乔治 2020 年年内曾 4 次临时离境，每次均未超过 30 天，共计 85 天。2020 年，丹尼尔从美国公司取得报酬 4 万美元，从中国公司取得报酬 12 万元；乔治从美国公司取得报酬 4 万美元，从中国公司取得报酬 6 万元。

要求：不考虑除每年 6 万元费用扣除外的其他扣除因素，试计算比较丹尼尔和乔治各自应缴纳的个人所得税（假设美元对人民币汇率为 1∶6.5）。

六、案例分析题

【案例一】2018 年 10 月 3 日，新华社发布《税务部门依法查处范冰冰"阴阳合同"等偷逃税问题》，范冰冰在电影《大轰炸》剧组拍摄过程中实际取得片酬 3 000 万元，其中 2 000 万元以拆分合同方式偷逃个人所得税 618 万元，少缴营业税金及附加 112 万元，合计 730 万元。此外，税务机关还查出范冰冰及其担任法定代表人的企业少缴税款 2.48 亿元，其中偷逃税款 1.34 亿元。

根据国家税务总局指定管辖，江苏省税务局对范冰冰及其担任法定代表人的企业追缴税款 2.55 亿元，加收滞纳金 0.33 亿元；对范冰冰采取拆分合同手段隐瞒真实收入偷逃税款处 4 倍罚款，共计 2.4 亿元，对其利用工作室账户隐匿个人报酬的真实性质偷逃税款处 3 倍罚款，共计 2.39 亿元；对其担任法定代表人的企业少计收入偷逃税款处 1 倍罚款，共计 94.6 万元；对其担任法定代表人的两户企业未代扣代缴个人所得税和非法提供便利，协助少缴税款各处 50%罚款，分别计 0.51 亿元、0.65 亿元。以上税款合计 2.55 亿元（其中偷逃税款 1.41 亿元），滞纳金 0.33 亿元，罚款 5.96 亿元，合计 8.84 亿元。10 月 3 日，新华社报道，范冰冰偷税案已基本查清，共计补税罚款达 8 亿多元。

依据《中华人民共和国刑法》第二百零一条的规定，由于范冰冰属于首次被税务机关按偷税予以行政处罚，且此前未因逃避缴纳税款受过刑事处罚，上述定性为偷税的税款、滞纳金、罚款在税务机关下达追缴通知后，在规定期限内缴纳的，依法不予追究刑事责任。超过规定期限不缴纳税款和滞纳金、不接受行政处罚的，税务机关将依法移送公安机关处理。

思考一：逃避缴纳个人所得税将对个人及国家造成何种影响？

思考二：针对案例所述情况，如何对影视行业进一步加强税收征收管理？

【案例二】高原边防官兵喜爱的一首歌：

我站立的地方是中国，
我用生命捍卫守候，
哪怕风似刀来山如铁，
祖国山河一寸不能丢！

2021 年 2 月 19 日晚，央视公布了 2020 年 6 月中印加勒万河谷冲突现场的视频画面。画面中，印军非法越线，率先挑衅。按照处理边境事件的惯例和双方之前达成的约定，我军某部团长祁发宝本着谈判解决问题的诚意，仅带几名官兵前去交涉，却遭对方暴力攻击。印军蓄意制造了加勒万河谷冲突。

团长祁发宝身先士卒，身负重伤；营长陈红军、战士陈祥榕突入重围营救，奋力反击，英勇牺牲；战士肖思远突围后义无反顾返回营救战友，战斗至生命最后一刻；战士王焯冉在渡河支援途中，拼力救助被冲散的战友脱险，自己却淹没在河水之中。我军一直从白天战斗至黑夜，为捍卫国家领土主权奋不顾身，令人感动，也值得全体国人铭记。

为表彰一线官兵的先进事迹，中央军委授予祁发宝“卫国戍边英雄团长”荣誉称号，追授陈红军“卫国戍边英雄”荣誉称号，给陈祥榕、肖思远、王焯冉追记一等功。2021 年 6 月 29 日，陈红军被追授“七一勋章”，表彰其用鲜血和生产捍卫祖国领土主权。

授予荣誉称号是中国军队对在作战、训练或其他工作中，功绩卓著、有特殊贡献，在全国全军有重大影响和推动作用，堪称楷模的单位或个人给予的重大奖励。此次公开报道的官兵，是“四有”新时代革命军人的杰出代表，是对党绝对忠诚、矢志强军报国的时代先锋。

思考一：我国对军人创业有哪些特殊的优惠吗？

思考二：随军家属是否能享受税收优惠政策？有什么具体政策？

思考三：对企业来说，接纳安置军人或随军家属有什么税收优惠吗？

思考四：通过了解国家对军人的特殊税收待遇，对热爱祖国、崇尚英雄有哪些思考？

【案例三】四川省眉山市人黄庆在眉山市某商业银行开设个人结算账户。该账户在 2015 年 5 月 1 日至 2017 年 5 月 1 日共发生交易 1 904 笔，累计金额高达 12. 28 亿元。这些交易主要通过网银渠道完成，具有明显的异常特征。例如，该账户大额资金交易频繁，大大超出了个人结算账户的正常使用范畴。该账户不设置资金限额，不控制资金风险，不合常规。此外，黄庆本人身份复杂，是多家公司的法定代表人，其个人账户与其控制的公司账户间频繁交易，且资金通常是快进快出，过渡性特征明显。

经过调查，稽查人员确定，黄庆的个人结算账户在两年间共与45家公司发生了资金往来，这些公司位于安徽省、四川省、北京市、上海市和重庆市等地，其中多家公司由黄庆控股或担任法定代表人。由黄庆控股或担任法定代表人的公司中有7家位于眉山市，黄庆个人账户与这7家眉山市的公司之间的资金往来共489笔，占其与公司账户间资金往来总笔数的26%，交易金额达50 653.21万元。

分析调查所获信息，税务机关稽查人员认为，黄庆与其控股或参股公司之间资金往来频繁，资金交易规模与其控股或参股公司的注册资本、生产和经营规模不匹配，很可能存在取得工资、薪金所得，股息、红利所得和股权转让所得等未缴纳个人所得税的问题。眉山市税务机关在掌握了上述信息后，采取了“自查+约谈”的方式，最终纳税人先后于2017年7月和9月两次补缴股息、红利所得个人所得税2 200万元，并制订了剩余1 800万元应补税款在2018年2月底前分期补缴入库的缴纳计划。

思考：针对案例中的洗钱、逃税事件，在今后应如何加强对高收入和高净值人士的个税管理?

第六章
城市维护建设税、教育费附加和烟叶税

一、单项选择题

1. 下列选项中，属于城市维护建设税计税依据的是（　　）。
A. 国有企业偷漏增值税被处的罚款
B. 化妆品公司偷逃的消费税
C. 个体工商户拖欠的个人所得税
D. 中外合资企业在华机构缴纳的企业所得税

2. 下列选项中，可以作为城市维护建设税计税依据的是（　　）。
A. 增值税税金　　B. 消费税滞纳金
C. 房产税罚款　　D. 补缴的企业所得税税金

3. 目前，我国城市维护建设税的税率实行的是（　　）。
A. 纳税人所属行业差别比例税率
B. 纳税人所在地差别比例税率
C. 纳税人所属行业累进税率
D. 纳税人所在地统一累进税率

4. 由受托方代收代缴增值税、消费税的单位和个人，其代收代缴城市维护建设税适用的税率是（　　）。
A. 委托方所在地税率　　B. 受托方所在地税率
C. 双方协商　　D. 从高征收

5. 某市一生产企业为增值税一般纳税人。该企业本期进口原材料一批，向海关缴纳进口环节增值税 10 万元；本期在国内销售甲产品实际缴纳增值税 30 万元、消费税 50 万元以及消费税滞纳金 1 万元；本期出口乙产品一批，按规定退回增值税 5 万元。该企业本期应缴纳的城市维护建设税为（　　）万元。
A. 4. 55　　B. 4
C. 4. 25　　D. 5. 6

6. 位于市区的甲企业 2020 年 7 月销售产品缴纳增值税和消费税共计 50 万元，被税务机关查补增值税 15 万元并处罚款 5 万元。甲企业 2020 年 7 月应缴纳的城市维护建设税为（　　）万元。
A. 3. 25　　B. 3. 5
C. 4. 9　　D. 4. 55

7. 某县城一家电生产企业为增值税一般纳税人，2020 年 8 月因进口半成品缴纳增值税 60 万元，销售产品应申报缴纳增值税税额 180 万元，本月又出租 2020 年 7 月取得的厂房，收到不含税租金 30 万元。该企业本月应缴纳的城市维护建设税、教育费附加和地方教育附加为（　　）万元。

A. 18.3　　B. 24.15

C. 21.96　　D. 16.8

8. 下列关于城市维护建设税的表述中，不正确的是（　　）。

A. 城市维护建设税属于一种附加税

B. 税款专门用于城市的公用事业和公共设施的维护建设

C. 本身没有特定的课税对象

D. 根据城镇规模设计定额税率

9. 某烟厂为增值税一般纳税人，2020 年 1 月收购烟叶 2 000 千克，实际支付的价款总额为 30 万元，已开具烟叶收购发票。下列选项中，正确的是（　　）。

A. 烟厂应该代扣代缴烟叶税 6 万元

B. 烟厂应该代扣代缴烟叶税 6.6 万元

C. 烟厂应该自行缴纳烟叶税 6 万元

D. 烟厂应该自行缴纳烟叶税 6.6 万元

10. 甲县某烟草公司去相邻的乙县收购烟叶，2020 年 2 月 5 日实际支付的价款总额为 80 万元。下列选项中，正确的是（　　）。

A. 烟草公司应在 3 月 20 日申报缴纳烟叶税

B. 烟草公司 2 月收购烟叶应缴纳烟叶税 16 万元

C. 烟草公司应向甲县主管税务机关申报缴纳烟叶税

D. 烟草公司收购烟叶的纳税义务发生时间是 2 月 15 日

二、多项选择题

1. 下列选项中，不属于城市维护建设税纳税义务人的有（　　）。

A. 缴纳增值税的事业单位　　B. 缴纳消费税的国有企业

C. 缴纳印花税的外商投资企业　　D. 只缴纳个人所得税的公司职员

2. 下列选项中，属于城市维护建设税纳税义务人的有（　　）。

A. 从事经营活动的事业单位　　B. 集体所有制企业

C. 流动经营的小商贩　　D. 外商投资企业

3. 下列选项中，属于城市维护建设税计税基础的有（　　）。

A. 本月实际缴纳的消费税　　B. 计算的免抵税额

C. 本月实际缴纳的增值税　　D. 进口的增值税

4. 城市维护建设税的适用税率有（　　）。

A. 1%　　B. 3%

C. 5%　　D. 7%

5. 下列关于教育费附加的表述中，正确的有（　　）。

A. 外商投资企业不需要计算缴纳教育费附加

B. 国家重大水利工程建设基金免征教育费附加

C. 对海关进口的产品征收增值税，同时征收教育费附加

D. 对出口产品退还增值税、消费税的，不退还已征的教育费附加

6. 纳税人跨地区提供（　　）业务，预缴增值税时按照预缴地城市维护建设税税率计算缴纳城市维护建设税和教育费附加。

A. 建筑服务　　B. 销售不动产

C. 出租不动产　　D. 房地产企业销售开发项目

7. 下列选项中，符合城市维护建设税规定的有（　　）。

A. 对国家重大水利工程建设基金免征城市维护建设税

B. 因减免税而需要进行增值税、消费税退库的，可以同时退还城市维护建设税

C. 对出口产品退还增值税、消费税的，不退还城市维护建设税

D. 海关对进口产品代征增值税、消费税，征收城市维护建设税

8. 下列关于城市维护建设税减免税规定的表述中，正确的有（　　）。

A. 城市维护建设税随增值税、消费税的减免而减免

B. 对国家重大水利工程建设基金免征城市维护建设税

C. 对由海关代征的进口产品增值税和消费税，应减半征收城市维护建设税

D. 因减免税而对增值税、消费税进行退库的，可以同时对已征收的城市维护建设税实施退库

9. 下列选项中，属于城市维护建设税的特点的有（　　）。

A. 税款专款专用

B. 属于一种附加税

C. 根据城镇规模设计不同的定额税

D. 补充城市维护建设资金的不足

10. 下列选项中，不属于城市维护建设税的特点的有（　　）。

A. 征收范围广　　B. 实行从量定额征收

C. 属于一种附加税　　D. 税款专款专用，具有受益税性质

11. 烟叶税的征税范围包括（　　）。

A. 采摘烟叶　　B. 晾晒烟叶

C. 烤烟叶　　D. 烟丝

三、判断题

1. 某县城高尔夫球具制造厂受托为某市区企业加工制造一批高尔夫球具礼品，其代收代缴城市维护建设税的税率为7%。（　　）

2. 流动经营等无固定纳税地点的，按缴纳增值税、消费税所在地的规定税率计算缴纳城市维护建设税。（　　）

3. 中国铁路总公司应缴纳城市维护建设税的税率统一为5%。（ ）

4. 各级银行营业所取得的收入，分别在营业所得所在地缴纳城市维护建设税。（ ）

5. 城市维护建设税随“二税”的减免而减免，因减免税而对“二税”进行退库的，可同时对已征收的城市维护建设税实施退库。（ ）

6. 海关对进口产品代征增值税、消费税的，同时征收城市维护建设税和教育费附加。（ ）

7. 外籍个人不缴纳教育费附加和地方教育费附加。（ ）

8. 纳税人以实际缴纳的增值税、消费税税额为计税依据缴纳教育费附加和地方教育费附加。（ ）

9. 查处没收违法收购的烟叶，由没收烟叶的单位按照购买金额缴纳烟叶税。（ ）

10. 纳税人应当向烟叶收购地的主管税务机关申报缴纳烟叶税。（ ）

四、思考题

1. 简述城市维护建设税的特点。

2. 分别简述城市维护建设税、教育费附加以及烟叶税的纳税人。

3. 简述城市维护建设税的征免规定。

五、计算问答题

1. 某市一卷烟厂委托某县城一烟丝加工厂加工一批烟丝，委托方提供烟叶成本为 60 000 元，支付加工费为 8 000 元（不含增值税），受托方无同类烟丝的市场销售价格。

要求：计算受托方应代收代缴的城市维护建设税为多少元（烟丝的消费税税率为 30%）？

2. 位于市区的某生产企业为增值税一般纳税人，自营出口自产货物。6 月，该企业应缴纳增值税为 320 万元，出口货物“免抵退”税额为 380 万元；6 月税务检查时发现，上年销售自产应税消费品收入 100 万元未入账，被查补消费税（税率为 5%），并处以滞纳金和罚款共计 1 万元。6 月，该企业应缴纳城市维护建设税多少万元？

3. 某县摩托车厂为增值税一般纳税人，2020 年 7 月的业务情况如下：

（1）该厂家销售给特约经销商 A 型号摩托车 50 辆，出厂不含税价每辆 15 000 元，另收取包装费和售后服务费每辆 1 000 元。该经销商当月只付清其中 30 辆的购车款及价外费用，其余 20 辆承诺为厂家代销（尚未提供代销清单）。厂家在收到上述货款后为经销商开具了 50 辆摩托车的增值税专用发票。

（2）该厂家销售给某使用单位 B 型号摩托车 10 辆，每辆不含税价 16 800 元，向购买方收取 6 000 元运费，运输单位向使用单位开具了 6 000 元的增值税专用发票并由该厂家转交给了使用单位。

（3）该厂家将 A 型号摩托车 5 辆奖励给本厂优秀职工。

（4）该厂家将本厂售后服务部已使用 8 年的 5 辆摩托车（每辆含税定价 6 000 元）销售给本厂职工，该厂家未放弃相关的减税优惠。

（5）该厂家购进一批零部件，取得的增值税专用发票上注明税款为30 000元。

（6）该厂家将本年5月购入的已抵扣进项税的用于生产摩托车的材料用于职工食堂改建工程，该批材料账面成本50 000元。

其他相关资料：上述应抵扣进项税的票据均进行了抵扣。摩托车均为应税消费品且消费税适用税率为3%。

要求：（1）计算当月增值税销项税额。

（2）计算当月应纳增值税税额。

（3）计算当月应纳消费税税额。

（4）计算当月应纳城市维护建设税和教育费附加、地方教育费附加合计数。

六、案例分析题

【案例一】城市维护建设税立法。

2020年8月11日，十三届全国人大常委会第二十一次会议表决通过《中华人民共和国城市维护建设税法》和《中华人民共和国契税法》，进一步推进了我国“税收法定”的进程。

与《中华人民共和国城市维护建设税暂行条例》相比，《中华人民共和国城市维护建设税法》有哪些变化？财政部税政司领导介绍，后者取消了专项用途规定。

随着预算制度的不断改革，自2016年起，城市维护建设税收入已由一般公共预算统筹安排，不再指定专项用途。同时，考虑税收分配和使用属于财政体制和预算管理问题，一般不在税法中规定，因此《中华人民共和国城市维护建设税法》不再规定城市维护建设税专项用途。

同时，《中华人民共和国城市维护建设税法》增加了增值税留抵退税涉及城市维护建设税的相关规定。

为避免增加留抵退税企业的负担，2018年，财政部、税务总局发文明确，对实行增值税期末留抵退税的纳税人，允许其从城市维护建设税的计税依据中扣除退还的增值税税额。《中华人民共和国城市维护建设税法》将这一规定上升为法律，明确从城市维护建设税的计税依据中扣除期末留抵退税退还的增值税税额。

此外，为规范城市维护建设税的征管，《中华人民共和国城市维护建设税法》明确规定了城市维护建设税的纳税义务发生时间、扣缴义务人、扣缴义务发生时间。

为不增加纳税人税负，《中华人民共和国城市维护建设税法》平移了现行税率规定。考虑到城市维护建设税属于地方税，各地实际情况有所不同，《中华人民共和国城市维护建设税法》没有对纳税人所在地做统一规定，授权各省、自治区、直辖市具体确定。

确定纳税人所在地是为了确定城市维护建设税的具体适用税率，与纳税地点不是一个概念，如海洋油气勘探开发所在地在海上，不属于市区、县城或镇，适用1%的税率，但其纳税地点不在海上。

思考一：请结合案例，查阅相关资料，总结城市维护建设税立法前后的区别。

思考二：《中华人民共和国城市维护建设税法》的落地标志着我国“税收法定”进程更进一步，请联系本案例，谈谈税收法定对建设“法治中国”的积极意义。

【案例二】烟叶税的那些事儿。

2017 年 12 月 27 日，十二届全国人大常委会第三十一次会议表决通过了《中华人民共和国烟叶税法》。《中华人民共和国烟叶税法》共计 10 条，总体上是按照“税负平移”原则，由《中华人民共和国烟叶税暂行条例》平移上升为法律，保持了现行税制框架，税率保持 20%不变。

烟叶税的诞生既是税制改革的结果，也是国家对烟草实行“寓禁于征”政策的延续。农村税费改革后，基层政府的财力受到了较大的削弱，特别是对经济发展相对落后的西部地区来说更是雪上加霜。在一些地方，基层政府独享税种税源零散、收入少、征管难，还不能承担财政支出的情况下，烟叶税作为一个与地方经济发展、产业结构紧密相关的特色税种理应得到发展壮大。

首先，烟叶税独立征收后，其性质由农业税变为商品税，烟叶收购中所开具的发票成为增值税抵扣的依据，使烟叶税与增值税的征收紧密相连，但它又延续了烟叶特产税的税收分配办法，其收入全部归地方政府。这不但起到稳定地方财政收入的效果，也有利于充分调动地方政府发展特色经济的积极性。其次，烟叶种植主要分布在贫困的边远山区。据 2017 年的统计，全国 510 个种烟县中，有 185 个县属国家扶贫开发重点县，其他有相当一部分县属于省级扶贫县，这些地区商品经济发展滞后、工业基础薄弱，且引资能力较差，传统的商品税难以发展成为地方支柱税种。最后，烟草制品的市场需求弹性较小，烟叶需求量能够长期保持稳定。

2019年6月24日，国务院印发实施《国务院关于实施健康中国行动的意见》，提出了3项主要任务、15个重大专项行动，“实施控烟行动”为其中之一。该意见指出“吸烟严重危害人民健康”。我国是世界上最大的烟草生产国和消费国，全国“烟民”约为3.5亿人，成人吸烟率高达27%。吸烟会带来一系列慢性病，其中对肺部健康的负面影响最大。《美国卫生总监报告》的研究指出，有90%的男性肺癌死亡病例和有80%的女性肺癌死亡病例与吸烟有关。按照2016年中共中央、国务院发布的《“健康中国2030”规划纲要》的要求，到2030年，15岁以上人群吸烟率降低到20%。国际经验证明，烟税是控制吸烟率的重要经济手段。

为增强“以税控烟”的政策效应，有全国政协委员建议提高烟草税与烟草制品价格是有效的控烟措施。为了实现“2030健康中国战略”提出的将吸烟率由27.7%降至20%的目标，中国迫切需要进一步大幅提高烟草税收与价格，降低卷烟支付能力，遏制烟草消费上升趋势。

世界卫生组织总结了6项有效控烟措施，其中之一即为提高烟税，即通过提高烟草消费税，可以带来烟草产品价格上涨，进而减少烟草消费量。尽管烟草为致瘾产品，烟民对其依赖性较强，但烟草价格对烟草消费有重要影响，尤其对于青少年的吸烟行为有重要影响，提高烟草税可以有效减少烟民增量。相关研究表明，我国卷烟产品的价格需求弹性为-0.23，这意味着烟草产品价格每提高1%，烟草消费量则下降0.23%。

思考一：请结合案例，谈谈烟叶税的开征意义。

思考二：请结合案例，谈谈如何才能增强“以税控烟”的政策效应，助力“健康中国”建设？

第七章
关　税

一、单项选择题

1. 下列关于关税纳税义务人的说法中，正确的是（　　）。

A. 甲委托乙从境外购买一台数码相机，并由乙带回境内给甲，甲为关税纳税义务人

B. 丙从境外邮寄化妆品给丁，并委托丁交给戊，戊为关税纳税义务人

C. 小王给远在美国的小李邮寄了茶叶等家乡特产，小李为关税纳税义务人

D. 天意公司以邮寄方式向德国某公司出口一批货物，天意公司为关税纳税义务人

2. 下列选项中，属于我国确定进口货物原产地的标准之一的是（　　）。

A. 主要产地生产标准　　B. 最后销售地标准

C. 最初产地生产标准　　D. 全部产地生产标准

3. 下列选项中，不符合关税税率有关规定的是（　　）。

A. 进口仪器到达前，经海关核准先行申报的，应当适用装载此仪器的运输工具申报进境之日实施的税率

B. 进口转关运输货物，适用指运地海关接受该货物申报进口之日实施的税率

C. 出口转关运输货物，应当适用指运地海关接受该货物申报出口之日实施的税率

D. 经海关批准，实行集中申报的进出口货物适用每次货物进出口时海关接受该货物申报之日实施的税率

4. 下列选项中，属于进口关税完税价格组成部分的是（　　）。

A. 买方向自己的境外采购代理人支付的购货佣金

B. 买方负担的向中介机构支付的经纪费

C. 进口设备报关后的安装调试费用

D. 货物运抵境内输入地点起卸之后的运输费用

5. 某进出口公司2020年2月邮运进口一批货物，海关审定的进口货物成交价格为10万元，发生邮费3万元。已知该进口货物适用的关税税率为20%，则该进出口公司邮运进口该批货物应缴纳关税（　　）万元。

A. 2　　B. 2.01

C. 2.5　　D. 2.6

6. 2020 年 10 月 1 日，某公司进口一批高档化妆品，成交价格为 20 万元，关税税率为 40%，从起运地至输入地点起卸前的运费为 2.4 万元，进口货物的保险费无法确定，保险费费率为 3‰，从海关监管区至公司仓库的运费为 0.6 万元。海关于 2020 年 10 月 5 日填发税款缴款书，该公司于 2020 年 10 月 31 日缴纳税款。已知高档化妆品的消费税税率为 15%。下列选项中，正确的是（　　）。

A. 该批高档化妆品的关税完税价格为 22.4 万元

B. 该公司应按照 11 天缴纳进口环节税款的滞纳金

C. 该公司应缴纳关税 9.2 万元

D. 该公司应缴纳进口环节的税金为 19.35 万元

7. 根据关税的相关规定，下列选项中，不正确的是（　　）。

A. 购买跨境电子商务零售进口商品的个人作为纳税义务人

B. 跨境电子商务零售进口商品的单次交易限值为 2 000 元，个人年度交易限值为 20 000 元

C. 物流企业可以作为跨境电子商务零售进口业务的代收代缴义务人

D. 在限值以内进口的跨境电子商务零售进口商品，关税暂按法定应纳税额的 70%征收

8. 某进出口公司 2020 年 3 月 8 日进口一批货物，海关于当日填发关税税款缴款书，该纳税人一直没有纳税。海关从（　　）起可对其实施强制扣缴措施。

A. 3 月 16 日　　B. 3 月 23 日

C. 6 月 9 日　　D. 6 月 23 日

9. 依据关税的有关规定，下列进口货物中可享受法定免税的是（　　）。

A. 有商业价值的广告品及货样

B. 外国政府无偿赠送的物资

C. 福利机构进口的残疾人专用品

D. 科技贸易公司进口的科教用品

10. 某企业 2020 年 1 月 10 日从境外进口一批设备，设备价款折合人民币 500 000元，运抵我国境内输入地点起卸前发生运费 20 000 元，保险费无法确定。已知设备适用的关税税率为 10%。该企业应缴纳关税（　　）元。

A. 52 156　　B. 52 000

C. 50 000　　D. 48 000

11. 关税纳税义务人因不可抗力不能按期缴纳税款的，经依法提供税款担保后，可以延期缴纳税款，但最长不得超过（　　）。

A. 15 日　　B. 3 个月

C. 6 个月　　D. 1 年

12. 下列选项中，免征进口关税的进口货物是（　　）。

A. 外国企业无偿赠送的物资

B. 无商业价值的广告品

C. 在海关放行前遭受损坏的货物

D. 关税税额为 80 元的一票货物

13. 发生纳税争议的，纳税义务人自海关填发税款缴款书之日起（　　）内，向原征税海关的上一级海关提出复议申请。

A. 15 日　　B. 30 日

C. 60 日　　D. 3 个月

二、多项选择题

1. 下列选项中，属于关税征税对象的有（　　）。

A. 出境的贸易性商品

B. 个人邮寄进境的物品

C. 入境旅客随身携带的行李物品

D. 各种运输工具上的服务人员携带进口的馈赠物品

2. 根据《中华人民共和国进出口关税条例》的规定，下列情形中，纳税人可以向海关申请退税的有（　　）。

A. 在海关放行前损失的货物

B. 已征收进口关税的货物，因品质或规格原因，原状退货复运出境的

C. 已征收出口关税的货物，因品质或规格原因，原状退货复运进境，并已重新缴纳因出口而退还的国内环节有关税收的

D. 已征收出口关税的货物，因故未装运出口，申报退关的

3. 下列选项中，应计入进口关税完税价格中的有（　　）。

A. 买方为购买进口货物向自己的采购代理人支付的劳务费用

B. 买方为购买进口货物向代表买卖双方利益的经纪人支付的劳务费用

C. 买方支付的与进口货物有关并作为进口货物条件的特许权使用费

D. 买方为在境内复制进口货物而支付的费用

4. 下列选项中，不应计入出口关税完税价格的有（　　）。

A. 出口关税

B. 单独列明的货物运至我国境内输出地点装载后的运费

C. 货物运至我国境内输出地点装载前的运费

D. 货物运至我国境内输出地点装载前的保险费

5. 下列选项中，如能与进口货物实付或应付价格区分，不得计入进口货物关税完税价格的有（　　）。

A. 境内外技术培训费用

B. 进口消费税

C. 货物运抵境内输入地点后发生的保险费

D. 货物进口后的安装费

6. 下列选项中，进出口货物的运费及其相关费用、保险费的计算正确的有（　　）。

A. 邮运的进口货物，应当以邮费作为运输及其相关费用、保险费

B. 如果进口货物的保险费无法确定或未实际发生，海关应当按照“货价加运费”两者总额的3‰计算保险费，计入进口货物完税价格

C. 作为进口货物的自驾进口的运输工具，海关在审定完税价格时，可以不另行计入运费

D. 出口货物的完税价格应包括离境口岸至境外口岸之间的运费、保险费

7. 下列选项中，暂时免征关税的有（　　）。

A. 文化、体育交流活动中使用的表演、比赛用品

B. 盛装货物的容器

C. 开展科研、教学、医疗活动使用的仪器、设备以及用品

D. 进出境运输工具装载的途中必需的燃料

8. 有（　　）情形的，进出口货物的纳税人自缴纳税款之日起 1 年内，可以向海关申请退还关税。

A. 销售方修改价格而多缴的进口关税

B. 已征收进口关税的货物，因品质或规格原因，原状退货复运出境的

C. 已征收出口关税的货物，因品质或规格原因，原状退货复运进境，未重新缴纳因出口退还的国内环节有关税收的

D. 已征收出口关税的货物，因故未装运出口，申报退关的

9. 根据关税的减免规定，下列选项中，正确的有（　　）。

A. 在海关放行前损失的货物，可以免征关税

B. 在海关放行前遭受损坏的货物，可以根据海关认定的受损程度减征关税

C. 进口国内能生产且性能可以满足需要的科教用品，免征关税

D. 关税税额在 50 元以下的一票货物，可以免征关税

10. 下列关于关税的征收管理的说法中，错误的有（　　）。

A. 关税纳税人因不可抗力原因，不能按期缴纳税款的，经依法提供纳税担保后，可以延期缴纳税款，但最长不得超过 6 个月

B. 因纳税人违反海关规定造成少征或漏征关税，关税追征期为自纳税人应缴纳税款之日起 5 年，并按规定加收滞纳金

C. 因发生纳税争议向海关申请行政复议时，纳税人自海关填发税款缴款书之日起 60 日内，向原征税海关的上一级海关提出复议申请

D. 出口货物在货物运抵海关监管区后装货的 14 日内，应由出口货物的纳税人向货物出境地海关申报纳税

11. 下列关于跨境电子商务零售进口税收政策的说法中，正确的有（　　）。

A. 购买跨境电子商务零售进口商品的个人作为纳税义务人

B. 在限值以内进口的跨境电子商务零售进口商品，进口环节增值税、消费税暂按法定应纳税额的 70%征收

C. 在限值以内进口的跨境电子商务零售进口商品，关税税率暂设为 0

D. 跨境电子商务零售进口商品自海关放行之日起 60 日内退货的，可申请退税，并相应调整个人年度交易总额

三、判断题

1. 中华人民共和国准许进出口的货物、进境物品，除法律、行政法规另有规定外，由海关依照规定征收进出口关税。（　　）

2. 出口转关货物，应当适用启运地海关接受该货物申报出口之日实施的税率。 （ ）

3. 报复性关税是指他国政府以不公正、不平等、不友好的态度对待本国输出的货物时，为维护本国利益，本国对该国输入本国的货物加重征收的关税。 （ ）

4. 运往境外修理的机械器具、运输工具或其他货物，出境时已向海关报明，并在海关规定的期限内复运进境的，应以境外修理费、料件费以及该货物复运进境的运输及其相关费用为基础确定完税价格。 （ ）

5. 以租赁方式进口的货物，以海关审查确定的该货物的租金作为完税价格。 （ ）

6. 进口货物的纳税义务人应当自运输工具申报进境之日起 14 日内，出口货物的纳税义务人除海关特准外，应当在货物运抵海关监管区后、装货的 24 小时以前，向货物的进出境地海关申报。 （ ）

7. 纳税义务人因不可抗力或在国家税收政策调整的情形下，不能按期缴纳税款的，经海关总署批准，可以延期缴纳税款，但是最长不得超过 6 个月。 （ ）

8. 外国政府、国际组织无偿赠送的物资免征关税。 （ ）

9. 已征收进口关税的货物，因品质或规格的原因，原状退货复运出境的，纳税人自缴纳税款之日起 3 年内可以申请退还税款。 （ ）

10. 关税按征税性质分类，可分为普通关税和优惠关税。 （ ）

四、思考题

1. 请区分关境与国境。

2. 简述关税的特点。

3. 按照不同的标准，关税可以分为哪几类？

4. 简述关税的作用。

五、计算问答题

1. 某市具有进出口经营权的甲化妆品生产企业（以下简称“甲企业”）系增值税一般纳税人，2020 年 2 月进口一批高档化妆品，成交价格为 100 万元（折合人民币，下同），支付境外技术培训费共计 2 万元。商品运抵我国境内输入地点起卸前的运保费无法确定，海关按同类货物同期运输费估定运费为 5 万元。甲企业缴纳进口税金后海关放行，甲企业将此批高档化妆品从海关运往企业，支付运输公司（一般纳税人）不含税运费 1 万元，并取得增值税专用发票。甲企业当月将此批高档化妆品全部销售，取得含税销售额 226 万元。

已知该批高档化妆品进口关税税率为 15%，消费税税率为 15%。本月取得的票据均能在当月认证并允许抵扣。

要求：(1) 计算其关税完税价格。

(2) 计算其进口环节应纳关税。

(3) 计算其进口环节应纳的税金合计。

(4) 计算其内销环节实际应缴纳的各项税金及附加合计。

2. 某企业系具有金银首饰经营资质的增值税一般纳税人，2020 年 12 月海运进口一批银首饰。该批货物的运保费无法确定，海关按该批货物进口同期的正常运输成本审查确定的运费折合人民币为 9.06 万元。海关审定货价折合人民币为6 970万元。该批货物进口关税税率为 15%，消费税税率为 5%。

要求：(1) 计算进口环节应缴纳的关税。

(2) 计算进口环节应缴纳的消费税。

(3) 计算进口环节应缴纳的增值税。

六、案例分析题

小航于2008年从航空公司离职后，一度在北京待业，后来在淘宝网上开了家“空姐小店”，从国内其他网店购买化妆品后加价销售。这在当时是一个不错的选择，网络购物日益深入人心，淘宝小店不仅解决了许多人的就业问题，也创造了许多致富神话。化妆品长期位居海外代购最受欢迎商品之列，即使是现在，化妆品、奶粉和奢侈品箱包等，仍是海外代购的重要商品。

彼时，正值金融危机，一些国外奢侈品滞销，导致价格松动并打折促销，一些名牌产品甚至低至三折；再加上人民币升值以及政策层面促进消费，中国消费者对海外商品尤其是奢侈品表现出空前的热情。那些钟情海外产品而又不能常常亲自去海外购物的潮人们，从商场或网络上挑选目标商品后，委托私人或专业的代购公司从海外购买，由此催生出了一个日益庞大的专业代购群体。

代购并非新生事物，早年海外留学生们就经常帮助亲朋好友在国外购买各种商品，并逐渐形成了收取10%的代购费的“行规”。这种源自熟人社会的受人委托代替购物模式，借助电子商务的网络平台得以蓬勃发展。最初接手货源的有70%来自空姐、留学生和在国外的普通工作者。小航的“空姐”名头，就迎合了这样一部分高端消费者的偏好。

小航多次在一家价格较低的淘宝店铺购买化妆品，并通过这家代购店认识了曾在韩国三星电子有限公司担任高级工程师的小乔。后来，小航通过小乔拿到韩国仁川机场新罗免税店的内部账号，通过这个账号购买化妆品获得的折扣比新罗免税店网上标价还要低约5%。2010年8月后，小航与小乔合作共同经营一家网店，由小乔提供免税店账号并在韩国付货款、核算如何购买能取得最大优惠，小航负责经营。

小航赶上了好时机，就在她潜心经营化妆品生意的这几年，海外代购在国内风生水起。中国电子商务研究中心的监测数据显示，2011年，中国海外代购市场交易规模达265亿元，较2010年增长120.83%。该中心统计，2012年，海外代购交易规模会达到480亿元。

这种发展也伴随着假货以及售后服务难以保障等各种乱象。其间，中国海关加紧了对入境物品的监管。2010年9月1日开始，海关将个人邮寄物品进口应征税税额起点从500元下调到50元。海关新政下，许多像小航这样的代购，选择以个人携带入境的方式避税。一旦订单货物达到一定数量，扣除机票还有盈余时，小航就飞往韩国将化妆品放进行李箱或背包中办理行李托运携带入境。2010年年底，小航的男友小东辞去工作，加入这项海外代购化妆品生意中。

2010年8月至2011年8月，小航去韩国带购化妆品达29次，其男友小东去韩国带购化妆品达17次，通过以客带货的方式从无申报通道携带入境，均未向海关申报，违反了海关规定。这就意味着，小航及其男友小东一年内以化整为零的方式，多次大量携带化妆品侥幸闯关入境销售的做法，随时都有可能碰触法律红线并东窗事发。此前也并非没有征兆，早在2011年4月19日，小航携带大量化妆品从韩国由沈阳入境时，就曾被海关查获。其合作伙伴小乔也曾有两次因携带大量化妆品而受到罚款以及被行政拘留的处罚。

2011 年 8 月 31 日，小航从韩国到达北京首都机场后，就被早已布控在此的侦查人员抓获归案。

思考一：请问小航的代购行为违反了哪些关税法相关规定？

思考二：请从依法纳税角度，谈谈小航代购案对个人的启示。

第八章
资源税

一、单项选择题

1. 下列选项中，属于资源税纳税人的是（　　）。

A. 进口原油的外贸企业

B. 销售自产天然气的生产企业

C. 仅从事收购未税矿产品的独立矿山企业

D. 出口外购原煤的外贸企业

2. 下列选项中，应征收资源税的是（　　）。

A. 人造石油

B. 某商贸企业零售的煤炭

C. 开采铁矿石同时开采的锰矿

D. 某联合企业进口的石油

3. 下列选项中，关于资源税课税数量的表述中，不正确的是（　　）。

A. 纳税人开采或生产应税产品销售的，以实际销售数量为课税数量

B. 纳税人开采或生产应税产品自用于生产非应税产品的，以自用数量为课税数量

C. 纳税人不能准确提供应税产品销售数量，以应税产品的产量或主管税务机关确定的折算比换算成的数量为课税数量

D. 纳税人开采或生产应税产品销售的，以开采数量为课税数量

4. “资源税税目税率表”中规定可以选择实行从价计征或从量计征的税目，具体计征方式由省、自治区、直辖市人民政府提出，报同级人民代表大会常务委员会决定，并报（　　）备案。

A. 全国人民代表大会常务委员会和国务院

B. 国家税务总局

C. 财政部

D. 财政部和国家税务总局

5. 根据资源税的相关规定，原油、天然气资源税实行（　　）。

A. 从量征收　　B. 从价征收

C. 复合征收　　D. 选择征收

6. 某煤矿生产企业 2020 年 12 月开采原煤 6 000 吨，当月采用分期收款方式向某供热公司销售原煤 3 000 吨，约定销售总价款为 330 000 元（不含增值税）。双方签订的销售合同规定，本月收取全部货款的 1/3，其余货款在下个月一次性付清。

该煤矿生产企业当月销售已税原煤生产的洗选煤 200 000 吨，取得不含增值税的销售额为 100 万元。已知原煤适用的资源税税率为 6%。该煤矿生产企业当月应缴纳的资源税为（　　）元。

A. 6 600　　B. 19 800

C. 16 923　　D. 11 282

7. 某煤矿 2020 年 12 月开采原煤 20 万吨，当月将其中 4 万吨对外销售，取得不含增值税销售额 400 万元；将其中 3 万吨原煤用于职工宿舍；将其中 5 万吨原煤自用于连续生产洗选煤，生产出来的洗选煤当月全部销售，取得不含增值税销售额 900 万元（含矿区至车站的运费 100 万元，取得运输方开具的凭证）。已知煤炭资源税税率为 6%，当地省级财税部门确定的洗选煤折算率为 70%，则该煤矿当月应缴纳资源税（　　）万元。

A. 120　　B. 88.9

C. 79.8　　D. 75.6

8. 某油气开采企业为增值税一般纳税人，2020 年 12 月开采原油 6 万吨，当期对外销售 5 万吨，取得不含税销售额 5 000 万元；另将剩余 1 万吨用于开采原油的时候加热和修理油井。该油气开采企业在开采原油的同时开采天然气 100 万立方米，当期对外销售 80 万立方米，共取得不含税销售额 150 万元，另将剩余 20 万立方米用于换取一批机器设备。该油气开采企业 2020 年 12 月应缴纳资源税（　　）万元（已知原油、天然气适用的资源税税率为 6%）。

A. 311.25　　B. 371.25

C. 309　　D. 369

9. 下列关于资源税的说法中，不正确的是（　　）。

A. 对出口的应税产品照章征收资源税

B. 开采原油过程中用于加热的原油免征资源税

C. 对深水油气田资源税减按 30%征收

D. 纳税人在开采或生产应税产品的过程中，因自然灾害遭受重大损失的，由省、自治区、直辖市人民政府酌情决定减征或免征资源税

10. 根据资源税的相关规定，下列说法中，正确的是（　　）。

A. 油田范围内运输稠油过程中用于加热的原油、天然气，减半征收资源税

B. 对深水油气田资源税减征 50%

C. 对实际开采年限在 15 年以上的衰竭期矿山开采的矿产资源，资源税减征30%

D. 对依法在建筑物下通过充填开采方式采出的矿产资源，资源税减征 30%

二、多项选择题

1. 下列单位和个人的生产经营行为中，应缴纳资源税的有（　　）。

A. 个人开采锡矿石　　B. 商贸企业进口原煤

C. 商贸企业批发销售海盐　　D. 中外合作油气田开采陆上原油

2. 根据资源税的有关规定，下列表述中，不正确的有（　　）。
   A. 资源税只对特定资源征税
   B. 纳税人开采或生产不同税目应税产品，未分别核算销售额或销售数量的，由财政部核定具体适用税率
   C. 纳税人以一个月为一期纳税的，自期满之日起15日内申报缴纳资源税
   D. 纳税人将其开采的原煤加工为洗选煤自用的，视同销售洗选煤，计算缴纳资源税
3. 下列关于代扣代缴资源税的表述中，正确的有（　　）。
   A. 独立矿山、联合企业收购未税矿产品的，按主管税务机关核定的应税产品税额、税率标准，依据收购的数量代扣代缴资源税
   B. 独立矿山、联合企业收购未税矿产品的，按照本单位应税产品税额、税率标准，依据收购的数量代扣代缴资源税
   C. 独立矿山、联合企业以外的其他单位收购未税矿产品的，按主管税务机关核定的应税产品税额、税率标准，依据收购的数量代扣代缴资源税
   D. 独立矿山、联合企业以外的其他单位收购未税矿产品的，按照本单位应税产品税额、税率标准，依据收购的数量代扣代缴资源税
4. 根据资源税法律制度的规定，下列选项中，采用从价定率方式计征资源税的有（　　）。
   A. 原油　　　　B. 稀土
   C. 海盐　　　　D. 黏土
5. 下列关于资源税的说法中，正确的有（　　）。
   A. 扣缴义务人代扣代缴的资源税，应当向收购地主管税务机关缴纳
   B. 扣缴义务人代扣代缴的资源税，其纳税义务发生时间为支付首笔货款或首次开具支付货款凭据的当天
   C. 外贸企业收购已税矿产品出口的，不得向主管税务机关申请资源税退税
   D. 纳税人在本省、自治区、直辖市范围开采或生产应税产品，其纳税地点需要调整的，由本级人民政府决定
6. 下列关于资源税纳税义务发生时间的表述中，正确的有（　　）。
   A. 纳税人销售应税产品，其纳税义务发生时间为应税产品开采的当天
   B. 纳税人采取分期收款结算方式销售应税产品的，其纳税义务发生时间为销售合同规定的收款日期的当天
   C. 纳税人采取预收货款结算方式销售应税产品的，其纳税义务发生时间为发出应税产品的当天
   D. 纳税人自产自用应税产品的，其纳税义务发生时间为应税产品移送使用的当天
7. 下列选项中，不需要缴纳资源税的有（　　）。
   A. 农村集体经济组织从本集体经济组织的水塘中取用水的
   B. 水利工程管理单位为调度水资源取水的
   C. 为消除对公共安全的危害临时应急取水的
   D. 为农业抗旱必须临时应急取水的

8. 下列关于水资源税征收管理的表述中，正确的是（　　）。

A. 在试点省份内取用水，其纳税地点需要调整的，由省级财政、税务部门决定

B. 水资源税的纳税义务发生时间为纳税人取用水资源的当日

C. 纳税人应当自纳税期满或纳税义务发生之日起 15 日内申报缴纳水资源税

D. 水资源税按年征收

三、判断题

1. 纳税人将其开采的原煤，自用于除连续生产洗选煤的，在原煤移送使用环节缴纳资源税。（　　）

2. 纳税人开采或生产应税产品过程中，因意外事故遭受的重大损失，一律不得减税或免税。（　　）

3. 增值税小规模纳税人可以在 50%的税额幅度内减征资源税。（　　）

4. 资源税纳税人按月或按季申报缴纳的，应当自月度或季度终了之日起 10 日内，向税务机关办理纳税申报并缴纳税款。（　　）

5. 个人开采销售锡矿应缴纳资源税。（　　）

四、思考题

1. 简述资源税的特点。

2. 简述资源税的纳税人。

3. 简述资源税的税收优惠政策。

五、计算问答题

1. 某企业（增值税一般纳税人，下同）2020 年 12 月将境内开采的原油 200 吨交由关联企业对外销售。该企业原油平均每吨含增值税销售价格为 6 243 元，关联企业对外每吨含增值税销售额为 6 328 元，当月全部销售。已知该企业开采原油适用的资源税税率为 6%。

要求：计算该企业就此业务应缴纳的资源税。

2. 华北某油田 2020 年 12 月开采原油 9 000 吨，当月销售 8 000 吨，取得不含增值税销售额 96 万元；用于开采原油过程中加热的原油 500 吨；用于职工食堂和浴室的原油 10 吨；当月与原油同时开采的天然气 40 000 立方米，已全部销售，取得不含增值税销售额 12 万元。已知该油田原油和天然气适用的资源税税率均为 6%。

要求：计算该油田 12 月应缴纳的资源税税额。

3. 某煤矿为增值税一般纳税人，2020 年 12 月发生下列业务：

（1）该煤矿开采原煤 40 000 吨。

（2）该煤矿采取托收承付方式销售自采原煤 480 吨，每吨不含税售价为 150 元，货款已经收讫。

（3）该煤矿本月以自采原煤和外购原煤混合加工洗煤 820 吨，其中耗用外购原煤 500 吨，外购原煤购入时每吨不含增值税价格为 120 元。销售上述洗煤 600 吨，每吨不含税售价 300 元（含每吨收取 50 元装卸费，能够取得相应的凭证）；将 5 吨上述洗煤用于职工宿舍取暖；剩余洗煤赠送给某关联单位。该煤矿原煤与洗煤的折算率为 60%。

已知该煤矿原煤资源税税率为 5%。

要求：根据上述资料，回答下列问题。

（1）计算业务（1）应缴纳的资源税。

（2）计算业务（2）应缴纳的资源税。

（3）计算业务（3）应缴纳的资源税。

（4）计算当月共计应缴纳的资源税。

六、案例分析题

资源税驱动企业“渣里淘金”。

资源税的纳税人主要是各类资源开采企业。《中华人民共和国资源税法》的实施对相关市场主体有何影响？

“我们既产铁矿石，也产铁精粉，之前铁矿石的销售额要通过换算比来计算，不但计算复杂，也不好理解。《中华人民共和国资源税法》实施后，直接对铁矿石企业明确了原矿和选矿两个税率，这样计算和申报起来就便利多了。”山东金岭矿业股份有限公司负责人说。

办税便利是资源税纳税人的共同感受：保留按月申报纳税，增加按季申报纳税；申报期限统一改为 15 日内；按原矿、选矿分别设定税率……

一系列减免税政策，也让企业绿色转型发展更有动力。

“《中华人民共和国资源税法》实施 3 年内，对充填开采置换出来的煤炭，资源税减征 50%。按照企业年充填量 60 万吨测算，公司预计可享受减税 1 122 万元。”西山煤电（集团）有限责任公司相关负责人介绍。该企业是全国最大的炼焦煤生产基地，也是全国首批循环经济试点单位，资源税减税优惠极大地鼓励了该企业矸石充填开采项目的实施，促进了煤炭资源绿色开采。

在传统作业方式下，煤炭开采会产生大量废弃矸石，堆积形成的矸石山不仅占用耕地，而且污染环境。充填开采方法却能将矸石“变废为宝”：随着工作面推进，将矸石填充到采空区或离层带，实现“以矸换煤”，提高煤矿回采率，减少废物排放，防止地表塌陷。“矸石充填开采不仅使企业得到了减税优惠，还减少企业排矸费支出 750 万元，保护了地下水，减少了地质灾害，也很大程度解决了周边村庄的环境污染及搬迁问题，可谓一举多得！”西山煤电（集团）有限责任公司相关负责人说。

重庆能投渝新能源有限公司从精准的税收优惠政策中看到了企业转型升级的契机。抽采煤层气是该公司业务之一。煤层气是赋存于煤层中与煤共伴生、以甲烷为主要成分的优质清洁能源，当它在空气中达到一定浓度时，遇明火很容易发生爆炸。因此，如果在采煤前先开采煤层气，不仅可以充分利用这种优质能源，还能降低事故发生概率、保证生产安全。受益于《中华人民共和国资源税法》中新增“因安全生产需要抽采的煤层气免税”政策，重庆能投渝新能源有限公司财务总监算了一笔账：“公司预计一年能少缴近 200 万元资源税，这笔钱可以用来增添智能选矸设备，提高资源利用率。”

总体来看，《中华人民共和国资源税法》的实施，引导企业绿色发展，帮助企业恢复市场活力，明显减轻了企业负担，也让企业更有自主创新的能力和转型升级的底气，在市场逆境中扬帆踏浪前行。

思考一：请结合案例，谈谈开征资源税如何驱动企业“渣里淘金”？

思考二：请从人与自然和谐相处的角度，谈谈青年人在生活中如何践行绿色发展理念。

第九章
环境保护税

一、单项选择题

1. 下列选项中，不属于环境保护税征税范围的是（　　）。
   A. 大气污染物
   B. 噪声
   C. 水污染物
   D. 依法对畜禽养殖废弃物进行综合利用和无害化处理

2. 下列选项中，直接向环境排放污染物的主体，不属于环境保护税纳税人的是（　　）。
   A. 某事业单位　　B. 甲煤矿开采企业
   C. 王某个人　　D. 某市从事餐饮服务业的饭店

3. 下列选项中，应缴纳环境保护税的是（　　）。
   A. 企业向依法设立的污水集中处理场所排放应税污染物
   B. 个体户向依法设立的生活垃圾集中处理场所排放应税污染物
   C. 事业单位在符合国家环境保护标准的设施贮存固定废物
   D. 企业在不符合地方环境保护标准的场所处置固定废物

4. 下列关于环境保护税计税依据的表述中，不正确的是（　　）。
   A. 应税大气污染物按照污染物排放量折合的污染当量数确定
   B. 应税水污染物按照污染物排放量折合的污染当量数确定
   C. 应税固体废物按照固体废物的排放量确定
   D. 应税噪声按照噪声的分贝数确定

5. 下列选项中，应计算缴纳环境保护税的是（　　）。
   A. 企业向依法设立的污水集中处理场所排放应税水污染物
   B. 企业在符合国家环境保护标准的场所贮存固体废物
   C. 医院直接向环境排放应税水污染物
   D. 机动车排放应税污染物

6. 根据环境保护税的相关规定，纳税人缴纳环境保护税的纳税地点是（　　）。
   A. 应税污染物排放单位机构所在地的税务机关
   B. 应税污染物排放地的税务机关
   C. 扣缴义务人所在地的税务机关
   D. 应税污染物排放地的上级税务机关

7. 某养殖场2020年2月养鸡存栏量为6 000羽，污染当量值为30羽。假设当地水污染物适用税额为每污染当量3.2元，该养殖场当月应纳环境保护税（　　）元。

A. 0　　B. 640

C. 19 200　　D. 576 000

二、多项选择题

1. 下列选项中，属于环境保护税的特点的有（　　）。

A. 征税项目为四种重点污染源

B. 纳税人主要是企事业单位和其他经营者

C. 直接排放应税污染物是必要条件

D. 税收收入全部归中央

2. 下列选项中，属于环境保护税征收范围的有（　　）。

A. 煤矸石　　B. 二氧化硫

C. 氮氧化物　　D. 建筑噪声

3. 下列关于对应税噪声征收环境保护税的表述中，正确的有（　　）。

A. 昼、夜均超标的环境噪声，昼、夜分别计算应纳税额，累计计征

B. 声源一个月内超标不足15天的，减半计算应纳税额

C. 应税噪声环保税的计税单位为超标分贝

D. 应税噪声的应纳税额为超标分贝数乘以具体适用税额

4. 下列关于环境保护税征收管理的表述中，正确的有（　　）。

A. 纳税义务发生时间为纳税人排放应税污染物的当日

B. 环境保护税按月计算，按年申报缴纳

C. 纳税人应当向应税污染物排放地的税务机关申报缴纳环境保护税

D. 纳税人按次申报缴纳的，应当自纳税义务发生之日起30日内，向税务机关办理纳税申报并缴纳税款

5. 下列选项中，免征环境保护税的有（　　）。

A. 依法设立的污水集中处理场所排放应税污染物，不超过国家和地方规定的排放标准

B. 纳税人排放应税大气污染物的浓度值低于规定的污染物排放标准的30%

C. 纳税人综合利用的固体废物，符合国家和地方规定的环保标准

D. 船舶和航空器等流动污染源排放应税污染物

三、判断题

1. 环境保护税的征收环节是生产销售环节。（　　）

2. 应税污染物的具体适用税额由省级税务机关确定。（　　）

3. 环境保护税实行统一的定额税和浮动定额税相结合的税额标准。（　　）

4. 纳税人跨区域排放应税污染物，税务机关对税收管辖有争议的，必须报请共同的上级税务机关决定。（　　）

5. 环境保护税不能按固定期限计算缴纳的，可以按次申报缴纳。（　　）

四、思考题

1. 简述环境保护税的纳税人与征税对象。

2. 简述环境保护税的减免税优惠。

五、计算问答题

1. 某企业 2020 年 4 月产生尾矿 1 500 吨，其中综合利用的尾矿 500 吨（符合国家和地方环境保护税标准），在符合国家和地方环境保护的设施贮存 300 吨，适用税额为 15 元/吨。

要求：计算甲企业当月尾矿应缴纳的环境保护税。

2. 某餐饮公司通过安装水流量计测得 2020 年 2 月污水排放量为 80 吨，已知饮食娱乐服务业污染当量值为 0. 5 吨污水。假设当地水污染物适用税额为每污染当量 2. 8 元。

要求：计算该餐饮公司当月应缴纳的环境保护税。

3. 某化工厂只有一个污水排放口且直接向河流排放污水。2018 年 2 月，该工厂自动监测仪器读数显示，当月排放硫化物、氟化物各 100 千克，甲醛、总铜各 90 千克，总锌 200 千克，总锰 120 千克。已知硫化物、甲醛污染当量值为 0.125，氟化物污染当量值为 0.5，总铜污染当量值为 0.1，总锌、总锰污染当量值为 0.2，当地水污染物每污染当量税额为 3 元。

要求：计算该化工厂当月应缴纳的环境保护税。

六、案例分析题

2005 年 8 月 15 日，时任浙江省委书记的习近平同志，以深邃的历史眼光和生动的地方实践，创造性提出“绿水青山就是金山银山”的科学论断。2020 年 3 月 30 日，时隔 15 年后，习近平总书记回到浙江安吉县余村考察时强调，实践证明，经济发展不能以破坏生态为代价，生态本身就是经济，保护生态就是发展生产力。15 年来，习近平总书记站在党和国家事业发展全局的战略高度，多次强调和阐述“绿水青山就是金山银山”的理念，系统形成习近平生态文明思想，成为全党全社会的共识和行动，在日益深入的实践中彰显出真理的伟大力量。

《中华人民共和国环境保护税法》于 2016 年 12 月 25 日经第十二届全国人民代表大会常务委员会第二十五次会议审议通过，于 2018 年 1 月 1 日正式实施。《中华人民共和国环境保护税法》是贯彻习近平生态文明思想、落实绿色发展理念的重大战略举措，是我国现代环境治理体系的重要组成部分，也是我国第一部专门体现“绿色税制”的单行税法。《中华人民共和国环境保护税法》的出台和实施，提高了我国税制的绿色化水平，加快了税制的绿色化改革进程。

思考一：为什么要征收环境保护税？

思考二：请谈谈环境保护税的开征对建设“绿色中国”的积极意义。

第十章
城镇土地使用税

一、单项选择题

1. 甲企业拥有一土地使用权，其中的40%自用，另外60%出租给乙企业生产经营使用，则（　　）。

A. 应当由甲企业缴纳全部的土地使用税

B. 应当由乙企业缴纳全部的土地使用税

C. 应当按比例计算缴纳土地使用税

D. 按双方协商比例缴纳土地使用税

2. 下列关于城镇土地使用税的纳税义务人的说法中，正确的是（　　）。

A. 拥有土地使用权的单位和个人

B. 土地使用权未确定或权属纠纷未解决的，不用缴纳土地使用税

C. 土地使用权共有的，选择其中一方是纳税人

D. 纳税单位无偿使用免税单位的土地，纳税单位免征土地使用税

3. 下列关于城镇土地使用税的说法中，正确的是（　　）。

A. 公园的咖啡厅占地，免征城镇土地使用税

B. 开山填海整治的土地，从使用月份起免缴土地使用税3~5年

C. 厂区内部绿化用地不需要缴纳土地使用税

D. 直接用于农、林、牧、渔业的生产用地，免征土地使用税

4. 城镇土地使用税实行的征收方法是（　　）。

A. 按季计算、分期缴纳

B. 按月计算、一次性缴纳

C. 按年计算、分期缴纳

D. 按年计算、一次性缴纳

5. 下列关于城镇土地使用税的说法中，不正确的是（　　）。

A. 土地使用税以纳税人实际占用的土地面积为计税依据，依照规定税额计算征收

B. 企业办的学校、医院、托儿所、幼儿园自用的土地，暂免征收土地使用税

C. 对单独的地下建筑用地，应暂按应征税款的50%征收城镇土地使用税

D. 土地使用权共有的，由双方协商，确定一方计算缴纳土地使用税

6. 某盐场2020年占地300 000平方米，其中办公楼占地20 000平方米，盐场内部绿化占地50 000平方米，盐厂附属医院占地10 000平方米，盐滩占地120 000平方米，盐场附属盐矿的矿井用地100 000平方米。盐场所在地城镇土地使用税单位税额为每平方米1元。该盐场2020年应缴纳的城镇土地使用税为（　　）元。

A. 300 000　　B. 70 000

C. 170 000　　D. 190 000

7. 某公司与军队共同拥有某幢建筑物的土地使用权。该建筑物占地面积为3 000平方米，建筑面积为20 000平方米，公司与军队的占用比例为4∶1，公司所在市城镇土地使用税年税额为每平方米5元。该公司全年应缴纳的城镇土地使用税为（　　）元。

A. 0　　B. 3 000

C. 12 000　　D. 20 000

二、多项选择题

1. 下列选项中，可以免征城镇土地使用税的有（　　）。

A. 财政拨付事业经费单位的食堂用地

B. 名胜古迹场所设立的照相馆用地

C. 中国人民银行的营业用地

D. 宗教寺庙人员在寺庙内的生活用地

2. 下列选项中，应缴纳城镇土地使用税的有（　　）。

A. 供热企业行政办公大楼

B. 居民供热收取采暖费的供热企业，为居民供热所使用的厂房及土地

C. 农副产品加工厂生产用地

D. 城市轨道交通系统运营用地

3. 下列关于城镇土地使用税的说法中，正确的有（　　）。

A. 纳税人使用的土地不在同一省、自治区、直辖市管辖的，由纳税人分别向土地所在地的税务机关缴纳土地使用税

B. 纳税人使用的土地在同一省、自治区、直辖市范围内，但跨地区使用的，其纳税地点由省、自治区、直辖市人民政府确定

C. 纳税人新征用的耕地，自批准征用之日起满1年时开始计算缴纳土地使用税

D. 纳税人新征用的非耕地，自批准征用次月起缴纳土地使用税

4. 下列关于城镇土地使用税纳税义务发生时间的相关表述中，不正确的有（　　）。

A. 纳税人出租房产，自交付出租房产的次月起计征城镇土地使用税

B. 以出让方式有偿取得土地使用权的，自取得土地使用权的当月起计征城镇土地使用税

C. 纳税人新征用的非耕地，自批准征用当月起缴纳城镇土地使用税

D. 纳税人新征用的耕地，自批准征用之日起满1年时开始缴纳城镇土地使用税

5. 下列选项中，符合城镇土地使用税规定的有（　　）。

A. 城镇土地使用税实行按年计算、分期缴纳的征收方式

B. 纳税人使用土地不属于同一省的，由纳税人向注册地税务机关缴纳

C. 纳税单位无偿使用免税单位的土地，纳税单位应当缴纳城镇土地使用税

D. 纳税人实际占有土地但尚未核发土地使用证书，由税务机关核定计税依据

6. 甲、乙两公司与政府机关共同使用一栋共有土地使用权的建筑物。该建筑物占用土地面积为 6 000 平方米，建筑面积为 21 000 平方米。甲、乙两公司与政府机关的占用比例 2∶1∶3，公司所在地城镇土地使用税税额为 6 元/平方米。下列表述中，正确的有（　　）。

A. 甲企业缴纳城镇土地使用税 12 000 元

B. 乙企业缴纳城镇土地使用税 6 000 元

C. 政府机关缴纳城镇土地使用税 18 000 元

D. 乙企业缴纳城镇土地使用税 36 000 元

三、判断题

1. 土地使用权权属纠纷未解决的，由税务机关根据情况确定纳税人。（　　）

2. 企业内的广场、道路、绿化等占用的土地免征城镇土地使用税。（　　）

3. 城镇土地使用税实行分级幅度税额。（　　）

4. 新征用的耕地，自批准征用之日起满 1 年时开始缴纳城镇土地使用税。（　　）

5. 现行城镇土地使用税征税范围限定在城市、县城、建制镇、工矿区和农村。（　　）

6. 依据城镇土地使用税的相关规定，纳税人缴纳城镇土地使用税确有困难需要减免税款，应办理相关审批手续。负责城镇土地使用税减免税审批的是县级人民政府。（　　）

四、思考题

1. 简述城镇土地使用税的特点。

2. 简述城镇土地使用税的纳税人。

3. 简述城镇土地使用税的计税依据。

4. 简述城镇土地使用税的税收优惠。

五、计算问答题

某物流企业拥有大宗商品仓储设施用地 8 000 平方米，2020 年发生如下业务：

（1）自 5 月 1 日起，该物流企业将自有 500 平方米的大宗商品仓储设施用地出租给乙企业。

（2）2 月，该物流企业经批准新占用一处耕地 6 000 平方米用于委托施工企业丙建造仓库。

（3）3 月，该物流企业经批准新占用一处非耕地 3 000 平方米用于委托施工企业丁建造办公楼。

已知城镇土地使用税每平方米年税额为 5 元，耕地占用税每平方米税额为 8 元。

要求：计算该物流企业 2020 年应缴纳的城镇土地使用税。

六、案例分析题

城镇土地使用税实行幅度税额，大城市、中等城市、小城市、县城、建制镇、工矿区的税额各不相同。即使在同一地区，由于不同地段的市政建设情况和经济繁荣程度有较大区别，土地使用税的税额规定也不相同，最大的相差 20 倍。纳税人在投资设厂时就可以进行税收筹划，选择不同级别的土地。

如今，某复合材料集团公司想要扩大生产基地。由于公司总部在北京，因此董事会的初步方案是将生产基地建在北京郊区，面积为 10 000 平方米，选用的土地为四级土地，每平方米土地每年需要缴纳城镇土地使用税 12 元，因此每年需要缴纳城镇土地使用税 12 万元。

思考一：该集团应如何降低城镇土地使用税？

思考二：除了利用土地级别的不同进行税收筹划外，还有无其他税收筹划方法可以降低城镇土地使用税？

第十一章
耕地占用税

一、单项选择题

1. 下列选项中，不征收耕地占用税的是（　　）。

A. 占用菜地建房

B. 占用园地建房

C. 占用鱼塘从事非农业建设

D. 占用养殖水面建设直接为农业生产服务的生产设施

2. 经济特区、经济技术开发区和经济发达、人均耕地特别少的地区，耕地占用税的适用税额可以适当提高，但最多不得超过当地适用税额的（　　）。

A. 20%　　B. 30%

C. 50%　　D. 60%

3. 下列选项中，属于免征耕地占用税范围的是（　　）。

A. 飞机场跑道占用耕地　　B. 医疗机构占用耕地

C. 铁路线路占用耕地　　D. 生产企业占用耕地

4. 下列关于耕地占用税的说法中，不正确的是（　　）。

A. 耕地占用税属于对特定土地资源占用课税

B. 农村居民在规定用地标准以内占用耕地新建自用住宅，按照当地适用税额减半征收耕地占用税

C. 耕地占用税采用地区差别定额税率，按年课征

D. 耕地占用税以纳税人实际占用的耕地面积为计税依据

5. 下列选项中，可以按照当地适用税额减半征收耕地占用税的是（　　）。

A. 农村居民占用耕地新建住宅　　B. 飞机场跑道占用的耕地

C. 军事设施占用耕地　　D. 供电部门占用耕地新建变电厂

6. 某企业占用林地 40 万平方米建造生态度假村，还占用林地 100 万平方米开发经济林木，所占耕地适用的定额税率为 20 元/平方米。该企业应缴纳耕地占用税（　　）万元。

A. 800　　B. 1 400

C. 2 000　　D. 2 800

7. 农村居民王某原住宅用地为 200 平方米，房屋建筑面积为 200 平方米，因规划修建铁路被占用，其经批准后另购置一块 200 平方米的耕地，并建起一栋两层小洋房，房屋建筑面积为 420 平方米。当地耕地占用税率为 30 元/平方米。根据税法的规定，下列表述中，正确的是（　　）。

A. 王某家免征耕地占用税

B. 王某家应缴纳耕地占用税 6 000 元

C. 王某家应缴纳耕地占用税 6 300 元

D. 王某家应缴纳耕地占用税 3 000 元

8. 下列关于耕地占用税的说法中，不正确的是（　　）。

A. 耕地占用税的纳税义务人，是占用耕地建房或从事其他非农业建设的单位和个人

B. 耕地占用税以纳税人实际占用耕地的面积为计税依据

C. 获准占用耕地的单位或个人应当在收到土地管理部门的通知之日起 60 日内缴纳耕地占用税

D. 免征或减征耕地占用税后，纳税人改变原占地用途，不再属于免征或减征耕地占用税情形的，应当按照当地适用税额补缴耕地占用税

9. 某市肉制品加工企业 2020 年占地 40 000 平方米，其中办公楼占地 3 000 平方米，生猪养殖基地占地 20 000 平方米，肉制品加工车间占地 16 000 平方米，企业内部道路及绿化占地 1 000 平方米。企业所在地城镇土地使用税年单位税额每平方米 5 元。该企业 2020 年应缴纳城镇土地使用税（　　）元。

A. 65 000　　B. 100 000

C. 120 000　　D. 950 000

10. 2020 年年初，农村居民张某经批准占用耕地 2 000 平方米，其中 1 500 平方米改成果园，500 平方米用于新建住宅。2020 年 10 月，经批准，张某临时占用耕地 1 000平方米用于非农业建设。已知当地耕地占用税税额为 20 元/平方米。张某当年应缴纳耕地占用税（　　）元。

A. 60 000　　B. 10 000

C. 25 000　　D. 50 000

二、多项选择题

1. 根据耕地占用税的有关规定，下列选项中，属于耕地的有（　　）。

A. 花圃、苗圃　　B. 牧场

C. 桑园　　D. 经济林地

2. 耕地占用税是对占用耕地（　　）的单位和个人，就其实际占用的耕地面积征收的一种税，属于对特定土地资源占用课税。

A. 建设建筑物　　B. 从事非农业建设

C. 从事农业建设　　D. 建设构建物

3. 下列关于耕地占用税税收优惠的说法中，错误的有（　　）。

A. 军事设施占用耕地，免征耕地占用税

B. 医院占用耕地，减半征收耕地占用税

C. 飞机场跑道占用耕地，减半征收耕地占用税

D. 农村居民占用耕地改造果园，按照当地适用税额减半征收耕地占用税

4. 耕地占用税的纳税人是指在中华人民共和国境内占用耕地建设建筑物、构筑物或从事非农业建设的单位和个人。下列选项中，属于耕地占用税纳税义务人的有（　　）。

A. 国有企业　　B. 集体企业

C. 外商投资企业　　D. 个体工商户

5. 下列关于耕地占用税的表述中，正确的有（　　）。

A. 建设直接为农业生产服务的生产设施而占用耕地的，征收耕地占用税

B. 获准占用耕地的单位或个人，应当在收到自然资源主管部门的通知之日起 60 日内缴纳耕地占用税

C. 免征或减征耕地占用税后，纳税人改变原占地用途，不再属于免征或减征耕地占用税情形的，应当按照当地适用税额补缴耕地占用税

D. 在人均耕地低于 0.5 亩的地区，省、自治区、直辖市可以根据当地经济发展情况，适当提高耕地占用税的适用税额，但提高的部分不得超过确定的适用税额的 50%

6. 下列关于我国耕地占用税的特征的表述中，正确的有（　　）。

A. 耕地占用税实行有地区差别的幅度定额税率

B. 耕地占用税以纳税人实际占用的耕地面积为计税依据

C. 为非农建设占用集体所有的耕地征收耕地占用税，占用国家所有的耕地不征收耕地占用税

D. 耕地占用税由地方税务机关负责征收

7. 下列选项中，减按每平方米 2 元的税额征收耕地占用税的有（　　）。

A. 公路线路占用耕地　　B. 飞机场跑道占用耕地

C. 停机坪占用耕地　　D. 临时占用耕地

8. 下列选项中，免征耕地占用税的有（　　）。

A. 飞机场跑道占用耕地　　B. 幼儿园占用耕地

C. 医院占用耕地　　D. 养老院占用耕地

9. 下列关于耕地占用税的说法中，正确的有（　　）。

A. 耕地占用税由地方税务机关负责征收

B. 纳税人在批准临时占用耕地的期限内恢复所占用耕地原状的，已缴纳的耕地占用税不再退还

C. 在经济技术开发区，耕地占用税的适用税额可以适当提高，但最多不得超过规定税额的 50%

D. 占用鱼塘及其他农用土地建房或从事其他非农业建设，视同占用耕地

10. 某企业 2020 年 5 月新占用耕地 3 500 平方米用于建造厂房，并临时占用耕地 500 平方米用于堆放沙子，沙子用于建造厂房。该企业预计 2021 年 3 月厂房建造完成，临时占用耕地已获得批准。2020 年 9 月，该企业新占用耕地 2 000 平方米用于兴办学校（所占耕地适用的定额税率为 20 元/平方米）。下列说法中，正确的有（　　）。

A. 建造厂房占用的耕地应计征耕地占用税 80 000 元

B. 兴办学校占用耕地应计征耕地占用税 40 000 元

C. 临时占用耕地不需要计征耕地占用税

D. 临时占用耕地需要计征耕地占用税，但在批准临时占用耕地的期限内恢复所占耕地原状的可以全额退还

三、判断题

1. 农村居民占用耕地改造果园，按照当地适用税额减半征收耕地占用税。 (　　)

2. 纳税人临时占用耕地，暂时不缴纳耕地占用税。 (　　)

3. 农村居民经批准搬迁且原宅基地恢复耕种，新建住宅占用耕地应免征耕地占用税。 (　　)

4. 耕地占用税的纳税义务发生时间为占用耕地的当日。 (　　)

5. 耕地占用税税额标准实行的是地区差别定额税额。 (　　)

6. 养老院和停机坪占用耕地应减征耕地占用税。 (　　)

四、思考题

1. 简述耕地占用税的征税范围。

2. 耕地占用税的计税依据是什么？

3. 如何计算耕地占用税应纳税额？

4. 简述耕地占用税与城镇土地使用税、与土地增值税的关系。

5. 简述耕地占用税的税收优惠。

五、计算问答题

1. 某物流企业拥有大宗商品仓储设施用地 8 000 平方米，2020 年发生如下业务：

（1）自 10 月 1 日起，该物流企业将自有 500 平方米的大宗商品仓储设施用地出租给乙企业。

（2）11 月，该物流企业经批准新占用一处耕地 6 000 平方米用于委托施工企业丙建造仓库。

（3）12 月，该物流企业经批准新占用一处非耕地 3 000 平方米用于委托施工企业丁建造办公楼。

已知耕地占用税每平方米税额为 8 元。

要求：根据上述资料，计算该物流企业 2020 年应缴纳的耕地占用税。

2. 因土地规模化耕种需要，农村居民张某经批准搬迁，搬迁前往住宅占用耕地 220 平方米，搬迁后新建自用住宅占用耕地 260 平方米。已知当地耕地占用税税额为每平方米 20 元。

要求：根据上述资料，计算张某应缴纳的耕地占用税。

3. 2020 年 11 月，甲公司开发住宅社区，经批准占用耕地 15 万平方米，其中 800 平方米兴建幼儿园，5 000 平方米修建学校，1 500 平方米建设公路线路。已知耕地占用税适用税率为 30 元/平方米。

要求：根据上述资料，计算甲公司应缴纳的耕地占用税。

六、案例分析题

2020年下半年，某县农民李某在自家耕地上建了一座免烧砖厂，占地面积4 269. 96平方米，按照规定应缴纳耕地占用税。税务人员多次催缴后，李某一直未缴纳耕地占用税，占应缴纳税款总额的100%。2020年1月，某县税务局将此案移送司法机关，李某分三次将应缴纳的税款93 939. 12元全部缴纳。

人民法院审理后认为，李某依法应缴纳耕地占用税而不申报，经多次催缴后仍不缴纳，逃避缴纳税款数额较大，并占应纳税额的100%，其行为已构成逃税罪。人民法院以逃税罪判处李某有期徒刑二年，缓刑二年，并处罚金5 000元。

鉴于李某到案后认罪态度较好，缴纳了全部耕地占用税款，有悔罪表现，对其适用缓刑不致再危害社会，可以宣告缓刑。

思考一：为什么李某应缴纳耕地占用税？

思考二：耕地占用税的收入用途是什么？

思考三：耕地占用税设立的现实意义是什么？

第十二章
房产税

一、单项选择题

1. 下列选项中，符合房产税纳税义务人规定的是（　　）。

A. 房屋出租的由承租人纳税

B. 房屋产权出典的由出典人纳税

C. 房屋产权未确定的暂不缴纳房产税

D. 无租使用房产管理部门的房产由使用人代为缴纳房产税

2. 纳税人经营自用的房屋缴纳房产税的计税依据是（　　）。

A. 经营所得　　B. 房屋净值

C. 房产余值　　D. 市场价格

3. 下列选项中，属于房产税征税范围的是（　　）。

A. 农村的居住用房

B. 建在室外的露天游泳池

C. 个人拥有的市区经营性用房

D. 房地产开发企业尚未使用或出租而待售的商品房

4. 下列关于房产税计税依据的说法中，不正确的是（　　）。

A. 房产原值是指纳税人在账簿“固定资产”和“在建工程”科目中记载的房屋原价

B. 纳税人对原有房屋进行改建、扩建的，要相应增加房屋的原值

C. 对于融资租赁房屋的情况，在计征房产税时应以房产余值计算征收

D. 房屋出典的，由承典人按房产余值计算缴纳房产税

5. 下列选项中，应征收房产税的是（　　）。

A. 高校的学生公寓　　B. 个人拥有的营业用房

C. 公园里的办公用房　　D. 经营公租房的租金收入（单独核算）

6. 下列关于房产税纳税义务发生时间的表述中，正确的是（　　）。

A. 纳税人出租房产，自交付房产之月起缴纳房产税

B. 纳税人自行新建房屋用于生产经营，从建成之月起缴纳房产税

C. 纳税人将原有房产用于生产经营，从生产经营之月起缴纳房产税

D. 房地产开发企业自用本企业建造的商品房，自房屋使用之月起缴纳房产税

7. 下列选项中，免征房产税的是（　　）。

A. 自收自支事业单位向职工出租的单位自有住房

B. 信托投资公司经营用房

C. 个人所有的营业用房

D. 军队营业用房产

8. 某企业 2017 年 1 月将新建办公楼底楼全部出租给某餐饮公司，租期为 5 年，每年不含税租金为 200 万元，当年 1 月一次性收取两年的租金 400 万元，以后年度的租金按规定提前一年收取。该企业当年应缴纳的房产税为（　　）万元。

A. 22　　B. 10

C. 20　　D. 24

9. 甲企业为增值税一般纳税人，2020 年 6 月以融资租赁的方式租入一处房产，房产原值为 1 000 万元，租赁期为 5 年，租入当月投入使用，每月支付租赁费 10 万元（不含税）。计算房产余值的扣除比例为 20%，甲企业采取一般计税方法。2020 年，甲企业融资租赁的房产应缴纳的房产税（　　）万元。

A. 4.8　　B. 5.6

C. 7.2　　D. 8.4

10. 某企业 2020 年购置一宗面积为 3 000 平方米的土地建造厂房，支付土地使用权价款为 900 万元，厂房建筑面积为 1 800 平方米，"固定资产"科目账面记录房产造价为 2 000 万元（不含地价）。当地省人民政府规定计算房产余值的减除比例为 20%，则该企业 2021 年应缴纳的房产税为（　　）万元。

A. 19.2　　B. 29.57

C. 27.84　　D. 24.38

二、多项选择题

1. 下列关于房产税的相关政策的表述中，不正确的有（　　）。

A. 对居民住宅区内业主共有的经营性房产，由业主共同缴纳房产税

B. 无租使用其他单位房产的应税单位和个人，依照房产余值代为缴纳房产税

C. 对附属设备和配套设备中易损坏、需要经常更换的零配件，更新后不再计入房产原值

D. 融资租赁的房产，按收取的租金从租计征房产税

2. 纳税人从租计征房产税时，适用的税率有（　　）。

A. 1.2%　　B. 4%

C. 10%　　D. 12%

3. 下列关于房产税的表述中，正确的有（　　）。

A. 房产税采用比例税率

B. 房产税的计税方法分为从价计征和从租计征两种

C. 按照房产的账面价值征税的，称为从价计征

D. 按照房产租金收入计征的，称为从租计征

4. 下列关于房产税的说法中，正确的有（　　）。

A. 城乡信用合作社自用房产免征房产税

B. 居民住宅区内业主共有的经营性房产，一律依照租金收入计征房产税

C. 房产税从价计征的，按房产原值一次减除10%~30%后的余值计征

D. 我国的房产税属于财产税，以房屋为征税对象

5. 下列关于房产税的纳税义务发生时间的说法中，正确的有（　　）。

A. 纳税人将原有房产用于生产经营，从生产经营之月起缴纳房产税

B. 纳税人委托施工企业建设的房屋，从办理验收手续之次月起缴纳房产税

C. 纳税人购置存量房，自办理房屋权属转移、变更登记手续，房地产权属登记机关签发房屋权属证书之次月起，缴纳房产税

D. 纳税人购置新建商品房，自房屋交付使用之次月缴纳房产税

6. 甲企业共有A和B两处房产，房产原值共计1 800万元。2020年年初，甲企业将两处房产用于投资联营，将原值为800万元的A房产投资于乙企业。甲企业参与投资利润分红，共担风险，当年取得分红40万元。甲企业将原值为1 000万元的B房产投资于丙企业，不承担联营风险，当年取得不含增值税固定利润分红60万元。已知当地省人民政府规定的房产原值扣除比例为30%。下列关于上述两处房产的房产税缴纳情况的说法中，正确的有（　　）。

A. 甲企业应就A房产缴纳房产税4.8万元

B. 乙企业应就A房产缴纳房产税6.72万元

C. 甲企业应就B房产缴纳房产税7.2万元

D. 丙企业应就B房产缴纳房产税8.4万元

7. 下列关于房产税房产原值的说法中，正确的有（　　）。

A. 房产原值是指纳税人按照会计制度规定，在账簿“固定资产”科目中记载的房屋原价

B. 无论会计上如何核算，房产原值均应包含地价

C. 如果中央空调单独计价，则不计入房产原值计算缴纳房产税

D. 地下人防设施无需计算缴纳房产税

8. 下列选项中，免征或暂免征收房产税的有（　　）。

A. 军队自用的房产

B. 企业按政府规定价格向职工出租的单位自有住房

C. 自收自支事业单位按政府规定价格向职工出租的单位自有住房

D. 非营利性医疗机构自用的房产

9. 下列选项中，可以成为房产税纳税人缴纳房产税的有（　　）。

A. 出租房屋的政府机关

B. 自用房产的外商投资企业

C. 产权出典人

D. 产权未确定的房产代管人

10. 根据房产税的相关规定，下列说法中，正确的有（　　）。
A. 融资租赁的房产，合同未约定开始日的，由承租人自合同签订的次月起依照房产余值缴纳房产税
B. 融资租赁的房产，合同约定开始日的，由承租人自融资租赁合同约定开始日的次月起依照房产余值缴纳房产税
C. 对出租房产，租赁双方签订的租赁合同约定有免收租金期限的，免收租金期间由使用人按照房产原值缴纳房产税
D. 对出租房产，租赁双方签订的租赁合同约定有免收租金期限的，免收租金期间由产权所有人按照房产原值缴纳房产税

三、判断题

1. 根据规定，我国现行房产税采用比例税率和定额税率两种形式。（　　）
2. 对个人出租住房，不区分用途，按4%的税率征收房产税。（　　）
3. 国家机关附属招待所适用的房产免征房产税。（　　）
4. 有关房产税纳税义务发生时间，纳税人委托施工企业建设的房屋，自办理验收手续之日起缴纳房产税。（　　）
5. 张某将个人拥有产权的房屋出典给李某，则李某为该房屋房产税的纳税人。（　　）
6. 凡以房屋为载体，不可随意移动的附属设备和配套设施，无论在会计核算中是否单独记账与核算，都应计入房产原值，计征房产税。（　　）

四、思考题

1. 简述房产税的概念及其征收范围。

2. 房产税的纳税义务人包括哪些？

3. 房产税税率分为多少档？对应的适用情况是什么？

4. 房产税的计税依据是什么？

五、计算问答题

1. 某企业 2020 年共有房产原值 4 000 万元。从 2020 年 1 月 1 日起，该企业将原值 2 000 万元的房屋出租给某商场存放货物，租期 1 年，每月租金收入 20 万元（房产余值的扣除比例为 20%）。

要求：计算该企业 2020 年应缴纳的房产税。

2. 某企业将其与办公楼相连的地下停车场和另一独立的地下建筑物改为地下生产车间，2020 年 3 月办理竣工手续，2020 年 4 月投入使用，停车场原值为 100 万元，地下建筑物原价为 200 万元。该企业所在省财政和税务部门确定地下建筑物的房产原价的折算比例为 50%，房产原值的扣除比例为 30%。

要求：计算该企业以上两处地下建筑物 2020 年 4 月至 12 月应缴纳的房产税。

3. 甲食品加工厂 2020 年拥有房产原值共计 5 000 万元，部分房产的具体情况如下：

（1）2020 年年初，甲食品加工厂将一栋原值为 1 000 万元的房产用于对外投资联营，参与投资利润分红，共担风险。

（2）2020 年 11 月中旬，甲食品加工厂将一栋原值为 200 万元的仓库用于对外出租，每月不含增值税租金收入为 5 万元。

（3）年中，甲食品加工厂对一栋原值为 1 000 万元的办公楼进行改建，更换了电梯设备，将原值为 50 万元的旧电梯更换为 100 万元的新电梯；新增了中央空调，价值为 10 万元，10 月底完工并办理了验收手续。

其他相关资料：当地省人民政府规定计算房产余值的扣除比例为 30%。

要求：计算甲食品加工厂 2020 年应缴纳的房产税。

六、案例分析题

龚某诉某房地产投资咨询分公司等买卖合同纠纷案。

张某委托倪某出售张某拥有产权的房屋，倪某遂委托包括被告某分公司在内的房屋中介公司挂牌出售，之后被告分公司通知倪某，原告龚某有购买该房的意向，倪某于 2020 年 10 月带原告去看该房屋，并言明房屋价格为 720 000 元。原告看完房屋后表示愿意购买，当时商定该房屋价格为 720 000 元。后来原告与分公司签订房屋转让协议书，协议书上的甲方（房屋转让方）署名为倪某和分公司职员石某，协议书尾部落款处甲方位置盖有被告某房地产投资咨询分公司的印章。协议约定将该房屋转让给原告，房款为 720 000 元。原告于当年 10 月向被告支付全部房款 720 000元。

10 月 30 日，原告与张某在房屋交易中心办理房屋过户登记时，按交易中心要求，又填了一份该房屋的买卖合同，原告和分公司双方为少缴纳税款而将购房款写为 550 000 元。该房屋已办妥过户到原告名下的手续。原告对比两份合同，认为其中差价 170 000 元被分公司暗中赚取，向分公司索要，遭到分公司拒绝，故涉讼。

原告龚某诉称，根据原告与被告分公司石某于 10 月 28 日签订一份房屋转让协议书，被告分公司将该房屋转让给原告，商定该房屋转让款为 720 000 元。2020 年 10 月 30 日，原告和产权人张某签订某市房地产买卖合同一份。根据合同约定，房屋转让价为 550 000 元。同日，原告和张某办理了房屋过户手续。原告认为分公司不是房屋的产权人，无权对该房屋进行转让；且当初说是场区房屋，但实际房屋并非场区，按照当时市场差异不足 720 000 元，被告分公司存在欺诈，故转让协议书无效；两份合同的售房价款差额为 170 000 元，而张某只认可 550 000 元，因此该差价 170 000 元被分公司暗吞。因被告某房地产公司是母公司，有管理之责，故原告起诉来院请求判令：

（1）原告与被告分公司签订的 2020 年 10 月 28 日房屋转让协议书无效。

（2）被告分公司返回原告多收取的房款 170 000 元。

（3）被告某房地产公司对原告第一、二项诉请承担连带清偿责任。

开庭审理时，原告增加诉讼请求，要求确认与张某签的某市房地产买卖合同有效。

倪某述称该房屋是张某委托其出卖，约定房款为 500 000 元，卖多的钱归倪某。倪某之后通过中介挂牌出售，分公司通知其原告有购买该房的意向，遂带原告去看该出售的房屋，当时告诉原告房价为 720 000 元，原告表示同意购买，看房回来后原告就和分公司签订了转让协议。之后，原告通过分公司支付了房款 720 000 元。

某市人民法院判决：原告龚某与被告某房地产投资咨询公司分公司签订的 2020 年 10 月 28 日房屋转让协议书有效；原告龚某与张某签订的某市房地产买卖合同无效；原告龚某要求被告某房地产投资咨询公司分公司返还原告龚某多收的房款人民币 170 000 元的诉请，不予支持；原告龚某要求被告某房地产公司承担连带责任的诉请，不予支持。

思考一：房屋买卖双方在交易过程中一共签订了两份合同，为何原告龚某与张某签订的某市房地产买卖合同无效？

思考二：签订阴阳合同可能会给纳税人带来哪些风险？

思考三：房产税对于国家而言有什么意义和作用？

第十三章 契 税

一、单项选择题

1. 下列选项中，应缴纳契税的是（　　）。

A. 销售房屋的企业　　B. 企业受让土地使用权

C. 企业将厂房抵押给银行　　D. 个人承租居民住宅

2. 发生下列行为的单位和个人应缴纳契税的是（　　）。

A. 陈某购买房产用于翻建新房

B. 某企业以房屋权属作价投资

C. 李某将自有房产投资于本人独资经营企业

D. 张某将房产用于偿债

3. 契税采用（　　）。

A. 累进税率　　B. 比例税率

C. 定额税率　　D. 其他税率

4. 居民甲和居民乙由于工作地点的原因，双方约定互相交换住房，居民甲的房屋价值为 100 万元，居民乙的房屋价值为 120 万元，差价款 20 万元由居民甲单独支付给居民乙，双方签订房屋权属转移合同并按规定办理了房屋产权过户手续。下列关于契税的表述中，正确的是（　　）。

A. 甲乙双方均应缴纳契税　　B. 甲乙双方均不缴纳契税

C. 甲应缴纳契税、乙不缴纳契税　　D. 甲不缴纳契税、乙应缴纳契税

5. 下列关于契税的计税依据的说法中，正确的是（　　）。

A. 土地使用权赠与、房屋赠与，由征收机关参照土地使用权出售、房屋买卖的市场价格核定

B. 土地使用权交换的，以交换的土地使用权的价格作为计税依据

C. 采用分期付款方式购买房屋附属设施土地使用权、房屋所有权的，应按合同确定的当期支付价款为计税依据

D. 以划拨方式取得土地使用权的，经批准转让房地产，由房地产转让方补缴契税，计税依据为转让房地产成交价格

6. 下列关于契税的说法中，不正确的是（　　）。

A. 城镇职工按规定第一次购买公有住房，免征契税

B. 承受国有土地使用权，减免土地出让金相应减免契税

C. 买房拆料或翻建新房，应照章征收契税

D. 对已缴纳契税的购房单位和个人，在未办理房屋权属变更登记前退房的，退还已纳契税

7. 某学校将一栋闲置不用的房屋转让给 A 公司，当年学校以无偿划拨方式取得土地使用权。下列选项中，正确的是（　　）。

A. 仅受让公司缴纳契税

B. 学校和公司均不负担契税

C. 学校在转让时不缴纳契税

D. 学校补缴土地使用权的契税，公司缴纳房屋买卖的契税

8. 林某拥有面积为 140 平方米的住宅一套，价值为 96 万元。黄某拥有面积为 120 平方米的住宅一套，价值为 72 万元。两人进行房屋交换，差价部分黄某以现金补偿林某。已知契税适用税率为 3%，黄某应缴纳的契税税额为（　　）万元（上述金额均不含增值税）。

A. 4. 8　　B. 2. 88

C. 2. 16　　D. 0. 72

9. 某企业破产清算时，其房地产评估价值为 4 000 万元，其中以价值 3 000 万元的房地产抵偿债务，将价值 1 000 万元的房地产进行拍卖，拍卖收入 1 200 万元。债权人获得房地产后，与他人进行房屋交换，取得额外补偿 500 万元。已知契税适用税率为 3%，当事人各方应缴纳契税合计（　　）万元。

A. 15　　B. 36

C. 51　　D. 126

10. 张某将自有的市场价格为 100 万元的房屋无偿赠与非法定继承人李某，已向税务机关提交经审核并签字盖章的“个人无偿赠与不动产登记表”。已知契税适用税率为 3%。下列有关张某赠房涉及税收的表述中，不正确的是（　　）。

A. 张某应缴纳契税 3 万元

B. 李某应缴纳契税 3 万元

C. 张某应按产权转移书据缴纳印花税

D. 李某应按产权转移书据缴纳印花税

二、多项选择题

1. 依据契税相关规定，下列选项中，属于契税征税范围的有（　　）。

A. 房屋出租　　B. 国有土地使用权出让

C. 房屋买卖　　D. 房屋赠与

2. 下列选项中，属于契税纳税人的有（　　）。

A. 以买房拆料为目的取得房屋权属的张某

B. 出让土地使用权的国土资源管理局

C. 以土地作价入股的投资方

D. 购入国有土地使用权进行房地产开发的单位

3. 下列关于契税计税依据的说法中，正确的有（　　）。

A. 房屋交换，交换价格不等时，以多支付的货币、实物、无形资产或其他经济利益为计税依据

B. 以划拨方式取得土地使用权，经批准转让房地产时，计税依据为补交的土地使用权出让费用或土地收益

C. 减免承受国有土地使用权应支付的土地出让金，契税相应减免

D. 国有土地使用权出让、土地使用权出售、房屋买卖，以成交价格为计税依据

4. 居民甲有4套住房，将第一套价值80万元的房产自用，将第二套价值120万元的别墅抵偿了欠居民乙100万元的债务；将第三套价值100万元的房产与居民丙的房产交换，并收到居民丙支付的差价款20万元；将第四套市场价值50万元的公寓房折成股份投入本人独资经营的企业。当地确定的契税税率为3%。下列选项中，正确的有（　　）。

A. 居民甲不缴纳契税，居民乙缴纳契税30 000元，居民丙缴纳契税6 000元

B. 居民甲缴纳契税 6 000 元，居民乙缴纳契税 36 000 元，居民丙不缴纳契税

C. 居民甲和居民丙交换房产，应该由居民丙缴纳契税

D. 居民甲将房产投资到本人经营的个人独资企业，应缴纳契税

5. 李先生是甲企业的债权人。2020年8月，甲企业破产，李先生获得抵债的店面一间，评估价为35万元。次月，李先生将店面作价50万元投资于乙企业并办理产权变更登记手续。另外，乙企业购买了甲企业80万元的房产。当地确定的契税税率为3%。下列选项中，正确的有（　　）。

A. 李先生承受破产企业的店面免征契税

B. 乙企业应缴纳契税 3.9 万元

C. 李先生将店面投资需要缴纳契税

D. 破产企业应缴纳契税 2.4 万元

6. 根据契税的相关规定，下列选项中，正确的有（　　）。

A. 契税一旦征收，不再退还

B. 各级征收机关对契税停止代征委托，而是直接征收契税

C. 契税的纳税义务发生时间是办理产权转移手续的当天

D. 契税在土地、房屋所在地的征收机关缴纳

7. 契税纳税义务的发生时间有（　　）。

A. 签订土地、房屋权属转移合同的当天

B. 签订土地、房屋权属转移合同的次日

C. 取得具有产权转移合同性质凭证的当天

D. 实际取得房地产产权证的当天

8. 下列选项中，免征契税的有（　　）。

A. 承受荒山加以利用的

B. 因不可抗力灭失住房而重新购买住房的

C. 非公司制企业改为有限公司后，承受原土地、房屋权属的

D. 债权人承受破产企业抵偿债务的土地、房屋权属

9. 根据契税现行政策的规定，下列选项中，正确的有（　　）。

A. 不动产成交价格明显低于市场价格且无正当理由的，税务机关可以参照市场价格核定契税的计税依据

B. 企业将一处房产转让给某社会团体用于办公，该社会团体属事业单位，此转让行为承受方不缴纳契税

C. 对个人购买家庭唯一住房，面积为 90 平方米及以下的，暂免征收契税

D. 采取分期付款方式购买房屋附属设施土地使用权的，应按合同规定的总价款计征契税

10. 根据契税的相关规定，下列关于契税的退还的说法中，正确的有（　　）。

A. 对已缴纳契税的购房单位和个人，在办理房屋权属变更登记后退房的，退还已纳契税

B. 对已缴纳契税的购房单位和个人，在未办理房屋权属变更登记前退房的，退还已纳契税

C. 对已缴纳契税的购房单位和个人，在办理房屋权属变更登记后退房的，不退还已纳契税

D. 对已缴纳契税的购房单位和个人，在未办理房屋权属变更登记前退房的，不退还已纳契税

三、判断题

1. 以实物交换房屋的，应以差价部分作为契税的计税依据。（　　）
2. 法定继承人继承房产不需要缴纳契税。（　　）
3. 采用分期付款方式购买的房屋参照市场价格核定计税依据。（　　）
4. 承受国有土地使用权，国家免收土地出让金的，应免于缴纳契税。（　　）
5. 由于不能偿还银行贷款，银行将被抵押的房产变卖，属于契税征收范围。（　　）

6. 甲向乙无偿赠送一套市场价格为 60 万元的住房，同时乙向甲赠送一幅市场价格为 20 万元的书画作品，乙应以 40 万元为计税依据缴纳契税。（　　）

四、思考题

1. 契税的课税对象是什么？

2. 契税的征税范围有哪些？

3. 根据契税的有关规定，有些特殊方式转移土地房屋权属的，也将视同土地权转让、房屋买卖行为征收契税。这些特殊方式有哪些？

4. 简述个人购买住房可以享受的不同的契税优惠政策。

5. 辨析房屋赠与和房屋继承。

五、计算问答题

1. 某企业 2020 年度有关资料如下：

（1）该企业购买土地使用权，出让金额为 1 000 万元。

（2）外单位用房屋抵偿债务，房屋价值为 300 万元，现值为 400 万元。

（3）该企业用价值 100 万元的房屋与另一企业价值 180 万元的房屋交换。

（4）该企业接受某企业房屋捐赠，双方协商价值为 120 万元，市场同类房屋价值为 150 万元。

（5）该企业购买房屋一幢，成交价格为 6 000 万元。

当地规定的契税税率为 4%。

要求：计算该企业当年应缴纳的契税税额。

2. 居民李某2020年购置了一套价值为130万元的新住房，同时对原有的两套住房处理如下：一套住房出售给居民刘某，成交价格为80万元；另一套住房市场价格为80万元的住房与居民杨某进行等价交换。当地省人民政府规定的契税税率为4%。

要求：计算上述居民2020年共应缴纳的契税合计。

六、案例分析题

【案例一】2020年8月，北京法院开庭审理了一宗“奇案”。该案的焦点是：桑女士卖20年前房产被征税79万元，而房产证未超5年。

据原告桑女士诉称，1996年8月，其在北京买了一套商品房。2003年，房地产开发商统一税务机关办理房产证，而桑女士全家都在深圳，因此一直没办房产证。2019年，桑女士考虑卖掉房子，并于2020年9月办理了房产证。

2020年10月，桑女士将该套房卖了500万元。2020年11月，桑女士与买主到税务机关办理房屋过户，窗口工作人员审核其材料，称其购房“未满5年，不能享受增值税、个人所得税等减免政策”。最终，桑女士被征缴税费79万余元。但是，桑女士认为，该房早满5年，应享受减税政策，因此先后向上级税务机关提出行政复议。上级税务机关均出具行政复议决定，认为征税合法。

对此，税务机关代理人在庭上辩称，桑女士的契税是在2020年5月缴纳的，房产证是在2020年10月办理的，都没满5年。2021年1月，上级税务机关就此案举行了公开审理会议，审查结果仍是桑女士购房时间不足5年，因此认为对桑女士征税的行政行为合法有效。

思考一：请简述契税的纳税义务发生时间和纳税期限。

思考二：作为纳税个人，应如何规避契税税务风险？

【案例二】A 公司成立于 2012 年 7 月，注册资本为 12 000 万元，主要从事房地产开发经营业务。2019 年 10 月，A 公司以“招拍挂”方式取得一块 4 000 平方米的国有土地使用权，合同约定土地出让金金额为 5 000 万元，市政建设配套费为 160 万元。2019 年 12 月，A 公司取得该土地使用权证，在开发中又发生拆迁补偿款 1 000万元，支付安置补助费 400 万元。2020 年 10 月，A 公司所开发的房地产项目经批准调整容积率，补缴土地出让金 1 000 万元，由此增加市政建设配套费32 万元。

A 公司的李会计进行契税纳税申报时，以土地出让金 5 000 万元、市政建设配套费 160 万元为契税计税依据缴纳契税 206. 4 万元。

思考一：A 公司的契税纳税申报税额正确吗？请给出结论并说明原因。

思考二：你对 A 公司及李会计有什么建议吗？

思考三：你认为契税税收政策逐年的变化调整对我国经济和国民生活有何积极意义？

第十四章
土地增值税

一、单项选择题

1. 下列选项中，需要缴纳土地增值税的有（　　）。

A. 出让国有土地使用权　　B. 转让国有土地使用权

C. 房地产的继承　　D. 出租房地产

2. 土地增值税按照纳税人转让房地产所取得的（　　）和规定的税率计算征收。

A. 收入额　　B. 所得额

C. 增值额　　D. 利润额

3. 下列选项中，应征收土地增值税的是（　　）。

A. 合作建房，建成后自用　　B. 以房地产进行联营投资

C. 企业进行房地产交换　　D. 国家征用房地产

4. 纳税人建造普通标准住宅出售，增值额超过扣除项目金额 20% 的，应就其（　　）按规定计算缴纳土地增值税。

A. 超过部分的金额　　B. 全部增值额

C. 扣除项目金额　　D. 出售金额

5. 某单位转让一幢 2008 年购买的厂房，当时的购买价为 700 万元。经房地产评估机构评定，该厂房的重置成本为 2 000 万元，成新度折扣率为七成。在计算土地增值税时，该厂房的评估价格为（　　）万元。

A. 1 000　　B. 1 200

C. 1 350　　D. 1 400

6. 下列选项中，应征收土地增值税的是（　　）。

A. 企业分设为两个或两个以上与原企业投资主体相同的企业，对原企业将国有土地、房屋权属转移、变更到分立后的企业

B. 出租土地使用权

C. 用于贷款抵押期间的房地产

D. 单位之间相互交换的房地产

7. 根据土地增值税的有关规定，纳税人提供扣除项目金额不实的，在计算土地增值额时，应按照（　　）。

A. 税务部门估定的价格扣除

B. 税务部门与房地产主管部门协商的价格扣除

C. 由评估机构按照房屋重置成本价乘以成新度折扣率计算的房屋成本价和取得土地使用权时的基准地价进行评估

D. 房地产原值减除 30% 后的余值扣除

8. 某房地产开发公司转让新建一幢写字楼取得不含增值税收入1 000万元。已知该公司为取得土地使用权所支付的金额为50万元，房地产开发成本为200万元，房地产开发费用为40万元（经税务机关批准可全额扣除），与转让房地产有关的税金为60万元（不含增值税和印花税）。该公司应缴纳的土地增值税为（　　）万元。

A. 180　　B. 240

C. 300　　D. 360

9. 某房地产开发公司整体出售了其新建的商品房，与商品房相关的土地使用权支付额和开发成本共计10 000万元。该公司没有按房地产项目计算分摊银行借款利息（开发费用扣除比例按国家规定允许的最高比例执行）。该公司计算确认该商品房项目缴纳土地增值税时，应扣除的“房地产开发费用”项目和“其他扣除”项目的金额合计为（　　）万元。

A. 1 500　　B. 2 000

C. 2 500　　D. 3 000

10. 在土地增值额计算过程中，不允许按实际发生额扣除的项目是（　　）。

A. 房地产开发成本　　B. 地价款

C. 房地产开发费用　　D. 城市维护建设税

11. 对房地产开发企业进行土地增值税清算时，下列选项中，不正确的是（　　）。

A. 房地产开发企业的预提费用，除另有规定外，不得扣除

B. 主管税务机关应及时对纳税人清算申报的收入、扣除项目金额、增值额、增值率以及税款计算等情况进行审核，依法征收土地增值税

C. 在土地增值税清算中，计算扣除项目金额时，其实际发生的支出应当取得但未取得合法凭据的，可以作为扣除项目扣除

D. 房地产开发企业销售已装修的房屋，其装修费用可以计入房地产开发成本

12. 对房地产开发企业进行土地增值税清算，下列选项中，不正确的是（　　）。

A. 房地产开发企业的预提费用，除另有规定外，不得扣除

B. 房地产开发企业将开发的部分房地产自用的，产权未转移，不征收土地增值税

C. 在土地增值税清算中，计算扣除项目金额时，其实际发生的支出一律可以直接据实扣除

D. 房地产开发企业销售已装修房屋，装修费可以扣除

13. 房地产开发企业进行土地增值税清算时，下列选项中，允许在计算增值额时扣除的是（　　）。

A. 加罚的利息

B. 已售精装修房屋的装修费用

C. 逾期开发土地缴纳的土地闲置费

D. 未取得建筑安装施工企业开具发票的扣留质量保证金

14. 某房地产开发企业2020年开发一栋写字楼，当年完工并全部销售。该房地产开发企业与建筑安装施工企业签订的合同中约定，工程款共计6 000万元。该房地产开发企业扣留建筑安装施工企业20%的工程款，作为开发项目的质量保证金。工程完工后，该房地产企业支付给建筑安装施工企业工程款4 800万元。建筑安装施工企业就全部工程款6 000万元开具了发票，则该房地产开发企业计算土地增值税时可以扣除的金额为（　　）万元。

A. 0　　B. 1 200

C. 4 800　　D. 6 000

15. 某企业转让旧房作为公共租赁住房房源，取得收入113万元，按规定计算的扣除项目为100万元。应缴纳的土地增值税为（　　）万元。

A. 0　　B. 3.9

C. 5.2　　D. 1.3

16. 某市因旧城改造，需要张某搬迁住房，张某自行将住房转让给相关政府部门，取得收入350万元。该房地产购买时支付价款210万元，评估价格为300万元。张某应缴纳的土地增值税为（　　）万元。

A. 0　　B. 15

C. 17　　D. 13

17. 下列选项中，不属于土地增值税征税范围的是（　　）。

A. 刘某将房产赠与其女儿入股的有限责任公司

B. 以房产抵债

C. 蓝天公司通过中国红十字会将房产赠与中国残疾人联合会

D. 蓝天公司将房产赠与给其提供贷款的银行

18. 下列选项中，应当计算缴纳土地增值税的是（　　）。

A. 工业企业向房地产开发企业转让国有土地使用权

B. 房产所有人通过希望工程基金会将房屋产权赠与西部教育事业

C. 甲企业出资金、乙企业出土地，双方合作建房，建成后按比例分房自用

D. 房地产开发企业代客户进行房地产开发，开发完成后向客户收取代建收入

19. 下列关于土地增值税的说法中，正确的是（　　）。

A. 纳税人之间互换房地产，免征土地增值税

B. 合作建房，建成后按比例分房自用的，暂免征收土地增值税

C. 计算增值额时，扣除项目中不包括印花税

D. 企业以房地产投资入股，暂不征收土地增值税

20. 下列关于土地增值税提供扣除项目金额不实的说法中，错误的是（　　）。

A. 提供扣除项目金额不实是指纳税人在纳税申报时不据实提供扣除项目金额的行为

B. 应由评估机构参照同类房地产的市场交易价格进行评估

C. 应由评估机构按照房屋重置成本价乘以成新度折扣率计算的房屋成本价和取得土地使用权时的基准地价进行评估

D. 税务机关根据评估价格确定扣除项目金额

21. 甲某转让其一处空余房产，按规定计算的扣除项目为 30 万元，增值额为 10 万元，则计算应纳土地增值税时适用的税率为（　　）。

A. 60%　　B. 30%

C. 40%　　D. 50%

22. 土地增值税采用四级超率累进税率，其中 60% 的税率对应的速算扣除系数为（　　）。

A. 0　　B. 5%

C. 15%　　D. 35%

23. 土地增值税的纳税人是法人的，如果转让的房地产坐落地与其机构所在地或经营所在地不一致时，则应在（　　）的税务机关申报纳税。

A. 房地产坐落地所管辖　　B. 机构所在地所管辖

C. 经营所在地所管辖　　D. 房地产转让实现地

24. 纳税人在项目全部竣工前取得的收入可以预征土地增值税，具体办法由（　　）制定。

A. 国家税务总局

B. 各省、自治区、直辖市税务局

C. 各省、自治区、直辖市财政局

D. 各省、自治区、直辖市人民政府

25. 根据土地增值税的有关规定，下列选项中，正确的是（　　）。

A. 除保障性住房外，东部地区省份土地增值税预征率不得低于 1%

B. 土地增值税的纳税人应在转让房地产合同签订后的 10 日内到房地产所在地主管税务机关办理纳税申报

C. 纳税人因经常发生房地产转让而难以在每次转让后申报的，经税务机关审核同意后，可以定期进行纳税申报，定期申报方式确定后，一年之内不得变更

D. 土地增值税纳税人应向户籍所在地主管税务机关办理纳税申报

26. 下列关于土地增值税纳税地点的表述中，不正确的是（　　）。

A. 土地增值税的纳税人应该向其房地产所在地的主管税务机关办理纳税申报

B. 自然人纳税人转让的房地产坐落地与其居住所在地不一致的，应在房地产所在地的税务机关申报纳税

C. 法人纳税人转让的房地产坐落地与其机构所在地一致的，应在办理税务登记的原管辖税务机关申报纳税

D. 法人纳税人转让的房地产坐落地与其机构所在地不一致的，应在房地产的坐落地所管辖的税务机关申报纳税

二、多项选择题

1.《中华人民共和国土地增值税暂行条例》规定的计算增值额的扣除项目有（　　）。

A. 取得土地使用权所支付的金额

B. 开发土地的成本、费用

C. 与转让房地产有关的税金

D. 新建房及配套设施的成本、费用

2. 土地增值税的征税范围包括（　　）。

A. 转让国有土地使用权

B. 出让国有土地使用权

C. 地上建筑物及附着物连同国有土地使用权一并转让

D. 以赠与方式转让房地产

3. 下列选项中，纳税人应当进行土地增值税清算的有（　　）。

A. 直接转让土地使用权的

B. 整体转让未竣工决算房地产开发项目的

C. 房地产开发项目全部竣工并完成销售的

D. 取得销售（预售）许可证 2 年仍未销售完的

4. 房地产开发企业进行土地增值税清算时，下列选项中，不允许在计算增值额时扣除的有（　　）。

A. 加罚的利息

B. 已售精装修房屋的装修费用

C. 逾期开发土地缴纳的土地闲置费

D. 未取得建筑安装施工企业开具发票的扣留质量保证金

5. 下列选项中，属于土地增值税免税范围的有（　　）。

A. 因城市规划，由纳税人自行转让原房产

B. 因国家建设需要而自行转让的房地产

C. 企业转让旧房作为公共租赁住房房源，且增值额未超过扣除项目金额 20%的

D. 税务机关转让自用的房产

6. 下列选项中，不属于土地增值税征税范围的有（　　）。

A. 国家出让土地使用权取得的收入

B. 国有企业房地产的重新评估升值

C. 房地产的抵押

D. 将房地产赠与直系亲属

7. 某企业转让一处土地使用权，在办理纳税申报时，应向税务机关提交的资料有（　　）。

A. 土地增值税纳税申报表

B. 土地使用权证书

C. 土地转让合同

D. 与转让土地使用权有关的其他资料

8. 计算土地增值税时，下列选项中，准予从收入总额中扣除的有（　　）。

A. 耕地占用税

B. 开发小区的排污费、绿化费

C. 安置动迁用房的支出

D. 超过贷款期限的利息和加罚的利息支出

9. 转让旧房产，计算其土地增值税增值额时准予扣除的项目有（　　）。

A. 旧房产的评估价格　　B. 支付评估机构的费用

C. 建造旧房产的重置成本　　D. 转让环节缴纳的各种税费

10. 转让旧房产，在计算其土地增值税增值额时准予扣除的项目有（　　）。

A. 旧房产的评估价格

B. 支付评估机构的费用

C. 印花税

D. 建造旧房的成本减去累计折旧后的余额

11. 下列关于房地产企业土地增值税清算中拆迁安置费的说法中，正确的有（　　）。

A. 开发企业采取异地安置，异地安置的房屋属于自行开发建造的，房屋价值按规定计算，计入本项目的拆迁补偿费

B. 异地安置的房屋属于购入的，以实际支付的购房支出计入拆迁补偿费

C. 货币安置拆迁的，房地产开发企业凭合法有效凭据计入拆迁补偿费

D. 回迁户支付给房地产开发企业的补差价款，不抵减本项目拆迁补偿费

12. 下列选项中，属于土地增值税免税或不征税范围的有（　　）。

A. 房产所有人将房产赠与直系亲属

B. 个人之间互换自有居住用房地产

C. 个人转让经营性房产

D. 因国家建设需要而搬迁，由纳税人自行转让原房地产

13. 下列选项中，符合土地增值税征收管理有关规定的有（　　）。

A. 纳税人建造普通标准住宅出售，增值额未超过扣除项目金额 20% 的，减半征收土地增值税

B. 纳税人建造普通标准住宅出售，增值额未超过扣除项目金额 20% 的，免征土地增值税

C. 纳税人建造普通标准住宅出售，增值额超过扣除项目金额 20% 的，应对其超过部分的增值额按规定征收土地增值税

D. 纳税人建造普通标准住宅出售，增值额超过扣除项目金额 20% 的，应就其全部增值额按规定征收土地增值税

14. 下列选项中，不需要缴纳土地增值税的有（　　）。

A. 按照法律规定或合同约定，两个或两个以上企业合并为一个企业，且原企业投资主体存续的，对原企业将国有土地、房屋权属转移、变更到合并后的企业

B. 房地产评估增值

C. 按照法律规定或合同约定，企业分设为两个或两个以上与原企业投资主体相同的企业，对原企业将国有土地、房屋权属转移、变更到分立后的企业

D. 企业交换房产

15. 下列关于土地增值税征税范围的说法中，正确的有（　　）。

A. 土地增值税是对转让国有土地使用权及其地上建筑物和附着物的行为征税，不包括国有土地使用权出让所取得的收入

B. 对房地产的抵押，需要征收土地增值税

C. 企业改制重组中有关土地增值税政策不适用于房地产开发企业

D. 单位、个人在改制重组时以国有土地、房屋进行投资，对其将国有土地、房屋权属转移、变更到被投资的企业，暂不征收土地增值税

16. 下列选项中，不需要缴纳土地增值税的有（　　）。

A. 甲企业与乙企业之间交换办公楼

B. 非公司制企业整体改建为有限责任公司或股份有限公司，对改建前的企业将国有土地、房屋权属转移、变更到改建后的企业

C. 两个或两个以上企业合并为一个企业，且原企业投资主体存续的，对原企业将国有土地、房屋权属转移、变更到合并后的企业

D. 因国家收回国有土地使用权而使房地产权属发生转让

17. 下列关于增值额的确定的说法中，正确的有（　　）。

A. 土地增值税纳税人转让房地产所取得的收入减除规定的扣除项目金额后的余额为增值额

B. 隐瞒、虚报房地产成交价格，应由评估机构参照同类房地产的市场交易价格进行评估

C. 房地产评估价格是指由政府批准设立的房地产评估机构根据相同地段、同类房地产进行综合评定的价格

D. 提供扣除项目金额不实的，应由评估机构参照同类房地产的市场交易价格进行评估

18. 下列选项中，不符合土地增值税的有关规定的有（　　）。

A. 纳税人提供扣除项目金额不实的，应按照税务部门估定的价格扣除

B. 纳税人提供扣除项目金额不实的，应按照房地产原值减除30%后的余值扣除

C. 纳税人提供扣除项目金额不实的，应按照税务部门与房地产主管部门协商的价格扣除

D. 纳税人提供扣除项目金额不实的，应按照由评估机构按照房屋重置成本价乘以成新度折扣率计算的房屋成本价和取得土地使用权时的基准地价进行评估

19. 下列选项中，属于土地增值税纳税人的有（　　）。

A. 不论法人与自然人，只要有偿转让房地产的

B. 不论经济性质，只要有偿转让房地产的

C. 不论内资企业与外资企业、中国公民与外籍个人，只要有偿转让房地产的

D. 不论部门，只要有偿转让房地产的

20. 下列选项中，可以作为土地增值税纳税人的有（　　）。
A. 医院　　B. 个体户
C. 大学　　D. 合资企业

21. 下列选项中，属于土地增值税纳税义务人的有（　　）。
A. 社会团体　　B. 外商投资企业
C. 个人　　D. 事业单位

22. 下列选项中，应当缴纳土地增值税的纳税人有（　　）。
A. 与国有企业换房的外资企业
B. 合作建房后出售房产的合作企业
C. 转让办公楼的事业单位
D. 出让国有土地使用权的国土资源局

23. 下列关于土地增值税税率的说法中，正确的有（　　）。
A. 最高税率为 60%　　B. 最高税率为 100%
C. 最低税率为 30%　　D. 最低税率为 20%

24. 下列关于土地增值税的说法中，正确的有（　　）。
A. 土地增值税采用超额累进税率
B. 适用增值税一般计税方法的纳税人，其转让房地产的土地增值税应税收入不含增值税销项税额
C. 适用简易计税方法的纳税人，其转让房地产的土地增值税应税收入不含增值税应纳税额
D. 土地增值税预征的计征依据=预收款-应预缴增值税税款

25. 下列关于土地增值税纳税地点的表述中，正确的有（　　）。
A. 土地增值税的纳税人应该向其房地产所在地的主管税务机关办理纳税申报
B. 自然人纳税人转让的房地产坐落地与其居住所在地不一致的，应在经常居住地所在地的税务机关申报纳税
C. 法人纳税人转让的房地产坐落地与其机构所在地一致的，应在办理税务登记的原管辖税务机关申报纳税
D. 法人纳税人转让的房地产坐落地与其机构所在地不一致的，应在房地产的坐落地所管辖的税务机关申报纳税

26. 下列选项中，应缴纳土地增值税的纳税人有（　　）。
A. 与国有企业换房的某医院
B. 合作建房后出售房产的合作企业
C. 转让办公楼的事业单位
D. 国土资源局出让土地使用权

三、判断题

1. 土地增值税只对新建房屋建筑物的转让征收。已使用过的房屋建筑物的转让，不征收土地增值税。（　　）

2. 纳税人建造普通标准住宅出售，增值额未超过扣除项目金额20%的，免征土地增值税；增值额超过扣除项目金额20%的，应就其超过20%的部分计算征收土地增值税。（　）

3. 个人转让、交换自有居住用房，经税务机关核准同意，可以免征土地增值税。（　）

4. 个人因工作调动和改善居住条件而转让原自有住房，经向税务机关申报核准，凡居住满3年未满5年的，免于征收土地增值税。（　）

5. 纳税人转让旧房及建筑物时，为确定房地产的评估价值而发生的评估费用，允许在计算土地增值税时予以扣除。（　）

四、思考题

1. 房屋的继承与赠与在什么情况下不征收土地增值税？

2. 计算土地增值税增值额时允许扣除的项目有哪些？

五、计算问答题

1. 某市房地产开发公司为一般纳税人，2020年7月转让2019年自建的写字楼，取得含增值税收入1 000万元。土地增值税计算中为取得土地使用权所支付的金额为50万元，房地产开发成本为200万元，房地产开发费用为40万元（经税务机关批准可全额扣除），与转让房地产有关的税金为9.41万元（不含增值税和印花税）。该房地产开发公司选择一般计税方法。

要求：请计算该房地产开发公司应缴纳的土地增值税。

2. 某市房地产开发公司为增值税一般纳税人，转让一幢写字楼取得含增值税收入1 000万元，签订了产权转移书据。已知该房地产开发公司为取得土地使用权所支付的金额为50万元，房地产开发成本为200万元，房地产开发费用为40万元，其中利息支出为 10 万元。该房地产开发公司可以提供金融机构的贷款证明。已知开发费用扣除比例按 5%计算，该房地产开发公司选择简易计税方法计税，不考虑地方教育附加。

要求：请计算该房地产开发公司应缴纳的土地增值税。

3. 某生产企业 2020 年销售一栋 8 年前建造的办公楼，取得含增值税销售收入 1 200万元。该办公楼原值为 700 万元，已计提折旧为 400 万元。经房地产评估机构评估，该办公楼的重置成本为 1 400 万元，成新度折扣率为五成，销售时缴纳各种税费共计 72 万元（不含增值税）。已知该生产企业选择简易计税方法计税。

要求：请计算该生产企业销售办公楼应缴纳的土地增值税。

4. 2020 年 10 月，某房地产开发公司转让新建普通标准住宅一幢，取得不含增值税转让收入 4 000 万元，转让环节缴纳税款以及有关费用 220 万元（不含增值税和印花税）。已知该房地产开发公司为取得土地使用权而支付的地价款和有关费用为 1 600 万元，房地产开发成本为 900 万元，利息支出为 210 万元（能够按房地产项目计算分摊并提供金融机构证明，但其中有 30 万元属于超过贷款期限的利息）。另外，该房地产开发公司所在地政府规定的其他房地产开发费用的计算扣除比例为 5%。

要求：请计算该公司应缴纳的土地增值税。

5. 某市第一医院为增值税小规模纳税人，将已使用过的职工宿舍楼转让给当地市政府作为公共租赁住房房源，取得含增值税收入为 3 000 万元，合同价税未分别记载。该宿舍楼购买时支付价款为 2 000 万元，评估价格为 2 500 万元，不考虑地方教育附加，产权转移书据印花税税率 0. 5‰。

要求：请计算该医院应缴纳的土地增值税。

6. 2020年12月，某房地产开发公司转让5年前购入的一块土地，取得不含增值税转让收入为2 800万元，该土地购进价为1 200万元，取得土地使用权时缴纳相关费用为40万元，转让该土地时缴纳相关税费为35万元（不含增值税）。

要求：请计算该房地产开发公司转让土地应缴纳的土地增值税。

六、案例分析题

《国家税务总局关于开展2021年“我为纳税人缴费人办实事暨便民办税春风行动”的意见》指出：为深入贯彻党的十九届五中全会和中央经济工作会议精神，落实党中央、国务院关于深化“放管服”改革、优化营商环境的部署，按照在党史学习教育中要开展好“我为群众办实事”实践活动的要求，积极创建“让党中央放心、让人民群众满意”的模范税务机关，根据前期问计问需征集活动中纳税人缴费人提出的意见建议，国家税务总局决定，2021年以“优化执法服务·办好惠民实事”为主题，连续第8年开展“我为纳税人缴费人办实事暨便民办税春风行动”（以下简称“春风行动”），为构建新发展格局、推动高质量发展贡献税务力量，以“春风行动”实际成效庆祝建党100周年。其中，“17. 支持区域发展”的内容如下：

实行长江经济带、成渝双城经济圈跨区域涉税事项报验网上办，纳税人在区域内跨省（市）临时从事生产经营活动的，可在机构所在地完成跨区域涉税事项报告后，登录经营地电子税务局办理报验、反馈等事宜。推进长三角地区纳税申报预填服务，增值税小规模纳税人通过电子税务局申报时，系统自动归集纳税人发票开具、房产及土地税源等数据，自动判断应申报税种，自动推送预填数据，由纳税人确认后一次完成各税种申报。指导长三角等地区探索制定土地增值税预征和核定征收的具体办法、统一房地产开发企业土地增值税清算条件。推进成渝双城经济圈实名办税信息互认，推动跨省经营的大中型企业和资金管理规范的小微企业实现税收跨省缴库“同城化、电子化、标准化”，进一步提升跨省经营纳税人的缴库便利性。打通珠三角服务贸易付汇快速通道，建立数据共享机制，提升国际税收办税便利度。制定海南自由贸易港年度税费服务标准，并向社会公开涉及信息报告、税费申报、税费缴纳等方面的服务承诺，按年公布上一年度承诺兑现情况。

思考一：什么情况下需要预征土地增值税？预征土地增值税的计税依据是什么？预征率是多少？

思考二：请结合材料谈谈土地增值税的征收意义。

第十五章
车辆购置税

一、单项选择题

1. 纳税人购买下列车辆时，需要缴纳车辆购置税的是（　　）。

A. 汽车挂车

B. 地铁、轻轨等城市轨道交通车辆

C. 排气量不超过 150 毫升的摩托车

D. 悬挂应急救援专用号牌的国家综合性消防救援车辆

2. 下列关于车辆购置税的说法中，不正确的是（　　）。

A. 销售单位开展优质销售活动所开票收取的有关费用，属于经营性收入，应作为价外收入计算征税

B. 进口自用的应税小汽车的计税价格包括关税完税价格和关税以及消费税

C. 纳税人自产自用应税车辆的计税价格，按照纳税人生产的同类应税车辆的销售价格确定，不包括增值税税款

D. 销售汽车的纳税人代收的保险费，一律不计入计税依据中征收车辆购置税

3. 某汽车制造厂 2020 年 12 月将自产轿车 3 辆转作本企业固定资产。该汽车制造厂缴纳车辆购置税的计税依据是（　　）。

A. 最高售价　　B. 最低售价

C. 平均售价　　D. 生产的同类应税车辆的销售价格

4. 下列选项中，可以免缴车辆购置税的是（　　）。

A. 中国人民解放军列入军队武器装备订货计划的车辆

B. 2019 年购置的挂车

C. 设有固定装置的运输车辆

D. 长期来华定居专家购买 1 辆国产自用小汽车

5. 纳税人应当自纳税义务发生之日起（　　）内申报缴纳车辆购置税。

A. 15 日　　B. 60 日

C. 30 日　　D. 10 日

6. 下列选项中，可以免缴车辆购置税的是（　　）。

A. 中国人民解放军列入军队武器装备订货计划的车辆

B. 农用四轮运输车

C. 设有固定装置的运输车辆

D. 长期来华定居专家购买 1 辆国产自用小汽车

7. 下列车辆需要缴纳车辆购置税的是（　　）。

A. 设有固定装置的非运输专用作业车辆

B. 城市公交企业购置的公共电汽车辆

C. 部队特种车改装成后勤车

D. 国际组织驻华机构人员自用的车辆

8. 汽车销售公司销售小汽车时同时向购买方收取的下列款项，可以征收车辆购置税的是（　　）。

A. 代办缴税收取的车辆购置税

B. 收取的集资费

C. 代办保险收取的保险费

D. 代办牌照收取的车辆牌照费

9. 下列关于车辆购置税的申报与缴纳的说法中，不正确的是（　　）。

A. 纳税人应当在向公安机关交通管理部门办理车辆注册登记前，缴纳车辆购置税

B. 车辆购置税的纳税义务发生时间为纳税人购置应税车辆的当日

C. 车辆购置税实行一次性征收

D. 纳税人应当自纳税义务发生之日起 30 日内申报缴纳车辆购置税

10. 依据车辆购置税的有关规定，下列选项中，不正确的是（　　）。

A. 车辆购置税实行定额税率

B. 应当向车辆登记地的主管税务机关申报纳税

C. 减免税消失的车辆要缴纳车辆购置税

D. 相关部门应当建立应税车辆信息共享和工作配合机制，及时交换应税车辆和纳税信息资料

二、多项选择题

1. 下列选项中，应缴纳车辆购置税的有（　　）。

A. 汽车挂车

B. 汽车

C. 有轨电车

D. 装载机、平地机、挖掘机、推土机等轮式专用机械车

2. 根据《中华人民共和国车辆购置税法》的规定，下列选项中，属于车辆购置税纳税义务人的有（　　）。

A. 应税车辆的捐赠者　　B. 应税车辆的购买者

C. 自产车辆的销售者　　D. 应税车辆的进口使用者

3. 下列关于《中华人民共和国车辆购置税法》的说法中，正确的有（　　）。

A. 纳税人以其他方式取得并自用的应税车辆的计税价格，由主管税务机关参照最低计税价格核定

B. 免税条件消失的车辆，使用未满一年的，按最新核发的同类型车辆最低计税价格计税

C. 已征收车辆购置税的车辆退回车辆生产或销售企业，纳税人可以申请退还车辆购置税

D. 纳税人购买自用应税车辆的计税价格，为纳税人实际支付给销售者的全部价款，不包括增值税税款

4. 下列选项中，可以免缴车辆购置税的有（　　）。

A. 中国妇女发展基金会“母亲健康快车”项目的流动医疗车

B. 领事馆人员自用的车辆

C. 北京 2022 年冬奥会和冬残奥会组织委员会新购置车辆

D. 回国服务的留学人员用现汇购买一辆进口小汽车

5. 下列选项中，符合车辆购置税相关规定的有（　　）。

A. 购买自用排气量为 200 毫升的摩托车的计税依据是支付的全部价款，不含增值税

B. 受赠使用车辆不征收车辆购置税

C. 纳税人进口自用应税车辆的计税价格，为关税完税价格加上关税和消费税

D. 纳税人自产自用应税车辆的计税价格，按照纳税人生产的同类应税车辆的销售价格确定

6. 根据《中华人民共和国车辆购置税法》的规定，下列选项中，属于车辆购置税应税行为的有（　　）。

A. 以抵债方式取得并使用应税车辆的行为

B. 获奖使用的行为

C. 购买进口车辆自用的行为

D. 馈赠车辆的行为

7. 下列选项中，属于车辆购置税免税项目的有（　　）。

A. 有轨电车

B. 国际组织驻华机构人员自用车辆

C. 设有固定装置的非运输专用作业车辆

D. 获奖后自用的车辆

8. 下列选项中，应缴纳车辆购置税的有（　　）。

A. 汽车挂车　　　　B. 汽车

C. 有轨电车　　　　D. 农用运输车

9. 根据《中华人民共和国车辆购置税法》的规定，下列选项中，属于车辆购置税应税行为的有（　　）。

A. 以抵债方式取得并自用应税车辆的行为

B. 获奖自用应税车辆的行为

C. 购买使用走私车辆的行为

D. 馈赠车辆的行为

10. 下列关于车辆购置税的相关规定表述中，正确的有（　　）。

A. 不需要办理车辆登记注册手续的纳税人，向纳税人所在地的主管税务机关办理纳税申报

B. 城市公交企业购置的公共汽电车辆

C. 车辆购置税按比例税率征收

D. 自 2019 年 7 月 1 日起，车辆购置税的征税范围包括汽车、摩托车、电车、挂车、农用运输车

三、判断题

1. 装载机、平地机、挖掘机、推土机等轮式专用机械车、有轨电车应缴纳车辆购置税。 (　　)

2. 应税车辆的进口使用者属于车辆购置税纳税义务人。 (　　)

3. 受赠使用车辆不征收车辆购置税。 (　　)

4. 纳税人购置应税车辆，应当向纳税人所在地的主管税务机关申报缴纳车辆购置税。 (　　)

四、思考题

1. 免税条件消失的车辆办理纳税申报时，应提供哪些资料？

2. 简述车辆购置税减税免税范围的具体规定。

3. 在哪些情形下，车辆购置税计税价格为纳税人提供的有效价格证明注明的价格？

五、计算问答题

1. 某运输企业进口一辆小汽车，小汽车的关税完税价格是 50 万元，关税税率为 20%，消费税税率为 25%。

要求：计算该运输企业应当缴纳的车辆购置税。

2. 某市市场监督管理局2020年8月向某汽车贸易公司购买一辆小轿车自用，支付不含增值税价款234 000元，代收的保险费2 500元（由汽车贸易公司开具发票和有关收据），购买者随购买车辆支付的工具件和零部件价款550元，车辆装饰费1 800元，优质服务费800元。

要求：计算该市场监督管理局应缴纳的车辆购置税。

3. 某贸易公司进口5辆小轿车，海关审定的关税完税价格为25万元/辆，当月销售2辆，取得不含税销售收入80万元；剩余3辆企业自用。小轿车关税税率为30%，消费税税率为9%。

要求：计算该贸易公司应缴纳的车辆购置税。

六、案例分析题

自2019年7月1日起，《中华人民共和国车辆购置税法》正式施行，相比于原来的《中华人民共和国车辆购置税暂行条例》，税率维持10%不变，但征收对象由5类变为4类，并且取消了"最低计税价格"的规定。

材料一：为促进我国交通能源战略转型、推进生态文明建设、支持新能源汽车产业发展，经国务院批准，2014年9月1日至2017年12月31日，购置新能源汽车免征车辆购置税（《财政部 国家税务总局 工业和信息化部关于免征新能源汽车车辆购置税的公告》）。

材料二：为贯彻落实党的十九大精神，进一步支持新能源汽车创新发展，经国务院同意，2018年1月1日至2020年12月31日，购置新能源汽车免征车辆购置税（《财政部 税务总局 工业和信息化部 科技部关于免征新能源汽车车辆购置税的公告》）。

材料三：为稳定和扩大汽车消费，促进经济社会平稳运行，经国务院同意，完善新能源汽车购置相关财税支持政策。新能源汽车购置补贴政策延续至2022年年底，并平缓2020—2022年补贴退坡力度和节奏，加快补贴资金清算速度。国家将加快推动新能源汽车在城市公共交通等领域推广应用。新能源汽车免征车辆购置税的优惠政策延续至2022年年底（《国家发展改革委等部门关于稳定和扩大汽车消费若干措施的通知》）。

材料四：为支持新能源汽车产业发展，促进汽车消费，2021年1月1日至2022

年 12 月 31 日，购置新能源汽车免征车辆购置税（《财政部 税务总局 工业和信息化部关于新能源汽车免征车辆购置税有关政策的公告》）。

思考一：《中华人民共和国车辆购置税法》有关车辆购置税的税收优惠政策有哪些？

思考二：结合以上几则材料，谈谈车辆购置税优惠政策的意义。

第十六章
车船税和船舶吨税

一、单项选择题

1. 某小型运输公司2020年拥有并使用以下车辆：整备质量4.3吨的载货卡车10辆，省人民政府规定年税额为每吨50元；18座的小型客车2辆，省人民政府规定年税额为每辆530元。该公司当年应缴纳的车船税为（　　）元。

A. 5 120　　B. 4 800

C. 3 840　　D. 3 210

2. 某企业在2020年4月购入整备质量6吨的挂车3辆；11月，年初购进的1辆小轿车被盗，取得了公安机关证明。当地载货汽车车船税年税额为每吨60元，小轿车适用的车船税年税额为每辆300元。该企业2020年实际应缴纳车船税（　　）元。

A. 600　　B. 655

C. 612　　D. 648

3. 根据车船税的有关规定，下列选项中，正确的是（　　）。

A. 在单位内部场所行驶的机动车辆和船舶不属于车船税的征收范围

B. 在单位内部场所作业的机动车辆和船舶不属于车船税的征收范围

C. 依法不需要在车船管理部门登记的机动车辆和船舶不属于车船税的征收范围

D. 依法应当在车船管理部门登记的机动车辆和船舶属于车船税的征收范围

4. 根据《中华人民共和国车船税法》的有关规定，下列选项中，应缴纳车船税的是（　　）。

A. 外国驻华使领馆的汽车　　B. 武装警察部队专用车辆

C. 无偿出借的载客汽车　　D. 捕捞、养殖渔船

5. 某企业在2020年年初拥有整备质量为10吨的载货汽车6辆，小轿车4辆；4月购入整备质量为8吨的载货汽车3辆，当月办理完登记手续；11月，1辆小轿车被盗，公安机关出具了证明。假设当地人民政府规定载货汽车车船税年税额为每吨60元，小轿车车船税年税额为每辆360元。该企业2020年实际应缴纳车船税（　　）元。

A. 6 000　　B. 6 060

C. 6 120　　D. 6 480

6. 某旅游公司2020年拥有的船舶情况如下：机动船舶30艘，每艘净吨位1.3吨；5千瓦的拖船1艘；非机动驳船2艘，每艘净吨位均为3 000吨。国务院规定机动船舶净吨位小于200吨的，车船税年税额为3元/吨；净吨位2 001~10 000吨的，车船税年税额为每吨5元。2020年该旅游公司应缴纳车船税（　　）元。

A. 7 627.5　　　　B. 12 154.5

C. 15 122.03　　　　D. 30 192

7. 下列选项中，属于车船税法定减免项目的是（　　）。

A. 批准临时入境的我国台湾地区的车船

B. 外商投资企业使用的汽车

C. 武警消防车

D. 政府机关办公用车辆

8. 需要办理登记的车船，纳税人自行申报缴纳车船税的，车船税的纳税地点为（　　）。

A. 车船使用地　　　　B. 车船登记地

C. 纳税人住所所在地　　　　D. 车船购买地

9. 某法国籍净吨位为 2 500 吨的非机动驳船停靠在我国某港口装卸货物，驳船负责人已向我国海关领取了吨税执照，在港口停留期为 30 天。法国已与我国签订相互给予船舶税费最惠国待遇条款。假定 2 000~10 000 净吨的船舶，30 天期的普通税率为 4 元/净吨，优惠税率为 2.9 元/净吨，其应纳的船舶吨税为（　　）元。

A. 10 025　　　　B. 7 250

C. 3 625　　　　D. 5 012.5

10. 根据《中华人民共和国船舶吨税法》的有关规定，下列选项中，不正确的是（　　）。

A. 船舶吨税是对自境外港口进入境内港口的船舶征收的一种税

B. 船舶吨税由税务机关负责征收

C. 船舶吨税纳税义务发生时间为应税船舶进入港口的当日

D. 应税船舶负责人应当自海关填发吨税缴款凭证之日起 15 日内向指定银行缴清税款

11. 下列选项中，从境外进入我国港口免征船舶吨税的船舶是（　　）。

A. 拖船　　　　B. 非机动驳船

C. 养殖渔船　　　　D. 执照期满 24 小时内上下的客货船

12. 根据船舶吨税的规定，下列选项中，不正确的是（　　）。

A. 吨税由税务机关负责征收

B. 吨税纳税义务发生时间为应税船舶进入港口的当日

C. 吨税税款、滞纳金、罚款以人民币计算

D. 海关发现多征税款的，应当立即通知应税船舶办理退还手续，并加算银行同期活期存款利息

13. 应税船舶未按照规定交验吨税执照及其他证明文件的，由海关责令限期改正，并处（　　）罚款。

A. 2 000 元以上 3 万元以下　　　　B. 2 000 元以上 1 万元以下

C. 2 000 元以上 5 000 元以下　　　　D. 5 000 元以上 2 万元以下

14. A 国和我国签订了相互给予船舶税费最惠国待遇条款的协议。2020 年 2 月，自 A 国港口进入我国港口船舶两艘：一艘是净吨位为 10 000 吨的货轮，另一艘是发动机功率为 4 000 千瓦的拖船。这两艘船舶的执照期限均为 1 年。根据船舶吨税的相关规定，超过 2 000 净吨位，但不超过 10 000 净吨位的，税率为 17. 4 元/净吨位。这两艘船舶应缴纳船舶吨税（　　）元。

A. 197 316　　B. 112 587

C. 168 422　　D. 189 625

15. 下列关于船舶吨税的说法中，不正确的是（　　）。

A. 拖船和非机动驳船按相同净吨位船舶税率的 50%计征税款

B. 吨税设置一栏税率

C. 吨税按照船舶净吨位和执照期限征收

D. 吨税由海关负责征收

二、多项选择题

1. 下列选项中，不属于车船税应税车船的有（　　）。

A. 纯电动乘用车

B. 境内单位和个人租入外国籍船舶

C. 外国驻华使馆车船

D. 公安机关领取警用牌照的车辆

2. 根据车船税的相关规定，下列选项中，属于法定减免车船税的有（　　）。

A. 新能源汽车

B. 人民检察院领取警用牌照的车辆

C. 公共汽车

D. 机场内部行驶车辆

3. 下列选项中，免征车船税的有（　　）。

A. 挂车　　B. 适用新能源的车辆

C. 非机动驳船　　D. 捕捞、养殖的渔船

4. 根据《中华人民共和国车船税法》的规定，下列说法中，不正确的有（　　）。

A. 捕捞、养殖渔船属于法定减免车船税的项目

B. 在一个纳税年度内，已完税的车船被盗抢，纳税人可以凭有关管理机关出具的证明和完税证明，向纳税所在地的主管税务机关申请退还自被盗次月至该纳税年度终了期间的税款

C. 车船税有尾数的一律按照含尾数的计税单位据实计算车船税

D. 车船税按年申报缴纳，具体申报纳税期限由省、自治区、直辖市财政部门规定

5. 下列关于车船税的表述中，正确的有（　　）。

A. 对节约能源的车辆，减半征收车船税

B. 农用三轮汽车减征或免征车船税

C. 车船税实行固定税额

D. 车船税的纳税地点为车船的登记地或车船税扣缴义务人所在地

6. 根据现行政策，下列关于车船税税收优惠的表述中，正确的有（　　）。

A. 节能车船，减半征收车船税

B. 拖船、非机动驳船免征车船税

C. 挂车按照货车税额的50%计算征收车船税

D. 依法不需要办理登记的车船，不征收车船税

7. 根据现行政策，下列表述中，不正确的有（　　）。

A. 车辆整备质量尾数在0.5吨以下的不计算车船税

B. 拖船按照发动机功率每1千瓦折合净吨位0.67吨计算征收车船税

C. 净吨位不超过1吨的船舶，免征车船税

D. 挂车按照货车税额的70%计算

8. 在车船税征税过程中，以“辆”为计税依据的有（　　）。

A. 摩托车　　B. 商用货车

C. 乘用车　　D. 低速载货汽车

9. 依据车船税的规定，下列表述中，正确的有（　　）。

A. 车船税的纳税义务发生时间为取得车船所有权或管理权的当月

B. 已由保险机构代收代缴车船税的，纳税人不再向税务机关缴纳车船税

C. 已办理退税的被盗车船失而复得的，纳税人应当从公安机关出具相关证明的当月起计算缴纳车船税

D. 已缴纳车船税的车船，在同一纳税年度内办理转让过户的，不另纳税，同时已经缴纳的车船税可以申请退回

10. 根据《中华人民共和国船舶吨税法》的有关规定，下列选项中，免征船舶吨税的有（　　）。

A. 捕捞、养殖渔船

B. 自境外以购买方式取得船舶所有权的初次进口到港的空载船舶

C. 非机动驳船

D. 吨税执照期满后48小时内不上下客货的船舶

11. 根据跨境电子商务零售进口税收政策，下列选项中，正确的有（　　）。

A. 购买跨境电子商务零售进口商品的个人作为纳税义务人

B. 在限值以内进口的跨境电子商务零售进口商品，进口环节增值税、消费税暂按法定应纳税额的70%征收

C. 在限值以内进口的跨境电子商务零售进口商品，关税税率暂设为0

D. 跨境电子商务零售进口商品自海关放行之日起60日内退货的，可申请退税，并相应调整个人年度交易总额

12. 下列选项中，船舶适用船舶吨税直接优惠的有（　　）。

A. 应纳税额是50元以下的船舶

B. 吨税执照期满后24小时内不上下客货的船舶

C. 军队、武装警察部队专用或征用的船舶

D. 避难、防疫隔离、修理，并不上下客货的船舶

13. 下列关于船舶吨税的说法中，正确的有（　　）。
   A. 吨税按照船舶净吨位和吨税执照期限征收
   B. 吨税设置普通税率和优惠税率
   C. 应税船舶在进入港口办理入境手续时，应当向海关申报纳税，领取吨税执照，或者交验吨税执照
   D. 应税船舶因不可抗力在未设立海关地点停泊的，无需缴纳船舶吨税

14. 根据船舶吨税的规定，下列选项中，可以用于担保的有（　　）。
   A. 汇票　　　　B. 存单
   C. 债券　　　　D. 银行的保函

三、判断题

1. 摩托车按“排气量”作为计税单位，专业作业车按“整备质量每吨”作为计税单位。（　　）

2. 军队、武装警察部队专用的车船免征车船税。（　　）

3. 符合规定标准的节约能源乘用车可享受减半征收车船税。（　　）

4. 船舶吨税的应税船舶不包括中华人民共和国国籍的船舶。（　　）

5. 养殖渔船从境外进入我国港口，免征船舶吨税。（　　）

四、思考题

1. 车船税的征税范围是什么？

2. 车船税有哪些税收优惠政策？

3. 简述船舶吨税的征税范围及其税收优惠。

五、计算问答题

1. 某渔业公司 2020 年拥有捕捞渔船 5 艘，每艘净吨位 21 吨；非机动驳船 2 艘，每艘净吨位 10 吨；机动补给船 1 艘，净吨位 15 吨；机动运输船 10 艘，每艘净吨位 7 吨。机动船舶净吨位小于或等于 200 吨的，车船税适用年税额为每吨 3 元。

要求：计算该渔业公司当年应缴纳的车船税。

2. 有一美国籍净吨位为 9 000 吨的货轮“维多利亚”号停靠在我国天津新港装卸货物。货轮负责人已向我国海关领取了吨税执照，在港口停留期限为 30 天。美国已与我国签订含有相互给予船舶税费最惠国待遇条款的条约。

要求：计算该货轮应缴纳的船舶吨税。

3. 有一艘船籍国为甲国的游艇停靠在我国口岸，并拟办理 30 日吨税执照。该游艇无法提供净吨位证明文件，但已知该游艇发动机功率为 1 800 千瓦。甲国与我国签订含有相互给予船舶税费最惠国待遇条款的条约。

要求：计算该游艇应缴纳的船舶吨税。

六、案例分析题

国家、地方政策双轮驱动，强制性标准逐步完善，新能源汽车财政补贴期限继续延长，持续推动新能源汽车发展浪潮。中国原油对外依存度超 70%，远超 50%的国际警戒线，替代能源的重要性与日俱增。新能源汽车“三电”技术基本成熟，续航里程和电池组能量逐步提升。

国家统计局在其官网发布的 2020 年国民经济和社会发展统计公报显示，2020 年，新能源汽车产量为 145.6 万辆，比 2019 年增长 17.3%。新能源汽车保有量持续上升，市场处于较快发展阶段。按照国家规划的发展愿景，2025 年新能源汽车销量有望突破 500 万辆。预计到 2035 年，汽车产业或将基本实现电动化转型。动力电池成本有望持续下探，高镍、低钴为发展方向。第五代移动通信技术（5G）的关键能力较第四代移动通信技术（4G）有大幅提升，在车辆当中的应用有望推进自动驾驶与车路协同快速发展。

国家、地方政策双轮驱动，持续推动新能源汽车发展浪潮。目前，新能源汽车产业已上升至国家发展战略的高度，成为不可逆的发展方向。2020 年，国家出台多项政策鼓励新能源汽车发展，降低了新能源企业的进入门槛，提高了产品要求，完善了强制性标准，延长了新能源汽车财政补贴期限。2020 年 10 月，国务院常务会会议通过了《新能源汽车产业发展规划（2021—2035 年）》，为新能源汽车未来 15 年的发展打下了坚实的基础。同时，地方层面也纷纷出台政策鼓励新能源汽车消费。国家与地方的政策体系逐渐成形，给予了新能源汽车行业发展极大的支持，预计未来 5 年内政策扶持将仍然发挥不可或缺的作用。

工业和信息化部新一批《享受车船税减免优惠的节约能源，使用新能源汽车车型目录》显示，在插电式混合动力乘用车类目中有 12 款车型入选。工业和信息化部公示的车型目录中，申报新能源汽车产品的共有 102 家企业的 217 个型号，其中纯电动产品共 86 家企业 168 个型号、插电式混合动力产品共 14 家企业 22 个型号、燃料电池产品共 16 家企业 27 个型号。乘用车市场消费者关注度较高的插电式混合动力乘用车类目中，有 4 家企业的 12 款车型入选。

思考一：目前我国有哪些车船税优惠政策?

思考二：从可持续发展的角度思考，国家为什么要推出上述优惠政策?

第十七章
印花税

一、单项选择题

1. 下列选项中，不属于印花税购销合同列举范围的是（　　）。
   A. 电网与用户之间签订的供用电合同
   B. 采煤单位和用煤单位间的供应合同
   C. 以货易货合同
   D. 预购合同

2. 下列选项中，应当征收印花税的是（　　）。
   A. 会计咨询合同　　B. 法律咨询合同
   C. 技术咨询合同　　D. 审计咨询合同

3. 下列选项中，应缴纳印花税的是（　　）。
   A. 商标注册证
   B. 企业仓库设置的产品进出统计簿
   C. 某企业与某会计师事务所签订的会计咨询合同
   D. 电网与用户之间签订的供用电合同

4. 下列选项中，不属于印花税应税凭证的是（　　）。
   A. 无息、贴息贷款合同
   B. 发电厂与电网之间签订的电力购售合同
   C. 与高校学生签订的高校学生公寓租赁合同
   D. 银行因内部管理需要设置的现金收付登记簿

5. 北京市甲公司受托分别为乙企业、丙企业各加工一批产品。甲公司与乙企业签订合同，注明金额为200万元的原材料由乙企业提供，向乙企业收取加工费50万元；与丙企业签订合同，注明金额为40万元的原材料由甲公司提供，向丙企业收取加工费10万元。甲公司就这两项加工业务应缴纳印花税（　　）元。
   A. 120　　B. 300
   C. 420　　D. 400

6. 某运输公司与甲公司于2020年11月签订了一份运输合同，合同注明运费为45万元；以价值60万元的仓库作抵押，从银行取得抵押贷款80万元，并在合同中规定了还款日期。贷款到期后，该运输公司由于资金周转困难而无力偿还贷款，按合同规定将抵押的仓库的产权转移给银行，签订了产权转移书据，并用现金20万元偿还贷款。该运输公司以上经济行为应缴纳印花税（　　）元。
   A. 265　　B. 575
   C. 580　　D. 565

7. 某房地产开发企业 2020 年开发建造普通住宅，与当地农业银行签订借款合同一份，合同注明借款金额为 2 000 万元；以借款和自有资金购买土地使用权，合同注明地价款为 2 600 万元，已取得土地使用证。到 2020 年年底，该房地产开发企业对外销售普通住宅 60 000 平方米，取得收入 29 200 万元，全部签订售房合同。该房地产开发企业 2020 年就上述业务应缴纳印花税（　　）元。

A. 160 000　　B. 108 405

C. 160 005　　D. 108 400

8. 某学校委托一服装加工企业为其定做一批校服，合同载明 80 万元的原材料由服装加工企业提供，学校另支付加工费 40 万元。服装加工企业该项业务应缴纳印花税（　　）元。

A. 200　　B. 240

C. 440　　D. 600

9. 下列选项中，符合印花税征收管理规定的是（　　）。

A. 一份凭证应纳税额超过 500 元的，应当向当地税务机关申请填写缴款书或完税凭证，将其中一联粘贴在凭证上代替贴花

B. 同一种类的应税凭证，需要频繁贴花的，由税务机关决定是否采用按期汇总缴纳印花税的方式

C. 纳税人自行计算应纳税额、购买印花税票，并自行一次贴足税票的，即履行完印花税纳税义务

D. 对已经贴花的应税凭证，凡多贴印花税票的，可以申请退税或抵用

10. 下列关于印花税计税依据的表述中，符合印花税规定的是（　　）。

A. 由外国运输企业运输进出口货物的，外国运输企业按照所持结算凭证缴纳印花税

B. 货物运输合同的计税依据是运输费用总额，含装卸费和保险费

C. 建筑安装工程承包合同的计税依据是承包总额

D. 对于分包的合同不缴纳印花税

11. 下列选项中，属于印花税的纳税义务人的是（　　）。

A. 当事人的代理人　　B. 合同的担保人

C. 合同的鉴证人　　D. 权利许可证照的发放人

12. 下列关于印花税纳税人的表述中，正确的是（　　）。

A. 买卖境内 A 股股票签订股权转让书据的，以股票卖出方为纳税人

B. 订立财产转移书据的，以证人为纳税人

C. 书立技术合同的，以担保人为纳税人

D. 领取工商营业执照的，以授予证照的当事人为纳税人

13. 下列关于印花税计税依据的表述中，不正确的是（　　）。

A. 对跨地区经营的分支机构的营业账簿，其中上级单位记载资金的账簿按扣除拨给下属机构资金数额后的剩余部分计税贴花

B. 对银行及其他金融组织的融资租赁业务签订的融资租赁合同，以合同所载租金总额为计税依据

C. 流动资金周转性借款合同，规定最高限额，借款人在规定的期限和最高限额内随借随还的，以总借款金额为计税依据

D. 企业启用新账簿后，其实收资本和资本公积两项的合计金额大于原已缴纳印花税的，就增加的部分申报缴纳印花税

14. 对已贴花的凭证，修改后所载金额增加的，下列关于印花税的表述中，正确的是（　　）。

A. 应就增加部分补贴印花税票

B. 应按修改后的总金额重贴印花税票

C. 应贴印花税票 5 元

D. 一般不再补贴印花税票

15. 对一份凭证应纳税额超过 500 元的，纳税人应当采用的印花税纳税办法是（　　）。

A. 汇贴纳税　　B. 自行贴花

C. 汇缴纳税　　D. 委托代征

16. 印花税在委托代征办法下，按代收金额的（　　）支付代收手续费。

A. 2%　　B. 3%

C. 5%　　D. 10%

17. 纳税人缴纳印花税时，下列选项中，不正确的是（　　）。

A. 自行一次贴足印花税票并加以注销或划销，纳税义务才算全部履行完毕

B. 已经贴花的凭证，凡修改后金额增加的部分，应补贴印花

C. 印花税一般实行就地纳税

D. 凡多贴印花税票者，可以申请退税和抵扣

18. 对已贴花的凭证，修改后所载金额增加的，下列关于印花税的表述中，正确的是（　　）。

A. 应就增加部分补贴印花税票

B. 应按修改后的总金额重贴印花税票

C. 应贴印花税票 5 元

D. 一般不再补贴印花税票

19. 下列选项中，印花税应税凭证不是按每件 5 元定额贴花的是（　　）。

A. 商标注册证　　B. 专利证

C. 其他营业账簿　　D. 买卖合同

20. 下列选项中，不属于按照 0.5‰的税率缴纳印花税的是（　　）。

A. 产权转移书据　　B. 建设工程勘察设计合同

C. 加工承揽合同　　D. 货物运输合同

21. 下列选项中，应按“产权转移书据”计征印花税的是（　　）。

A. 专利申请权转让　　B. 技术开发合同

C. 非专利技术转让　　D. 商标专用权转移书据

22. 某企业签订了如下经济合同：与甲公司签订技术开发合同，合同总金额为400万元，其中研究开发费用为100万元；与乙公司签订货物销售合同，销售额为300万元；签订运输合同，记载运输费为4万元，其中包括保险费0.5万元、装卸费0.5万元。该企业应缴纳印花税（　　）元。

A. 1 809　　B. 1 815

C. 2 115　　D. 2 120

23. 甲公司转让技术合同及土地使用权，合同载明的金额为500万元（合同金额未分别记载），则甲公司应缴纳的印花税为（　　）元。

A. 2 500　　B. 1 900

C. 1 850　　D. 1 920

二、多项选择题

1. 下列关于印花税的纳税义务人的表述中，正确的有（　　）。

A. 建立账簿的以立账簿人为纳税人

B. 订立财产转移书据的以立据人为纳税人

C. 书立经济合同的以合同各方当事人为纳税人

D. 在国外书立凭证转国内使用的以使用人为纳税人

2. 依据印花税的有关规定，下列选项中，应按“技术合同”贴花的有（　　）。

A. 专利申请权转让合同　　B. 专利权转让合同

C. 专利实施许可合同　　D. 非专利技术转让合同

3. 下列选项中，按“产权转移书据”计税贴花的有（　　）。

A. 土地使用权出让合同　　B. 专利权转让合同

C. 商品房销售合同　　D. 发电厂与电网之间的购售电合同

4. 根据印花税法律制度的有关规定，下列选项中，应按1‰的税率计算缴纳印花税的有（　　）。

A. 财产租赁合同　　B. 仓储保管合同

C. 货物运输合同　　D. 财产保险合同

5. 下列选项中，印花税按照5元定额贴花的有（　　）。

A. 土地使用证　　B. 工商营业执照

C. 商标注册证　　D. 营业许可证

6. 对不同的借款形式，下列关于印花税计税方法的表述中，正确的有（　　）。

A. 凡一项信贷业务既签订借款合同，又一次或分次填开借据的，应以借款合同和借据所载金额分别计税贴花

B. 流动资金周转性借款合同，只以其规定的最高限额为计税依据，在签订时贴花一次，在限额内随借随还不签订新合同的，不再另贴印花

C. 对借款方以财产作抵押，从贷款方取得一定数量抵押贷款的合同，应按借款金额以及抵押金额分别贴花

D. 借款合同由借款方与银团各方共同书立、各执一份合同正本的，借款方与银团各方应分别在所执的合同正本上，按各自的借款金额计税贴花

7. 下列选项中，应计算缴纳印花税的有（　　）。

A. 银行与企业之间签订的贴息贷款合同

B. 作为正本使用的印花税应税合同副本

C. 电网与用户之间签订的供用电合同

D. 房地产管理部门与个人签订的经营用房的租赁合同

8. 根据税法的规定，下列选项中，免征印花税的有（　　）。

A. 已缴纳印花税凭证的副本

B. 农牧业保险合同

C. 无息、贴息贷款合同

D. 对房地产管理部门与个人签订的用于生活居住的租赁合同

9. 采用自行贴花方法缴纳印花税的，纳税人应（　　）。

A. 自行申报应税行为　　B. 自行计算应纳税额

C. 自行购买印花税票　　D. 自行一次贴足印花税票并注销或划销

10. 下列选项中，符合印花税有关规定的有（　　）。

A. 已贴用的印花税票，不得揭下重用

B. 对技术开发合同，以合同所载的报酬金额和研究开发经费作为计税依据

C. 纳税人签订的应税合同不论是否兑现或是否按期兑现，均应贴花

D. 在应纳税凭证上未贴印花税票的，由税务机关处以 2 000 元以下的罚款

11. 下列选项中，属于印花税征收范围的有（　　）。

A. 融资租赁合同

B. 家庭财产两全保险合同

C. 电网与用户之间签订的供电合同

D. 发电厂与电网之间签订的购销电合同

12. 下列选项中，免征印花税的有（　　）。

A. 作为正本使用的副本

B. 与高校学生签订的高校学生公寓租赁合同

C. 公租房租赁双方签订的租赁协议

D. 农牧业保险合同

13. 下列选项中，属于印花税的纳税方法的有（　　）。

A. 自行贴花纳税法　　B. 委托代征法

C. 汇贴或汇缴纳税法　　D. 多人集中缴纳

14. 下列关于证券交易印花税说法的说法中，正确的有（　　）。

A. 由出让方单方依成交价格按 1‰的税率计算缴纳

B. 内地投资者通过“沪港通”买卖香港联交所上市股票，出让方减半缴纳印花税

C. 香港市场投资者通过“沪港通”买卖上交所上市 A 股，出让方依成交价格按 1‰的税率计算税额

D. 证券交易印花税由税务机关征收

15. 下列选项中，属于印花税税率形式的有（　　）。

A. 比例税率　　B. 比率税率

C. 定额税率　　D. 定量税率

16. 下列选项中，免征印花税的有（　　）。

A. 作为正本使用的副本

B. 与高校学生签订的高校学生公寓租赁合同

C. 无息、贴息贷款合同

D. 融资租赁合同

17. 下列选项中，免征印花税的有（　　）。

A. 公租房租赁双方签订租赁协议涉及的印花税

B. 已缴纳印花税凭证的抄本

C. 农牧业保险合同

D. 借款方以财产作抵押，从贷款方取得一定数量抵押贷款的合同

18. 下列选项中，免征印花税的有（　　）。

A. 贴息贷款合同　　B. 加工承揽合同

C. 农牧业保险合同　　D. 建设工程勘察合同

19. 某企业 2020 年 10 月开业，领受房屋产权证、工商营业执照、商标注册证、土地使用证各一件；与其他企业订立购销合同一份，所载金额为 100 万元；订立房屋租赁合同一份，所载金额为 100 万元；订立加工合同一份，列明加工收入为 10 万元，受托方提供原材料金额为 90 万元。下列关于该企业发生上述业务应纳印花税的说法中，正确的有（　　）。

A. 权利、许可证照应缴纳印花税 20 元

B. 加工合同应缴纳印花税 50 元

C. 购销合同应缴纳印花税 400 元

D. 该企业所有业务应缴纳印花税 1 640 元

三、判断题

1. 政府部门发给的各种权利、许可证照都需要缴纳印花税。（　　）

2. 权利许可证照的领受人是印花税的纳税人。（　　）

3. 对国际货运，凡由我国运输企业运输的，不论是在我国境内还是在境外起运或中转分程运输，我国运输企业所持的一份运费结算凭证均按本程运费计算应纳税额。（　　）

4. 凡多贴印花税票者，可以申请退税和抵扣。（　　）

5. 对已贴花的凭证，修改后所在金额增加的，其增加部分应当补贴印花税票。（　　）

四、思考题

1. 印花税的概念是什么？印花税的纳税人包括哪些？

2. 简述印花税税率的相关规定。

五、计算问答题

1. 某高新技术企业2020年12月开业，注册资本为500万元，当年发生经营活动如下：

（1）该企业领受工商营业执照、房屋产权证、土地使用证、银行开户许可证各一份。

（2）该企业建账时共设7个营业账簿，其中记载资金的账簿一本，记载实收资本为500万元。

（3）该企业签订以货易货合同1份，用自己价值100万元的货物换进乙企业价值为150万元的货物，并支付差价款50万元。

（4）该企业与银行签订借款合同1份，记载借款金额为50万元，当年支付利息为1万元。

（5）该企业与广告公司签订广告牌制作合同1份，分别记载加工费为3万元，广告公司提供的原材料为7万元。

（6）该企业签订房屋租赁合同1份，记载每月租金为5万元，但未约定租赁期限。

要求：根据上述资料，回答下列问题。

（1）计算该企业业务（1）应缴纳的印花税。

（2）计算该企业业务（2）应缴纳的印花税。

（3）计算该企业业务（3）应缴纳的印花税。

（4）计算该企业业务（4）应缴纳的印花税。

（5）计算该企业业务（5）应缴纳的印花税。

（6）计算该企业业务（6）应缴纳的印花税。

2. 某企业2020年度有关资料如下：

（1）该企业与机械厂签订设备安装合同一份，合同注明设备价款为600万元，按设备价款的5%支付安装费用。

（2）该企业与某银行签订贴息贷款合同一份，合同注明借款为8 000万元；与某金融机构签订借款合同，合同注明借款为5 000万元，年利率为5%。

（3）当年1月，该企业实收资本比上年增加3 000万元，当年新设其他营业账簿10本。

（4）该企业自境外运进一台设备，由境外运输公司运入境内，双方签订的货物运输合同注明运费为100万元。

（5）该企业与某技术开发企业签订合同，委托其开发某项技术，技术开发完成后双方共有。合同约定，该企业提供专项资金1 000万元用于购买研发设备和专业耗材，支付开发企业的研发报酬为300万元。

要求：根据上述资料，回答下列问题。

（1）计算该企业业务（1）应缴纳的印花税。

（2）计算该企业业务（2）应缴纳的印花税。

（3）计算该企业业务（3）应缴纳的印花税。

（4）计算该企业业务（4）应缴纳的印花税。

（5）计算该企业业务（5）应缴纳的印花税。

六、案例分析题

某公司委托其他单位研发金融系统，支付给受托方研发人员工资报酬共计132万元。相关资料及合同显示，该研发费用真实。但是在该企业提供的技术服务合同中，该企业将这笔费用填入免征项目经费栏，未缴纳印花税。

合同中注明，研究经费是指研究开发工作所需的成本，报酬是指本项目开发成果的使用费和研究开发人员的科研补贴。在计算印花税时，税务机关认为不能将132万元计入研究开发经费以逃避缴纳印花税。

根据《国家税务局关于对技术合同征收印花税问题的通知》（国税地字〔1989〕34 号）第四条的规定，对各类技术合同，应当按合同所载价款、报酬、使用费的金额依率计税。为鼓励技术研究开发，对技术开发合同，只就合同所载的报酬金额计税，研究开发经费不作为计税依据。但对合同约定按研究开发经费一定比例作为报酬的，应按一定比例的报酬金额计税贴花。

思考一：技术开发合同中的研发经费和报酬条款该怎样约定呢?

思考二：从国家角度考虑，为何要征收印花税?

第十八章
税收征收管理法

一、单项选择题

1. 税务机关对当事人作出罚款行政处罚决定的，当事人应当在收到行政处罚决定书之日起 15 日内缴纳罚款，逾期不缴纳的，税务机关可以对当事人每日按罚款数额的（　　）加处罚款。

A. 1‰　　B. 3‰

C. 1%　　D. 3%

2. 由于情况复杂，行政复议机关不能在规定期限内重新作出行政复议决定的，经批准可以适当延期，但是延期不得超过（　　）日。

A. 15　　B. 30

C. 45　　D. 60

3. 下列选项中，适用税务行政处罚的简易程序的是（　　）。

A. 对公民处以 50 元以下罚款的违法案件

B. 对法人企业处以 5 000 元以下罚款的违法案件

C. 案情简单，但是事实不清楚的违法行为

D. 案情简单，但是违法后果比较严重且有法定依据给予处罚的违法行为

4. 按照税务行政处罚的地域管辖来看，我国税务行政处罚实行的是（　　）。

A. 居住所在地原则　　B. 行为发生地原则

C. 收入来源地原则　　D. 户籍所在地原则

5. 下列关于税务行政处罚的主体与管辖的陈述中，不正确的是（　　）。

A. 税务行政处罚的实施主体主要是县以上的税务机关

B. 从税务行政处罚的级别管辖来看，均必须是县（市、旗）以上的税务机关

C. 从税务行政处罚的地域管辖来看，税务行政处罚实行行为发生地原则

D. 从税务行政处罚的管辖主体的要求来看，必须有税务行政处罚权

6. 税务所可以在（　　）元以下实施罚款作为税务行政处罚。

A. 50　　B. 2 000

C. 10 000　　D. 50 000

7. 下列关于税务行政处罚的说法中，错误的是（　　）。

A. 税务行政处罚的实施主体主要是市以上的税务机关

B. 税务行政处罚实行行为发生地原则

C. 各级税务机关的内设机构、派出机构不具有处罚主体资格

D. 税务所可以实施罚款额在 2 000 元以下的税务行政处罚

8. 税务行政处罚的实施主体主要是（　　）。

A. 县以上的税务机关　　B. 财政部

C. 人民政府　　D. 国家税务总局

9. 下列关于税务行政复议相关规定的表述中，不正确的是（　　）。

A. 因征税问题引起的争议，税务行政复议是税务行政诉讼的必经前置程序，未经复议不能向法院起诉，经复议仍不服的，才能起诉

B. 税务行政复议的受案范围仅限于税务机关作出的税务具体行政行为

C. 有权申请行政复议的法人或其他组织发生合并、分立或终止的，承受其权利义务的法人或其他组织可以申请行政复议

D. 申请人、第三人、被申请人可以委托代理人代为参加行政复议

10. 甲市乙县税务机关丙镇税务所在执法时给予本镇纳税人赵某 1 500 元罚款的行政处罚，赵某不服，向行政复议机关申请行政复议，则被申请人是（　　）。

A. 甲市税务机关　　B. 乙县税务机关

C. 丙镇税务所　　D. 乙县人民政府

11. 某县一施工企业因账簿不全，县主管税务局对其核定征收企业所得税，企业认为核定数额过高。在双方协商无果的情况下，企业准备请求法律救济。下列关于该企业的做法中，正确的是（　　）。

A. 该企业可以直接向人民法院提起行政诉讼

B. 该企业可以向该县人民政府提起行政复议

C. 该企业应在复议决定作出后及时缴纳税款

D. 该企业与县主管税务局可以在复议决定作出前达成和解

12. 广州市白云区 L 集团 2020 年由于利用假发票抵扣进项税，被白云区税务机关发现并处以罚款 2 万元。L 集团不服，决定申请行政复议，应该向（　　）提起复议。

A. 白云区人民政府　　B. 白云区税务机关

C. 广州市税务机关　　D. 广东省税务机关

13. 税务机关对当事人作出罚款行政处罚决定的，当事人应当在收到行政处罚决定书之日起（　　）日内缴纳罚款，到期不缴纳的，税务机关可以对当事人每日按罚款数额的 3%加处罚款。

A. 15　　B. 30

C. 45　　D. 60

14. 下列选项中，不符合《中华人民共和国行政复议法》和《税务行政复议规则（暂行）》规定的是（　　）。

A. 对税务机关作出逾期不缴纳罚款加处罚款的决定不服的，向作出行政处罚决定的税务机关申请行政复议

B. 对国家税务总局作出的具体行政行为不服的，向国家税务总局申请行政复议

C. 对国家税务总局作出的具体行政行为不服的，向国家税务总局申请行政复议，对行政复议决定不服的，可以向国务院申请裁决

D. 对计划单列市税务局的具体行政行为不服的，向省级税务局申请行政复议

15. 对税务所（分局）、各级税务局的稽查局的具体行政行为不服的，可以向（　　）申请行政复议。

A. 国家税务总局　　B. 所属税务局上级主管机关

C. 所属税务局　　D. 国务院

16. 下列选项中，需中止行政复议的是（　　）。

A. 行政复议申请受理后，发现人民法院已经受理的

B. 作为申请人的公民被宣告失踪

C. 申请人申请停止执行，复议机关认为其要求合理的

D. 申请人与被申请人按规定达成和解

17. 关于税务行政复议政策的理解中，不正确的是（　　）。

A. 申请人对扣缴义务人的扣缴税款行为不服的，主管该扣缴义务人的税务机关为被申请人

B. 行政复议原则上采用书面审查的办法，但是申请人提出要求或行政复议机构认为有必要时，应当听取申请人、被申请人和第三人的意见，并可以向有关组织和人员调查了解情况

C. 申请人在行政复议决定作出以前撤回行政复议申请的，经行政复议机构同意，可以撤回

D. 被申请人应当自收到申请书副本或申请笔录复印件之日起 7 日内提出书面答复，并提交当初作出具体行政行为的证据、依据和其他有关材料

18. 同级人民法院之间受理第一审行政案件的分工和权限，这属于（　　）。

A. 属地管辖　　B. 级别管辖

C. 地域管辖　　D. 裁定管辖

19. 税务机关作出的下列行政行为，纳税人不服时可以申请行政复议，也可以直接向人民法院提起行政诉讼的是（　　）。

A. 确认纳税期限　　B. 确认纳税退税

C. 确认税款征收　　D. 罚款

20. 下列关于税务行政处罚的陈述中，不正确的是（　　）。

A. 如果税务违法行为显著轻微，没有造成危害后果，经过批评教育后可以不必给予处罚

B. 从当事人主观方面来说，需要区分是否具有主观故意或过失，如无主观故意，则不需要处罚

C. 当事人行为一般是尚未构成犯罪，依法应当给予行政处罚的行为

D. 税务行政处罚是行政处罚的重要组成部分

21. 下列关于税务行政处罚的陈述中，不正确的是（　　）。

A. 税务所可以实施罚款额在 2 000 元以下的税务行政处罚

B. 税务行政处罚的实施主体主要是县以上的税务机关

C. 税务行政处罚必须以事实为依据

D. 国家税务总局可以针对纳税人的违法行为设定各种税务行政处罚，对其他违法行为不能设置行政处罚

22. 下列关于税务行政处罚权力清单相关规定的表述中，不正确的是（　　）。

A. 纳税人的开户银行拒绝执行税务机关作出的冻结存款或扣缴税款决定，税务机关处 10 万元以上 50 万元以下的罚款

B. 非法印制、转借、倒卖、变造或伪造完税凭证的，税务机关责令其改正，处 2 000 元以上 1 万元以下的罚款

C. 纳税人逃避、拒绝或以其他方式阻挠税务机关检查的，税务机关责令其改正，可以处 2 000 元以下的罚款

D. 扣缴义务人编造虚假计税依据的，税务机关责令其限期改正，并处 5 万元以下的罚款

23. 下列关于税务行政处罚的设定与形式的陈述中，正确的是（　　）。

A. 全国人民代表大会及其常务委员会可以通过制定和颁布法律的形式设定各种形式的税务行政处罚

B. 行政处罚的设定权集中于中央政府，国务院可以设定各种税务行政处罚

C. 国家税务总局可以通过法规的形式设定警告和罚款

D. 税务行政规章对非经营活动中的违法行为设定罚款不得超过 1 万元

24. 下列选项中，不属于税务行政处罚类型的是（　　）。

A. 停止出口退税权　　B. 没收财务非法所得

C. 注销税务登记　　D. 罚款

25. 下列关于税务行政处罚的设定中，正确的是（　　）。

A. 国务院可以通过法律的形式设定各种税务行政处罚

B. 国家税务总局可以通过规章的形式设定警告和罚款

C. 地方人大可以通过法律的形式设定各种税务行政处罚

D. 税务局可以设定税务行政处罚的规范性文件

26. 纳税人、扣缴义务人编造虚假计税依据的，税务机关责令其限期改正，并处（　　）的罚款。

A. 2 000 元以下　　B. 5 000 元以上

C. 1 万元以下　　D. 5 万元以下

27. 申请人对下列税务行政复议范围中的（　　）不服的，必须先申请行政复议，对复议结果不服的才可以向人民法院提起行政诉讼。

A. 没收财物　　B. 确认抵扣税款

C. 不予开具完税凭证　　D. 不予认定为增值税一般纳税人

28. 下列选项中，税务行政复议受理案件必须经复议程序的是（　　）。

A. 因税务机关作出行政处罚引起争议的案件

B. 因不给予举报奖励引起争议的案件

C. 因纳税信用等级评定引起争议的案件

D. 因核定征收引起争议的案件

29. 根据《税务行政复议规则（暂行）》的规定，下列选项中，不适用调解的是（　　）。

A. 确定应税所得率　　B. 税务机关办事流程

C. 行政奖励　　D. 行政赔偿

30. 下列选项中，不属于税务行政诉讼特有原则的是（　　）。

A. 税务机关负举证责任原则　　B. 由税务机关负责赔偿的原则

C. 不适用调解原则　　D. 实行回避原则

31. 下列关于税务行政处罚权的表述中，正确的是（　　）。

A. 省税务局可以通过规范性文件的形式设定警告

B. 税务规章对经营活动中有违法所得的，设定罚款不得超过违法所得的3倍，且最高不得超过30 000元

C. 省以下税务局的稽查局不具有税务行政处罚主体资格

D. 作为税务机关派出机构的税务所不具有税务行政处罚主体资格

32. 下列选项中，必须先经过税务行政复议程序的是（　　）。

A. 税务机关作出的行政处罚行为

B. 取消增值税一般纳税人资格

C. 征收滞纳金行为

D. 税务机关作出的停止出口退税权的决定

二、多项选择题

1. 下列关于税务行政处罚简易程序的表述中，正确的有（　　）。

A. 税务行政执法人员当场制作的税务行政处罚决定书，应当报所属税务机关备案

B. 自2017年11月1日起，税务机关依法对公民、法人或其他组织当场作出行政处罚决定的，使用修订后的税务行政处罚决定书（简易），不再另行填写陈述申辩笔录和税务文书送达回证

C. 税务行政执法人员当场作出税务行政处罚决定时，不用听取当事人陈述申辩意见

D. 税务行政执法人员当场作出税务行政处罚决定时，应告知当事人受到税务行政处罚的违法事实、依据和陈述申辩权

2. 下列选项中，可以选择行政复议或行政诉讼的有（　　）。

A. 因不予给与举报奖励引起的争议

B. 因核定征收引起的争议

C. 因纳税信用等级评定引起的争议

D. 确认征收范围的争议

3. 下列选项中，符合税务行政复议相关规定的有（　　）。

A. 对国务院的行政复议裁决不服的，可以向人民法院提出行政诉讼

B. 对国家税务总局作出的具体行政行为不服的，向国家税务总局申请行政复议

C. 对税务机关作出逾期不缴纳罚款加处罚款的决定不服的，向作出行政处罚决定的税务机关申请行政复议

D. 对被撤销的税务机关在撤销以前所作出的具体行政行为不服的，向继续行使其职权的税务机关申请行政复议

4. 下列关于税务行政复议审查和决定的表述中，正确的有（　　）。

A. 行政复议机关审查被申请人的具体行政行为时，认为其依据不合法，本机关有权处理的，应当在 30 日内依法处理

B. 行政复议期间，作为申请人的公民下落不明或被宣告失踪的，行政复议终止

C. 行政复议期间，作为申请人的法人或其他组织终止其权利义务的，承受人放弃行政复议权利的，行政复议终止

D. 行政复议机关应当自受理申请之日起 60 日内作出行政复议决定

5. 下列选项中，税务行政复议期间发生的情形可以导致行政复议中止的有（　　）。

A. 作为申请人的公民死亡，其近亲属尚未确定是否参加行政复议的

B. 作为申请人的法人或其他组织终止，尚未确定权利义务承受人的

C. 作为申请人的公民死亡，没有近亲属，或者其近亲属放弃行政复议权利的

D. 作为申请人的法人或其他组织终止，其权利义务的承受人放弃行政复议权利的

6. 税务行政诉讼的管辖分为（　　）。

A. 属地管辖　　B. 级别管辖

C. 地域管辖　　D. 裁定管辖

7. 下列关于税务行政诉讼的陈述中，正确的有（　　）。

A. 人民法院只对具体税务行为是否合法和适当予以审查

B. 人民法院可以对税务行政诉讼法律关系的双方当事人进行调解

C. 税务行政诉讼的管辖分为级别管辖、地域管辖和裁定管辖

D. 税务行政诉讼的受案范围与税务行政复议的受案范围基本一致

8. 根据税务行政法律法规的规定，税务行政诉讼的受案范围包括（　　）。

A. 税务机关作出的罚款行为

B. 税务机关作出的复议行为

C. 税务机关作出的税收保全措施

D. 税务机关作出的税收强制执行措施

9. 进行行政复议时，下列选项中，申请人和被申请人在行政复议机关作出行政复议前可以达成和解的有（　　）。

A. 行政赔偿　　B. 行政奖励

C. 行政处罚　　D. 核定税额

10. 税务行政处罚由税务机关给予行政处罚，包括（　　）方面的内容。
   A. 当事人行为违反了税收法律规范，侵犯的客体是税收征收管理秩序，应当承担税务行政责任
   B. 从当事人主观方面来说，并不区分是否具有主观故意或过失
   C. 并不是对所有的税务违法行为都一定要处罚
   D. 给予行政处罚的主体是税务机关和财政机关
11. 下列关于税务行政处罚的原则的陈述中，正确的有（　　）。
   A. 对公民和组织实施税务行政处罚必须有法定依据，无明文规定不得处罚
   B. 税务行政处罚必须由法定的国家机关在其职权范围内设定
   C. 税务行政处罚必须以事实为依据
   D. 国家税务总局可以针对纳税人的违法行为设定各种税务行政处罚，对其他违法行为不能设置行政处罚
12. 下列选项中，税务行政复议是税务行政诉讼必经前置程序的有（　　）。
   A. 税务机关书面通知银行从其存款中扣缴税款
   B. 没有公开政府信息
   C. 因税务机关适用法律错误，致使纳税人少缴税款，税务机关要求补缴两年前税款引起的争议
   D. 因纳税中介机构计算错误，致使纳税人少缴税款，税务机关要求补缴三年前的税款引起的税务争议

13. 下列选项中，属于税务行政处罚原则的有（　　）。
   A. 以事实为依据原则　　B. 公开、公正原则
   C. 过罚相当原则　　D. 处罚与教育相结合原则
14. 下列关于税务行政处罚权力清单相关规定的表述中，正确的有（　　）。
   A. 未按规定设置、保管账簿资料的，税务机关责令其限期改正，可以处 2 000元以下的罚款
   B. 非法印制、转借、倒卖、变造或伪造完税凭证的，税务机关责令其改正，可以处 2 000 元以上 1 万元以下的罚款
   C. 扣缴义务人未按规定的期限向税务机关代扣代缴、代收代缴税款报告表和有关资料的，税务机关责令其改正，可以处 1 000 元以下的罚款
   D. 扣缴义务人的开户银行或其他金融机构拒绝接受税务机关依法检查扣缴义务人存款账户的，税务机关可以处 10 万元以上 50 万元以下的罚款
15. 下列关于税务行政处罚的主体与管辖的陈述中，正确的有（　　）。
   A. 税务行政处罚的实施主体主要是县以上的税务机关
   B. 各级税务机关的内设机构、派出机构一般不具有处罚主体资格
   C. 从税务行政处罚的级别管辖来看，税务行政处罚实行行为发生地原则
   D. 从税务行政处罚的管辖主体的要求来看，必须有税务行政处罚权，法律特别授权的税务所除外
16. 下列关于税务行政处罚权的表述中，正确的有（　　）。
   A. 税务局可以通过规范性文件的形式设定警告
   B. 国家税务总局可以通过规章的形式设定一定限额的罚款

C. 经法律的特别授权，税务所具有税务行政处罚主体资格
D. 国务院可以通过行政法规的形式设定限制人身自由的税务行政处罚

17. 下列关于税务行政处罚权力清单相关规定的表述中，正确的有（　　）。
A. 纳税人未按照规定安装、使用税控装置，或者损毁、擅自改动税控装置的，税务机关责令其限期改正，可以处 2 000 元以下的罚款
B. 非法印制、转借、倒卖、变造或伪造完税凭证的，税务机关责令其改正，可以处 2 000 元以上 1 万元以下的罚款
C. 纳税人逃避、拒绝或以其他方式阻挠税务机关检查的，税务机关责令其改正，可以处 2 000 元以下的罚款
D. 扣缴义务人的开户银行或其他金融机构拒绝接受税务机关依法检查扣缴义务人存款账户的，税务机关可以处 10 万元以上 50 万元以下的罚款

18. 下列选项中，必须先经过税务行政复议程序的有（　　）。
A. 税务机关作出的税收保全措施
B. 税务机关作出的加收滞纳金决定
C. 税务机关作出的征税决定
D. 税务机关作出的税收强制执行措施

19. 下列选项中，税务机关应选用必经复议程序申请复议的有（　　）。
A. 确认征税对象
B. 罚款行为
C. 代收代缴行为
D. 没收骗取国家出口退税所取得的非法所得

20. 税务行政复议机关可以对某些税务行政复议事项进行调解。下列选项中，符合税务行政复议调解要求的有（　　）。
A. 遵循客观、公正和合理的原则
B. 尊重申请人和被申请人的意愿
C. 在查明案件事实的基础上进行
D. 不得损害社会公共利益和他人合法权益

21. 下列选项中，申请人和被申请人在行政复议机关作出复议决定以前可以达成和解，行政复议机关也可以调解的有（　　）。
A. 行政诉讼　　B. 行政赔偿
C. 行政奖励　　D. 行政处罚

22. 下列关于税务行政复议受理的陈述中，正确的有（　　）。
A. 行政复议机关收到行政复议申请以后，应当在 5 日内审查，决定是否受理
B. 对符合规定的行政复议申请，自行政复议机构收到之日起即为受理；受理行政复议申请，应当书面告知申请人
C. 上级税务机关认为有必要的，可以直接受理或提审由下级税务机关管辖的行政复议案件
D. 具体行政行为在行政复议期间，行政复议机关认为需要停止执行的，可以停止执行

23. 下列关于税务行政复议证据的陈述中，正确的有（　　）。

A. 在行政复议中，被申请人对其作出的具体行政行为负有举证责任

B. 行政复议机关应当依法全面审查相关证据，定案证据应当具有合法性、真实性和关联性

C. 在行政复议过程中，被申请人可以向申请人和其他有关组织或者个人收集证据

D. 行政复议机构认为必要时，可以调查取证

24. 下列关于税务行政复议证据的表述中，正确的有（　　）。

A. 违反法定程序收集的证据材料不得作为定案依据

B. 在行政复议过程中，被申请人不得自行向申请人和其他相关组织或个人收集证据

C. 行政复议证据包括勘验笔录

D. 需要现场勘察的，现场勘察所用时间需计入行政复议审理期限

25. 下列选项中，属于行政复议证据类别的有（　　）。

A. 视听资料　　B. 证人证言

C. 当事人陈述　　D. 鉴定意见

26. 下列选项中，属于税务行政诉讼原则的有（　　）。

A. 人民法院特定主管原则　　B. 由税务机关负责赔偿原则

C. 起诉不停止执行原则　　D. 税务机关负举证责任原则

27. 按照《税务行政复议规则（暂行）》的规定，不得作为定案依据的证据材料有（　　）。

A. 以偷拍获取侵害他人合法权益的证据材料

B. 不能正确表达意志的证人提供的证言

C. 拒不提供原件的复制品

D. 超出举证期限提供的证据材料

28. 下列选项中，属于税务行政诉讼原则的有（　　）。

A. 合法性审查原则　　B. 不适用调解原则

C. 纳税人负举证责任原则　　D. 由税务机关负责赔偿原则

三、判断题

1. 纳税人办理注销税务登记，应当在提交注销税务登记申请的同时，向税务机关结清税款、滞纳金和罚款，缴销发票、发票领购簿和税务登记证件，经税务机关核准，办理注销税务登记手续。（　　）

2. 纳税人、扣缴义务人应按规定设置账簿，依照合法、有效凭证记账，进行核算。（　　）

3. 在民族自治地区，填写发票可以使用当地通用的一种民族文字。（　　）

4. 增值税专用发票只限于增值税纳税人领购使用。（　　）

5. 一般纳税人未按规定保管专用发票，经税务机关责令限期改正而未改正的，不得领购开具增值税专用发票。（　　）

6. 从税务行政处罚的地域管辖来看，我国税务行政处罚实行的是收入来源地原则。（ ）

7. 税务机关核发的外出经营活动税收管理证明有效期限一般为 30 日，最长不得超过 180 天。（ ）

8. 税务机关对税务登记证件实行定期验证制度。（ ）

9. 享有减免税待遇的纳税人，在减免税期间也应按规定办理纳税申报。（ ）

10. 申请人、第三人可以委托代理人代为参加行政复议。（ ）

11. 纳税人、扣缴义务人逃避、拒绝或以其他方式阻挠税务机关检查，税务机关责令其改正，可以处 5 000 元以下的罚款；情节严重的，可以处 5 000 元以上 2 万元以下的罚款。（ ）

四、思考题

1. 按照《税务行政复议规则（暂行）》的规定，不得作为定案依据的证据材料有哪些？

2. 税务行政诉讼的原则有哪些？

3. 税务行政处罚的原则有哪些？

4. 可导致行政复议中止的情况有哪几种？

五、计算问答题

某国有企业因有违反《中华人民共和国税收征收管理法》的行为被税务机关处以 8 000 元的罚款。假定该企业收到税务行政处罚决定书的时间为 2020 年 3 月 1 日，则该企业 4 月 5 日缴纳罚款时的总金额为多少元？

六、案例分析题

【案例一】北京时间 2020 年 12 月 15 日晚，以“新挑战·新机遇·新发展——全球疫情背景下的税收信息化发展规划”为主题的“一带一路”税收征管合作机制高级别视频会议召开。来自 16 个国家（地区）的税务局局长、10 个国家（地区）的税务局副局长、21 个国家（地区）的税务局相关负责人、9 个国际组织高级官员及专家咨询委员会成员共计 200 余位代表参会，各方围绕税收信息化发展规划等主题进行交流并发布联合声明，会议取得 15 项成果。“一带一路”税收征管合作机制理事会主席、中国国家税务总局局长王军出席会议并致辞。

王军对与会各方长期以来对“一带一路”税收征管合作机制的支持表示衷心感谢。他指出，自新冠肺炎疫情发生以来，合作机制各方迅速行动，携手共渡难关、共谋发展。一是以科技之力搭建全方位交流展示平台。各方加强税收信息化顶层设计和宏观规划，精心筹划高级别会议，并借助科学技术的赋能，配套组织各类“云上活动”，打造交流展示与务实合作的智能化、多样化平台。二是以担当之举共促税收征管能力提升。各方以《乌镇行动计划（2019—2021）》重点任务为抓手，以“一带一路”税收征管能力促进联盟为载体，开展系列线上专题研讨、培训课程等，推动更多能力建设与合作项目发挥实效。三是以前瞻之智聚焦税收信息化前沿探讨。各方紧扣第二届“一带一路”税收征管合作论坛的信息化主题和抗击疫情重要命题，聚焦主要税种征管信息化建设、纳税服务优化、大数据治理等议题，组织开展了系列业务研讨，共同推进税收治理体系和治理能力现代化。

思考：疫情之下数字经济蓬勃兴起，为经济发展提供了新路径，对税收工作提出了新要求。结合材料谈谈如何进一步加强在新冠肺炎疫情背景下的全球税收信息化发展规划与务实合作？

【案例二】国家税务总局启动 2021 年“我为纳税人缴费人办实事暨便民办税春风行动”，推出 10 大类 30 项 100 条具体措施，明确了确保优惠政策直达快享、“首违不罚”清单制度等事项。新制度、新举措呈现诸多亮点，将推动减税降费等重要政策落实落细。

2020 年年底，安徽省 H 公司变更办税人员，由于工作交接不及时，未按规定办理纳税申报。“接到责令限期改正通知书后，我就匆匆赶到办税服务大厅，准备接受处罚并补办纳税申报，结果却被告知‘首违不罚’。这个纠错的机会让我们感受到执法的温度，今后一定按期申报纳税。”H 公司财务负责人说。

对轻微违法行为适用“首违不罚”，是税务部门优化税务执法方式的重要举措。从 2020 年开始，税务部门就已经开始了对“首违不罚”清单制度的探索。例如，上海市税务局、江苏省税务局、浙江省税务局、安徽省税务局、宁波市税务局联合出台税务轻微违法行为“首违不罚”清单，明确了未按规定办理税务登记事项、未按规定办理纳税申报、未按规定开具发票等 18 项“首违不罚”事项。2021 年 1 月 20 日，国务院常务会议决定在税务执法领域研究推广“首违不罚”清单制度。

国家税务总局已经研究确定在全国税务系统进一步推广“首违不罚”制度，拟发布包括税务登记、资料报送、纳税申报、发票开具等在内的第一批全国统一的“首违不罚”涉税事项清单，纳税人首次发生清单中所列事项且情节轻微，并在税务机关发现前主动改正或在税务机关责令限期改正的期限内改正的，可以依法不予行政处罚。

思考一：结合材料谈谈“首违不罚”的意义。

思考二：谈谈税务系统是如何体现“以人民为中心”的发展思想的。

参考答案

第一章　税法概述参考答案

一、单项选择题

1.【答案】B

【解析】程序优于实体原则属于税法的适用原则。

2.【答案】A

【解析】选项 A，纳税人不一定是实际负担税款的单位和个人。

3.【答案】B

【解析】税收法律关系的主体包括征纳双方：一方是代表国家行使征税职责的国家行政机关，包括国家各级税务机关、海关；另一方是履行纳税义务的人，包括法人、自然人和其他组织，在华的外国企业、组织、外籍人、无国籍人，以及在华虽然没有机构、场所但有来源于中国境内所得的外国企业或组织。

4.【答案】B

【解析】个人所得税法属于税收实体法。

5.【答案】D

【解析】实质课税原则是指应根据客观事实确定是否符合课税要件，并根据纳税人的真实负担能力决定纳税人的税负，而不能仅考虑相关外观和形式。

6.【答案】A

【解析】增值税（不含进口环节由海关代征的部分）由中央政府分享 50%，地方政府分享 50%。

7.【答案】B

【解析】税基又叫计税依据，是据以计算征税对象应纳税款的直接数量依据。它解决对征税对象课税的计算问题，是对课税对象的量的规定。

8.【答案】C

【解析】选项 A，税收是国家取得财政收入的一种重要工具，其本质是一种分配关系；选项 B，税收分配是国家凭借政治权力进行的分配，而一般分配则是基于生产要素进行的分配；选项 D，国家要行使职能必须有一定的财政收入作为保障。

9.【答案】D

【解析】选项 D 是税务机关的权利。

10. 【答案】C

【解析】税收效率原则包含两个方面：一是指经济效率，二是指行政效率。前者要求税法的制定要有利于资源的有效配置和经济体制的有效运行；后者要求提高税收行政效率，节约税收征管成本。

11. 【答案】B

【解析】国家征税的依据是政治权力。

12. 【答案】A

【解析】资源税与个人所得税属于中央与地方共享收入，房产税属于地方收入。

13. 【答案】B

【解析】选项 A 和选项 D 属于税收法律，选项 C 属于全国人大及其常委会授权立法。

14. 【答案】C

【解析】纳税人的权利主要有多缴税款申请退还权、延期纳税权、依法申请减免税权、申请复议和提起诉讼权等；其义务主要是按税法规定办理税务登记、进行纳税申报、接受税务检查、依法缴纳税款等。

15. 【答案】D

【解析】增值税、消费税属于流转税，流转税在生产和流通环节纳税，而所得税在分配环节纳税，企业所得税应该是在分配环节纳税。

16. 【答案】C

【解析】税目反映具体的征税范围，代表征税的广度。

17. 【答案】D

【解析】按照职能作用的不同，税法可以分为税收实体法和税收程序法；按照主权国家行使税收管辖权的不同，税法可以分为国内税法和国际税法。

18. 【答案】C

【解析】根据税收执法的级次来划分，需要指定某级政府或政府机构制定不同级次的法规，我国的税收立法权的划分就是属于此种类型。

19. 【答案】C

【解析】关税、消费税属于中央政府固定收入，土地增值税属于地方政府固定收入。

20. 【答案】D

【解析】税率式减免是指通过直接降低税率的方式实现的减税、免税，其涉及的概念包括重新确定税率、选用其他税率、零税率。选项 A 和选项 B 属于税基式减免，选项 C 属于税额式减免。

二、多项选择题

1. 【答案】BCD

【解析】选项 A 属于税法的适用原则。

2. 【答案】ABCD

【解析】税收立法是指有权的机关依据一定的程序，遵循一定的原则，运用一定的技术，制定、公布、修改、补充和废止有关税收法律、法规、规章的活动。

3.【答案】BC

【解析】个人所得税采用比例税率和超额累进税率，房产税采用比例税率。

4.【答案】AB

【解析】征税对象又叫课税对象、征税客体，是指税法规定对什么征税，是征纳双方权利义务共同指向的客体或标的物，是区别一种税与另一种税的重要标志。税目是各个税种所规定的具体征税项目，是征税对象的具体化，而不是征税对象的一个称谓。

5.【答案】ACD

【解析】选项B，民法调整方法的主要特点是平等、等价和有偿。税法明显带有国家意志和强制的特点，其调整方法主要采取命令和服从的方法。

6.【答案】BCD

【解析】比例税率在使用中分为差别比例税率、幅度比例税率、单一比例税率三种形式。

7.【答案】ABD

【解析】税收效率原则属于税法的基本原则，而不是税法的适用原则。

8.【答案】BCD

【解析】税法的适用原则包括法律优位原则，法律不溯及既往原则，新法优于旧法原则，特别法优于普通法原则，实体从旧、程序从新原则，程序优于实体原则。

在税收执法过程中，对其适用性或法律效力的判断，一般按以下原则掌握：一是层次高的法律优于层次低的法律；二是同一层次的法律中，特别法优于普通法；三是国际法优于国内法；四是实体法从旧，程序法从新。

9.【答案】ABC

【解析】选项D，地区性地方税收的立法权应只限于省级立法机关或经省级立法机关授权的同级政府，不能层层下放。

10.【答案】ABC

【解析】税法与行政法有十分密切的联系，但是行政法大多为授权性法规，而税法则是一种义务性法规。

11.【答案】ABD

【解析】税收具有区别于其他财政收入形式独有的“三性”，即无偿性、强制性和固定性。

12.【答案】CD

【解析】《中华人民共和国土地增值税暂行条例》属于全国人大及其常委会授权国务院制定的税收行政法规；《中华人民共和国增值税暂行条例实施细则》属于财政部出台的税收部门规章。

13.【答案】ABD

【解析】车船税属于财产和行为税类。

14.【答案】AD

【解析】税法具有义务性法规和综合性法规的特点。

15. 【答案】ABD

【解析】属于全国人大及其常委会授权立法的是增值税、消费税、资源税、土地增值税、企业所得税暂行条例；《中华人民共和国税收征收管理法实施细则》是国务院根据宪法规定制定的法规。

16. 【答案】ABC

【解析】选项D属于纳税人、扣缴义务人的义务。

三、判断题

1. 【答案】×

【解析】税收是政府为了满足社会公共需要，凭借政治权力，强制、无偿地取得财政收入的一种方式。税收分配凭借的是政治权力。

2. 【答案】√

3. 【答案】×

【解析】累进税率按照其累进依据和累进方式的不同，分为全额累进税率、超额累进税率、超率累进税率三种形式。其中，全额累进税率计算简便，但累进程度急剧，特别是在两个等级的临界处，会出现应纳税额增加超过计税依据增加的不合理现象；超额累进税率考虑了纳税人的不同负担能力，累进程度比较缓和，是一种比较理想的税率形式。

4. 【答案】×

【解析】对同一征税对象，不论数额多少，均按同一比例征税的税率称为比例税率，而非定额税率。

5. 【答案】×

【解析】税法的调整对象是税收分配过程中形成的权利义务关系，而不是税收分配关系。

6. 【答案】×

【解析】税目是征税对象在应税内容上的具体化，体现了征税的广度。

7. 【答案】√

8. 【答案】×

【解析】税收法律主义的要求是双向的：一方面，纳税人必须依法纳税；另一方面，课税只能在法律的授权下进行，超越法律规定的课征是违法和无效的。

9. 【答案】√

10. 【答案】×

【解析】税收的“三性”是税收本质的具体表现，是税收区别于其他财政收入形式的标志。区别一种财政收入是税还是非税，主要看其是否同时具备税收“三性”的形式特征。

11. 【答案】×

【解析】通过直接减少应纳税额的方式实现减免税的形式称为税额式减免。

12. 【答案】×

【解析】税收法律关系的主体即税收法律关系中享有权利和承担义务的当事人。

在我国，税收法律关系的主体包括征纳双方。一方是代表国家行使征税职责的国家行政机关，包括国家各级税务机关、海关和财政机关；另一方是履行纳税义务的人，包括法人、自然人和其他组织，在华的外国企业、组织、外籍人、无国籍人，以及在华虽然没有机构、场所但有来源于中国境内所得的外国企业或组织。

13. 【答案】×

【解析】直接税是指税负不能转嫁，只能由纳税人承担的一种税，如所得税类、财产税类等。消费税的税负能够转嫁，属于间接税。

14. 【答案】×

【解析】定额税率计税简便，适用于从量计征的税种。

15. 【答案】×

【解析】“负担能力相等，税负相同；负担能力不等，税负不同”，体现的是税收公平主义。

四、思考题

1. 税收的概念及特征是什么？

答：税收是指以国家为主体，为实现国家职能，凭借政治权利，按照法律规定的标准和程序，强制、无偿地参与社会产品或国民收入分配，取得财政收入的一种特定分配形式。

与其他财政收入相比，税收具有强制性、无偿性和固定性三个特征。

（1）强制性。税收的强制性是指国家凭借其政治权力以法律的形式对税收征纳双方的权利与义务进行制约，既不按照纳税主体个人意志自愿缴纳，也不按照征税主体的意愿随意征税，而是按照法律规定进行征税。

（2）无偿性。税收的无偿性是指国家征税以后，税款一律纳入国家财政预算，由财政统一分配，而不直接向具体的纳税人返还或支付报酬。税收的无偿性是对纳税人而言的，其享有的公共利益与其缴纳的税款并非一一对等。但就纳税人的整体而言则是对等的，政府使用税款的目的是向社会全体成员（包括具体纳税人）提供社会需要的公共产品和公共服务。因此，税收的无偿性表现为对个体的无偿性、对整体的有偿性。

（3）固定性。税收的固定性是指国家征税预先规定了统一的征税标准，包括纳税人、征税对象、税率、纳税期限、纳税地点等。这些标准一经确定，在一定时间内是相对稳定的，未经严格的立法程序，任何主体对征税标准不得随意变更或修改，但随着经济的发展变化，税收可依法进行调整。

2. 税收的分类是什么？

答：（1）按征税对象性质不同，税收可以分为流转税、所得税、财产税、资源税、行为税、特定目的税、烟叶税等。

（2）按照税负能否转嫁，税收可以分为直接税和间接税。

（3）按照计税依据不同，税收可以分为从量税、从价税和复合税。

（4）按照税收管理与使用权限不同，税收可以分为中央税、地方税和中央地方共享税。

（5）按税收与价格的关系不同，税收可以分为价内税和价外税。

3. 税收法律关系的构成是什么？

答：税收法律关系是指由税收法律规范调整和确认的国家与纳税人之间、国家与国家之间以及各级政府之间在税收分配过程中形成的权利与义务关系。国家征税与纳税人纳税在形式上表现为利益分配的关系，但经过法律明确其双方的权利与义务后，这种关系实质上已上升为一种特定的法律关系。了解税收法律关系，对于正确理解国家税法的本质，严格依法纳税、依法征税都具有重要的意义。

税收法律关系在总体上与其他法律关系一样，都是由税收法律关系的主体、客体和内容三个方面构成的，只是在内涵上税收法律关系具有其特殊性。

（1）税收法律关系的主体。法律关系的主体是指法律关系的参加者，即税收法律关系中享有权利和承担义务的当事人。在我国，税收法律关系的主体包括征纳双方。

（2）税收法律关系的客体。税收法律关系的客体，即税收法律关系主体的权利、义务所共同指向的对象，也就是征税对象。

（3）税收法律关系的内容。税收法律关系的内容就是主体所享有的权利和所应承担的义务，这是税收法律关系中最实质的东西，也是税法的灵魂。

税法是引起税收法律关系的前提条件，但税法本身并不能产生具体的税收法律关系。税收法律关系的产生、变更和消灭必须有能够引起税收法律关系产生、变更或消灭的客观情况，也就是由税收法律事实来决定。税收法律事实可以分为税收法律事件和税收法律行为。税收法律事件是指不以税收法律关系权利主体的意志为转移的客观事件。

4. 税法的构成要素是什么？

答：税法要素又称课税要素，是指税法具有的共同的基本构成要素的总称。各国税收制度、税法内容不尽相同，但税收实体法中总有一些共同的要素，主要包括总则、纳税义务人、征税对象、税率、纳税环节、纳税期限、纳税地点、减税免税、罚则等项目。其中，纳税人、征税对象以及税率是最基本的要素。

5. 税法的基本原则是什么？

答：税法的基本原则是一定社会经济关系在税收法律制度中的体现，是国家税收法治的理论基础。税法的基本原则可以概括为税收法律主义、税收公平主义、税收合作信赖主义与实质课税原则。

（1）税收法律主义。税收法律主义也称税收法定性原则，是指税法主体的权利义务必须由法律加以规定。

（2）税收公平主义。税收公平主义是指税收负担必须根据纳税人的负担能力分配，负担能力相等，税负相同；负担能力不等，税负不同。

（3）税收合作信赖主义。税收合作信赖主义也称公众信任原则，是指征纳双方的关系是相互信赖、相互合作的，而不是对抗的。

（4）实质课税原则。实质课税原则是指应当依据纳税人真实负担能力决定其税负，不能仅考核其表面是否符合课税要件。

6. 税法的适用原则是什么？

答：税法的适用原则是指税务行政机关和司法机关运用税收法律规范解决具体问题所必须遵循的准则。其作用在于在使法律规定具体化的过程中，提供方向性的指导，判定税法之间的相互关系，合理解决法律纠纷，保障法律顺利实现，以达到税法认可的各项税收政策目标，维护税收征纳双方的合法权益。税法的适用原则并不违背税法的基本原则，而且在一定程度上体现着税法的基本原则；但是与税法的基本原则相比，税法的适用原则含有更多的法律技术性准则，更具体化。税法的适用原则主要包括法律优位原则，法律不溯及既往原则，新法优于旧法原则，特别法优于普通法原则，实体从旧、程序从新原则，程序优于实体原则。

7. 政府征税的正当性是什么？

答：（1）公共利益（民主）正当性。税收必须具有民主性才具有正当性，通过人民同意的财产让渡才具有正当性和认同性。税收终极目的是实现以纳税人权利保障为核心的公共利益，只有满足和实现公共利益的税收才是正当性税收。税收是人类文明的基石，税收是因公共需要而产生的，有些物品不能由市场提供，无法从私人或企业那里购买，如国防、公共安全、社会秩序、义务教育、社会保障等。这些物品属于公共物品，只能由国家来提供。因此，税收在本质上就是为我们享受的公共物品所支付的价格。

（2）科学正当性。税收正当性必须具有科学维度上的标准和范畴，即符合“事物之本质”的范畴和标准。德国学者德昂伯格指出，即使生活关系仍然包含着自身的标准和秩序，即使它或多或少有所发展，人们将这种蕴藏在事物内部的秩序称为事物的本质。也就是说，任何税收必须要符合“税收之本质”，符合其内在规律，即科学税收，只有具有科学性的税收才是实现税收正当性的最基本前提。

（3）法律正当性。法律正当性要求税收必须符合法律规定，即税收法定主义。现代主流实证法律主义强调通过“法律下的税收”“税收与法律的一致性”的“形式合法化的正当性逻辑”，实现对征税权的控制、纳税人权利的保障，实现税收正当性。

五、案例分析题

【案例一】思考：说明甲公司的主管税务机关的处理是否正确。

答：《财政部 国家税务总局关于公益性捐赠支出企业所得税税前结转扣除有关政策的通知》（财税〔2018〕15 号）规定，企业通过公益性社会组织或县级（含县级）以上人民政府及其组成部门和直属机构，用于慈善活动、公益事业的捐赠支出，在年度利润总额 12%以内的部分，准予在计算应纳税所得额时扣除；超过年度利润总额 12%的部分，准予结转以后 3 年内在计算应纳税所得额时扣除。公益性社会组织应当依法取得公益性捐赠税前扣除资格。年度利润总额是指企业依照国家统一制度的规定计算的大于零的数额。企业当年发生及以前年度结转的公益性捐赠支出，准予在当年税前扣除的部分，不能超过企业当年年度利润总额的 12%。企业发生的公益性捐赠支出未在当年税前扣除的部分，准予向以后年度结转扣除，但结转年限自捐赠发生年度的次年起计算，最长不得超过 3 年。企业在对公益性捐赠支出计算扣除时，应先扣除以前年度结转的捐赠支出，再扣除当年发生的捐赠支出。上述规定自2017年1月1日起执行，2016年9月1日至2016年12月31日发生的公益性捐赠支出未在2016年税前扣除的部分，可按执行。

甲公司的主管税务机关的处理是正确的。这笔捐赠支出不符合公益性捐赠的条件，属于直接捐赠，不允许税前扣除。因此，甲公司应依法调增应纳税所得额，补缴企业所得税，缴纳相应的滞纳金，并缴纳相应的罚款。由此可见，单位负责人、会计机构负责人和一般会计人员都应当诚实守信，熟悉并且遵守税法规定，树立纳税意识，依法履行纳税义务，不能采用违法手段来规避税收，否则得不偿失。

【案例二】

思考一：本案例中甲公司的行为触犯了哪些法律？说明甲公司的主管税务机关的处理是否正确。

答：《财政部 国家税务总局关于全面推开营业税改征增值税试点的通知》（财税〔2016〕36号）的附件1《营业税改征增值税试点实施办法》规定，下列情形视同销售服务、无形资产或不动产：

（1）单位或个体工商户向其他单位或个人无偿提供服务，但用于公益事业或以社会公众为对象的除外。

（2）单位或个人向其他单位或个人无偿转让无形资产或不动产，但用于公益事业或以社会公众为对象的除外。

（3）财政部和国家税务总局规定的其他情形。

《中华人民共和国税收征收管理法》规定，纳税人伪造、变造、隐匿、擅自销毁账簿、记账凭证，或者在账簿上多列支出或不列、少列收入，或者经税务机关通知申报而拒不申报或进行虚假的纳税申报，不缴或少缴应纳税款的，是偷税。对纳税人偷税的，税务机关追缴其不缴或少缴的税款、滞纳金，并处不缴或少缴的税款50%以上5倍以下的罚款；构成犯罪的，依法追究刑事责任。

《中华人民共和国刑法》规定，纳税人采取欺骗、隐瞒手段进行虚假纳税申报或不申报，逃避缴纳税款数额较大并且占应纳税额10%以上的，处3年以下有期徒刑或拘役，并处罚金；数额巨大并且占应纳税额30%以上的，处3年以上7年以下有期徒刑，并处罚金。扣缴义务人采取上述手段，不缴或少缴已扣、已收税款，数额较大的，依照上述规定处罚。对多次实施上述行为，未经处理的按照累计数额计算。有第一种行为，经税务机关依法下达追缴通知后，补缴应纳税款，缴纳滞纳金，已受行政处罚的，不予追究刑事责任；但是，5年内因逃避缴纳税款受过刑事处罚或被税务机关给予两次以上行政处罚的除外。

本案例中，甲公司无偿向单位或个人提供借款，应当视同销售按照“贷款服务”缴纳增值税，利息收入按银行同期同类贷款利率计算。甲公司无偿提供借款服务，未视同销售按照“贷款服务”缴纳增值税，根据《中华人民共和国税收征收管理法》的规定，属于偷税行为；根据《中华人民共和国刑法》的规定，属于逃避缴纳税款行为。

甲公司的主管税务机关按照规定，应当对甲公司追缴其少缴的税款、滞纳金，并处少缴的税款50%以上5倍以下的罚款。因此，甲公司的主管税务机关的处理是正确的。

思考二：从本案例中可以吸取什么教训？

答：甲公司的上述违法行为主要是由于甲公司单位负责人和会计人员不熟悉“营改增”的相关规定、纳税意识不强、没有依法履行纳税义务导致。随着财税政策不断完善，单位负责人和会计人员应当不断学法、守法，不断提高专业胜任能力，不断提高职业操守，以此降低企业的纳税风险，避免不必要的损失。

第二章　增值税参考答案

一、单项选择题

1.【答案】A

【解析】根据增值税法的规定，一般纳税人和小规模纳税人划分标准中的定量标准为 500 万元，其中年应征增值税销售额为 500 万元以上的，可以登记为一般纳税人。

2.【答案】D

【解析】年应税销售额超过规定标准的其他个人不得办理一般纳税人登记。

3.【答案】C

【解析】有形动产租赁的增值税税率为 13%。

4.【答案】B

【解析】远洋运输中的承租业务、期租业务按照交通运输服务缴纳增值税，适用9%的增值税税率，光租业务和干租业务按照租赁服务缴纳增值税，适用 13%的增值税税率。

5.【答案】A

【解析】允许退还的增量留抵税额=增量留抵税额×进项构成比例（适用于先进制造业纳税人）

6.【答案】C

【解析】自 2019 年 4 月税款所属期起，连续 6 个月（按季纳税的，连续两个季度）增量留抵税额均大于零，且第 6 个月增量留抵税额不低于 50 万元。

7.【答案】A

【解析】本期增值税销项税额为（2 000+350×10）÷(1+13%)×13%＝632. 74 元。纯金项链应按照以旧换新业务中，从消费者手中收取新旧差价款 2 000 元作为计税依据计算增值税销项税额，对外销售的高档手表应按照新货物的同期销售价格每件 350 元作为计税依据计征增值税销项税额。

8.【答案】B

【解析】生产企业外购钢材用于扩建厂房，属于将外购的货物用于增值税非应税项目，不属于视同销售行为。外购的货物用于投资、分配、赠送属于视同销售行为，因此选项 C、选项 D 不属于视同销售行为。

9.【答案】A

【解析】增值税进项税额可以抵扣的主要是纳税人取得增值税专用发票、海关进口增值税专用缴款书、农产品收购凭证、交通运输相关票据等，发生非正常损失的购进货物以及在产品等不能抵扣进项税额。

10.【答案】A

【解析】增值税中的免税项目主要有农业生产者销售的自产农产品，避孕药品和用具，古旧图书，直接用于科学研究、科学试验和教学的进口仪器、设备，外国政府、国际组织无偿援助的进口物资和设备，来料加工、来件装配和补偿贸易所需进口的设备，由残疾人组织直接进口供残疾人专用的物品，销售的自己使用过的物品。除上述规定外，增值税的免税、减税项目由国务院规定，任何地区、部门均不得规定免税、减税项目。

11.【答案】B

【解析】工程勘察勘探服务属于“现代服务——研发和技术服务”，其他几项都是按照建筑服务缴纳增值税。

12.【答案】B

【解析】翻译服务和市场调查服务属于“鉴证咨询服务”。

13.【答案】B

【解析】B选项以物易物不属于视同销售，而是特殊的销售业务。其他选项都属于增值税法规定的视同销售行为，都应缴纳增值税。

14.【答案】B

【解析】个体工商户只要符合一般纳税人资格登记条件，即可申请登记为一般纳税人；年应税销售额是指纳税人在连续不超过12个月或4个季度的经营期内累计应征增值税销售额，包括纳税申报销售额、稽查查补销售额、纳税评估调整销售额、免税的销售额；年应税销售额未超过规定标准，但会计账簿等完整、准确的企业，也可以登记为一般纳税人。

15.【答案】B

【解析】金融商品转让，按照卖出价扣除买入价后的余额为销售额，是按照差额确定销售额的。

16.【答案】C

【解析】利用销售额节税的关键在于销售额的大小。

17.【答案】A

【解析】应缴纳的增值税 $=66\ 950\div(1+3\%)\times3\%+17\ 098\div(1+3\%)\times2\%=1\ 950+332=2\ 282$（元）

18.【答案】D

【解析】增值税一般纳税人提供文化体育服务、装卸搬运服务、公共交通运输服务等的可以选择简易计税方法缴纳增值税，税务咨询服务属于现代服务，按照6%的税率征收增值税。

19.【答案】C

【解析】对于这种形式的管理费用，应该按陆路运输服务征收增值税。

20. 【答案】D

【解析】包装物押金属于增值税含税销售额项目，并入销售额时，应先将其换算成不含税销售额征收增值税。

21. 【答案】A

【解析】购进货物用于职工福利，不可以抵扣进项税；作为礼品对外赠送，属于视同销售，要计算增值税。该企业没有同类产品售价，要按照其他纳税人的同类产品售价（购进价）计算纳税。

可以抵扣的进项税额 = 3 900×70% = 2 730（元）

销项税额 = 30 000×70%×13% = 2 730（元）

22. 【答案】C

【解析】应申报的销项税额 = 232 000÷(1+13%)×13%+25×1 160÷(1+13%)×13% = 30 026.54（元）

23. 【答案】B

【解析】应纳增值税 = (40−20)÷1.05×5% = 0.95（万元）

24. 【答案】B

【解析】对销售黄酒、啤酒以外的其他酒类产品的包装物押金，无论是否逾期，均应并入当期销售额征税。销项税额 = (93 600+2 000)÷(1+13%)×13% = 10 998.23（元）

25. 【答案】D

【解析】将购进的货物用于集体福利不属于增值税视同销售，是不可以抵扣进项税额的情形。

26. 【答案】B

【解析】随汽车销售提供的汽车按揭服务和代办服务业务征收增值税。纳税人销售货物的同时代办保险而向购买方收取的保险费以及从事汽车销售的纳税人向购买方收取的代购买方缴纳的车辆购置税、牌照费，不作为价外费用征收增值税。

27. 【答案】D

【解析】纳税人提供邮政服务，税率为 9%。

28. 【答案】C

【解析】选项 A，销售单用途卡不缴纳增值税；选项 B，银行销售金银业务，征收增值税；选项 D，航空运输企业已售票但未提供航空运输服务取得的逾期票证收入，按照航空运输服务征收增值税。

29. 【答案】A

【解析】选项 A，自 2018 年 7 月 1 日起，纳税人支付的高速公路通行费，如未能取得通行费增值税电子普通发票，不可以抵扣进项税额。

30. 【答案】C

【解析】2019 年 10 月 1 日至 2021 年 12 月 31 日，允许生活性服务业纳税人按照当期可抵扣进项税额加计 15%，抵减应纳税额。生活性服务业纳税人应按照当期可抵扣进项税额的 15%计提当期加计抵减额。按照税法的规定，不得从销项税额中抵扣的进项税额，不得计提加计抵减额。

甲餐饮企业当期可以加计抵减进项税额 = (25+5×90%)×15% = 4.43（万元）

二、多项选择题

1. 【答案】ABCD

2. 【答案】ABD

【解析】选项C，从事蔬菜批发、零售的纳税人销售蔬菜免征增值税，但是这个是财政部、国家税务总局规定的免征增值税项目。

3. 【答案】BC

【解析】在增值税视同销售行为中，企业之间的货物移送行为是指两个企业之间不在同一县（市）的行为，在同一县市的不属于视同销售行为，外购的货物用于职工福利属于不得抵扣进项税额的范围。

4. 【答案】BC

【解析】外购的货物用于集体福利或个人消费不可以抵扣。

5. 【答案】ACD

【解析】纳税人采取赊销和分期收款方式销售货物的，为合同约定的收款日期的当天。无书面合同的或书面合同没有约定收款日期的，为货物发出的当天。

6. 【答案】ACD

【解析】选项B，生产、生活性服务业纳税人是指提供邮政服务、电信服务、现代服务、生活服务取得的销售额占全部销售额的比重超过50%的纳税人。

7. 【答案】ABC

【解析】选项D，县级及县级以下小型水力发电单位生产的电力，可以选择按照简易办法依照3%的征收率计算缴纳增值税。

8. 【答案】ABD

【解析】对饮水工程运营管理单位向农村居民提供生活用水取得的自来水销售收入，免征增值税。

9. 【答案】ABD

【解析】选项B，纳税人取得的财政补贴收入，与其销售货物、劳务、服务、无形资产、不动产的收入或数量直接挂钩的，应按规定计算缴纳增值税。选项C，单用途卡发卡企业或售卡企业销售单用途卡，或者接受单用途卡持卡人充值取得的预收资金，不缴纳增值税。

10. 【答案】ABCD

【解析】四个选项均适用零税率。

11. 【答案】BD

【解析】选项A，纳税人对安装运行后的电梯提供的维护保养服务，按照“其他现代服务”缴纳增值税。选项C，拍卖行受托拍卖取得的手续费或佣金收入，按照“经纪代理服务”缴纳增值税。

12. 【答案】ACD

【解析】选项A，提供保险服务的纳税人以实物赔付方式承担机动车辆保险责任的，自行向车辆修理劳务提供方购进的车辆修理劳务，其进项税额可以按规定从保险公司销项税额中抵扣。选项B，提供保险服务的纳税人以现金赔付方式承担机动车辆保险责任的，将应付给被保险人的赔偿金直接支付给车辆修理劳务提供方，不属于保险公司购进车辆修理劳务，其进项税额不得从保险公司销项税额中抵扣。

13. 【答案】CD

【解析】选项 A、选项 B 属于增值税的兼营行为，不属于混合销售行为。

14. 【答案】ABC

【解析】一项销售行为如果既涉及货物又涉及服务，为混合销售行为。混合销售行为的特征之一是从一个购买方取得货款。

15. 【答案】ACD

【解析】选项 A，网校销售书籍和课件属于兼营行为，两者没有从属关系，不属于混合销售业务。选项 C，饭馆在提供餐饮服务的同时向其他顾客销售烟酒，属于兼营行为。选项 D，纳税人销售活动板房、机器设备、钢结构件等自产货物的同时提供建筑、安装服务，不属于“营改增”政策规定的混合销售，应分别核算货物和建筑服务的销售额，分别适用不同的税率或征收率。

16. 【答案】ABC

【解析】自营和委托加工出口自产货物的生产企业，出口货物退税适用“免、抵、退”税的办法；外贸企业出口收购货物，适用免（退）税办法。

17. 【答案】BCD

【解析】个体工商户以外的其他个人不能成为一般纳税人，只能按照小规模纳税人纳税。

18. 【答案】AD

【解析】以旧换新方式销售货物（金银首饰除外），应按新货物的同期销售价格确定销售额，不得扣减货物的收购价格；以旧换新方式销售金银首饰，以实际收取的不含增值税价款为计税依据计算缴纳增值税。

19. 【答案】ABD

【解析】采取以旧换新方式销售货物的，应按新货物的同期销售价格确定销售额，不得冲减旧货物的收购价格。销售货物与有偿收购旧货是两项不同的业务活动，销售额与收购额不能相互抵减。鉴于金银首饰以旧换新业务的特殊情况，对金银首饰以旧换新业务，按销售方实际收取的不含增值税的全部价款计缴增值税。

20. 【答案】ABD

【解析】以旧换新，企业应按新货物同期销售价格确定销售额，不得扣减旧货物的收购价格，而收回的旧空调如果不能获得抵扣凭证是无法抵扣进项的。因此，C 选项正确。

21. 【答案】ABC

【解析】选项 A、选项 B、选项 C，一般纳税人可以选择简易计税方法计税。

22. 【答案】ACD

【解析】选项 B，以所在地“营改增”之前购进或自制的有形动产为标的物提供的经营租赁服务，可以选择按简易办法征收增值税。

23. 【答案】BD

【解析】应纳进口增值税 $=(40+40\times10\%)\times16\%=7.04$（万元）

进口增值税于海关填发进口增值税专用缴款书之日起15日内完税，最迟缴纳期限为8月24日。

24.【答案】AC

【解析】选项B，纳税人进口货物，应当自海关填发进口增值税专用缴款书之日起15日内缴纳税款。选项D，以一个季度为纳税期限的规定适用于小规模纳税人、银行、财务公司、信托投资公司、信用社以及财政部和国家税务总局规定的其他纳税人。

25.【答案】BD

【解析】选项A，一般纳税人以清包工方式提供的建筑服务，可以选择按简易计税方法计税。选项C，一般纳税人提供人力资源外包服务可以选择适用简易计税方法，按照5%的征收率计算缴纳增值税。

26.【答案】AD

【解析】选项B，年应税销售额包括纳税申报销售额、稽查查补销售额、纳税评估调整销售额。其中，纳税申报销售额包括免税销售额和税务机关代开发票销售额。选项C，销售服务、无形资产或不动产有扣除项目的纳税人，其应税行为年应税销售额按未扣除之前的销售额计算。

三、判断题

1.【答案】√

【解析】消费型增值税允许企业凭固定资产的外购发票，将购入固定资产所含增值税税额进行抵扣；而生产型增值税不允许抵扣。

2.【答案】×

【解析】增值税一般纳税人的税率除了基本税率13%和零税率以外，还有低税率9%、较低税率6%，共四档税率。

3.【答案】×

【解析】增值税纳税人分类的基本依据是纳税人的会计核算是否健全以及企业规模的大小，而衡量企业规模的大小一般以年销售额为依据。年不含税销售额在500万元以下，从事货物生产的纳税人，如果会计核算健全，也可以被认定为增值税一般纳税人。

4.【答案】√

【解析】根据《中华人民共和国增值税暂行条例》的规定，在中华人民共和国境内（以下简称“境内”）销售货物或提供加工、修理修配劳务（以下简称“劳务”），销售服务、无形资产或不动产以及进口货物的单位和个人，为增值税的纳税人。

5.【答案】√

6.【答案】×

【解析】办理增值税一般纳税人资格认定主要依据年应税销售额以及会计核算水平，如果个体工商户满足办理条件，也可以办理。

7.【答案】√

8.【答案】×

【解析】一般纳税人购进免税农产品，税率按以下情形予以核定：

（1）取得一般纳税人开具的增值税专用发票或者海关进口增值税专用缴款书的，以增值税专用发票或海关进口增值税专用缴款书上注明的增值税额为进项税额。

（2）从按照简易计税方法依照3%的征收率计算缴纳增值税的小规模纳税人取得增值税专用发票的，以增值税专用发票上注明的金额和9%的扣除率计算进项税额。

（3）从农业生产者取得（开具）农产品销售发票或收购发票的，以农产品销售发票或收购发票上注明的农产品买价和9%的扣除率计算进项税额。

若纳税人购进用于生产销售或委托加工13%税率货物的农产品，按照10%的扣除率计算进项税额。

9.【答案】×

【解析】小规模纳税人的征收率除了3%以外，还有5%、3%减按2%等。

10.【答案】√

【解析】增值税是价外税，增值税一般纳税人与小规模纳税人的计税依据都是不含增值税的销售额。

11.【答案】×

【解析】增值税虽然是向纳税人征收，但是纳税人在销售商品的过程中会通过价格杠杆将税收负担转嫁给其他人。只要商品实现销售，该税收负担最后都会由最终消费者承担。

12.【答案】√

13.【答案】×

【解析】纳税人代收的运费，如果以委托方名义开具增值税发票不视为价外费用。

14.【答案】×

【解析】商业企业采取分期付款方式购进货物的，销售方先全额开具增值税专用发票，以发票全额抵扣进项税额。

15.【答案】×

【解析】税法规定，在折扣销售方式下，如果销售额和折扣额在同一张发票上的“金额”栏中分别注明，可以按折扣后的销售额征收增值税；仅在发票“备注”栏中注明折扣额的，折扣额不得从销售额中扣除。如果对折扣额另开发票，不论其在财务上如何处理，均不得从销售额中减除折扣额。

16.【答案】√

17.【答案】×

【解析】销售汽车的同时向购买方收取的代购买方缴纳的车辆购置税、车辆牌照费，不属于价外费用，不应并入销售额计算应纳税额。

18.【答案】×

【解析】现金折扣是指销售方在发生应税销售行为后，为鼓励购买方及早偿还货款而给予的价格优惠。由于现金折扣发生在应税销售行为之后，是一种融资性质的理财费用，因此现金折扣不得从销售额中扣除。

19. 【答案】√

【解析】除金银首饰外的货物以旧换新销售，应按新货物的同期销售价格确定销售额，不得扣减旧货的收购价格。

20. 【答案】×

【解析】乙企业按合同规定向甲企业收取违约金属于价外费用，应按规定计征增值税。

21. 【答案】√

22. 【答案】√

【解析】还本销售是指销售方将货物出售后，按约定时间一次或分次将购货款部分或全部退还给购买方的一种销售方式。这种方式实际上是一种筹资行为，是以货物换取资金的使用价值。采取还本销售方式销售货物，其销售额就是货物的销售价格，不得从销售额中扣除还本支出。

23. 【答案】√

【解析】以物易物双方均应做购销处理，以各自发出的应税销售行为核算销售额并计算销项税额，以各自收到的货物、劳务、服务、无形资产、不动产按规定核算购进金额并计算进项税额。在以物易物活动中，纳税人应分别开具合法的票据，如果未取得增值税专用发票或其他合法票据，不得抵扣相应的进项税额。

24. 【答案】×

【解析】出租车公司向使用本公司自有出租车的出租车司机收取的管理费用，按陆路运输服务征收增值税。

25. 【答案】×

【解析】增值税一般纳税人购进的贷款服务、餐饮服务、居民日常服务和娱乐服务，不得抵扣进项税额。

26. 【答案】√

27. 【答案】√

【解析】实物折扣不得从应税销售行为的销售额中减除，应按《中华人民共和国增值税暂行条例》和“营改增”政策“视同销售货物”中的“赠送他人”计征增值税。

四、思考题

1. 增值额和增值税的特点是什么？

答：（1）以增值额为课税对象。从课税对象看，无论各国的法定增值额有多大差别，增值税都是以增值额而不是以销售金额为课税对象。以增值额为课税对象是增值税最基本的特点。

（2）实行普遍征税。无论是从横向看还是从纵向看，增值税都有着广阔的税基。从生产经营的横向关系看，无论工业、商业或劳务服务活动，只要有增值收入都要纳税；从生产经营的纵向关系看，货物无论经过多少生产经营环节，都要按各道环节上发生的增值额逐次征税。

（3）实行多环节征税。从纳税环节看，增值税实行多环节征税，即在生产、批发、零售、劳务提供和进口等各个经营环节分别征税，而不是只在某一环节征税。

2. 增值税的类型有哪些?

答：根据对外购固定资产所含税金扣除方式的不同，增值税可以分为生产型增值税、收入型增值税和消费型增值税。

（1）生产型增值税。生产型增值税是指在征收增值税时，只能扣除属于非固定资产项目的那部分生产资料的税款，不允许扣除固定资产价值中所含有的税款。该类型的增值税的征税对象大体上相当于国民生产总值，因此称为生产型增值税。

（2）收入型增值税。收入型增值税是指在征收增值税时，只允许扣除固定资产折旧部分所含的税款，未提折旧部分不得计入扣除项目金额。该类型的增值税的征税对象大体上相当于国民收入，因此称为收入型增值税。

（3）消费型增值税。消费型增值税是指在征收增值税时，允许将固定资产价值中所含的税款全部一次性扣除。这样就整个社会而言，生产资料都排除在征税范围之外。该类型的增值税的征税对象仅相当于社会消费资料的价值，因此称为消费型增值税。中国从2009年1月1日起，在全国所有地区实施消费型增值税。

3. 增值税税率分为哪几类?

答：根据确定增值税税率的基本原则，我国增值税设置了一档基本税率和一档低税率，此外还有对出口货物实施的零税率。

（1）基本税率。纳税人销售或进口货物，除列举的以外，税率均为13%，提供加工、修理修配劳务的，税率也为13%。这一税率就是通常所说的基本税率。

（2）低税率。纳税人销售交通运输、邮政、基础电信、建筑、不动产租赁服务，销售不动产，转让土地使用权，税率为9%；纳税人销售或进口下列货物的，税率为9%。这一税率就是通常所说的低税率。

①粮食、食用植物油。

②自来水、暖气、冷水、热水，煤气、石油液化气、天然气、沼气、居民用煤炭制品。

③图书、报纸、杂志。

④饲料、化肥、农药、农机、农膜。

⑤农业产品。

⑥金属矿采选产品。

⑦非金属矿采选产品。

⑧音像制品和电子出版物（自2007年1月1日起）。

⑨二甲醚（自2008年7月1日起）、盐（自2007年9月1日起）。

⑩国务院规定的其他货物。

（3）零税率。纳税人出口货物，税率为零。但是，国务院另有规定的除外。

（4）其他规定。

①纳税人兼营不同税率的货物或应税劳务的，应当分别核算不同税率货物或应税劳务的销售额。未分别核算销售额的，从高适用税率。

②纳税人销售不同税率货物或应税劳务，并兼营应属一并征收增值税的非应税劳务的，其非应税劳务应从高适用税率。

4. 增值税的计税原理是什么？

答：增值税的计税原理是按全部销售额计算税款，但只对货物或劳务价值中新增价值部分征税；实行税款抵扣制度，对以前环节已纳税款予以扣除；税款随着货物的销售逐环节转移，最终消费者是全部税款的承担者，纳税人与负税人相分离。

5. 简述小规模纳税人应纳税额的计算方法。

答：小规模纳税人发生应税销售行为，实行按照销售额和征收率计算应纳税额的简易办法，并不得抵扣进项税额。应纳税额的计算公式如下：

应纳税额=销售额×征收率

小规模纳税人增值税征收率为3%，国务院另有规定的除外。

小规模纳税人销售货物或提供应税劳务采用销售额和应纳税额合并定价方法的，按下列公式计算销售额：

销售额=含税销售额÷(1+征收率)

6. 增值税税收优惠政策分为哪几类？

答：（1）减税。减税是对纳税人按税法规定的税率计算的应纳税额给予减征一部分的措施。国家在税法中规定减征，是为了给予某些纳税人以鼓励和支持。税收减征都是按税法规定进行的。

（2）免税。免税是对纳税人按税法规定应纳的税额不予征收，也是鼓励某些纳税人或某些特定行为的一种措施。例如，我国税法规定，农业生产单位和个人销售自产初级农业产品，可以免征增值税。

免税与免征额不同。免征额是指从征税对象中扣除的免予征税的数额。征税对象小于免征额时，不征税；超过免征额时，只就超过部分征税。免征额不属于税收优惠，它对所有人都是一样的，不对特定主体形成优惠，是构成税收制度的一个要素。

免税与起征点也不同。起征点是对征税对象应当征税的数量界限。征税对象达不到起征点的不征税；达到并超过起征点的，按全部数额征税。起征点看起来似乎是一种税收优惠，但实际上是为了照顾应税收入较少的纳税人。其目的是使税收政策符合合理负担的原则。起征点也是税收制度的组成部分。

（3）出口退税。出口退税是指税务部门根据税法的规定，对出口企业已出口商品原来所承担的流转税予以退还的措施。其目的是鼓励出口。纳税人出口适用税率为零的货物，向海关办理出口手续后，凭出口报关单等凭证，可以按月向税务机关办理该项货物的退税。

（4）先征后退。先征后退是先依据税法将纳税人应缴的税款征收上来，再由财政部门予以全额或部分返还的措施。

五、计算问答题

1. 答：（1）销售甲产品的销项税额=80×13%+5.65÷(1+13%)×13%=11.05（万元）

（2）销售乙产品的销项税额=33.9÷(1+13%)×13%=3.9（万元）

（3）自产自用新产品的销项税额=20×(1+10%)×13%=2.86（万元）

（4）销售使用过的摩托车的应纳税额 = 1×13%×5 = 0.65（万元）

（5）合计允许抵扣的进项税额 = 7.8+0.54+(30×10%+0.45)×(1−20%) = 11.1（万元）

（6）该企业 10 月合计应该缴纳的增值税税额 = 11.05+3.9+2.86+0.65−11.1 = 7.36（万元）

2. 答：（1）业务（1）和业务（2）可抵扣的进项税额 = 26 000×50%+11 700 = 24 700（元）

（2）业务（1）和业务（2）可抵扣的销项税额 = (150 000+10 000×20)÷(1+13%)×13% = 40 265.49（元）

（3）该企业当期应抵扣的进项税额 = 24 700+44 690÷(1+9%)×9%−44 690×5%÷(1+9%)×9%+3 000 = 24 700+3 690−184.5+3 000 = 31 205.5（元）

（4）当期的增值税销项税额 = 40 265.49+77 390÷(1+9%)×9%+4 520÷(1+13%)×13% = 40 265.49+6 390+520 = 47 175.49（元）

（5）出租广告位应纳增值税 = 40 000÷(1+5%)×5% = 1 904.76（元）

该企业当期应纳增值税 = 47 175.49−31 205.5+1 904.76 = 17 874.75（元）

3. 答：（1）销售 800 辆自行车给予 8%的现金折扣，不应减少销售额。

业务（1）的增值税销项税额 = 800×280×13% = 29 120（元）

（2）业务（2）的增值税销项税额 = [500×280+47 460÷(1+13%)]×13% = 23 660（元）

（3）业务（4）和业务（5）应纳增值税合计数 = 120 000÷(1+3%)×2%+80 000÷(1+5%)×5% = 2 330.10+3 809.52 = 6 139.62（元）

（4）当月该自行车厂应纳增值税 = 29 120+23 660−27 000−15 000×9%−3 000(期初留抵税额)+6 139.62 = 27 569.62(元)

4. 答：业务（1），销售 A 产品的销项税额 = 50×8 000×13% = 52 000（元）

业务（2），B 产品视同销售的销项税额 = 20×6 000×(1+10%)×13% = 17 160（元）

业务（3），内部职工福利领用甲材料转出进项税额 = 50×1 000×13% = 6 500（元）

业务（4），免征增值税项目领用甲材料转出进项税额 = 50×200×13% = 1 300（元）

领用 A 产品视同销售的销项税额 = 5×8 000×13% = 5 200（元）

业务（5），丢失乙材料转出的进项税额 = 20×800×13% = 2 080（元）

（1）当月销项税额 = 52 000+17 160+5 200 = 74 360（元）

（2）当月可抵扣进项税额 = 70 000−(6 500+1 300+2 080) = 60 120（元）

（3）当月应纳增值税税额 = 74 360−60 120 = 14 240（元）

5. 答案：业务（1）的进项税额 = 1 300（元）

业务（2）的进项税额转出 = 5 220+(1−9%)×9% = 516.26（元）

业务（3）的进项税额 = 1 500×9% = 135（元）

业务（4）的进项税额 = 300（元）

业务（5）的进项税额=2 600（元）

业务（6）的销项税额=150 000÷(1+13%)×13%=17 256.64（元）

业务（7）视同销售的销项税额=30 000×13%=3 900（元）

业务（8）的进项税额=6 000×20×13%=15 600（元）

销项税额=[8 000×(10+5)÷(1+13%)]×13%=13 805.31（元）

（1）当期进项税额=1 300+135+300+2 600+15 600−516.26=19 418.74（元）

（2）当期销项税额=17 256.64+3 900+13 805.31=34 961.95（元）

（3）当期应纳税额=34 961.95−19 418.74−2 000=13 543.21（元）

六、案例分析题

思考一：根据本案例，请列举虚开增值税专用发票的特征。

答：资金回流是虚开增值税专用发票的重要特征之一，如果企业想通过操作资金流来掩盖违法行为，事实上已经十分困难。毕竟单位的开户银行都会到税务机关进行报备，资金回流情况是非常容易被发现的。

在本案例中，XC 商贸公司下游 22 家受票企业取得增值税专用发票时，资金通常先从河北省、天津市等地的账户汇入 XC 商贸公司等 6 家企业账户，并从 XC 商贸公司等 6 家企业付款给上游辽宁省、吉林省的 17 家开票企业。之后资金再由上游开票企业转回最初的河北省、天津市等资金流出企业。涉案企业对外开具发票时，资金通常由受票企业转入 XC 商贸公司等 6 家企业账户，收款当天 XC 商贸公司等 6 家企业便会将款项转入几个固定账户，并最终转回到受票企业负责人或财务人员的个人银行卡内。这就是明显的资金回流现象，而且经过询问并无相应采购行为，完全可能就是收手续费开票。

进项发票的品名与销项发票品名不匹配是虚开增值税专用发票的另一重要特征，特别是金税三期系统会比对进项销项的金额、数量以及进项发票的品名与销项发票品名。现在十分发达的电子数据信息系统也可以实现对商贸、生产企业相关信息的比对，如果发现增值税专用发票开具的品名、数量、金额与取得进项税额的发票品名、数量、金额没有对应的逻辑关系等异常情形，都会被重点监控。

在本案例中，被调查企业取得发票开具的货物品名为稻谷和绿豆，涉案金额共 1.22 亿元，而对外开出发票中的货物品名却为煤炭和废钢铁。作为商贸企业，无生产加工场地和设备，取得和开具的发票货物品名不一致，调查结果进一步确认，涉案企业具有接受和虚开发票行为。

思考二：请简述虚开增值税专用发票行为的法律后果。

答：虚开增值税专用发票。《中华人民共和国刑法》第二百零五条明确规定，虚开增值税专用发票或虚开用于骗取出口退税、抵扣税款的其他发票的，处 3 年以下有期徒刑或拘役，并处 2 万元以上 20 万元以下罚金；虚开的税款数额较大或有其他严重情节的，处 3 年以上 10 年以下有期徒刑，并处 5 万元以上 50 万元以下罚金；虚开的税款数额巨大或有其他特别严重情节的，处 10 年以上有期徒刑或无期徒刑，并处 5 万元以上 50 万元以下罚金或没收财产。

单位犯上述规定之罪的，对单位判处罚金，并对其直接负责的主管人员和其他直接责任人员，处 3 年以下有期徒刑或拘役；虚开的税款数额较大或有其他严重情节的，处 3 年以上 10 年以下有期徒刑；虚开的税款数额巨大或有其他特别严重情节的，处 10 年以上有期徒刑或无期徒刑。

虚开普通发票。《中华人民共和国刑法修正案(八)》在《中华人民共和国刑法》第二百零五条后增加一条，作为第二百零五条之一，虚开《中华人民共和国刑法》第二百零五条规定以外的其他发票，情节严重的，处 2 年以下有期徒刑、拘役或管制，并处罚金；情节特别严重的，处 2 年以上 7 年以下有期徒刑，并处罚金。

虚开增值税专用发票的后果十分严重，一般纳税人一旦被认定为了逃避税收故意虚开增值税专用发票的，将受到刑事处罚。

思考三：作为财务人员，请谈谈如何防范此类风险的发生。

答：首先，个人要管理好自己的身份证，防止被不法分子利用注册公司逃避缴纳税款等违法行为；其次，不管是向他人虚开发票还是接受他人虚开的发票，如果没有相关的真实货物甚至还有资金回流都是违法行为，企业切不可触碰法律的红线；最后，即使只是公司老板雇用的会计人员，也应当坚持自己的职业操守。

第三章　消费税参考答案

一、单项选择题

1. 【答案】A

【解析】根据消费税法的规定，卷烟除了在生产环节征收消费税之外，还要在批发环节加征一道消费税。超豪华小汽车在零售环节加征一道消费税。高档手表和高档化妆品在生产环节征收消费税。

2. 【答案】A

【解析】酒类产品征收消费税的税目主要是白酒、啤酒、其他酒等，其中葡萄酒按照“其他酒”适用的税率征收消费税。

3. 【答案】C

【解析】航空煤油暂缓征收消费税。

4. 【答案】D

【解析】车类产品征收消费税的主要包括中轻型商用客车（10~23 座）、各类乘用车（最多 9 座）。

5. 【答案】C

【解析】轮胎、卡丁车、酒精不属于消费税征收范围。

6. 【答案】B

【解析】应纳消费税 = [12 000×5+7 006÷(1+13%)]×20%+12 000×0.5+6 000×300×20%+6 000×4×0.5 = 391 240（元）

7. 【答案】B

【解析】批发环节征收消费税的税目仅限于卷烟；零售环节征收消费税的税目主要是金银首饰、钻石饰品及超豪华小汽车。

8.【答案】D

9.【答案】B

【解析】卷烟批发环节适用的消费税税率为比例税率 11%，定额税率为 0.005 元/支。

10.【答案】B

11.【答案】A

【解析】只有卷烟在批发环节加征一道消费税，但不包括卷烟批发商之间销售卷烟；卷烟批发企业的机构所在地，总机构与分支机构不在同一地区的，应当汇总纳税。

12.【答案】B

【解析】消费税委托加工业务的纳税义务人是委托方，但如果受托方是个人（含个体工商户），委托方须在收回加工应税消费品后向所在地主管税务机关缴纳消费税。在本题中，应该由委托方张某补缴税款。

13.【答案】D

【解析】根据消费税法的规定，自产自用应税消费品用于本企业连续生产应税消费品，不缴消费税；用于其他方面的，于移送使用时缴纳消费税，主要包括本企业连续生产非应税消费品、在建工程、管理部门、非生产机构、馈赠、赞助、集资、广告、样品、职工福利、奖励等方面。

14.【答案】C

【解析】根据消费税法的规定，啤酒从量征收消费税，每吨出厂价（含包装物和包装物押金）在 3 000 元（含 3 000 元）以上的，按照 250 元/吨征收消费税；每吨出厂价（含包装物和包装物押金）在 3 000 元以下的，按 220 元/吨征收消费税，因此啤酒定价的高低与其纳税多少是有关系的。啤酒包装物押金不影响啤酒应缴纳的消费税，但会影响每吨出厂价是在 3 000 元以上还是 3 000 元以下，每吨纳税多少与包装物押金有关。啤酒逾期押金不退时，需要缴纳增值税，不需要缴纳消费税。

15.【答案】B

【解析】根据消费税法的规定，金银、金基、银基合金首饰以及金基、银基合金的镶嵌首饰、钻石及钻石饰品、铂金首饰，在零售环节缴纳消费税，税率是 5%，其他贵重首饰和珠宝玉石在生产、进口、委托加工环节缴纳消费税，适用税率为 10%，金银首饰与其他产品组成成套消费品销售，按销售额全额征收消费税。题干中的金店是生产企业，在生产环节征收消费税，因此若将纯金戒指与其他产品成套销售，对企业是不利的，会导致税率高出 5 个百分点。

16.【答案】A

【解析】自产自用的应税消费品连续生产应税消费品的，不再缴纳消费税。A 选项中用白酒连续生产酒心巧克力，白酒是征收消费税的产品，但酒心巧克力不征收消费税，因此白酒作为中间产品，在移送环节应征收消费税。

17.【答案】D

【解析】日化厂将其产品通过其独立核算的经销部销售，相当于将产品销售给经销部，是需要开具发票的，因此应由日化厂缴纳增值税和消费税，门市部对外销售再根据情况征收消费税，不应该按门市部价格征收日化厂这批化妆品的消费税，区别于非独立核算部门。

18. 【答案】D

【解析】从税收筹划的角度来看，包装物如果能够周转使用，收取包装物押金的方式比收取租金的方式对企业更有利。随同产品销售时收取的包装物租金是作为价外费用计入应税产品的销售额计税的，包装物押金如果没有逾期且能周转使用，能为企业带来节税的利益。

19. 【答案】D

【解析】根据消费税法的规定，纳税人将自产应税消费品用于对外偿还债务、换取原材料、对外投资，应当以纳税人同类应税消费品的最高销售价格为依据计算消费税。因此，从税收筹划的角度来看，纳税人将小汽车先对外销售，然后用销售收入对外投资，既不影响汽车厂对外投资，还能以市场销售价格核算消费税，比按最高价征收消费税节约企业税收。

20. 【答案】A

【解析】应纳消费税＝90×10%－50×10%＝4（万元）

21. 【答案】D

【解析】以外购已税烟丝连续生产卷烟的，才可以抵扣已纳消费税；用外购已税消费品连续生产应税消费品的，扣除外购已税消费品已纳消费税，规定中不包括高档手表及高档筷子。

22. 【答案】D

【解析】选项A，白酒不在准予扣除已纳消费税的列举范围内；选项B，以外购已税珠宝玉石生产在零售环节缴纳消费税的金银首饰的，不得扣除已纳消费税；选项C，巧克力不属于消费税应税消费品，对巧克力不征收消费税。

23. 【答案】B

【解析】委托加工应税消费品是指委托方提供原料和主要材料，受托方只收取加工费和代垫部分辅助材料加工的应税消费品。由受托方提供原材料或其他情形的，一律不能视同委托加工应税消费品。

24. 【答案】D

【解析】受托方自行提供材料，不符合委托加工的定义，应按自制产品计算征收增值税和消费税。

消费税组成计税价格＝(32 000＋2 000＋50 000)×(1＋5%)÷(1－30%)＝126 000（元）

增值税销项税＝126 000×13%＝16 380（元）

本期缴纳增值税＝16 380－3 400＝12 980（元）

烟丝厂应纳消费税＝126 000×30%＝37 800（元）

25. 【答案】C

【解析】委托加工的应税消费品，按照受托方同类消费品的销售价格计算纳税；没有同类消费品销售价格的，按照组成计税价格计算纳税。甲烟丝加工厂按其同类售价代收代缴消费税，代收代缴消费税＝4 000×25×30%＝30 000（元）

26.【答案】B

【解析】酒厂代收代缴消费税 = (1.8+0.15+0.5) ÷ (1−10%) ×10% ×10 000 = 2 722.22（元）

27.【答案】C

【解析】代收代缴消费税 = (150+20+600×150÷10 000) ÷ (1−56%) ×56% +150×600÷10 000 = 236.82（万元）

注意：不能扣除外购已税烟丝的消费税。

28.【答案】A

【解析】当月应扣除的消费税税额 = 37.06×80% = 29.65（万元）

生产销售应缴纳的消费税税额 = [290+51.48÷(1+13%)] ×15% −29.65 = 20.68（万元）

29.【答案】D

【解析】护发品不属于应税消费品，因此外购洗发水不存在抵扣消费税问题。

企业上述业务应纳消费税 = 14×15% = 2.10（万元）

30.【答案】C

【解析】属于消费税征税范围的高档手表是指销售价格（不含增值税）每只在10 000 元（含）以上的各类手表；自产应税消费品用于生产非应税消费品、在建工程、管理部门、非生产机构、提供劳务以及用于馈赠、赞助、广告等，视同销售，计算缴纳消费税。

赠送客户的手表没有售价，按组成计税价格计算。组成计税价格 = 8 689×(1+20%)÷(1−20%) = 13 033.5（元）

组成计税价格大于 1 万元，该手表属于高档手表，应征收消费税。

上述业务共应缴纳消费税 = (12×15 000+180 000+13 033.5) ×20% = 74 606.7（元）

二、多项选择题

1.【答案】AD

【解析】选项 B，用于连续生产应税消费品，不缴纳消费税及增值税；选项 C，移送环节不缴纳增值税。

2.【答案】BCD

【解析】纳税人自产自用的应税消费品，用于连续生产应税消费品的，不纳税，因此选项 A 移送使用时不需要缴纳消费税。纳税人自产自用应税消费品，不是用于连续生产应税消费品，而是用于生产非应税消费品、在建工程、职工福利、广告等方面的，于移送使用时纳税，因此选项 B、C、D 是正确的。

3.【答案】BD

【解析】选项 A，用于本厂研究所做碰撞试验属于生产检测过程，不征收消费税；选项 C，移送改装分厂改装加长型豪华小轿车，属于连续生产应税消费品，自产小汽车在移送环节不征收消费税。

4.【答案】ACD

【解析】纳税人自产自用的应税消费品，用于生产非应税消费品和在建工程、管理部门、非生产机构、提供劳务以及用于馈赠、赞助、广告、样品、职工福利、奖励等，均视同对外销售。

5.【答案】AD

【解析】以已税珠宝玉石为原料生产的金银首饰和钻石首饰，不得扣除已纳消费税；以已税粮食白酒连续生产的药酒，不得扣除外购已纳消费税。

6.【答案】CD

【解析】零售金银首饰的，纳税人是零售金银首饰的单位，委托加工业务纳税人是委托方（自然人和个体工商户除外）。

7.【答案】ABC

【解析】委托加工应税消费品，为委托方收回的应税消费品的数量。

8.【答案】ABCD

【解析】消费税纳税人将自产的应税消费品用于其他方面的，应当视同销售缴纳消费税，主要包括对外捐赠、职工福利、用于企业非生产机构和管理部门等。

9.【答案】AB

【解析】外购已税消费品可抵扣的范围主要是处在同一纳税环节的消费税应税消费品，酒类产品中只有葡萄酒才能抵扣外购已缴纳的消费税，其他的酒类产品不能抵扣外购或委托加工环节已纳的消费税。D 选项，手表和镶嵌钻石的手表不属于同一纳税环节，不能抵扣已缴纳的消费税。

10.【答案】AC

【解析】酒厂下设非独立核算的门市部，应该按门市部对外销售价格或销售数量征收消费税，因此就 D 选项而言，最终还是按门市部的市场售出价格作为计税依据征收消费税，反而并不能为企业带来节税利益。

11.【答案】BD

【解析】舞台、戏剧、影视演员化妆用的上妆油、卸妆油、油彩以及护肤护发品都不属于“高档化妆品”的征收范围。

12.【答案】AB

【解析】选项 C，卷烟批发企业的机构所在地，总机构与分支机构不在同一地区的，由总机构申报纳税；选项 D，卷烟消费税在生产和批发两个环节征收后，批发企业在计算纳税时不得扣除已含的生产环节的消费税税款。

13.【答案】ABD

【解析】卷烟批发企业的机构所在地，总机构与分支机构不在同一地区的，由总机构申报纳税，选项 C 叙述错误。

14.【答案】BC

【解析】自 2015 年 5 月 10 日起，卷烟批发环节消费税复合计征。卷烟消费税在生产和批发两个环节征收后，批发企业在计算纳税时不得扣除已含的生产环节的消费税税款。

15. 【答案】ABCD

【解析】各选项都在可以抵扣消费税范围内。

16. 【答案】ABC

【解析】选项D，委托加工产品收回后用于连续生产应税消费品，已纳税款按规定是准予抵扣的。

17. 【答案】BCD

【解析】委托加工应税消费品计征消费税的组价=(材料成本+加工费)÷(1-消费税税率)，公式中的材料成本为选项B，加工费为选项C，消费税为选项D。

18. 【答案】ABD

【解析】卷烟在批发环节加征一道消费税。

19. 【答案】AB

【解析】选项C，白酒在批发环节不征收消费税；选项D，在零售环节缴纳消费税的是金银首饰、铂金首饰、钻石及钻石饰品，珍珠饰品在生产环节纳税。

20. 【答案】ABD

【解析】只有选项C符合税法规定可以抵扣已纳消费税的情形。

下列连续生产的应税消费品准予从应纳消费税税额中按当期生产领用数量计算扣除委托加工收回的应税消费品已纳消费税税款：

（1）以委托加工收回的已税烟丝为原料生产的卷烟。

（2）以委托加工收回的已税高档化妆品为原料生产的高档化妆品。

（3）以委托加工收回的已税珠宝玉石为原料生产的贵重首饰及珠宝玉石。

（4）以委托加工收回的已税鞭炮、焰火为原料生产的鞭炮、焰火。

（5）以委托加工收回的已税杆头、杆身和握把为原料生产的高尔夫球杆。

（6）以委托加工收回的已税木制一次性筷子为原料生产的木制一次性筷子。

（7）以委托加工收回的已税实木地板为原料生产的实木地板。

（8）以委托加工收回的已税汽油、柴油、石脑油、燃料油、润滑油用于连续生产应税成品油。

21. 【答案】ABC

【解析】高档化妆品实行单一环节征收消费税，进口的高档化妆品在进口环节缴纳消费税，进口后在国内销售的，不再缴纳消费税。

22. 【答案】BD

【解析】烟丝是从价计征，啤酒是从量计征，卷烟和白酒是复合计征。

23. 【答案】ABCD

【解析】各选项均应并入销售额计征消费税。

24. 【答案】BC

【解析】卷烟厂生产出烟丝，卷烟厂再用生产出的烟丝连续生产卷烟，这样用于连续生产卷烟的烟丝就不缴纳消费税，只对生产的卷烟征收消费税；带料加工的金银首饰应按受托方销售同类金银首饰的销售价格确认计税依据征收消费税，没有同类金银首饰销售价格的，按照组成计税价格计算纳税。

25. 【答案】ABC

【解析】在零售环节征收消费税的金银首饰仅限于金基、银基合金首饰以及金、银和金基、银基合金的镶嵌首饰。

三、判断题

1. 【答案】×
2. 【答案】√
3. 【答案】×
4. 【答案】√
5. 【答案】×

【解析】卷烟在批发环节加征一道消费税，“金银铂钻”在零售环节征收消费税。

6. 【答案】√

【解析】对酒类生产企业销售酒类产品（啤酒、黄酒除外）收取的包装物押金，不论押金是否返还也不管会计上如何核算，均应并入酒类产品销售额，征收消费税；2.26万元的手续费应作为价外费用；价外费用与并入销售额的包装物押金均为含增值税收入。

7. 【答案】×

【解析】纳税人通过自设非独立核算门市部销售自产应税消费品，应当按照门市部对外销售额或销售数量计算征收消费税。

8. 【答案】√
9. 【答案】×

【解析】纳税人委托加工应税消费品的，消费税纳税义务发生时间为纳税人提货的当天。消费税的纳税期限分别为1日、3日、5日、10日、15日、1个月或1个季度。纳税人的具体纳税期限，由主管税务机关根据纳税人应纳税额的大小分别核定；不能按照固定期限纳税的，可以按次纳税。纳税人以1个月或1个季度为一期纳税的，自期满之日起15日内申报纳税；以1日、3日、5日、10日或15日为一期纳税的，自期满之日起5日内预缴税款，于次月1日至15日内申报纳税并结清上月应纳税款。

10. 【答案】√

【解析】以外购已税珠宝、玉石作为原材料生产的贵重首饰及珠宝、玉石，已纳消费税准予扣除。

11. 【答案】×

【解析】采取比例税率和定额税率双重征收的税目只有卷烟和白酒，啤酒适用从量定额征收消费税。

12. 【答案】√
13. 【答案】√
14. 【答案】×
15. 【答案】×

【解析】卷烟批发企业在计算缴纳消费税时，不得扣除该批卷烟在生产环节已纳的消费税税款。

四、思考题

1. 简述消费税的特点。

答：(1) 征收范围具有选择性。

(2) 征收环节具有单一性。

(3) 征收方法具有灵活性。

(4) 税率税额具有差别性。

(5) 税负具有转嫁性。

2. 简述金银首饰的零售业务。

答：金银首饰的零售业务是指将金银首饰销售给中国人民银行批准的金银首饰生产、加工、批发、零售单位（以下简称“经营单位”）以外的单位和个人的业务。下列行为视同零售业务：

(1) 为经营单位以外的单位和个人加工金银首饰。加工包括带料加工、翻新改制、以旧换新等业务，不包括修理、清洗业务。

(2) 经营单位将金银首饰用于馈赠、赞助、集资、广告样品、职工福利、奖励等方面。

(3) 未经中国人民银行总行批准，经营金银首饰批发业务的单位将金银首饰销售给经营单位。

3. 简述消费税的计税方法。

答：按照现行消费税法的基本规定，消费税应纳税额的计算分为从价定率、从量定额、从价定率和从量定额复合计征三种方法。

(1) 从价定率方法。

①适用对象：烟、酒及酒精、化妆品、贵重首饰及珠宝玉石、鞭炮、焰火、成品油、汽车轮胎、小汽车、摩托车、高尔夫球及球具、高档手表、游艇、木制一次性筷子、实木地板等。

②纳税环节：除了贵重首饰及珠宝玉石外，消费税应税消费品的纳税环节均为生产、委托加工和进口环节。贵重首饰及珠宝玉石的纳税环节为零售环节。

③基本公式：应纳税额=应税消费品销售额×比例税率

(2) 从量定额方法。

①适用对象：啤酒、黄酒、成油品

②纳税环节：生产、委托加工和进口环节

③基本计算公式：应纳税额=应税消费品销售数量×定额税率

(3) 从价定率和从量定额复合计征方法。

①适用对象：卷烟、白酒。

②纳税环节：生产、委托加工和进口环节

③基本公式：应纳税额=应税销售数量×定额税率+应税销售额×比例税率

4. 什么是委托加工的应税消费品？

答：委托加工的应税消费品是指由委托方提供原料和主要材料，受托方只收取加工费和代垫部分辅助材料加工的应税消费品。对于由受托方提供原材料生产的应税消费品，或者受托方先将原材料卖给委托方。之后再接受加工的应税消费品以及由受托方以委托方名义购进原材料生产的应税消费品，不论在财务上是否作为销售处理，都不得作为委托加工应税消费品，而应当按照销售自制应税消费品缴纳消费税。

5. 纳税人销售应税消费品的纳税义务发生时间是怎样规定的？

答：纳税人销售应税消费品的纳税义务发生时间，按不同的销售结算方式有不同的规定。

（1）采取赊销和分期收款结算方式的，纳税义务发生时间为书面合同约定的收款日期的当天；书面合同没有约定收款日期或无书面合同的，纳税义务发生时间为发出应税消费品的当天。

（2）采取预收款结算方式的，纳税义务发生时间为发出应税消费品的当天。

（3）采取托收承付和委托银行收款方式的，纳税义务发生时间为发出应税消费品并办妥托收手续的当天。

（4）采取其他结算方式的，纳税义务发生时间为收讫销售款或取得索取销售款凭据的当天。

6. 纳税人应税消费品的计税价格明显偏低且无正当理由的，由主管税务机关核定其计税价格。该计税价格的核定权限是如何规定的？

答：应税消费品的计税价格的核定权限的规定如下：

（1）卷烟、白酒和小汽车的计税价格由国家税务总局核定，报送财政部备案。

（2）其他应税消费品的计税价格由省、自治区和直辖市税务局核定。

（3）进口应税消费品的计税价格由海关核定。

7. 哪些应税消费品准予从消费税应纳税额中扣除原料已纳的消费税税款？

答：（1）以外购或委托加工收回的已税烟丝生产的卷烟。

（2）以外购或委托加工收回的已税酒和酒精为原料生产的酒。

（3）以外购或委托加工收回的已税高档化妆品生产的高档化妆品。

（4）以外购或委托加工收回的已税珠宝玉石生产的贵重首饰及珠宝玉石。

（5）以外购或委托加工收回的已税鞭炮、焰火生产的鞭炮、焰火。

（6）以外购或委托加工收回的已税杆头、杆身和握把为原料生产的高尔夫球杆。（7）以外购或委托加工收回的已税木制一次性筷子为原料生产的木制一次性筷子。

（8）以外购或委托加工收回的已税实木地板为原料生产的实木地板。

（9）以外购或委托加工收回的已税汽油、柴油、石脑油、燃料油、润滑油为原料生产的成品油。

8. 简述消费税代收代缴税款的法定义务和法定责任。

答：（1）委托加工的应税消费品，除受托方为个人外，由受托方在向委托方交货时代收代缴税款。

（2）对纳税人委托个体经营加工的应税消费品，一律于委托方收回后在委托方所在地缴纳消费税。

（3）如受托方未按有关规定代收代缴消费税，或者没有履行代收代缴义务，由税务机关向纳税人追缴税款，对扣缴义务人处应扣未扣、应收未收税款50%以上3倍以下的罚款。

（4）如果收回的应税消费品已直接销售，按销售额计税补征；如果收回的应税消费品尚未销售或用于连续生产等，按组成计税价格计税补征；对消费者个人委托加工的金银首饰及珠宝玉石，可暂按加工费征收消费税。

9. 简述消费税法关于包装物的规定。

答：（1）应税消费品连同包装物销售的，无论包装物是否单独计价以及在会计上如何核算，均应并入应税消费品的销售额中缴纳消费税。

（2）如果包装物不作价随同产品销售，而是收取押金，此项押金则不应并入应税消费品的销售额中征税；但对因逾期未收回的包装物不再退还的或已收取的时间超过12个月的押金，应并入应税消费品的销售额，按照应税消费品的适用税率缴纳消费税。

（3）对既作价随同应税消费品销售，又另外收取押金的包装物的押金，凡纳税人在规定的期限内没有退还的，均应并入应税消费品的销售额，按照应税消费品的适用税率缴纳消费税。

（4）对酒类产品生产企业销售酒类产品（黄酒、啤酒除外）而收取的包装物押金，无论押金是否返还以及会计上如何核算，均应并入酒类产品销售额中征收消费税。

五、计算题问答题

1. 答：（1）业务（1）应缴纳的消费税 $=10\times2.5\times20\%+10\times2\ 000\times0.5\div10\ 000=6$（万元）

纳税人用于换取生产资料、消费资料、投资入股、抵偿债务的应税消费品，按照同类应税消费品的最高销售价格计算消费税。

（2）业务（2）应缴纳的消费税 $=3\times50\times20\%+50\times2\ 000\times0.5\div10\ 000=35$（万元）

纳税人通过自设非独立核算门市部销售的自产应税消费品，应按门市部对外销售额或销售数量征收消费税。

（3）业务（3）的消费税纳税义务人是丙企业。

符合委托加工条件的应税消费品的加工，消费税的纳税人是委托方。

（4）从价部分的计税依据 $=2.75\times20=55$（万元）

从量部分的计税依据为20吨。

委托加工的应税消费品，按照受托方的同类消费品的销售价格计算纳税；没有同类消费品销售价格的，按照组成计税价格计算纳税。

2. 答：（1）应缴纳的进口环节增值税 $=(8+8\times30\%)\div(1-5\%)\times13\%=1.42$（万元）

应缴纳的进口环节消费税=(8+8×30%)÷(1-5%)×5%=0.55（万元）

甲地板厂应缴纳的进口环节增值税和消费税合计=1.42+0.55=1.97（万元）

（2）准予抵扣的实木地板已纳消费税=(8+8×30%)÷(1-5%)×5%×20%+5×5%×70%=0.28（万元）

（3）采取赊销方式销售应税消费品的，消费税纳税义务发生时间为销售合同约定的收款日期的当天。业务（2）和业务（3）应缴纳实木地板 B 的消费税=32×5%+150×5%-0.28=8.82（万元）

（4）自产应税消费品对外投资的，按照最高销售价格计征消费税，应缴纳实木地板 C 的消费税=200×5%=10（万元）

（5）自产自用非连续生产应税消费品视同销售，无同类产品销售价格的，按组成计税价格计算纳税。

应缴纳消费税=(90+90×5%)÷(1-5%)×5%=4.97（万元）

甲地板厂应向税务机关缴纳的消费税=8.82+10+4.97=23.79（万元）

3. 答：（1）业务（2）应缴纳的消费税=60×4%=2.4（万元）

（2）业务（3）应缴纳的消费税=500×110÷10 000×4%+200×100÷10 000×4%=0.3（万元）

（3）业务（4）应缴纳的消费税为 0。B 涂料的 VOC 含量为 420 克/升，VOC 含量低于 420 克/升的涂料免征消费税。

（4）增值税销项税额的计算如下：

业务（2）的增值税销项税额=7.8（万元）

业务（3）的增值税销项税额=500×100÷10 000×13%=0.65（万元）

自产产品用于本厂车间维修（本厂增值税应税项目）不视同销售。

业务（4）的增值税销项税额=1×13%=0.13（万元）

增值税销项税额合计=7.8+0.65+0.13=8.58（万元）

甲厂应纳增值税=8.58-6.5-0.09=1.99（万元）

4. 答：（1）销售成套礼盒应缴纳的消费税=28.25÷(1+13%)×5%=1.25（万元）

（2）以旧换新销售金项链，按照实际收取的不含增值税的全部价款计算消费税和增值税。

以旧换新销售金项链应缴纳的消费税=600×0.1÷(1+13%)×5%=2.65（万元）

（3）定制加工金银首饰应缴纳的消费税=(30+3.9)÷(1+13%)×(1+6%)÷(1-5%)×5%=1.67（万元）

（4）用银基项链抵债应纳消费税=67.8÷(1+13%)×5%=3（万元）

六、案例分析题

思考一：请根据五粮液披露的年报信息，判定五粮液是否存在偷税、漏税行为？

答：按照税收法律的规定，五粮液的消费税的计税收入=(酒类产品成本+合理利润)÷(1-消费税税率 20%)。从公式可以看出，计税收入大于成本。

以 2006 年为例，五粮液 2006 年年报披露，2006 年全年共销售五粮液系列酒 18.97 万吨，实现酒类主营业务收入 733 337.37 万元；主营业务税金及附加中披露，本期消费税为 54 327.52 万元。

根据上述信息，五粮液 2006 年消费税计税收入=本期消费税 54 327.52 万元减去按销售量计算应纳消费税 18 970 万元（18.97×2 000×0.5），再除以消费税税率（20%）为 176 787.6 万元。

2006 年，五粮液年报披露的酒类主营业务成本为 345 978.68 万元。按照税法的规定，计税收入至少应大于酒类产品成本，即计税收入至少应为 345 978.68 万元，但五粮液酒类计税收入比酒类主营业务成本还少 169 191.08 万元。因此，五粮液至少存在消费税偷税约 33 838.22 万元的嫌疑（169 191.08×20%）。

根据《国家税务总局关于加强白酒消费税征收管理的通知》（国税函〔2009〕38 号）的规定，酒类企业合并报表收入的 50%~70%应缴纳消费税，按照白酒比例税率 20%计算。在未包括从量税的基础上，当期的消费税税额至少要占收入的 10%以上。也就是说，白酒生产企业的消费税税负在 10%以上。

2006 年，五粮液白酒类主营业务收入 733 337.37 万元，上缴消费税 54 327.52 万元，消费税占收入比重为 7.41%，小于 10%的“红线”，企业有可能存在偷漏税的行为。

思考二：如果存在该行为，又是如何进行的?

答：通过设立销售公司，五粮液集团酒厂将自产的酒低价售予本集团的销售公司，再由销售公司高价对外出售。因为白酒在销售应税消费品时征税，即酒厂销售白酒产品时征收。此时消费税的计税基础是卖给本集团销售公司的低价，这样便减少了消费税的支出。

思考三：请谈谈消费税对合理引导消费的意义。

答：以卷烟为例，从 2009 年 5 月 1 日起，在卷烟批发环节加征一道从价税。据相关测试表明，“一盒烟 2/3 是税”，但由于消费税是价内税，消费者并不清楚价格中包含了多少税。因此，消费税应改成价外税，让消费者清楚了解到价格中所包含的税。例如，一包烟如果售价是 90 元，那么 60 元是税、30 元是真实价格，这样不仅增强了消费者的税法意识，也限制了一些消费者的购物欲望。从税法的角度看，在一定程度上限制人们吸烟，把消费税价内税完善成价外税的同时提高税率，不仅让消费者增强了纳税意识，更让消费者心理产生微妙的变化，通过征收比较高额的税来限制消费者买烟的需求。价外税的表现形式是价税分开，消费者知道自己要负担多少税收，没有任何隐蔽性，这就突出了价外税的性质，即透明度高，使消费者更加明确自己负担的税金和国家对香烟消费的政策导向，从而有利于国家宏观调控政策的实施，有利于我国价格机制的健康运转，还能使消费者明确自己的纳税人身份，增强纳税人的纳税意识。

为合理引导消费，促进节能减排和环境保护，我国政府继 2006 年 4 月 1 日对原有消费税的税目、税率及相关政策进行了大规模的调整后，又规定从 2009 年 1 月 1 日起燃油费改税，同时提高了汽油、柴油以及其他成品油的消费税单位税额。这些举措极大地推动了我国税收制度向促进节能减排、环境友好型方向转化。消费税最主要的特点在于通过对课税物品的选择以及不同物品的税率高低和同类物品的税率档次的差别设计，以体现政府的不同经济政策调节意图。强化消费税制度的环保功能，提高资源利用效率，加强生态环境保护是消费税重要的社会责任之一。消费税作为政府宏观调控的重要手段，在环境保护方面有着重要的作用。

第四章　企业所得税参考答案

一、单项选择题

1.【答案】B

【解析】国债利息收入、符合条件的居民企业之间的股息、红利等权益性收益均为免税收入，财政拨款为不征税收入，存款利息收入为企业所得税的应税收入。按税法规定将应税收入真实计入企业所得税应纳税所得额是遵守国家法律、维护国家利益的行为。

2.【答案】B

【解析】一般来说，公司制企业应先就企业所得缴纳企业所得税，公司对个人投资者分配股息、红利的，还要代扣其个人所得税，存在重复课税；合伙企业比照个体工商户仅征收个人所得税，不存在重复课税，因此公司制企业的税收负担更重。公司的营业亏损可在一定年限内进行税前弥补，但不能分摊给股东，冲抵个人所得税，因此选项B错误。企业应认真理解税法的相关思想和具体规定，以避免违反法规、侵害国家利益。

3.【答案】C

【解析】建立子公司一般需要复杂的手续和具备一定的条件，财务制度较为严格，必须独立开设账簿，并需要复杂的审计和证明，经营亏损不能冲抵母公司利润，与母公司的交易往往是税务机关反避税审查的重点内容。分公司与总公司之间的资本转移，因不涉及所有权变动，不必缴纳税款。子公司作为独立法人主体可享有东道国给其居民企业同等的税收优惠政策，如免税期、低税率等。了解子公司母公司的优劣，有助于企业自身发展。企业在谋求利益的同时要树立全局意识和履行社会责任意识。

4.【答案】A

【解析】子公司独立承担企业所得税的纳税义务，与母公司各自以其独立的财产承担责任，可享有东道国给其居民公司同等的优惠待遇。分公司的亏损可以冲抵总公司的利润。在国际市场中，国家主权是企业发展的保障，维护主权完整、税权独立、保障国家利益就是保障自身利益。

5.【答案】D

【解析】个人独资企业因不具备法人资格，不属于企业所得税的纳税人。

6.【答案】C

【解析】商誉属于无形资产。

7.【答案】C

【解析】在税法允许的前提下，采用双倍余额递减法进行固定资产折旧可将成本提前扣除，减少应纳税所得额，递延纳税，获得资金的时间价值。只有真正懂税法，才能用好税法，进而才能享受到国家的相关政策优惠。

8.【答案】B

【解析】根据《中华人民共和国企业所得税法》的规定，企业与其关联方共同开发、受让无形资产，或者共同提供、接受劳务发生的成本，在计算应纳税所得额时应当按照独立交易原则进行分摊。独立交易原则可以使应纳税所得额在分摊时更加客观，从国家层面体现出了税法对市场环境公平的维护。

9.【答案】C

【解析】按照我国税法的规定，企业当期发生亏损，可用以后 5 年税前利润进行弥补。这是国家体恤企业的表现，国家为企业提供良好的发展环境，企业的发展也使国家更加强大，企业应树立大局意识。

10.【答案】D

【解析】有限责任公司、股份有限公司、私营企业均需根据规定先缴纳企业所得税，再就个人投资者分配的股息、红利缴纳个人所得税，存在重复课税；个人独资企业仅征收个人所得税，不存在重复课税。因此，从税收负担来说，个人独资企业形式更佳。

11.【答案】A

【解析】企业销售货物时，知道对方的资金周转情况不好，应采用分期收款方式销售，分期确认收入，若采用直接收款法，则会提前垫付税款。

12.【答案】C

【解析】企业在对结算方式进行税收筹划时，主要分为采购结算方式的筹划和销售结算方式的筹划。

13.【答案】A

【解析】以经营租赁方式租入的固定资产不得提取折旧，以经营租赁方式租出的固定资产、以融资租赁方式租入的固定资产、经营生产用设备可以提取折旧。

14.【答案】D

【解析】合理提前所得年度或合理推迟所得年度，从而起到减轻税负或延期纳税的作用，这种税务处理属于企业成果分配中的税收筹划。企业是以盈利为目的的，在谋求自身利益最大化的税收筹划中，要合法守法。

15.【答案】A

【解析】预提是指在费用尚未支付以前按一定比例提前计入成本费用；待摊则是在费用支付后按一定比例分摊计入成本费用。因此，从税收筹划的角度看，企业应尽量预提而不是待摊。各项支出中凡是能直接计入营业成本、期间费用和损失的不计入生产成本；各项支出中凡是能计入成本的不计入资产、费用扣除的基本原则是就早不就晚，这样才有利于企业获得税收利益。企业是以盈利为目的的，在谋求自身利益最大化的税收筹划中，要合法守法，以合法的方式进行税收筹划才是具有长远眼光的表现。

16.【答案】C

【解析】非居民纳税人较居民纳税人的纳税义务更少，因此企业进行税收筹划时，尽可能成为而不是避免成为非居民纳税人，才能达到节省税金支出的目的。许多外商投资企业和外国企业将实际管理机构设在低税区，或者在低税区设立销售公司，然后以该销售公司的名义从事营销活动，这种方法并非对所有的商品转让都适合。税负不能或很难转嫁的为直接税。了解各种税的特点能够更好地理解国家的政策目的和导向。

17.【答案】A

【解析】从是否可调整的角度看，税收递延涉及的是时间性差异。永久性差异的发生是由于所得税法与会计准则的实质性差别所引起的，因此不存在递延问题。会计所得与计税所得的差异包括时间性差异和永久性差异。

18.【答案】D

【解析】企业的赞助支出不允许在企业所得税应纳税所得额中据实扣除。

19.【答案】B

【解析】香料作物的种植减半征收企业所得税；糖料作物、油料作物、麻料作物的种植免征企业所得税。税收优惠政策体现了国家的扶持，享受税收优惠政策是符合国家政策导向的。

20.【答案】A

【解析】纳税人在计算企业所得税应纳税所得额时，职工教育经费不超过规定比例的部分准予在税前扣除；超过部分，准予在以后纳税年度结转扣除。

21.【答案】C

【解析】选项 D，依照外国（地区）法律、法规成立且实际管理机构不在中国境内，但在中国境内设立机构、场所的，或者在中国境内未设立机构、场所，但有来源于中国境内所得的企业，为我国非居民企业。选项 A、选项 B 为居民企业，选项 C 不是我国企业所得税的纳税人。

22.【答案】D

【解析】股息、红利等权益性投资所得，按照分配所得的企业所在地确定；提供劳务所得，按照劳务发生地确定；权益性投资资产转让所得按照被投资企业所在地确定；利息所得、租金所得、特许权使用费所得，按照负担、支付所得的企业或机构、场所所在地确定，或者按照负担、支付所得的个人的住所确定。

23.【答案】A

【解析】福利费扣除限额 = 150×14% = 21（万元）

实际发生 20 万元，准予扣除 20 万元。

工会经费扣除限额 = 150×2% = 3（万元）

实际发生 3 万元，准予据实扣除。

职工教育经费扣除限额 = 150×8% = 12（万元）

实际发生 4.50 万元，可以据实扣除。

因此，调整应纳税所得额为 0。

24.【答案】A

【解析】《中华人民共和国企业所得税法》及其实施条例规定，企业发生的与生产经营活动有关的业务招待费，按照发生额的 60% 扣除，但最高不得超过当年销售（营业）收入的 5‰。作为业务招待费准扣限额计算基数的销售（营业）收入包括主营业务收入、其他业务收入和视同销售收入，不包括投资收益（除从事股权投资的企业外）和营业外收入。

业务招待费扣除限额=(1 000+150+100)×0.5%=6.25（万元）

发生额的60%=10×60%=6（万元）

因此，税前可以扣除的业务招待费金额为6万元。

25.【答案】D

【解析】母公司以管理费形式向子公司提取费用，子公司因此支付给母公司的管理费，不得扣除；非正常损失部分经税务机关审批的可以在税前扣除，但对于有赔偿的部分不是真正的损失，因此不得在税前扣除。

26.【答案】B

【解析】根据规定，企业实际支付给关联方的利息支出，除另有规定外，除金融企业外的其他企业接受关联方债权性投资与其权益性投资比例为2∶1。该企业的注册资本为3 000万元，关联方债权性投资不应超过6 000万元（3 000×2），现借款6 800万元，准予扣除的利息金额为6 000万元产生的利息，即680×6 000÷6 800=600万元。

27.【答案】B

【解析】选项A，销售货物，按照交易活动发生地确定；选项B，股息、红利等权益性投资所得，按照分配所得的企业所在地确定；选项C，按照转让动产的企业或机构、场所所在地确定；选项D，利息所得、租金所得、特许权使用费所得，按照负担、支付所得的企业或机构、场所所在地确定，或者按照负担、支付所得的个人的住所地确定。

28.【答案】A

【解析】《中华人民共和国企业所得税法》及其实施条例规定，企业发生的与生产经营活动有关的业务招待费，按照发生额的60%扣除，但最高不得超过当年销售（营业）收入的5‰。本题中，20×60%=12万元，2 000×5‰=10万元，两者相比择其小者，即当年可在所得税税前列支的业务招待费金额为10万元。

29.【答案】D

【解析】2019年1月1日至2022年12月31日，企业通过公益性社会组织或县级（含县级）以上人民政府及其组成部门和直属机构，用于目标脱贫地区的扶贫捐赠支出，准予在计算企业所得税前扣除。

30.【答案】D

【解析】企业为购置、建造固定资产发生借款的，在有关资产购置、建造期间发生的合理的借款费用，应予以资本化，作为资本性支出计入有关资产的成本。厂房建造前发生的借款利息可以在税前直接扣除，可以扣除的借款费用=3 000×4.5%÷12×3=33.75（万元）

31.【答案】C

【解析】固定资产的大修理支出、租入固定资产的改建支出和已足额提取折旧的固定资产的改建支出作为长期待摊费用，按照规定摊销的，准予扣除。

32. 【答案】B

【解析】初始投资 1 600 万元确认为投资收回。

甲企业应确认的股息所得 =（1 000+150）×40% = 460（万元）

居民企业之间的符合条件的投资收益免税。

甲企业应确认的投资资产转让所得 = 2 600−1 600−460 = 540（万元）

应缴纳企业所得税 = 540×25% = 135（万元）

33. 【答案】A

【解析】选项 B、选项 C、选项 D 享受的是减半征收企业所得税的优惠。

34. 【答案】A

【解析】该企业应缴纳企业所得税 =（900−100−500）×50%×15% = 22.5（万元）

35. 【答案】B

【解析】2018 年 1 月 1 日至 2020 年 12 月 31 日，研究开发费未形成无形资产计入当期损益的，在按照规定据实扣除的基础上，再按照研究开发费用的 75%加计扣除；形成无形资产的，按照无形资产成本的 175%摊销。

36. 【答案】A

【解析】企业购置并实际使用符合规定的环境保护、节能节水、安全生产等专用设备的，该专用设备的投资额的 10%可以从企业当年的应纳税额中抵免。增值税进项税额允许抵扣，其专用设备投资额不再包括增值税进项税额。应缴纳企业所得税 = 168×25%−300×10% = 12（万元）

37. 【答案】C

【解析】可扣除的财产损失 = 15+10×13% = 16.3（万元）

视同销售所得 = 220−180 = 40（万元）

债务重组所得 = 280−（220+220×13%）= 31.4（万元）

应纳企业所得税 =（40+31.4−16.3）×25% = 13.78（万元）

38. 【答案】C

【解析】根据税法的规定，在特殊性税务处理条件下，被合并企业可由合并企业弥补的亏损限额 = 被合并企业净资产公允价值×截至合并业务发生当年年末国家发行的最长期限的国债利率。

合并企业可弥补的被合并企业亏损限额 =（5 700−3 200）×6% = 150（万元）

39. 【答案】A

【解析】2019 年 1 月 1 日至 2022 年 12 月 31 日，企业通过公益性社会组织或县级（含县级）以上人民政府及其组成部门和直属机构，用于目标脱贫地区的扶贫捐赠支出，准予在计算企业所得税应纳税所得额时据实扣除。购买环境保护专用设备投资额的 10%可以从企业当年的应纳税额中抵免。

应缴纳企业所得税 = 120×25%−30×10% = 27（万元）

40. 【答案】C

【解析】企业发生的公益性捐赠支出未在当年税前扣除的部分，准予向以后年度结转扣除，但结转年限自捐赠发生年度的次年起计算最长不得超过 3 年。

二、多项选择题

1.【答案】CD

【解析】在中国境内未设立机构场所的非居民企业，应当就其来源于中国境内的所得缴纳企业所得税；在中国境内设立机构场所的非居民企业，应当就其来源于中国境内的所得以及虽然来源于中国境外但是与其所设机构场所有实际联系的所得缴纳企业所得税。

2.【答案】BC

【解析】选项 A，税率为 20%；选项 D，税率为 25%。

3.【答案】BC

【解析】选项 A，企业投资者持有 2019—2023 年发行的铁路债券取得的利息收入，减半征收企业所得税；选项 B，对电影主管部门按照各自职能权限批准从事电影制片、发行、放映的电影集团公司（含成声企业）、电影制片厂及其他电影企业取得的电影拷贝（含数字拷贝）收入、转让电影版权（包括转让和许可使用）收入、电影发行收入以及在农村取得的电影放映收入，免征增值税；选项 D，非营利组织从事营利性活动取得的收入，不属于免税收入，应按规定缴纳企业所得税。

4.【答案】AC

【解析】选项 B 和选项 D 属于免税收入范畴。注意不征税收入与免税收入的辨析：不征税收入包括财政拨款、依法收取并纳入财政管理的行政事业性收费、政府性基金、国务院财政和税务主管部门规定专项用途并经国务院批准的财政性资金；免税收入包括国债利息收入，符合条件的股息、红利收入，符合条件的非营利组织的收入，地方政府债券利息收入。

5.【答案】ABD

【解析】选项 C 属于资产内部处置，不视同销售。

6.【答案】ACD

【解析】企业发生的现金折扣应当按扣除现金折扣前的金额确定销售商品收入金额，现金折扣在实际发生时作为财务费用扣除。

7.【答案】ABC

【解析】企业以买一赠一销售商品的，不属于捐赠，应将总的销售金额按各项商品的公允价值的比例来分摊确认各项的销售收入。

8.【答案】AB

【解析】企业所得税法采用注册地标准和实际管理机构所在地标准作为判定是否属于居民企业的标准。选项 A 符合注册地标准，选项 B 符合实际管理机构所在地标准。在香港特别行政区、澳门特别行政区和台湾地区成立的企业，参照适用非居民企业的有关规定。

9.【答案】BCD

【解析】税法明确规定，境外营业机构的亏损不得抵减境内营业机构的盈利。

10.【答案】CD

【解析】选项 A 和选项 B 是允许税前扣除的。

11.【答案】BC

【解析】选项B，按规定为雇员缴纳社会保险的支出属于社会保险费支出，不属于工资、薪金支出；选项C，为雇员提供的劳动保护费支出应该计入费用类科目，不属于工资、薪金支出。

12.【答案】ACD

【解析】选项B，股息、红利等权益性投资收益，除另有规定外，按照被投资方做出利润分配决定的日期确认收入的实现。

13.【答案】ACD

【解析】外购商誉的支出，在企业转让或清算时，准予扣除。

14.【答案】ABC

【解析】选项D，国债利息收入，免征企业所得税。

15.【答案】BC

【解析】选项A，小型微利企业所得税税率为20%，但是所得额有减征，实际征收率为5%或10%；选项D，适用的企业所得税税率为25%。

16.【答案】AC

【解析】综合利用资源产品取得的收入，可以在计算应纳税所得时减按90%计入收入总额；企业承包经营、承包建设和内部自建自用公共基础设施项目，不得享受企业所得税“三免三减半”优惠政策。

17.【答案】ABD

【解析】采取缩短折旧年限方法的，最低折旧年限不得低于规定折旧年限的60%。

18.【答案】ABC

【解析】收购方取得股权的计税基础应以公允价值为基础确定。

19.【答案】BCD

【解析】重组交易中，适用特殊性税务处理规定时，对交易中股权支付暂不确认有关资产的转让所得或损失，其非股权支付仍应该在交易当期确认相应的资产转让所得或损失，并调整相应资产的计税基础。

非股权支付对应的资产转让所得或损失=(被转让资产的公允价值-被转让资产的计税基础)×(非股权支付金额÷被转让资产的公允价值)

20.【答案】AD

【解析】选项B，受让企业收购的资产不低于转让企业全部资产的50%而非85%；选项C，在资产收购发生时的股权支付金额不低于其交易支付总额的85%而非50%（注意区分50%和85%的不同规定）。

21.【答案】ACD

【解析】生产性生物资产是指为生产农产品、提供劳务或出租等目的持有的生物资产，包括经济林、薪炭林、产畜、役畜等。防风固沙林属于公益性生物资产。

22.【答案】ABC

【解析】选项D，自行开发的支出已在计算应纳税所得额时扣除的无形资产，不得计算摊销费用税前扣除。

三、判断题

1.【答案】×

【解析】纯粹从所得税方面来考虑，个体工商户的税负较私营企业稍轻。

2.【答案】×

【解析】在中国境内未设立机构、场所的非居民企业，若有来源于中国的所得，则需要在中国境内纳税。

3.【答案】×

【解析】在分支机构发生亏损时，分公司比子公司可以享受更多的税收利益。

4.【答案】√

【解析】选择分支机构要考虑开立要求、财务制度等非税因素的影响。

5.【答案】×

【解析】外国政府债券利息收入征收企业所得税。

6.【答案】×

【解析】一家盈利的企业选择一家亏损的企业实行合并，可以实现其盈利与亏损的抵消，降低应纳税所得额，从而降低企业整体的所得税负担。如果合并中出现亏损还可以实现延迟纳税的好处。

7.【答案】×

【解析】所得税类一般不存在转嫁问题，因此被称为直接税。间接税是指税负可以转嫁的税，如流转税。

8.【答案】×

【解析】企业的直接捐款不可以在计算应纳税所得额时扣除。

9.【答案】×

【解析】企业在计算应纳税所得额时，其向非金融机构借款的利息支出不可以按实际发生数扣除。按照规定，不超过按照金融企业同期同类贷款利率计算的数额的部分，准予扣除；超过部分，不得扣除。企业要严格遵守税法规定，维护国家利益。

10.【答案】√

【解析】外国企业属于非居民企业，非居民企业在中国境内未设立机构、场所的，应当就其来源于中国境内的所得缴纳企业所得税。

11.【答案】√

12.【答案】√

【解析】企业以《资源综合利用企业所得税优惠目录》规定的资源作为主要原材料，生产国家非限制和禁止并符合国家与行业相关标准的产品取得的收入，减按90%计入收入总额。

13.【答案】×

【解析】在中国境内设有机构、场所且所得与机构、场所有关联的非居民企业适用25%的企业所得税税率。

14. 【答案】×

【解析】企业发生的公益性捐赠支出，不超过年度利润总额12%的部分，准予扣除；超过年度利润总额12%的部分，准予以后3年内在计算应纳税所得额时结转扣除。

15. 【答案】√

【解析】纳税人直接向受赠人捐赠以及非公益性捐赠，不得在企业所得税前扣除。

16. 【答案】×

【解析】一个纳税年度内，居民企业转让技术所有权所得不超过500万元的部分，免征企业所得税；超过500万元的部分，减半征收企业所得税。

17. 【答案】×

【解析】2018年1月1日至2020年12月31日，企业开展研发活动实际发生的研发费用，未形成无形资产计入当期损益的，在按照规定据实扣除的基础上，按照研究开发费用的75%加计扣除。

18. 【答案】√

19. 【答案】×

【解析】国债利息收入；符合条件的居民企业之间的股息、红利等权益性投资收益；在中国境内设立机构、场所的非居民企业从居民企业取得的与该机构、场所有实际联系的股息、红利等权益性投资收益，属于免税收入，应全额减少企业所得税的应纳税所得额。

20. 【答案】√

【解析】企业发生的除企业所得税和增值税以外的企业缴纳的各项税费及其附加，准予在所得税前扣除。

21. 【答案】×

【解析】企业在生产、经营活动中发生的利息费用，如果是非金融企业向非金融企业借款的利息支出，不超过按照金融企业同期同类贷款利率计算的数额的部分可据实扣除，超过部分不允许扣除；如果是向关联企业或自然人借款发生的利息费用，需按照相关规定标准扣除，不符合规定标准的不得扣除。

22. 【答案】×

【解析】企业发生的年度亏损，可用以后5个年度的所得弥补，以后5个年度包括亏损的年度。

23. 【答案】×

【解析】亏损是指企业依照《中华人民共和国企业所得税法》及其实施条例的规定，计算的企业所得税应纳税所得额小于零。利润表上亏损48万元，企业所得税应纳税所得额不一定小于零。因此，居民企业当年应纳税所得额为50万元，上一年度的应纳税所得额金额不明确，无法实际计算当年应缴纳的企业所得税。

四、思考题

1. 企业设立从属机构时有哪些选择？相应的税收待遇有什么区别？

答：企业设立从属机构时可以选择子公司或分公司。两者不同之处如下：

第一，设立手续不同。在异地创办独立核算的子公司，需要办理许多手续，设立程序相对复杂，开办费用也较多；设立分公司的程序相对比较简单，费用开支比较少。

第二，核算和纳税形式不同。子公司是独立法人企业，应独立计算并独立申报纳税；分公司不是独立法人企业，由总公司进行盈亏核算，统一纳税，若有亏损，可以相抵后纳税，减轻当期税负。

第三，税收优惠不同。子公司是独立法人，承担全面纳税义务，可以享受包括免税期、优惠税率等在内的各种税收优惠政策；分公司和办事处作为非独立法人，不能享受这些优惠待遇。

2. 公司与个人独资企业缴纳所得税有什么区别？

答：个人独资企业不具备法人资格，不是我国企业所得税的纳税人，对个人独资企业比照个体工商户的生产、经营所得，适用五级超额累进税率仅征收个人所得税。公司制企业要依照规定先就企业所得缴纳企业所得税，再就个人投资者取得的股息、红利缴纳个人所得税。显然，这里存在经济性重复课税现象，公司制企业投资者承担双重税负。因此，对于即将设立企业的投资者来讲，可以选择个人独资企业，避免成为企业所得税的纳税人，避免经济性重复课税，实现税收筹划的目标。当然，纳税人在进行这方面的税收筹划时，应充分考虑各方面的因素，因为选择不同性质的企业形式，其经营风险不同。个人独资企业虽然不用缴纳企业所得税，但需承担无限责任，风险较大。而有限责任公司只承担有限责任，风险相对较小。

3. 企业应如何合理地选择折旧方法？固定资产折旧筹划的方法有哪些？

答：企业在盈利的情况下，采用不同的折旧计提方法不会对未来的利润总额产生影响，但是会影响应纳税额在时间上的分布。考虑到资金的时间价值和对公司现金流量的影响，采用缩短折旧年限法和加速折旧法（双倍余额递减法或年数总和法）比直线法能获得更多的抵税收益。需要注意的是，企业计划购买固定资产时，应选择具有税收筹划效应的时间点，因为同样的固定资产投资行为，如果发生在企业利润较多的时期，就可以进行税前扣除。如果企业处于享受税收优惠阶段，加速折旧反而可能会多纳税，因此要避免在享受税收优惠的年度提取过高的折旧费用。如果企业处于亏损期，缩短折旧年限或加速折旧不能产生税收筹划收益。

4. 如何运用企业所得税的税率进行税收筹划？

答：根据我国税法的规定，不同企业适用不同的企业所得税税率，因此纳税人可以根据自身情况运用企业所得税的税率进行税收筹划。企业所得税的税率一般有以下几种筹划方法：

（1）由于居民企业较非居民企业的纳税义务更多，因此外国企业［一般依照外国（地区）法律成立］可以通过不在中国境内设立实际管理机构成为非居民纳税人，从而适用有限纳税义务的税收政策；或者不在中国境内设立机构、场所，从而适用低税率降低企业所得税税负。

（2）税法对国家重点扶持的高新技术企业、经认定的技术先进型服务企业减按15%的优惠税率、对小型微利企业减按20%的优惠税率征收企业所得税，因此企业可以根据自身情况，通过合理合法的方法使自身满足国家重点扶持的高新技术企业、经认定的技术先进型服务企业或小型微利企业的所有标准，从而适用优惠税率进行税收筹划。

（3）对于既有适用25%税率也有适用20%税率以及15%税率的企业集团而言，其可以适当将适用25%税率的企业的收入转移到适用20%税率或15%税率的企业中，从而适当降低企业集团的所得税负担。需要注意的是，通过关联交易转移利润应注意幅度的把握，明显的利润转移会受到税务机关的关注和反避税调查。

5. 如何利用小型微利企业的税收待遇进行税收筹划？

答：由于小型微利企业可以适用20%的优惠税率缴纳企业所得税，因此若企业规模不大，在人数、资产规模、利润等方面与税法认定的小型微利企业情况相近时，可以通过合理合法的方法使自身满足小型微利企业的所有条件，从而适用小型微利企业的税收优惠进行税收筹划。例如，当纳税人可以预测到应纳税所得额刚好超过小微企业的所得额临界点时，可以事先增加一些合理的费用支出或适当捐赠，使得应纳税所得额不超过小型微利企业的所得额临界点，从而满足小型微利企业的标准，适用优惠税率，减轻纳税人的税收负担。如果纳税人企业集团下设有非独立核算的分支机构，应纳税所得额较高时，也可以通过分立，使每个分支机构都符合小型微利企业的标准，从而享受小型微利企业的税收优惠。

6. 国家对于科技研发给予了怎样的税收支持？

答：企业“三新”（新技术、新产品、新工艺）研究开发费用，2018 年 1 月 1 日至 2020 年 12 月 31 日，未形成无形资产计入当期损益的，在按照规定据实扣除的基础上，再按照研究开发费用的75%加计扣除；形成无形资产的，按照无形资产成本的175%摊销。企业可以通过增加对新产品、新技术的研发从而适用研发费用的加计扣除政策来进行税收筹划。

7. 我国在安置特殊人员就业方面制定了哪些企业所得税税收优惠政策？请比较分析这些政策的优惠待遇，并分析利用这些优惠政策进行税收筹划的适用条件及范围。

答：企业安置残疾人员所支付工资费用的加计扣除是指企业安置残疾人员就业的，在按照支付给残疾职工工资据实扣除的基础上，按照支付给残疾职工工资的100%加计扣除。残疾人员的范围适用《中华人民共和国残疾人保障法》的有关规定。因此，在不影响正常生产经营的前提下，企业可以通过招聘残疾人员来使用此税收优惠进行筹划，降低应纳税额。税收的本质就是“取之于民，用之于民”，聚集财富也是为了更好地为人民、为国家服务，对特殊群体的照顾体现了国家对人民的爱护。

五、计算问答题

1. 答：(1) 取得的国债利息收入和从境内未上市的居民企业取得的投资收益属于免税收入。

业务 (1) 应调减应纳税所得额=10+100=110 (万元)

(2) 12 月接受其他单位捐赠的汽车一辆，应计入营业外收入，企业未进行账务处理，则应调整利润总额。

公益性捐赠扣除限额=(250+45)×12%=35.4 (万元)

向某农村小学的直接捐赠，不得在税前扣除。

业务 (2) 应调增应纳税所得额=50−35.4+20=34.6 (万元)

(3) 广告费扣除限额=1 000×15%=150 (万元)

回扣支出不得扣除。

业务招待费扣除限额 1=1 000×5‰=5 (万元)

业务招待费扣除限额 2=12.5×60%=7.5 (万元)

企业开展研发活动中实际发生的研发费用，未形成无形资产计入当期损益的，在按规定据实扣除的基础上，再按照实际发生额的 75%在税前加计扣除。

业务 (3) 合计应调增应纳税所得额=(185−150)+5+(12.5−5)−50×75%=10 (万元)

(4) 业务 (4) 应调增应纳税所得额=48−530×6%=16.2 (万元)

(5) 应纳税所得额=250−110+34.6+10+16.2+45=245.8 (万元)

应补缴的企业所得税=245.8×25%−50=11.45 (万元)

2. 答：(1) 业务招待费税前扣除限额 1=5 500×5‰=27.5 (万元)

业务招待费税前扣除限额 2=实际发生额的 60%=80×60%=48 (万元) >27.5 (万元)

业务招待费应调增应纳税所得额=80−27.5=52.5 (万元)

(2) 研发费可以加计扣除 75%，应调减应纳税所得额=100×75%=75 (万元)

(3) 广告费和业务宣传费税前扣除限额=5 500×30%=1 650 (万元)

实际发生广告费和业务宣传费=800+300=1 100 (万元) <1 650 (万元)

无需调整应纳税所得额。

(4) 支付给银行的 60 万元利息可以税前扣除。

银行同期同类贷款年利率=60÷1 000×100%=6%

与关联方的债资比=1 000÷400=2.5>2

可以在税前扣除的支付给关联方的利息支出=400×2×6%=48 (万元)

利息费用应调增应纳税所得额=60−48=12 (万元)

(5) 公益性捐赠支出税前扣除限额=670×12%=80.4 (万元)

用于目标脱贫地区的捐赠支出可以全额在税前扣除，其余公益性捐赠支出 55 万元<80.4 万元，准予全部在税前扣除。

因违反合同约定支付给其他企业的违约金，可以在税前扣除。

违反工商管理规定被工商管理部门处以的罚款，属于行政性质的罚款，不得在税前扣除。

营业外支出应调增应纳税所得额 5 万元。

（6）工会经费税前扣除限额=400×2%=8（万元）

实际拨缴的 6 万元没有超过限额，可以在税前据实扣除。

职工福利费税前扣除限额=400×14%=56（万元）<实际发生的 60 万元

该企业只能在税前扣除 56 万元。

应调增应纳税所得额=60-56=4（万元）

职工教育经费税前扣除限额=400×8%=32（万元）>实际发生的 15 万元，不需要调整。

工会经费、职工福利费和职工教育经费应调增应纳税所得额 4 万元。

（7）国债利息收入免征企业所得税，应调减应纳税所得额 10 万元。

该企业 2020 年度境内应纳税所得额=670+52.5（业务招待费调增）-75（研发费用调减）+12（利息费用调增）+5（罚款调增）+4（三项经费调增）-10（国债利息调减）-45（A 国的投资收益）-25（B 国的投资收益）=588.5（万元）

（8）境外 A 国所得的抵免限额=45÷（1-20%）×15%=8.44（万元）

实际在 A 国缴纳的税额=45÷（1-20%）×20%=11.25（万元）

因此该企业在境外 A 国实际缴纳的税额超过了抵免限额，所以可以全额抵免，不需要在我国补税。

境外 B 国所得的抵免限额=25÷（1-10%）×15%=4.17（万元）

实际在 B 国缴纳的税额=25÷（1-10%）×10%=2.78（万元）

需要在我国补缴的企业所得税=4.17-2.78=1.39（万元）

该居民企业境外所得应在我国补缴的企业所得税为 1.39 万元。

（9）企业购置并实际使用符合《安全生产专用设备企业所得税优惠目录》规定的安全生产专用设备的，该专用设备的投资额的 10%可以从企业当年的应纳税额中抵免，当年不足抵免的，可以在以后 5 个纳税年度结转抵免。

可抵免的应纳税额=30×10%=3（万元）

该居民企业应补缴企业所得税税额=588.5×15%+1.39-3-75=11.67（万元）

3. 答：（1）该企业将两台设备捐赠给受灾地区，企业所得税应视同销售。确认视同销售收入=140×2=280（万元）

应确认视同销售成本=236.4-140×13%×2=200（万元）

视同销售业务应调增应纳税所得额=280-200=80（万元）

企业发生的公益性捐赠支出，不超过年度利润总额 12%的部分，准予扣除。

年度利润总额=7 500+2 300+1 200-6 000-1 300-800-420-1 800-1 200-180+1 700=1 000（万元）

公益性捐赠支出税前扣除限额=1 000×12%=120（万元）

实际捐赠 236.4 万元。

应调增应纳税所得额=236.4-120=116.4（万元）。

业务（1）应调增应纳税所得额=80+116.4=196.4（万元）

（2）一个纳税年度内，居民企业转让技术所有权所得不超过 500 万元的部分，免征企业所得税；超过 500 万元的部分，减半征收企业所得税。

技术转让所得 = 700−500 = 200（万元）

200 万元小于 500 万元，免征企业所得税，应调减应纳税所得额 200 万元。

（3）职工福利费扣除限额 = 1 400×14% = 196（万元）

应调增应纳税所得额 = 200−196 = 4（万元）

工会经费扣除限额 = 1 400×2% = 28（万元）

应调增应纳税所得额 = 30−28 = 2（万元）

职工教育经费扣除限额 = 1 400×8% = 112（万元）

本年度职工教育经费 25 万元加上以前年度累计结转至本年的职工教育经费 5 万元未超过扣除限额 112 万元，本年度发生的职工教育经费 25 万元准予据实扣除，不需要进行纳税调整。

以前年度累计结转至本年度的职工教育经费准予在本年度扣除，应调减应纳税所得额 5 万元

业务（3）应调增应纳税所得额 = 4+2−5 = 1（万元）

（4）广告费税前扣除限额 =（7 500+2 300+280）×15% = 1 512（万元）

待扣除广告费支出 1 520（1 505+15）万元，应调减应纳税所得额 = 1 512−1 505 = 7（万元）

业务（4）应调减应纳税所得额为 7 万元。

（5）自 2018 年 1 月 1 日起，委托境外进行研发活动所发生的费用，按照费用实际发生额的 80%计入委托方的委托境外研发费用。委托境外研发费用不超过境内符合条件的研发费用 2/3 的部分，可以按规定在企业所得税前加计扣除。对于委托境外研发的研发费用，在账面扣除 80 万元的基础上，可加计扣除 48 万元（80×80%×75%）。

业务(5)应调减应纳税所得额 =（200−80）×75%+（80×80%）×75% = 138（万元）

（6）应预提所得税税额 = 1 000×25%×10% = 25（万元）

（7）该企业 2020 年应纳税所得额 = 1 000+196. 4−200+1−7−138 = 852. 4（万元）

该企业 2020 年应缴纳企业所得税 = 852. 4×25% = 213. 1（万元）

4. 答：（1）会计利润总额 = 6 000−2 600−1 200−480−60+120−150−（160−120）= 1 590（万元）

（2）工会经费应调增应纳税所得额 = 25−1 000×2% = 5（万元）

职工福利费应调增应纳税所得额 = 150−1 000×14% = 10（万元）

职工教育经费扣除限额 = 1 000×8% = 80（万元）

实际发生 30 万元，可以据实扣除，无需调整。

工资和三项经费应调增应纳税所得额 = 10+5 = 15（万元）

（3）广告费扣除限额 = 6 000×15% = 900（万元）

广告费应调增应纳税所得额 = 1 050−900 = 150（万元）

（4）业务招待费扣除限额 = 6 000×5‰ = 30（万元）>25×60% = 15（万元）

业务招待费应调增应纳税所得额 = 25−15 = 10（万元）

（5）公益性捐赠扣除限额 = 1 590×12% = 190. 8（万元）

实际发生的公益性捐赠 100 万元，可以据实扣除，无需调整。直接捐赠和税收

滞纳金不得税前扣除。

应调增应纳税所得额＝5+6＝11（万元）

（6）可以扣除的利息费用＝250×2×6%＝30（万元）

应纳税所得额＝52.5－30＝22.5（万元）

（7）相当于被投资企业累计未分配利润和累计盈余公积按减少实收资本的比例计算的部分是免税的，因此应调减应纳税所得额15万元。

（8）2020年应调整应纳税所得额为0。该企业在2018年1月1日至2020年12月31日新购进的设备、器具，单位价值不超过500万元的，允许一次性计入当期成本费用在计算应纳税所得额时扣除。固定资产在投入使用月份的次月所属年度一次性税前扣除。因此，2019年12月购入的机器设备，在2020年度一次性扣除。

（9）境内所得的应纳税所得额＝1 590＋15＋150＋10＋11＋22.5－15－(50＋30)＝1 703.5（万元）

（10）A国扣除限额＝50×25%＝12.5（万元）

B国扣除限额＝30×25%＝7.5（万元）

在A国缴纳的所得税为10万元，低于扣除限额12.5万元，可以全额扣除。

在B国缴纳的所得税为9万元，高于扣除限额7.5万元，其超过扣除限额的1.5万元当年不能扣除。

该企业在我国应补缴的所得税额＝12.5－10＝2.5（万元）

（11）年终汇算清缴实际缴纳的企业所得税＝1 703.5×25%+2.5＝428.38（万元）

六、案例分析题

【案例一】

思考一：逃避缴纳企业所得税税款将会对企业自身及国家造成什么样的影响？

答：逃避缴纳税款，企业将会受到法律的制裁。根据《中华人民共和国税收征收管理法》第六十三条的规定，纳税人伪造、变造、隐匿、擅自销毁账簿、记账凭证，或者在账簿上多列支出或者不列、少列收入，或者经税务机关通知申报而拒不申报或者进行虚假的纳税申报，不缴或者少缴应纳税款的，是偷税。对纳税人偷税的，由税务机关追缴其不缴或者少缴的税款、滞纳金，并处不缴或者少缴的税款50%以上5倍以下的罚款；构成犯罪的，依法追究刑事责任。扣缴义务人采取前款所列手段，不缴或者少缴已扣、已收税款，由税务机关追缴其不缴或者少缴的税款、滞纳金，并处不缴或者少缴的税款50%以上5倍以下的罚款；构成犯罪的，依法追究刑事责任。根据《中华人民共和国刑法》第二百零一条的规定，纳税人采取欺骗、隐瞒手段进行虚假申报或者不申报，逃避缴纳税款数额较大并且占应纳税额10%以上的，处3年以下有期徒刑或者拘役，并处罚金；数额巨大并且占应纳税额30%以上的，处3年以上7年以下有期徒刑，并处罚金。扣缴义务人采取前款所列手段，不缴或者少缴已扣、已收税款，数额较大的，依照前款的规定处罚。对多次实施前两款行为，未经处理的，按照累计数额计算。企业逃避缴纳税款，是侵害国家利益的一种行为，轻则会加大税收征管成本，重则会破坏市场秩序，影响国家发展。

思考二：随着新型金融市场交易方式的产生，税收征管方面将会面临哪些新的难题？

答：近年来，随着国内金融市场的创新和活跃，产生了各类新型的金融市场交易方式，如案例中的资产证券化业务。企业所进行的新型交易，如资产证券化业务，虽然可能由证监会等金融管理部门负责监管，但监管难度较大，稽查征管水平与新的市场情况还未达到同步。

思考三：面对此种情况，企业应如何应对？

答：在交易前，企业要对交易的各个环节进行法律论证，确保各个环节的合规性。尤其是税务有关环节，需要提前进行合规把控，以防止对整个交易过程产生不利影响，因小失大。

【案例二】

思考一：计算企业所得税应纳税额时，有哪些项目准予税前扣除？

答：在计算企业所得税应纳税所得额时，准予扣除的基本项目是与纳税人取得收入有关的成本、费用、税金和损失，并且应是与实际情况相符的。

所谓成本，即生产、经营成本，是指纳税人为生产、经营商品和提供劳务等所发生的各项直接费用和各项间接费用。所谓费用，即纳税人为生产、经营商品和提供劳务等所发生的销售（经营）费用、管理费用和财务费用。所谓税金，即纳税人按规定缴纳的消费税、城市维护建设税、资源税、土地增值税。教育费附加，可视同税金。所谓损失，即纳税人生产、经营过程中的各项营业外支出，已发生的经营亏损和投资损失以及其他损失。

应当指出的是，纳税人的财务、会计处理与税收规定不一致的，应依照税收规定予以调整，按税收规定允许扣除的金额进行扣除。

思考二：案例中的问题发票如何影响了企业所得税的缴纳金额？

答：《国家税务总局关于加强企业所得税管理的意见》（国税发〔2008〕88 号，以下简称“88 号文”）中提出：“加强发票核实工作，不符合规定的发票不得作为税前扣除凭据。”该规定只是限制了不符合规定的发票作为税前扣除的凭据，但并未表明，发票是唯一合法、有效的凭证，也没有排除商业合同、付款凭证等其他原始凭证可以作为税前扣除的有效凭证。

《中华人民共和国企业所得税法》第八条规定：“企业实际发生的与取得收入有关的、合理的支出，包括成本、费用、税金、损失和其他支出，准予在计算应纳税所得额时扣除。”该法规明确规定了对支出可以税前扣除的三项要求：真实性、相关性、合理性。本案中，A 公司证实其真实性和合理性的支出可以税前扣除。

在实践中，企业一方面应寻求正规的供应商进行交易活动，以确保可取得合规的发票可在所得税前列支；另一方面在取得合规的发票存在困难时，应在日常管理中注意保留和保存与支出相关的其他资料（如合同、支付凭证、收款确认函或收条、银行或其他电子支付记录或截图等），以证明该支出的真实性、合理性和业务相关性。

第五章 个人所得税参考答案

一、单项选择题

1. 【答案】D

【解析】私营企业可能是企业所得税的纳税义务人。个人独资企业和合伙企业投资者是个人所得税的纳税人。税收的本质是“取之于民，用之于民”，而这一本质在个人所得税上体现得较为明显，人民上缴个人所得税，由国家把小的财富聚集成大的财富，集中力量办大事，以基础设施建设、社会福利等形式反馈到个人身上。

2. 【答案】D

【解析】同一作品在报刊上连载取得收入的，以连载完成后取得的所有收入合并为一次，计征个人所得税。李某该项稿酬所得应纳个人所得税额＝(10 000×3＋5 000×3)×(1－20%)×14%＝5 040（元）

3. 【答案】D

【解析】纳税人发生的纯公益性捐赠支出，可以在税前从应税所得额中全额扣除的说法不正确，尚无此项规定。按照税法可抵扣规定进行捐赠，一方面有利于国家进行监督和管理，另一方面个人也可以进行税前扣除，从而形成了遵守税法下双方受益的良好局面。

4. 【答案】D

【解析】个人转让自用达 5 年以上并且是唯一的家庭居住用房取得的所得，属于暂免征收个人所得税的所得项目。税收优惠政策是政府在相对公平的基础上制定的帮扶性政策。

5. 【答案】C

【解析】依照税法规定计算的应纳税额是指纳税人从中国境外取得的所得，区别不同国家或地区和不同应税项目，依照税法规定的费用减除标准和适用税率计算的应纳税额；同一国家或地区内不同应税项目的应纳税额之和，为该国家或地区的扣除限额。

6. 【答案】A

【解析】根据《中华人民共和国个人所得税法》的规定，居民纳税义务人是指在中国境内有住所或者无住所而在中国境内居住满 183 天的个人。税收管辖权问题是严肃的，应积极维护我国的主权完整和税权独立，在居民纳税义务人方面也需严格按照税法的规定进行确认。

7. 【答案】D

【解析】个人作品以图书、报刊形式出版、发表取得的所得按“稿酬所得”项目计征个人所得税。对于个人所得税的计征范围问题，每个人都需要遵循相关规定，按时足额纳税是人民爱国情操的体现。

8. 【答案】C

【解析】在中国境内无住所又不居住或者无住所而一个纳税年度内在中国境内

居住累计不满183天的个人，为非居民个人。在2020年度和2021年度，约翰的在华时间都没有超过183天，因此这两年都属于我国的非居民个人。

9.【答案】B

【解析】国债利息收入免征个人所得税。

股息所得应纳个人所得税 = 16 000×50%×20%+7 000×20% = 3 000（元）

10.【答案】A

【解析】工资属于由雇主发放给雇员的，个人独资企业的业主虽然每月名义上在领取工资，但其工资实质上不属于个人所得税所称的工资、薪金范畴，而是其生产经营所得，因此不能扣除。

11.【答案】C

【解析】直接捐赠不能在计算应纳税所得额时扣除。

该笔收入应预缴的个人所得税 = 20 000×（1−20%）×20% = 3 200（元）

按照税法可抵扣规定进行捐赠，一方面有利于国家进行监督和管理，另一方面企业也可以进行税前扣除。对于个人所得税的计征范围问题，每个人都需要遵循相关规定，按时足额纳税是人民爱国情操的体现。

12.【答案】D

【解析】选项A、选项B、选项C不得税前扣除。

13.【答案】A

【解析】工资、薪金所得，劳务报酬所得，稿酬所得，特许权使用费所得属于综合所得，居民个人按纳税年度合并计算个人所得税。

14.【答案】B

【解析】根据我国目前个人收入的构成情况，我国规定对于一些不属于工资、薪金性质的补贴、津贴或不属于纳税人本人工资、薪金所得项目的收入，不予征税。具体包括独生子女补贴，执行公务员工资制度未纳入基本工资总额的补贴、津贴等差额和家属成员的副食品补贴，差旅费津贴、误餐补助，外国来华留学生领取的生活津贴费、奖学金等。

15.【答案】D

【解析】选项A、选项B、选项C按照“财产转让所得”项目征税。

16.【答案】D

【解析】个人捐赠北京2022年冬奥会、冬残奥会、测试赛的资金和物资支出可以在计算个人应纳税所得额时全额扣除。按照税法可抵扣规定进行捐赠，一方面有利于国家进行监督和管理，另一方面企业也可以进行税前扣除，从而形成了遵守税法下双方受益的良好局面。

17.【答案】A

【解析】选项A，罚金、罚款和被没收财物的损失是不允许税前扣除的。选项D，不允许税前扣除的是税收的滞纳金，社保的滞纳金是可以税前扣除的。

18.【答案】D

【解析】根据个人所得税相关规定，计算财产转让所得时准予按财产原值和合理费用进行扣除。

19.【答案】C

【解析】个人以非货币资产投资的所得，按照“财产转让所得”项目计算缴纳个人所得税。

20.【答案】A

【解析】10月份卖出债券应扣除的买价及费用=(20 000×8+800)÷20 000×10 000+415=80 815（元）

(2)转让债券应缴纳的个人所得税=(10 000×8.3−80 815)×20%=437(元)

(3)债券利息收入应缴纳的个人所得税=2 700×20%=540（元）

(4)该公民应缴纳的个人所得税=437+540=977（元）

21.【答案】C

【解析】选项A，出租汽车经营单位将出租车所有权转移给驾驶员的，出租车驾驶员从事客货运营取得的收入，按照“经营所得”项目征税；选项B，合伙企业的个人投资者以企业资金为本人购买汽车，按照“经营所得”项目缴纳个人所得税；选项D，企业为股东购买财产并登记在股东名下，其实质为企业对股东进行了红利性质的实物分配，应按照“利息、股息、红利所得”项目征收个人所得税。

22.【答案】D

【解析】个人提前退休取得的补贴收入，应按照“工资、薪金所得”项目征收个人所得税。

应纳税额={[(一次性补贴收入÷办理提前退休手续至法定退休年龄的实际年度数)−费用扣除标准]×适用税率−速算扣除数}×提前办理退休手续至法定退休年龄的实际年度数

王某应缴纳个人所得税=[(150 000÷2−60 000)×3%]×2=900（元）

23.【答案】A

【解析】90 000÷3−60 000=−30 000<0，无需缴纳个税。

24.【答案】A

【解析】个人因各种原因终止投资、联营、经营合作等行为，从被投资企业或合作项目、被投资企业的其他投资者以及合作项目的经营合作人取得股权转让收入、违约金、补偿金、赔偿金及其他名目收回的款项等，均属于个人所得税应税收入，应按照“财产转让所得”项目适用的规定缴纳个人所得税。

应缴纳个人所得税=(250 000+10 000−200 000)×20%=12 000（元）

25.【答案】C

【解析】选项A、选项B、选项D不得税前扣除。

26.【答案】B

【解析】选项A属于“工资、薪金所得”项目；选项C属于“劳务报酬所得”项目；选项D属于“特许权使用费所得”项目。

27.【答案】D

【解析】应纳税额=股权激励收入×适用税率−速算扣除数

应纳税额=[10 000×(6−1)+20 000×(8−1)]×20%−16 920=21 080（元）

28.【答案】A

【解析】员工接受实施股票期权计划企业授予的股票期权时，除另有规定外，一般不作为应税所得征税。

29.【答案】A

【解析】自2015年9月8日起，个人从公开市场取得上市公司股票的股息、红利所得，根据持股期限分别按全额（1个月以内）、减按50%（1个月至1年）、免税（1年以上）计征个人所得税。由于王某持股时间超过1年，因此无需缴纳个税。

30.【答案】B

【解析】同一作品先在报刊上连载，之后再出版；或者先出版，再在报刊上连载的，应视为两次稿酬所得征税，即连载作为一次，出版作为另一次。

【点评】本题考查的是在个人所得税中有关"次"的规定，稿酬所得，以每次出版、发表取得的收入为一次。具体又可细分为以下情况：

（1）同一作品再版取得的所得，应视作另一次稿酬所得计征个人所得税。

（2）同一作品先在报刊上连载，之后再出版，或者先出版，再在报刊上连载的，应视为两次稿酬所得征税，即连载作为一次，出版作为另一次。

（3）同一作品在报刊上连载取得收入的，以连载完成后取得的所有收入合并为一次，计征个人所得税。

（4）同一作品在出版和发表时，以预付稿酬或分次支付稿酬等形式取得的稿酬收入，应合并计算为一次。

（5）同一作品出版、发表后，因增加印数而追加稿酬的，应与以前出版、发表时取得的稿酬合并计算为一次，计征个人所得税。

31.【答案】D

【解析】在中国境内有住所，或者是在中国境内无住所而一个纳税年度内在中国境内居住满183天的个人，为我国居民个人。

32.【答案】B

【解析】应纳税所得额=20 000×(1−20%)=16 000（元）

捐赠贫困地区的扣除限额=16 000×30%=4 800（元）

向农村义务教育的捐款可以全额在税前扣除。应预扣预缴的个人所得税=(16 000−4 800−6 000)×20%=1 040（元）

33.【答案】A

【解析】业务招待费扣除限额=10 000×60%=6 000（元）>200 000×5‰=1 000（元）

应纳个人所得税=[200 000−80 000+(10 000−1 000)−60 000]×10%−1 500=5 400（元）

34.【答案】C

【解析】1月应预扣预缴的个人所得税=(13 600−5 000−2 500−1 000−1 000−2 000)×3%=63（元）

35.【答案】A

【解析】机关、企事业单位对未达到法定退休年龄、正式办理提前退休手续的个人，按照统一标准向提前退休工作人员支付一次性补贴，不属于免税的离退休工资收入，应按照“工资、薪金所得”项目征收个人所得税。

36.【答案】C

【解析】差旅费津贴不属于工资、薪金所得，不征收个人所得税；按规定扣缴的“五险一金”准予从工资总额中扣除。

应预扣预缴个人所得税＝(8 000+1 200+1 500−960−5 000−500−2 000)×3%＝67.2（元）

37.【答案】A

【解析】旅游费 8 000 元按照工资、薪金所得缴纳个人所得税。“五险一金”不缴纳个人所得税。

李某应预扣预缴个人所得税＝(5 200+8 000−1 400−5 000)×3%＝204（元）

38.【答案】C

【解析】对商品营销活动中，企业和单位对营销业绩突出人员以培训班、研讨会、工作考查等名义组织旅游活动，通过免收差旅费、旅游费对个人实行的营销业绩奖励（包括实物、有价证券等），应根据所发生费用全额计入营销人员应税所得，依法征收个人所得税。

个人所得税＝(5 000+9 000−5 000−2 000−200)×3%＝204（元）

39.【答案】D

【解析】业务招待费扣除限额＝10 000 000×5‰＝50 000（元）<100 000×60%＝60 000（元）

税前准予扣除 50 000 元。

广告费和业务宣传费用扣除限额＝10 000 000×15%＝1 500 000（元）

实际发生额＝150 000+80 000＝230 000（元）

税前扣除准予扣除 230 000 元。

该个体工商户 2020 年应纳税所得额＝10 000 000(收入)−7 600 000(成本和费用)−1 500 000(税金)+(100 000−50 000)(业务招待费调增)+(150 000+80 000−230 000)(广告宣传费调增)+54 000(业主工资调增)−5 000×12(业主生计费)＝944 000（元）

该个体工商户 2020 年应缴纳个人所得税＝944 000×35%−65 500＝264 900（元）

40.【答案】C

【解析】广告费扣除限额＝80×15%＝12（万元）

因为实际发生了广告费 7 万元，所以 7 万元可以据实扣除。

王某应缴纳个人所得税＝(80+0.6×12−65−0.5×12−0.1×12−0.2×12)×10 000×20%−10 500＝14 700（元）

41.【答案】A

【解析】选项 B，按“工资、薪金所得”项目缴纳个人所得税；选项 C 和选项 D 按“特许权使用费所得”缴纳个人所得税。

42.【答案】B

【解析】个人参加笔会现场作画取得的作画所得属于劳务报酬所得，不属于稿酬所得。

43. 【答案】C

【解析】选项 A，个人处置打包债权取得的收入，按“财产转让所得”项目缴纳个人所得税；选项 B，个人取得不竞争款项按照“偶然所得”项目征税；选项 D，个人转让限售股所得，按照“财产转让”项目缴纳个人所得税。

44. 【答案】B

【解析】除个人独资企业、合伙企业以外的其他企业的个人投资者，以企业资金为本人、家庭成员及其相关人员支付与企业生产经营无关的消费性支出及购买汽车、住房等财产性支出，视为企业对个人投资者的红利分配，依照“利息、股息、红利所得”项目计征个人所得税。

45. 【答案】D

【解析】捐赠可扣除限额＝20 000×30%＝6 000（元）

实际捐赠 4 000（元）

可以据实扣除 4 000 元。

应纳税所得额＝偶然所得－捐赠额＝20 000－4 000＝16 000（元）

应纳税额（商场代扣税款）＝应纳税所得额×适用税率＝16 000×20%＝3 200（元）

陈某实际可得金额＝20 000－4 000－3 200＝12 800（元）

46. 【答案】B

【解析】领奖时发生的交通费、食宿费等由个人承担的部分，计算个人所得税时不扣除。郑某中奖收入应缴纳个人所得税＝9 000×20%＝1 800（元）

47. 【答案】A

【解析】捐赠扣除的限额＝20 000×30%＝6 000（元）

对外捐赠的 5 000 元可以全部扣除。

应缴纳个人所得税＝(20 000－5 000)×20%＝3 000（元）

48. 【答案】D

【解析】纳税人取得全年一次性奖金，应单独作为一个月工资、薪金所得计算纳税。50 000÷12＝4 166. 67 元，适用税率为 10%，速算扣除数为 210 元。

应纳个人所得税＝50 000×10%－210＝4 790（元）

49. 【答案】D

【解析】36 000÷12＝2 916. 67 元，适用税率为 3%

应纳税额＝36 000×3%＝1 080（元）

50. 【答案】A

【解析】全年一次性奖金÷12＝60 000÷12＝5 000 元，适用税率为 10%，速算扣除数为 210 元。

个人所得税＝60 000×10%－210＝5 790（元）

51. 【答案】A

【解析】选项 A，应按照“工资、薪金所得”项目征税。

52. 【答案】A

【解析】劳务报酬所得，稿酬所得，特许权使用费所得，利息、股息、红利所得，财产租赁所得，偶然所得和其他所得等7项所得，属于按次征收个人所得税情况。

53. 【答案】C

【解析】兼职律师应于次月7日内自行向主管税务机关申报两处或两处以上取得的工资、薪金所得，合并计算缴纳个人所得税。

54. 【答案】C

【解析】任职、受雇于报纸、杂志等单位的记者、编辑等专业人员，因为在本单位的报纸、杂志上发表作品取得的所得，属于因任职、受雇而取得的所得，应与其当月工资收入合并，按“工资、薪金所得”项目征收个人所得税。

10 400÷12=866.67元，适用税率为3%。

应预扣预缴个人所得税=(4 200+1 800−5 000−1 000)×3%+10 400×3%=312（元）

55. 【答案】B

【解析】王某所获稿酬应预扣预缴的个人所得税=5 000×(1−20%)×70%×20%=560（元）

王某工资、薪金应预扣预缴的个人所得税=(11 000−1 080−1 000−200−5 000)×3%=111.6（元）

王某应缴纳个人所得税合计=111.6+560=671.6（元）

56. 【答案】C

【解析】稿酬所得属于一次性收入的，以取得该项收入为一次。在两处或两处以上出版、发表或再版同一作品而取得的稿酬，则可以分别以各处取得的所得或再版所得分次征税。

应预扣预缴的个人所得税=9 000×(1−20%)×70%×20%+(4 000−800)×70%×20%=1 456（元）

57. 【答案】C

【解析】选项C，个人独资企业生产经营和投资者及其家庭生活共用的固定资产，难以划分的，由主管税务机关根据企业的生产经营类型、规模等具体情况，核定准予在税前扣除的折旧费用的数额或比例。这里需要注意与期间费用混用的区别：个体工商户生产经营活动中，应当分别核算生产经营费用和个人、家庭生活费用。对于生产经营与个人、家庭生活混用难以分清的费用，全部视为投资者个人及其家庭发生的生活费用，不允许在税前扣除。

58. 【答案】C

【解析】选项C，个人独资企业生产经营和投资者及其家庭生活共用的固定资产，难以划分的，由主管税务机关根据企业的生产经营类型、规模等具体情况，核定准予在税前扣除的折旧费用的数额或比例。

59. 【答案】D

【解析】季度奖并入当月工资，按照“工资、薪金所得”缴纳个人所得税；剧本使用费按照“特许权使用费所得”缴纳个人所得税。

当月应预扣预缴的个人所得税=(5 000+8 000−5 000−2 000−500)×3%+30 000×(1−20%)×20%=4 965（元）

60.【答案】A

【解析】应预扣预缴的个人所得税=(3 000−800)×20%+4 500×(1−20%)×20%=1 160（元）

二、多项选择题

1.【答案】ABCDE

【解析】稿酬所得，以每次出版、发表取得的收入为一次。具体又可细分为以下几种情况：

（1）同一作品再版取得的所得，应视作另一次稿酬所得计征个人所得税。

（2）同一作品先在报刊上连载，之后再出版；或者先出版，再在报刊上连载的，应视为两次稿酬所得征税，即连载作为一次，出版作为另一次。

（3）同一作品在报刊上连载取得收入的，以连载完成后取得的所有收入合并为一次，计征个人所得税。

（4）同一作品在出版和发表时，以预付稿酬或分次支付稿酬等形式取得的稿酬收入，应合并计算为一次。

（5）同一作品出版、发表后，因增加印数而追加稿酬的，应与以前出版、发表时取得的稿酬合并计算为一次，计征个人所得税。

2.【答案】ACE

【解析】对于外籍人员在我国工作以及我国公民在境外工作的情况，税务机关应准确确认纳税范围，以维护国家的税收主权。

3.【答案】CE

【解析】对企事业单位的承包经营、承租经营所得，以每一纳税年度的收入总额，减除必要费用后的余额，为应纳税所得额。利息、股息、红利所得，偶然所得和其他所得，以每次收入额为应纳税所得额。

4.【答案】ABCD

【解析】个人所得税专项附加扣除是指个人所得税法规定的子女教育、继续教育、大病医疗、住房贷款利息或住房租金、赡养老人等6项专项附加扣除。专项附加扣除项目是较新的内容。目前，我国税收法律体系在不断完善，财会人员更应该不断更新自己所学的知识，跟上国家政策变更的脚步。

5.【答案】AC

【解析】个人取得的国债和国家发行的金融债券利息所得免税，不包括企业债券利息。中国铁路建设债券属于企业债券，不属于财政部发行的债券和经国务院批准发行的金融债券。因此，个人持有中国铁路建设债券而取得的利息所得，不属于可以免纳个人所得税的“国债和国家发行的金融债券利息”的范围，必须缴纳个人所得税。根据规定，对个人投资者买卖基金单位获得的差价收入，在对个人买卖股票的差价收入未恢复征收个人所得税以前，暂不征收个人所得税。

6.【答案】ABC

【解析】选项D，私营企业可能是企业所得税的纳税义务人。个人独资企业和合伙企业投资者是个人所得税的纳税人。

7.【答案】BCD

【解析】选项B，按照“经营所得”项目征税；选项C，按照“偶然所得”项目征税；选项D，按照“工资、薪金所得”项目征税。

8.【答案】BD

【解析】选项A，业主的工资、薪金不可以据实扣除；选项C，业务招待费按照实际发生额的60%和销售（营业）收入的5‰孰低扣除。

9.【答案】ABD

【解析】选项C，按照“经营所得”项目缴纳个人所得税。

10.【答案】CD

【解析】本题考核个人所得税征税范围的知识点。选项A，中奖所得按照“偶然所得”项目计算缴纳个人所得税；选项B，个人独资企业和合伙企业对外投资分回的利息或股息、红利，不并入企业的收入，而应单独作为投资者个人取得的利息、股息、红利所得，按“利息、股息、红利所得”项目计算缴纳个人所得税。

11.【答案】AC

【解析】个人取得的国债和国家发行的金融债券利息免纳个人所得税。

12.【答案】ABC

【解析】选项D，应按照“利息、股息、红利所得”征收个人所得税。

13.【答案】BCD

【解析】选项B，按照“个体工商户的生产、经营所得”项目征税；选项C，按照“偶然所得”项目征税；选项D，按照“工资、薪金所得”项目征税。

14.【答案】CD

【解析】选项A和选项B，不缴纳个人所得税；选项C和选项D，应当按照“偶然所得”项目缴纳个人所得税。

15.【答案】ABC

【解析】选项D，除个人独资企业、合伙企业以外的其他企业的个人投资者，以企业资金为本人、家庭成员及其相关人员支付与企业生产经营无关的消费性支出及购买汽车、住房等财产性支出，视为企业对个人投资者的红利分配，依照“利息、股息、红利所得”项目计征个人所得税。

16.【答案】ABC

【解析】个体工商户生产经营所得应自行申报纳税。

17.【答案】AB

【解析】选项A，应按照“工资、薪金所得”项目缴纳个人所得税；选项B，从2015年9月8日起，个人从公开发行和转让市场取得的上市公司股票，持股期限超过1年的，股息、红利所得暂免征收个人所得税。个人从公开发行和转让市场取得的上市公司股票，持股期限在1个月以内（含1个月）的，其股息、红利所得全额计入应纳税所得额；持股期限在1个月以上至1年（含1年）的，暂减按50%计人应纳税所得额；上述所得统一适用20%的税率计征个人所得税。

18. 【答案】AC

【解析】居住满90天或183天的非居民，境内所得均纳税，因此选项B说法错误；非居民的境外所得均不纳税，因此选项D说法错误。

19. 【答案】BD

【解析】个人转让持有上市公司的股票免征个人所得税，个人转让持有非上市公司的股票不免征个人所得税。

20. 【答案】AD

【解析】税法规定，各种赞助支出和缴纳的个人所得税不得税前扣除。因此，选项B和选项C不正确。

21. 【答案】ABD

【解析】选项C，个体工商户生产经营活动中，应当分别核算生产经营费用和个人、家庭费用。对于生产经营与个人、家庭生活混用难以分清的费用，其40%视为与生产经营有关费用，准予扣除。

22. 【答案】ABD

【解析】选项C，个体工商户在生产经营过程中发生的与家庭生活混用的费用，其40%视为与生产经营有关费用，准予扣除。

23. 【答案】ABD

【解析】选项C，个体工商户业主本人缴纳的补充养老保险费、补充医疗保险费，以当地（地级市）上年度社会平均工资的3倍为计算基数，分别在不超过该计算基数5%标准内的部分据实扣除；超过部分，不得扣除。

24. 【答案】BC

【解析】选项B，编剧从电视剧制作单位取得的剧本使用费属于特许权使用费所得；选项C，任职、受雇于报纸、杂志等单位的记者、编辑等专业人员，因在本单位的报纸、杂志上发表作品取得的所得，属于因任职、受雇而取得的所得，应与其当月工资收入合并，按照“工资、薪金所得”项目征收个人所得税。除上述专业人员以外，其他人员在本单位的报纸、杂志上发表作品取得的所得，应按照“稿酬所得”项目征收个人所得税。

25. 【答案】ACD

【解析】翻译作品关键看是否署名，署名的，按照稿酬所得计税；没有署名的，按照劳务报酬所得计税。

26. 【答案】ABCD

【解析】股权转让收入虽然明显偏低，但是视为有正当理由的情形如下：

（1）能出具有效文件，证明被投资企业因国家政策调整，生产经营受到重大影响，导致低价转让股权。

（2）继承或将股权转让给其能提供具有法律效力身份关系证明的配偶、父母、子女、祖父母、外祖父母、孙子女、外孙子女、兄弟姐妹以及对转让人承担直接抚养或赡养义务的抚养人或赡养人。

（3）相关法律、政府文件或企业章程规定，并有相关资料充分证明转让价格合理且真实的本企业员工持有的不能对外转让股权的内部转让。

（4）股权转让双方能够提供有效证据证明其合理性的其他合理情形。

27.【答案】ACD

【解析】在中国境内无住所的个人，在一个纳税年度内在中国境内居住累计不超过 90 天的，其来源于中国境内的所得，由境外雇主支付并且不由该雇主在中国境内的机构、场所负担的部分，免予缴纳个人所得税。

28.【答案】ACD

【解析】非居民个人从中国境内取得的所得，按规定缴纳个人所得税。

29.【答案】ABCD

【解析】有下列情形之一的，纳税人应当依法办理纳税申报：

（1）取得综合所得需要办理汇算清缴。

（2）取得应税所得没有扣缴义务人。

（3）取得应税所得，扣缴义务人未扣缴税款。

（4）取得境外所得。

（5）因移居境外注销中国户籍。

（6）非居民个人在中国境内从两处以上取得工资、薪金所得。

（7）国务院规定的其他情形。

扣缴义务人应当按照国家规定办理全员全额扣缴申报，并向纳税人提供其个人所得和已扣缴税款等信息。

30.【答案】AD

【解析】选项 C，除个人独资企业、合伙企业以外的其他企业的个人投资者，以企业资金为本人、家庭成员及其相关人员支付与企业生产经营无关的消费性支出及购买汽车、住房等财产性支出，视为企业对个人投资者的红利分配，依照“利息、股息、红利所得”项目计征个人所得税。

31.【答案】AD

【解析】王某不参与分享餐厅经营成果，其取得的承包收入实质上属于岗位责任工资，按照“工资、薪金所得”项目征税。张某参与分享承包企业的经营成果，其从招待所取得的工资、薪金和承包经营成果都属于“经营所得”项目。

32.【答案】ABCD

【解析】以上选项全部正确。

33.【答案】ABCD

【解析】会计师事务所、税务师事务所、审计师事务所以及其他中介机构的个人所得税征收管理，按照律师事务所的有关原则进行处理。

34.【答案】BC

【解析】选项 A，投资者的工资不得在税前扣除；选项 D，工资属于由雇主发放给雇员的，个人独资企业的业主虽然名义上每月在领取工资，但实质上其工资不属于个人所得税所称的工资、薪金范畴，而是其生产经营所得，因此不能扣除。

35.【答案】ACD

【解析】选项 A，财产租赁所得，以被租赁财产的使用地作为所得来源地；选项 C，利息、股息、红利所得，以支付利息、股息、红利的企业、机构、组织的所在地作为所得来源地；选项 D，劳务报酬所得，以纳税人实际提供劳务的地点作为所得来源地。

36.【答案】ABCD

【解析】以上表述均正确。

37.【答案】BD

【解析】取得综合所得且符合下列情形之一的纳税人，应当依法办理汇算清缴：

（1）从两处以上取得综合所得，且综合所得年收入额减除专项扣除后的余额超过 6 万元。

（2）取得劳务报酬所得、稿酬所得、特许权使用费所得中一项或多项所得，且综合所得年收入额减除专项扣除的余额超过 6 万元。

（3）纳税年度内预缴税额低于应纳税额。

（4）纳税人申请退税。

38.【答案】ABC

【解析】选项 D，转让中国境内的不动产等财产或在中国境内转让其他财产取得的所得，不论支付地点是否在中国境内，均为来源于中国境内的所得。

39.【答案】ABD

【解析】选项 C，转让境外不动产，不属于来源中国境内的所得。

40.【答案】ACD

【解析】对个人独资企业和合伙企业的个人投资者取得的生产经营所得，适用超额累进税率。

41.【答案】ACD

【解析】选项 B，非居民个人取得稿酬所得和特许权使用费所得，应按月或按次分项计算个人所得税。

42.【答案】CD

【解析】选项 C，个人的所得（不含偶然所得，经国务院财政部门确定征税的其他所得）用于对非关联的科研机构和高等学校研究开发新产品、新技术、新工艺所发生的研究开发经费的资助，可以全额在下月（工资、薪金所得）或下次（按次计征的所得）或当年（按年计征的所得）计征个人所得税时，从应纳税所得额中扣除，不足抵扣的，不得结转抵扣。选项 D，个体工商户研究开发新产品、新技术、新工艺所发生的开发费用以及研究开发新产品、新技术而购置的单台价值在 10 万元以下的测试仪器和试验性装置的购置费，准予扣除。超出上述标准和范围的，按固定资产管理，不得在当期扣除。

43.【答案】ACD

【解析】保险赔款、退休工资和军人转业费、复员费属于个人所得税免征的范围。公司职工取得的用于购买企业国有股权的劳动分红，按照“工资、薪金所得”项目计征个人所得税。

44.【答案】CD

【解析】选项 A，中奖所得按照“偶然所得”项目计算缴纳个人所得税；选项

B，个人独资企业和合伙企业对外投资分回的利息或者股息、红利，不并入企业的收入，而应单独作为投资者个人取得的利息、股息、红利所得，按照“利息、股息、红利所得”项目计算缴纳个人所得税。

45.【答案】BC

【解析】选项B，暂缓征收个人所得税；选项C，按照“经营所得”项目计算缴纳个人所得税。

46.【答案】BCD

【解析】选项A，按劳务报酬所得缴纳个人所得税。

47.【答案】CD

【解析】工资、薪金所得和劳务报酬所得适用超额累进税率。

48.【答案】BD

【解析】选项A，个体工商户业主的工资、薪金所得税前不可以扣除；选项C，业务招待费按照实际发生额的60%和收入的5‰孰低原则扣除。

49.【答案】ACD

【解析】实行个人所得税全员全额扣缴申报的应税所得包括以下几项：

（1）工资、薪金所得。

（2）劳务报酬所得。

（3）稿酬所得。

（4）特许权使用费所得。

（5）利息、股息、红利所得。

（6）财产租赁所得。

（7）财产转让所得。

（8）偶然所得。

50.【答案】AC

【解析】股息、红利所得和偶然所得在计算个人所得税时无费用扣除，以每次收入额为应纳税所得额。

51.【答案】CD

【解析】选项A，对工资、薪金所得涉及的个人生计费用，采取定额扣除的办法；选项B，对财产租赁所得、劳务报酬所得、稿酬所得、特许权使用费所得，采取定额与定率两种扣除办法。

52.【答案】ABC

【解析】利息、股息、红利所得，以支付利息、股息、红利时取得的收入为一次。

53.【答案】ABC

【解析】属于同一事项连续取得收入的，以一个月内取得的收入为一次，因此D选项错误。

54.【答案】BCD

【解析】企业年金单位缴费部分，在计入个人账户时，个人暂不缴纳个人所得税。

55.【答案】ABD

【解析】选项C，属于稿酬所得的范畴，不属于特许权使用费的范畴。

56.【答案】AC

【解析】股票转让差价免税，股息、红利所得按照20%的税率征税。

57.【答案】ABCD

【解析】以上各选项均正确。

58.【答案】ACD

【解析】住房贷款利息扣除期限最长不超过240个月。

59.【答案】CD

【解析】选项A，纳税人需要留存备查的相关资料应当留存5年；选项B，住房租金支出由签订租赁住房合同的承租人扣除。

60.【答案】ACD

【解析】选项A和选项D，子女不足3周岁，不符合子女教育费用扣除条件；选项C，属于非全日制的学历（学位）继续教育，应按照继续教育扣除，不能按照子女教育扣除。

三、判断题

1.【答案】×

【解析】在中国境内无住所，在中国境内居住累计满183天的年度连续不满6年的个人，经向主管税务机关备案，可以就其来源于中国境外且由境外单位或个人支付的所得，免予缴纳个人所得税。

2.【答案】√

【解析】对于境内无住所个人的税收问题体现着税收主权的问题，应严肃对待。

3.【答案】×

【解析】个人担任董事职务所取得的董事费收入，属于劳务报酬所得性质，按照“劳务报酬所得”项目征收个人所得税。

4.【答案】×

【解析】我国税法规定，纳税义务人从中国境外取得的所得，准予其在应纳税额中扣除已在境外缴纳的个人所得税税额，但扣除额不得超过该纳税人境外所得依照我国税法规定计算的应纳税额。

5.【答案】√

6.【答案】×

【解析】个人将其所得通过中国境内的社会团体、国家机关向社会公益事业以及遭受严重自然灾害地区、贫困地区捐赠，捐赠额未超过纳税义务人申报的应纳税所得额30%的部分，可以从其应纳税所得额中扣除。

7.【答案】√

8.【答案】×

【解析】《中华人民共和国个人所得税法》中居民纳税人身份判定的相关规定中，关于“中国境内”的概念，是指中国大陆地区，目前还不包括香港特别行政区、澳门特别行政区和台湾地区。

10. 【答案】×

【解析】个人办理内部退养手续后从原任职单位取得的一次性收入，应按规定计征个人所得税。

11. 【答案】×

【解析】作者将自己的文字作品手稿原件或复印件拍卖取得的所得，按照“特许权使用费所得”项目适用20%的税率缴纳个人所得税。缴纳个人所得税是每个居民的义务，居民应严格遵守税法规定，按时足额缴纳税款。

四、思考题

1. 个人所得税的特点是什么？

答：个人所得税是世界各国普遍征收的一个税种，我国个人所得税主要有以下特点：

（1）实行分类征收。世界各国的个人所得税制大体可以分为三种类型：分类所得税制、综合所得税制和混合所得税制。这三种税制各有所长，各国可以根据本国具体情况选择、运用。我国现行个人所得税采用的是分类所得税制，即将个人取得的各种所得划分为11类，分别适用不同的费用减除规定、不同的税率和不同的计税方法。我国实行分类课征制度，可以广泛采用源泉扣缴办法，加强源泉管控，简化纳税手续，方便征纳双方；同时，还可以对不同所得实行不同的征税方法，便于体现国家政策。

（2）累进税率与比例税率并用。分类所得税制一般采用比例税率，综合所得税制通常采用累进税率。比例税率计算简便，便于实行源泉扣缴；累进税率可以合理调节收入分配，体现公平。我国现行个人所得税根据各类个人所得的不同性质和特点，将这两种形式的税率综合运用于个人所得税制。其中，我国对工资、薪金所得，个体工商户的生产、经营所得，企事业单位的承包、承租经营所得，采用累进税率，实行量能负担；对劳务报酬所得、稿酬所得等其他所得，采用比例税率，实行等比负担。

（3）费用扣除额较宽。各国的个人所得税均有费用扣除的规定，只是扣除的方法及额度不尽相同。我国本着费用扣除从宽、从简的原则，采用费用定额扣除和定率扣除两种方法。我国对工资、薪金所得，每月减除费用5 000元。对劳务报酬等所得，每次收入不超过4 000元的减除800元；每次收入4 000元以上的减除20%的费用。按照这样的标准减除费用，实际上等于对绝大多数的工资、薪金所得予以免税或只征很少的税款，也使得提供一般劳务、取得中低劳务报酬所得的个人大多不用负担个人所得税。

（4）计算简便。我国个人所得税的费用扣除采取总额扣除法，免去了对个人实际生活费用支出逐项计算的麻烦。各种所得项目实行分类计算，并且具有明确的费用扣除规定，费用扣除项目及方法易于掌握，计算比较简单，符合税制简便原则。

（5）采取课源制和申报制两种征纳方法。《中华人民共和国个人所得税法》规定，对纳税人的应纳税额分别采取由支付单位源泉扣缴和纳税人自行申报两种方法。

凡是可以在应税所得的支付环节扣缴个人所得税的，均由扣缴义务人履行代扣代缴义务；没有扣缴义务人的以及个人在两处以上取得工资、薪金所得的，由纳税人自行申报纳税。此外，对其他不便于扣缴税款的，税法规定也由纳税人自行申报纳税。

2. 个人所得税有哪些征税项目？

答：工资、薪金所得，生产、经营所得，劳务报酬所得，稿酬所得，特许权使用费所得，利息、股息、红利所得，财产租赁所得，财产转让所得，偶然所得。

3. 居民个人取得劳务报酬预扣预缴税款如何计算？是否需要进行汇算清缴？

答：向居民纳税人支付劳务报酬所得时，按次或按月预扣预缴税款，以每次收入减除费用后的余额为收入额，每次收入不超过 4 000 元的，减除费用按 800 元计算；每次收入 4 000 元以上的，减除费用按 20%计算。此外，劳务报酬按应税所得额的多少适用 20%~40%的三档累进预扣率。其计算公式如下：

每次收入不超过 4 000 元的：

每次（每月）应预扣税额=（收入额-800）×适用预扣率

每次收入超过 4 000 元的：

每次（每月）应预扣税额=收入额×(1-费用扣除率)×适用预扣率

4. 个人所得税的计税原理是什么？

答：个人所得税的计税依据是纳税人取得的应纳税所得额。

应纳税所得额=个人取得的各项收入-税法规定的扣除项目或扣除金额后的余额

工资、薪金所得，适用 7 级超额累进税率，按月应纳税所得额计算征税。该税率按个人月工资、薪金应税所得额划分级距，最高一级为 45%，最低一级为 3%，共 7 级。个体工商户的生产、经营所得和对企事业单位适用 5 级超额累进税率。适用按年计算、分月预缴税款的个体工商户的生产、经营所得和对企事业单位的承包经营、承租经营的全年应纳税所得额划分级距，最低一级为 5%，最高一级为 35%，共 5 级。对个人的稿酬所得，劳务报酬所得，特许权使用费所得，利息、股息、红利所得，财产租赁所得，财产转让所得，偶然所得和其他所得，按次计算征收个人所得税，适用 20%的比例税率。对稿酬所得适用 20%的比例税率，并按应纳税额减征 30%。

5. 股权投资是当前投资的主要方式，居民个人取得股权和转让股权时应如何纳税？

答：因股权的取得和转让而产生所得的现象日益普遍。股权属于财产权的一种表现形式，个人所得税中强调的股权是指自然人股东（以下简称“个人”）投资于在中国境内成立企业或组织的股权或股份。转让股权大多按照“财产转让所得”纳税，但个人取得股权带来的收入有时又因计入“工资、薪金所得”项目需要按照综合所得计税。

居民个人取得股权时，纳税方式一般包括以下几种：

（1）符合条件的非上市公司股票期权、股权期权、限制性股票和股权奖励实行递延纳税。

（2）居民个人取得的下列股权激励所得，在 2021 年 12 月 31 日前，按“工资、薪金所得”项目计税的，不并入当年综合所得，全额单独适用综合所得税率表，计算纳税。

①参与企业股票期权计划而取得的所得。

②个人取得股票增值权所得和限制性股票所得。

③相关技术人员取得高新技术企业转化科技成果获取的股权奖励。

④从任职受雇企业以低于公平市场价格取得股票（权）所得，不能享受税法规定的递延纳税待遇的，对实际出资额低于公平市场价格的差额，按照“工资、薪金所得”项目计算缴纳个人所得税。

（3）个人以非货币资产投资取得股权属于个人转让非货币性资产和投资同时发生，因此应对个人转让非货币性资产的所得，依照“财产转让所得”项目计算缴纳个人所得税。

（4）企业转增股本，需要区分转增股本的资金来源。

①股份制企业用资本公积金转增股本不属于股息、红利性质的分配，对个人取得的转增股本数额，不作为个人所得，不征收个人所得税。

②股份制企业用盈余公积金派发红股属于股息、红利性质的分配，对个人取得的红股数额，应作为个人所得征税。

③个人股东如取得中小高新技术企业以未分配利润、盈余公积、资本公积向其转增的股本，依照“利息、股息、红利所得”适用20%的税率计税，可以在5年内分期缴纳。

（5）企业改组改制过程中个人取得量化资产的，取得的量化资产仅作为分红依据，而不拥有所有权的企业量化资产，不征收个人所得税。如果取得拥有所有权的企业量化资产，取得时暂缓征税；待个人将股份转让时，以其获得的收入额减去取得该股份时实际支付的费用和合理税费后的余额，按“财产转让所得”计缴个人所得税。此外，取得的量化资产参与企业分配而获得的股息、红利，应按照“利息、股息、红利所得”项目纳税。

居民个人转让股权时，纳税方式一般包括以下几种：

（1）转让股权的应纳税所得额根据股权转让收入减去股权原值和合理费用后的余额确定，并按照“财产转让所得”项目计税。

（2）雇员行使认股权证（或股票期权）后，将认购的股票转让的，有以下三种情况：

①已认购的股票不属于境内上市公司股票的，对转让所得按照“财产转让所得”项目纳税。

②已认购的股票属于境内上市公司股票的，对转让所得暂不征税。

③员工因拥有股权而参与企业税后利润分配取得的所得，应按照“利息、股息、红利所得”项目适用的规定计算缴纳个人所得税。

（3）个人转让限售股，对取得的所得（收入减去原值和合理税费后的余额），按照“财产转让所得”项目适用20%的税率计算缴纳个人所得税。

（4）个人转让全国中小企业股份转让系统（新板）挂牌公司股票的，转让“新三板”挂牌公司非原始股取得的所得，可暂免缴纳个人得税；转让“新三板”挂牌公司原始股取得的所得，按照“财产转让所得”项目适用20%的比例税率缴纳个人所得税。

（5）纳税人收回转让的股权，股权转让合同已履行完毕、股权已做变更登记，且所得已经实现的，转让人取得的股权转让收入应当依法缴纳个人所得税。若股权转让合同未履行完毕，因执行仲裁委员会做出的解除股权转让合同及补充协议的裁决、停止执行原股权转让合同，并以原价收回已转让股权的，纳税人不应缴纳相关的个人所得税税款。

（6）还有一些特殊情形，税务部门可以确定为股权转让收入，并按“财产转让所得”项目征税。

6. 经营所得中，个体工商户个人所得税的缴纳方法是怎样的？

答：个体工商户缴纳个人所得税的应纳税所得额为收入减去发生的成本、费用，因此合理扩大成本费用开支、降低应纳税所得额是个体工商户进行税收筹划的主要方法。个体工商户利用扩大费用列支节税的方法主要如下：

（1）尽可能把一些收入转换成费用开支。因为个人收入主要用于家庭的日常开支，而家庭的很多日常开支项目同时又是经营支出项目，如水电费、电话费等，所以应尽量分开经营用的费用，在税前列支。

（2）如果使用自己的房产进行经营，可以采用收取租金的方法扩大经营费用支出。虽然收取租金会增加个人的应纳税所得额，但租金作为一项经营费用，可以冲减个人的应纳税经营所得额，减少个人经营所得的纳税额；同时自己的房产维修保养费用也可以列入经营费用支出。这样做既扩大了经营费用支出，又保证了自己房产的完整性，甚至可以增值。

（3）通过给家庭成员支付工资的办法扩大工资等费用支出。如果纳税人的家人在合伙企业工作，则可以向其支付合理的工资报酬。这既是对其劳动的承认，又增加了税前列支费用。按照税法的规定，企业工作人员的工资及规定的津贴可以计入产品成本。这样就使得个人有所得，企业少缴税。

五、计算问答题

1. 答：（1）审稿所得属于劳务报酬所得。李某 3 月审稿所得预扣预缴的个人所得税＝50 000×(1－20%)×30%－2 000＝10 000（元）

（2）两个或两个以上的纳税义务人共同取得同一项所得的，应当对每个人分得的收入分别按照税法规定减除费用，并计算各自预扣预缴的税款。李某 4 月出版小说预扣预缴的个人所得税＝25 000×(1－20%)×70%×20%＝2 800（元）

（3）作者将自己的文字作品手稿原件或复印件公开拍卖（竞价）取得的所得，按照“特许权使用费所得”项目缴纳个人所得税。李某 5 月拍卖小说手稿复印件所得预扣预缴的个人所得税＝30 000×(1－20%)×20%＝4 800（元）

（4）对于劳务报酬所得，属于同一项目连续性收入的，以一个月内取得的收入为一次。李某 6 月授课收入预扣预缴的个人所得税＝(700×4－800)×20%＝400（元）

（5）李某 7 月出版小说预扣预缴的个人所得税＝(3 000－800)×70%×20%＝308（元）

（6）工资、薪金所得，劳务报酬所得，稿酬所得，特许权使用费所得属于综合所得。居民个人的综合所得，以每一纳税年度的收入额减除费用 6 万元以及专项扣除、专项附加扣除和依法确定的其他扣除后的余额，为应纳税所得额。劳务报酬所得、稿酬所得、特许权使用费所得以收入减除 20% 的费用后的余额为应纳税所得额。稿酬所得的收入额减按 70%计算。

综合所得应纳税所得额 = 10 000×12+50 000×(1−20%) +25 000×(1−20%)×70%+30 000×(1−20%)+700×4×(1−20%)×6+3 000×(1−20%)×70%−60 000−1 500×12−(1 000+1 000)×12 = 111 120（元）

应纳个人所得税 = 111 120×10%−2 520 = 8 592（元）

2. 答：(1) 兼职收入预扣预缴的个人所得税 =(3 000−800)×20% = 440（元）

(2) 保险赔款免征个人所得税。李某取得的福利彩票中奖收入和保险赔款应缴纳的个人所得税 = 20 000×20% = 4 000（元）

(3) 自 2015 年 9 月 8 日起，个人从公开发行和转让市场取得的上市公司股票，持股期限在 1 个月以内（含 1 个月）的，其股息、红利所得全额计入应纳税所得额；持股期限在 1 个月以上至 1 年（含 1 年）的，暂减按 50%计入应纳税所得额；持股期限超过 1 年的，暂免征收个人所得税。李某取得的红利所得应缴纳的个人所得税为 0。

(4) 单位按低于购置或建造成本价格出售住房给职工，职工因此而少支出的差价部分，符合规定的，不并入当年综合所得，以差价收入除以 12 个月得到的数额，按照月度税率表确定适用税率和速算扣除数，单独计算纳税。

李某少支出的差价金额 = 500 000−260 000 = 240 000（元）

240 000÷12 = 20 000 元，适用税率为 20%，速算扣除数为 1 410。

李某低价从单位购房应缴纳的个人所得税 = 240 000×20%−1 410 = 46 590（元）

(5) 李某出售住房应缴纳的个人所得税 =(200 000−90 000−8 000)×20% = 20 400（元）

(6) 企业为股东购买车辆并将车辆所有权归到股东个人名下，应按照“利息、股息、红利所得”项目征收个人所得税。考虑到该股东个人名下的车辆同时也为企业经营使用的实际情况，允许合理减除部分所得。

乙企业为李某购车应代扣代缴的个人所得税 =(300 000−100 000)×20% = 40 000(元)

(7) 独生子女补贴不征收个人所得税。

综合所得应纳税所得额 = 9 000×12+3 000×(1−20%)−60 000−1 000×12−(500+2 000)×12 = 8 400（元）

应纳个人所得税 = 8 400×3% = 252（元）

3. 答：方案一，夫妻各扣 1 000 元。

王海应纳税所得额 = 124 000−60 000−32 000−12 000 = 20 000（元）

适用综合所得 3%的税率，速算扣除数为 0。

王海 2019 年应纳个人所得税额 = 20 000×3% = 600（元）

李红 2019 年应纳税所得额 = 90 000−60 000−31 000−12 000 = −13 000（元）

李红应纳个人所得税额为 0。

王海和李红的家庭全年应纳个人所得税之和=600+0=600（元）

方案二，如果对王海和李红夫妻二人间的扣除进行合理筹划，将妻子李红原来扣除的其中一个子女的教育扣除额度 1 000 元减掉，将两个孩子的专项附加扣除额度 2 000 元都由丈夫王海作为 2019 年度的专项附加扣除申报，则王海全年税前可多列支扣除金额 12 000 元。

王海 2019 年应纳税所得额=124 000−60 000−32 000−24 000=8 000（元）

适用综合所得 3%的税率，速算扣除数为 0。

王海 2019 年全年应纳个人所得税额=8 000×3%=240（元）

李红 2019 年应纳税所得额=90 000−60 000−31 000=−1 000（元）

李红应纳所得税为 0。

王海和李红家庭全年应纳个人所得税之和=240+0=240（元）

可以看出，筹划后比筹划前该家庭缴纳的个人所得税之和减少了 360 元，因此应该选择方案二。

个税的专项附加扣除规定本身就是为了减轻人民的税收负担，合理运用是顺应政策走向的体现。

4. 答：（1）丹尼尔在 2020 年度两次离境，累计 190 天。因此，丹尼尔属于在一个纳税年度内居住累计不满 183 天的非居民个人。根据《中华人民共和国个人所得税法》的规定，非居民个人对我国仅负有有限的纳税义务，就其来源于中国境内的所得缴纳个人所得税。

丹尼尔应纳个人所得税税额=[（120 000÷12−5 000）×10%−210]×12=3 480（元）

（2）乔治在 2020 年 4 次临时离境，每次均未超过 30 天，共计 85 天，当年已在境内居住累计超过 183 天。因此，乔治属于居民个人。按照我国税法的规定，居民个人对我国负有无限的纳税义务，就其来源于中国境内和境外的全部所得缴纳个人所得税。

乔治应纳个人所得税税额=（40 000×6.5+60 000−60 000）×20%−16 920=35 080（元）

（3）丹尼尔比乔治少纳个人所得税税额=35 080−3 480=31 600（元）

丹尼尔比乔治的收入多 6 万元（12−6），但个人所得税却少缴纳 31 600 元，其原因就在于两人的身份不同。乔治要想减轻自己的税收负担，就得设法将居民纳税人的身份变成非居民纳税人，即乔治每次离境或多次出境累计超过 183 天。纳税人利用临时离境的税务筹划还要进行成本−收益分析，如果节省的税收额还不够自己进行税收筹划的成本，就没有必要了。本例没有考虑纳税人在国外纳税的限额抵补的问题。如果国外的税率低于中国的税率，则作为非居民纳税人可以节税；相反，如果国外的税率高于或等于我国国内的税率，则这种税收筹划就没有必要了。

六、案例分析题

【案例一】

思考一：逃避缴纳个人所得税将对个人及国家造成何种影响？

答：根据《中华人民共和国税收征收管理法》的规定，逃避缴纳个人所得税有以下影响：第一，以暴力、威胁方法拒不缴纳税款的，是抗税，除由税务机关追缴其拒缴的税款、滞纳金外，依法追究刑事责任；情节轻微，未构成犯罪的，由税务机关追缴其拒缴的税款、滞纳金，并处拒缴税款1倍以上5倍以下的罚款。第二，纳税人、扣缴义务人在规定期限内不缴或少缴应纳或应解缴的税款，经税务机关责令限期缴纳，逾期仍未缴纳的，税务机关除依照规定采取强制执行措施追缴其不缴或少缴的税款外，可以处不缴或少缴的税款50%以上5倍以下的罚款。第三，扣缴义务人应扣未扣、应收未收税款的，由税务机关向纳税人追缴税款，对扣缴义务人处应扣未扣、应收未收税款50%以上3倍以下的罚款。第四，纳税人、扣缴义务人逃避、拒绝或以其他方式阻挠税务机关检查的，由税务机关责令改正，可以处1万元以下的罚款；情节严重的，处1万元以上5万元以下的罚款。除规定的上述惩罚外，纳税人还有可能会被录入失信名单当中，进而影响自身的生活。逃避缴纳税款是对国家利益的侵害，若纳税人遵从度不高，则会造成国家征管成本的增加以及其他不良的社会影响。

思考二：针对案例所述情况，如何对影视行业进一步加强税收征收管理？

答：影视行业相关企业必须高度重视，应开展规范影视行业税收秩序工作。税务机关规定2018年12月31日前自查自纠并到主管税务机关补缴税款的影视企业及相关从业人员，免予行政处罚，不予罚款；对个别拒不纠正的依法严肃处理。另外，税务机关的执法风险不容忽视，国家税务总局责成江苏省税务局对原无锡市地方税务局、原无锡市地方税务局第六分局等主管税务机关的有关负责人和相关责任人员依法依规进行问责。国家对出现严重偷逃税行为且未依法履职的税务机关负责人及相关人员，将根据不同情形依法依规严肃问责或追究法律责任，进一步完善责任落实，以达到对此种情况的时刻警惕。

【案例二】

思考一：我国对军人创业有哪些特殊的优惠吗？

答：（1）退役士兵创业税收扣减。2019年1月1日至2021年12月31日，自主就业退役士兵从事个体经营的，自办理个体工商户登记当月起，在3年（36个月，下同）内按每户每年12 000元为限额依次扣减其当年实际应缴纳的增值税、城市维护建设税、教育费附加、地方教育附加和个人所得税。限额标准最高可上浮20%，各省、自治区、直辖市人民政府可根据本地区实际情况在此幅度内确定具体限额标准。

纳税人年度应缴纳税款小于上述扣减限额的，减免税额以其实际缴纳的税款为限；大于上述扣减限额的，以上述扣减限额为限。纳税人的实际经营期不足1年的，应当按月换算其减免税限额。

（2）自主择业的军队转业干部免征个人所得税。自主择业的军队转业干部从事个体经营，自领取税务登记证之日起，3年内免征个人所得税。

思考二：随军家属是否能享受税收优惠政策？有什么具体政策？

答：（1）随军家属创业免征增值税。从事个体经营的随军家属，自办理税务登记事项之日起，其提供的应税服务3年内免征增值税。

（2）随军家属创业免征个人所得税。从事个体经营的随军家属从事个体经营，自领取税务登记证之日起，3 年内免征个人所得税。

思考三：对企业来说，接纳安置军人或随军家属有什么税收优惠吗？

答：（1）吸纳退役士兵就业企业税收扣减。属于增值税纳税人或企业所得税纳税人的企业等单位，2019 年 1 月 1 日至 2021 年 12 月 31 日，招用自主就业退役士兵，与其签订 1 年以上期限劳动合同并依法缴纳社会保险费的，在 3 年内按实际招用人数予以定额依次扣减增值税、城市维护建设税、教育费附加、地方教育附加和企业所得税优惠。定额标准为每人每年 6 000 元，最高可上浮 50%，各省、自治区、直辖市人民政府可根据本地区实际情况在此幅度内确定具体定额标准。城市维护建设税、教育费附加、地方教育附加的计税依据是享受本项税收优惠政策前的增值税应纳税额。

（2）安置随军家属就业的企业免征增值税。为安置随军家属就业而新开办的企业，安置的随军家属占企业总人数的 60%（含）以上，并有军（含）以上政治和后勤机关出具的证明，自领取税务登记证之日起，其提供的应税服务 3 年内免征增值税。

（3）安置军队转业干部就业的企业免征增值税。为安置自主择业的军队转业干部就业而新开办的企业，安置的自主择业军队转业干部占企业总人数 60%（含）以上，军队转业干部持有师以上部队颁发的转业证件，自领取税务登记证之日起，其提供的应税服务 3 年内免征增值税。

思考四：通过了解国家对军人的特殊税收待遇，对热爱祖国、崇尚英雄有哪些思考？

答：“兵者，国之大事。”正是因为有人民军队的付出，我们才得以享受和平安宁。反之，如果没有强大的人民军队，就不会有稳固的国防，稳定发展、幸福美满也就只能是一句空话。

党的十九大报告提出：“组建退役军人管理保障机构。”这一安排旨在为提高军人社会地位提供政策支持和制度保障，对增强军人荣誉感、提升部队战斗力有着十分重要的意义。退役军人是一种宝贵的人力资源，能否得到妥善安置影响着军事职业的吸引力的高低。国家在税收征管上对军人给予特殊的税收优惠待遇，也是为军人免除一定后顾之忧，在保家卫国之时或之后，都能享有一名军人的荣誉。作为一名中国人，我们应认真对待国防事业，认真对待军人的群体，重视军人地位，让军人越来越觉得为国奉献值得，当一名军人光荣。

【案例三】

思考：针对案例中的洗钱、逃税事件，在今后应如何加强对高收入和高净值人士的个税管理？

答：个人所得税对高收入者调节不力的主要原因如下：一是纳税人依法纳税的观念淡薄。有些人为了少纳税，在个人收入来源多渠道、多项目的情况下，只就低不就高申报收入，以达到少缴纳税款的目的。二是扣缴义务人未认真履行扣缴义务。扣缴义务人由于对代扣代缴义务认识不足、对征收项目区别划分学习不够，造成依法代扣代缴义务不能得到切实履行。

第一，强化个人所得税调节收入职能的宣传。中华人民共和国公民有依法诚信纳税的义务，个人所得税是从个人取得各项应税收入中缴纳的一种直接税，应税个人要养成自觉、守法、正确履行纳税义务的习惯，不断增强依法诚信纳税的意识。

第二，扣缴义务人必须依法履行代扣代缴义务，这是国家给予扣缴义务人代表税务机关实施征收税款的权力，因此纳税人不得拒绝。纳税人拒绝纳税的，扣缴义务人应当及时向税务机关报告，由税务机关直接向应纳税人追缴税款和滞纳金。如果是扣缴义务人不履行扣缴义务，要承担相应的法律责任。

第三，税务机关必须严格执法，实施科学化、精细化管理。党的十六届三中全会提出“严征管”，税务机关要严格依法征税，纳税人要严格依法纳税，征纳双方共同推进依法治税。同时，税务机关要建立执法责任制，增强执法监督意识。税务机关对税务人员不仅要考核完成组织收入任务多少，更要考核是否严格规范执法以及执法水平的高低。执法与组织收入任务是统一的，而执法是第一位的。税务机关在规范执法的前提下，组织完成收入任务。税务机关在规范执法中，强化税收调节收入分配的职能，促进社会稳定与和谐发展。

第六章　城市维护建设税、教育费附加和烟叶税参考答案

一、单项选择题

1. 【答案】B

【解析】滞纳金、罚款不是城市维护建设税的计税依据，个人所得税、企业所得税不是城市维护建设税的计税依据。

2. 【答案】A

【解析】纳税人实际缴纳的增值税、消费税是城市维护建设税的计税依据，而增值税、消费税的罚款和滞纳金不是城市维护建设税的计税依据；房产税、企业所得税不是城市维护建设税的计税依据。

3. 【答案】B

【解析】目前，我国城市维护建设税实行的是纳税人所在地差别比例税率，因此在计算应纳税额时，应根据纳税人所在地来确定适用税率。

4. 【答案】B

【解析】由受托方代扣代缴、代收代缴增值税和消费税的单位和个人，其代扣代缴、代收代缴的城市维护建设税按受托方所在地适用税率执行。

5. 【答案】D

【解析】城市维护建设税以纳税人实际缴纳的增值税、消费税为依据。城市维护建设税进口不征、出口不退。缴纳的滞纳金不作为计征城市维护建设税的依据。该企业本期应缴纳城市维护建设税 $=(30+50)\times7\%=5.6$（万元）

6. 【答案】D

【解析】罚款不作为城市维护建设税的计税依据，应缴纳城市维护建设税 $=(50+15)\times7\%=4.55$（万元）

7. 【答案】A

【解析】应缴纳的城市维护建设税、教育费附加和地方教育附加＝(180＋30×10%)×(5%+3%+2%)＝18.3（万元）

8. 【答案】D

【解析】根据城镇规模设计不同的比例税率。

9. 【答案】C

【解析】烟叶税的纳税人是收购烟叶的单位，应缴纳烟叶税＝实际支付的价款总额×税率＝30×20%＝6（万元）

10. 【答案】B

【解析】选项A，烟叶税按月计征，纳税人应当于纳税义务发生月终了之日起15日内申报并缴纳税款。选项B，应缴纳烟叶税＝80×20%＝16（万元）

选项C，烟草公司应向收购地（乙县）主管税务机关申报缴纳烟叶税。

选项D，烟叶税的纳税义务发生时间为纳税人收购烟叶的当天，即2月5日。

二、多项选择题

1. 【答案】CD

【解析】城市维护建设税是对从事经营活动，缴纳增值税、消费税的单位和个人征收的一种税，因此选项C和选项D不是城市维护建设税的纳税义务人。

2. 【答案】ABCD

【解析】自2010年12月1日起，我国对外国投资企业征收城市维护建设税。

3. 【答案】ABC

【解析】城市维护建设税进口不征、出口不退。

4. 【答案】ACD

【解析】城市维护建设税按纳税人所在地区设置了三档比例税率，即7%、5%、1%，无3%的税率。

5. 【答案】BD

【解析】选项A，我国对外商投资企业、外国企业以及外籍个人征收教育费附加。选项C，我国对海关进口的产品征收增值税，不征收教育费附加。

6. 【答案】ABCD

【解析】纳税人跨地区提供建筑服务、销售和出租不动产，在建筑服务发生地、不动产所在地预缴增值税，以预缴增值税税额、预缴地城市维护建设税税率计算缴纳城市维护建设税和教育费附加。

7. 【答案】ABC

【解析】选项D，海关对进口产品代征增值税、消费税，不征收城市维护建设税。

8. 【答案】ABD

【解析】选项C，海关对进口产品代征的增值税、消费税，不征收城市维护建设税。

9. 【答案】AB

【解析】选项 C，应该是比例税，而非定额税；选项 D，属于城市维护建设税的作用，而非特点。

10.【答案】AB

【解析】城市维护建设税的特点：第一，税款专款专用；第二，属于一种附加税；第三，根据城镇规模设计不同的比例税率。

11.【答案】BC

【解析】烟叶税的征税范围是晾晒烟叶和烤烟叶。

三、判断题

1.【答案】×

【解析】由受托方代收、代扣增值税、消费税的单位和个人，按纳税人缴纳增值税、消费税所在地的规定税率就地缴纳城市维护建设税。

2.【答案】√

3.【答案】√

4.【答案】×

【解析】各银行缴纳的增值税，均由取得业务收入的核算单位就地缴纳。县以上各级银行直接经营业务取得的收入，由各级银行分别在所在地纳税。县和设区的市，由县支行或区办事处在其所在地纳税，而不能分别按所属营业所得所在地计算纳税。

5.【答案】√

6.【答案】×

【解析】海关对进口产品代征增值税、消费税的，不征收城市维护建设税和教育费附加。

7.【答案】×

【解析】外商投资企业、外国企业以及外籍个人在境内有实际缴纳的增值税、消费税，也要缴纳教育费附加和地方教育费附加。

8.【答案】√

9.【答案】×

【解析】查处没收的违法收购的烟叶，由收购罚没烟叶的单位按照购买金额计算缴纳烟叶税。

10.【答案】√

四、思考题

1. 简述城市维护建设税的特点。

答：(1) 税款专款专用，具有受益税性质。按照财政的一般性要求，税收及其他政府收入应当纳入国家预算，根据需要统一安排其用途，并不规定各个税种收入的具体使用范围和方向，否则也就无所谓国家预算。但是作为例外，也有个别税种事先明确规定使用范围与方向，税款的缴纳与受益更直接地联系起来，我们通常称其为受益税。城市维护建设税专款专用，用来保证城市的公共事业和公共设施的维护与建设，就是一种具有受益税性质的税种。

（2）属于一种附加税。城市维护建设税与其他税种不同，没有独立的征税对象或税基，而是以增值税、消费税实际缴纳的税额之和为计税依据，随增值税、消费税同时附征，本质上属于一种附加税。

（3）根据城建规模设计税率。一般来说，城镇规模越大，所需要的建设与维护资金越多。与此相适应，税法规定，纳税人所在地为城市市区的，城市维护建设税的税率为7%；纳税人所在地为县城、建制镇的，城市维护建设税的税率为5%；纳税人所在地不在城市市区、县城或建制镇的，城市维护建设税的税率为1%。这种根据城镇规模不同差别设置税率的办法，较好地满足了城市建设的不同需要。

（4）征收范围较广。鉴于增值税、消费税在我国现行税制中属于主体税种，而城市维护建设税又是其附加税。原则上讲，只要缴纳增值税、消费税中任一税种的纳税人都要缴纳城市维护建设税。这也就等于说，除了减免税等特殊情况以外，任何从事生产经营活动的企业单位和个人都要缴纳城市维护建设税，这个征税范围当然是比较广的。

2. 分别简述城市维护建设税、教育费附加以及烟叶税的纳税人。

答：城市维护建设税的纳税人是指在中华人民共和国境内缴纳增值税、消费税的单位和个人，包括各类企业（含外商投资企业、外国企业）、行政单位、事业单位、军事单位、社会团体及其他单位以及个体工商户和其他个人（含外籍个人）。城市维护建设税的扣缴义务人为负有增值税、消费税扣缴义务的单位和个人。

教育费附加的纳税人是税法规定征收增值税、消费税的单位和个人。

烟叶税的纳税人是在中华人民共和国境内收购烟叶的单位。

3. 简述城市维护建设税的征免规定。

答：（1）对出口产品退还增值税、消费税的，不退还已缴纳的城市维护建设税。

（2）海关对进口产品代征的增值税、消费税，不征收城市维护建设税。

（3）对“二税”实行先征后返、先征后退、即征即退办法的，除另有规定外，对随“二税”附征的城市维护建设税，一律不予退（返）还。

五、计算问答题

1. 答：由受托方代收、代扣“两税”的单位和个人，按纳税人缴纳“两税”所在地的规定税率就地缴纳城市维护建设税。本题烟丝加工厂所在地为县城，按税率5%缴纳城市维护建设税。

受托方代收代缴消费税＝(60 000+8 000)÷(1−30%)×30%＝29 142. 86（元）

代收代缴城市维护建设税＝29 142. 86×5%＝1 457. 14（元）

2. 答：该企业当月应纳城市维护建设税和教育费附加＝[15+(2 800−1 000)÷(1+5%)×5%]×(7%+3%)＝10. 07（万元）

3. 答：（1）当月增值税销项税额＝15 000×(50+5)×13%+1 000×50÷(1+13%)×13%+10×16 800×13%＝134 842. 21（元）

（2）当月进项税额为30 000元。

用于职工食堂改建工程的材料进项税转出 = 50 000×13% = 6 500（元）

当月应纳增值税税额 = 134 842.21 − 30 000 + 6 500 + 5×6 000÷(1+3%)×2% = 111 924.73（元）

（3）当月应纳消费税 = [15 000×50+1 000×50÷(1+13%)+10×16 800+5×15 000]×3% = 31 117.43（元）

（4）当月应纳城市维护建设税和教育费附加、地方教育费附加 = (111 924.73+31 117.43)×(5%+3%+2%) = 14 304.22（元）

六、案例分析题

【案例一】

思考一：请结合案例，查阅相关资料，总结城市维护建设税法立法前后的区别。

答：（1）取消了专项用途的规定。随着预算制度的不断改革，自 2016 年起，城市维护建设税收入已由一般公共预算统筹安排，不再指定专项用途。同时，考虑税收分配和使用属于财政体制和预算管理问题，一般不在税法中规定，因此《中华人民共和国城市维护建设税法》不再规定城市维护建设税专项用途。

（2）增加了增值税留抵退税涉及城市维护建设税的相关规定。为避免增加留抵退税企业的负担，2018 年，财政部、税务总局发文明确，对实行增值税期末留抵退税的纳税人，允许其从城市维护建设税的计税依据中扣除退还的增值税税额。《中华人民共和国城市维护建设税法》将这一规定上升为法律，明确从城市维护建设税的计税依据中扣除期末留抵退税退还的增值税税额。

（3）规定了纳税义务发生时间、扣缴义务人、扣缴义务发生时间。为规范城市维护建设税的征管，《中华人民共和国城市维护建设税法》明确规定了城市维护建设税的纳税义务发生时间、扣缴义务人、扣缴义务发生时间。

《中华人民共和国城市维护建设税法》第七条规定：城市维护建设税的纳税义务发生时间与增值税、消费税的纳税义务发生时间一致，分别与增值税、消费税同时缴纳。

《中华人民共和国城市维护建设税法》第八条规定：城市维护建设税的扣缴义务人为负有增值税、消费税扣缴义务的单位和个人，在扣缴增值税、消费税的同时扣缴城市维护建设税。

（4）税率的规定。为不增加纳税人税负，《中华人民共和国城市维护建设税法》平移了税率规定。考虑到城市维护建设税属于地方税，各地实际情况有所不同，《中华人民共和国城市维护建设税法》没有对纳税人所在地做统一规定，授权各省、自治区、直辖市具体确定。

确定纳税人所在地是为了确定城市维护建设税的具体适用税率，与纳税地点不是一个概念，如海洋油气勘探开发所在地在海上，不属于市区、县城或镇，适用1%的税率，但其纳税地点不在海上。

思考二：《中华人民共和国城市维护建设税法》的落地标志着我国“税收法定”进程更进一步，请联系本案例，谈谈税收法定对建设“法治中国”的积极意义。

答：税收取之于民，用之于民，支撑了整个国家机器的运转，保障了国家公共事业和社会福利事业的开展与发展。从这一意义上说，税收制度的好坏直接决定了国家治理水平的高低。只有坚持税收法定原则，才能使税收制度对保障公民的合法权益、维护社会秩序稳定发挥作用。如果不通过法律来规定税种、税率，就有可能导致税种泛滥、税赋成灾，公民的权益就难以得到应有的保护。因此，税收法定对"法治中国"的建设具有深远的意义。

第一，税收法定可以为市场经济发展营造稳定、合理的税法环境。现阶段，我国已经基本建立起市场经济的初步框架，但尚未完全建立起法治的市场经济。在税收领域，截至目前，我国现行 18 个税种中，立法税种已达 11 个，而在 2012 年立法税种仅有 3 个。"十三五"期间，伴随"法治中国"的建设，我国税收法定进程明显加快，税制改革围绕发展大局，全方位实施，多领域并进，不断取得新突破。一个税制合理、税负稳定、结构优化、管理规范的中国现代税制体系初步建成，各项税制改革落地有声，迅速惠及市场主体，税收调节作用不断显现。

第二，税收法定有利于以点带面地推进我国的民主法治进程。税收的征收是将私人财产转化成公共财产的过程，与每个纳税人的切身利益息息相关，因此税收的法治化备受社会关注，也是开创改革和法治新局面的有效路径。在税收法定的指引下，广大纳税人间接或直接参与税收的征收、管理和使用活动，行使纳税人权利，可以大大增强纳税人的法治意识和民主能力。

第三，税收法定可以助力形成良性、文明、互动、和谐的社会运行方式。随着居民财富显著增加、利益诉求日趋多元，纳税人对自身的财产权益保护比任何时候都更加重视，如果处理不当，容易引发社会冲突。依托税收法定原则的落实，在制定税收规则时便开放地听取民意、吸纳民智，经由充分的对话、协商、博弈和调适，最终形成凝聚尽可能多共识的民主决策产物，可以提前消化可能出现的异议，化解潜藏的社会矛盾和风险。

总之，全面落实税收法定原则是"法治中国"建设的重要抓手和突破口，能够更有效地规范征税权，使行政机关"有权但不任性"，保障纳税人权利，维护公共利益，进而构建现代化的税法治理格局。

【案例二】

思考一：请结合案例，谈谈烟叶税的开征意义。

答：（1）有利于促进偏远地区精准扶贫。烟叶税虽然对全国来说收入规模不大，但对烟叶产地的影响却举足轻重。我国烟叶种植主要分布在贫困偏远山区，尤其是在武陵山区、大凉山区、云贵集中连片特困地区。据 2017 年的统计，全国 510 个种烟县中有 185 个县属于国家扶贫开发重点县，还有相当一部分县属于省级扶贫县。烟叶种植解决了很多烟农就业的问题，地方政府也多将烟叶税收入用于烟叶种植技术培训、烟田基础设施建设和维护等事项，带动了农民脱贫致富。通过发展烟叶生产持续实施"烟草惠民工程"，大力发展现代烟草农业，推动农业产业结构转型，贫困地区的落后面貌得到显著改善，山区农民的生活水平明显提高。

（2）有利于增加地方财政收入。烟叶产区一般工业基础薄弱，经济结构和财源结构单一，烟叶种植是当地支柱产业，烟叶税也随之成为地方财政的重要来源。烟叶税属于县级地方收入，是县级财政的直接收入来源。在烟叶产区，烟叶税占县级财政收入的近 1/3。

（3）有利于保持烟草税制完整。烟叶兼具初级农产品和卷烟工业原料的双重特性，烟叶税属于工商税，对烟草公司征收，税负由烟草公司负担，不增加农民税负。烟叶税和对卷烟等烟草制品征收的增值税、消费税一起，构成对烟叶和烟草制品完整的税收调控体系，有利于国家通过税收手段对烟草制品实行有效调控。

（4）有利于烟草行业持续健康发展。我国通过《中华人民共和国烟草专卖法》对烟叶生产采取专卖计划管理。烟叶是烟草行业健康发展的源头，对下游卷烟生产、销售发挥着天然的调控作用。烟叶税增加了烟草工业企业生产卷烟的原料成本，提高了卷烟在消费市场的价格，促进了控烟履约和公众健康。

思考二：请结合案例，谈谈如何才能增强“以税控烟”的政策效应，助力“健康中国”建设？

答：（1）畅通价税联动机制。烟草价税联动机制不仅可以实现控制烟草消费，尤其会使那些消费能力低的青少年望“价”却步，而且可以增加政府税收。我国通过《中华人民共和国烟草专卖法》对烟叶生产采取专卖计划管理，也为价税联动提供了制度保障，即政府定价为卷烟产品提价提供了便利，因此在提高烟草消费税负担的同时，务必将增加的税收负担传导至零售端，推动卷烟产品价格上涨，进而实现控烟的目的。

（2）提高烟草税负担。烟叶是烟草行业健康发展的源头，对下游卷烟生产、销售发挥着天然的调控作用。烟叶税、消费税增加了烟草工业企业生产卷烟的原料成本，提高了卷烟在消费市场的价格，促进了控烟履约和公众健康。我国烟草消费税在生产和批发两个环节征收，税率以从价为主、从量为辅。为了促进“以税控烟”效果的发挥，国家可以提高批发环节从量税负担，即将批发环节的从量税从现行的 0.1 元/包提高至 1 元/包或更高。这是因为在批发环节提税，距消费端更近，税负更容易传导至零售价格，相应的控烟效果更好。我国烟草消费以三类烟为主，2015 年三类烟销量占全部卷烟销量的比重为 44%，提高从量税负担则意味着低档烟税负增幅更大，相应大部分烟民（尤其是青少年）对“提价”感受更强烈，控烟效果更好。

第七章　关税参考答案

一、单项选择题

1. 【答案】D

【解析】进口货物的收货人、出口货物的发货人、进出境物品的所有人，是关税的纳税义务人。一般情况下，对于携带进境的物品，推定其携带人为所有人，选项 A 错误；对以邮递方式进境的物品，推定其收件人为所有人，选项 B 错误；以邮递或其他运输方式出境的物品，推定其寄件人或托运人为所有人，选项 C 错误。

2. 【答案】D

【解析】我国采用的进口货物原产地确认标准主要是“全部产地生产标准”和

"实质性加工标准"两种国际上通用的原产地标准。

3.【答案】C

【解析】选项C，出口转关运输货物，应当适用启运地海关接受该货物申报出口之日实施的税率。

4.【答案】B

【解析】选项A和选项B，计入进口货物关税完税价格的佣金不包括买方向自己的境外采购代理人支付的购货佣金，但是包括买方负担的向中介机构支付的经纪费。选项C和选项D，进口设备报关后的安装调试费用和货物运抵境内输入地点起卸之后的运输费用都属于进口后发生的费用，不应计入进口环节关税完税价格。

5.【答案】D

【解析】邮运进口的货物，应当以邮费作为运输及其相关费用、保险费。该进出口公司邮运进口该批货物应缴纳关税=（10+3）×20%=2.6（万元）。

6.【答案】D

【解析】选项A，关税完税价格=20+2.4+(20+2.4)×3‰=22.47（万元）

选项B，纳税义务人应当自海关填发税款缴款书之日起15日内，向指定银行缴纳税款，该公司滞纳进口环节税款的天数为12天。

选项C，应缴纳的关税=22.47×40%=8.99（万元）

选项D，应缴纳的消费税=(22.47+8.99)÷(1−15%)×15%=5.55（万元）

应缴纳的增值税=(22.47+8.99)÷(1−15%)×13%=4.81（万元）

进口环节税金合计=8.99+5.55+4.81=19.35（万元）

7.【答案】D

【解析】选项D，在限值以内进口的跨境电子商务零售进口商品，关税税率暂设为0。

8.【答案】D

【解析】纳税义务人自缴纳税款期限届满之日起3个月仍未缴纳税款的，经直属海关关长或其授权的隶属海关关长批准，海关可以采取强制措施。纳税人应自海关填发税款缴款书之日起15日内，向指定银行缴纳税款。因此，该公司缴纳税款期限届满之日为3月22日，海关从6月23日起可以对其实施强制扣缴措施。

9.【答案】B

【解析】无商业价值的广告品及货样，可以免征关税，因此选项A不正确；残疾人个人专用品属于特定减免关税而不属于法定减免关税，因此选项C不正确；科技贸易公司进口科教用品照章征税，选项D不正确。

10.【答案】A

【解析】如果进口货物的保险费无法确定或未实际发生，海关应当按照"货价加运费"两者总额的3‰计算保险费。该企业应缴纳关税=(500 000+20 000)×(1+3‰)×10%=52 156（元）

11.【答案】C

【解析】关税纳税义务人因不可抗力不能按期缴纳税款的，在依法提供税款担保后，可以延期缴纳税款，但最长不得超过6个月。

12. 【答案】B

【解析】选项A，外国政府、国际组织无偿赠送的物资，免征关税；选项C，在海关放行前遭受损坏的货物，可以根据海关认定的受损程度减征关税，而非免税；选项D，关税税额在50元以下的一票货物，可以免征关税。

13. 【答案】C

【解析】纳税争议的申诉程序如下：纳税义务人自海关填发税款缴款书之日起60日内，向原征税海关的上一级海关提出复议申请。逾期申请复议的，海关不予受理。

二、多项选择题

1. 【答案】ABCD

2. 【答案】BCD

【解析】选项A属于免征进口关税的情形。

3. 【答案】BC

【解析】选项A为购货佣金，不得计入关税完税价格中；选项D为在境内复制进口货物而支付的费用，如能与该货物实付或应付价格区分，不计入关税完税价格。

4. 【答案】AB

【解析】选项C和选项D，出口货物的完税价格，由海关以该货物的成交价格为基础审查确定，并且应当包括货物运至我国境内输出地点装载前的运输及其相关费用、保险费。

5. 【答案】ABCD

【解析】下列费用中，如能与该货物实付或应付价格区分，不计入关税完税价格：

（1）厂房、机械、设备等货物进口后的建设、安装、装配、维修或技术援助费用。

（2）进口货物运抵境内输入地点起卸后的运输及其相关费用、保险费。

（3）进口关税、进口环节海关代征税及其他国内税。

（4）为在境内复制进口货物而支付的费用。

（5）境内外技术培训及境外考察费用。

（6）符合条件的为进口货物融资产生的利息费用。

6. 【答案】ABC

【解析】选项D，出口货物的完税价格如果包括离境口岸至境外口岸之间的运费、保险费，该运费、保险费应当扣除。

7. 【答案】ABC

【解析】选项D属于法定减免税，不是暂时减免税。

8. 【答案】BD

【解析】有下列情形之一的，纳税义务人自缴纳税款之日起1年内，可以申请退还关税，并应当以书面形式向海关说明理由，提供原缴款凭证及相关资料：

（1）已征进口关税的货物，因品质或规格原因，原状退货复运出境的。

（2）已征出口关税的货物，因品质或规格原因，原状退货复运进境，并已重新缴纳因出口而退还的国内环节有关税收的。

（3）已征出口关税的货物，因故未装运出口，申报退关的。

9.【答案】ABD

【解析】选项C，以科学研究和教学为目的，在合理的数量范围内进口国内不能生产或性能不能满足需要的科教用品，免征关税。

10.【答案】BD

【解析】选项B，因纳税人违反规定造成少征或漏征关税，关税追征期为自纳税人缴纳税款或货物、物品放行之日起3年内，并按规定加收滞纳金；选项D，出口货物在货物运抵海关监管区后装货的24小时以前，应由出口货物的纳税义务人向货物出境地海关申报。

11.【答案】ABC

【解析】选项D，跨境电子商务零售进口商品自海关放行之日起30日内退货的，可申请退税，并相应调整个人年度交易总额。

三、判断题

1.【答案】√

2.【答案】√

3.【答案】√

4.【答案】×

【解析】运往境外修理的机械器具、运输工具或其他货物，出境时已向海关报明，并在海关规定的期限内复运进境的，应以境外修理费、料件费为基础确定完税价格。

5.【答案】√

6.【答案】√

7.【答案】√

8.【答案】√

9.【答案】×

【解析】纳税人自缴纳税款之日起1年内，可以申请退还关税。

10.【答案】×

【解析】关税按征税性质分类，可以分为普通关税、优惠关税和差别关税三种。

四、思考题

1. 请区分关境与国境。

答：国境是指一个主权国家的领土范围，而关境是指一个国家的关税法令完全实施的境域。当一个国家存在自由港、自由区时，国境大于关境；当一个国家存在关税同盟时，关境必然大于同盟成员方各自的国境。

2. 简述关税的特点。

答：（1）征收的对象是进出境的货物和物品。

（2）关税是单一环节的价外税。

（3）有较强的涉外性。

3. 按照不同的标准，关税可以分为哪几类？

答：按照不同的标准，关税有多种分类方法。按征收对象分类，关税可以分为进口关税、出口关税和过境关税三类；按征收目的分类，关税可以分为财政关税和保护关税；按征税计征标准分类，关税可以分为从价税、从量税、复合税、滑准税；按货物国别来源而区别对待的原则分类，关税可以分为最惠国关税、协定关税、特惠关税和普通关税等。

4. 简述关税的作用。

答：关税作为对外贸易政策执行的重要手段，对国民经济会产生极大影响。具体来看，关税可以起到以下作用：

（1）增加财政收入。海关征收关税后即上缴国库，关税成为国家的财政收入。随着社会经济的发展及贸易全球化的推进，关税在财政收入中的比重和作用逐渐降低。现在只有少数财政极为困难的发展中国家，仍把关税作为财政收入的重要来源。

（2）保护国内产业和国内市场。进口关税通过增加进口商品的成本，提高进口商品的价格，削弱其在进口国国内市场的竞争力，从而减少进口商品的数量，以达到保护本国同类产业或相关产业的生产和市场。出口关税，即对出口商品征收关税，可以抑制这些商品的输出，防止本国资本的大量流失，保证本国国内市场的供应。目前，关税措施是世界贸易组织允许各成员方使用的保护国内产业的重要政策工具。

（3）调节进出口商品结构和国内经济。关税税率和减免可以直接影响一国的对外贸易规模与结构。进出口商品的种类和数量在关税的调解下可以有效地保持市场供求平衡，稳定国内市场价格，保持国际收支平衡。

（4）关税还是进行国际经济斗争和政治斗争的手段。主权国家可以运用关税来调整本国和其他国家的经济贸易，从而影响政治关系。主权国家通过优惠关税，可以促进友好贸易往来，改善国际关系；通过关税壁垒和差别歧视待遇可以限制从对方国家进口，并在对外谈判中施加压力，迫使对方让步。

五、计算问答题

1. 答：（1）境内外技术培训费不得计入关税完税价格，保险费按“货价加运费”两者总额的3‰计算。

进口关税完税价格＝(100+5)×(1+3‰)＝105.32（万元）

（2）进口关税＝105.32×15%＝15.80（万元）

（3）进口环节增值税＝(105.32+15.80)÷(1−15%)×13%＝18.52（万元）

进口环节消费税＝(105.32+15.80)÷(1−15%)×15%＝21.37（万元）

进口环节应纳税金合计＝15.80+18.52+21.37＝55.69（万元）

（4）内销环节增值税＝226÷(1+13%)×13%−18.52−1×9%＝7.39（万元）

因为进口环节已缴纳消费税，所以甲企业在销售环节不再缴纳消费税。

内销环节城市维护建设税、教育费附加及地方教育附加＝7.39×(7%+3%+2%)＝0.89（万元）

内销环节实际应缴纳的各项税金及附加合计＝7.39+0.89＝8.28（万元）

2. 答：（1）按照海关有关法规规定，如果进口货物的运输及其相关费用、保险费无法确定的，应按该货物进口同期的正常运输成本审查确定运费；按“货价加运费”两者总额的3‰计算保险费。

关税完税价格＝(6 970+9.06)×(1+3‰)＝7 000（万元）

应缴纳关税＝7 000×15%＝1 050（万元）

（2）应纳消费税为0，因为使用5%消费税税率的银首饰属于零售环节缴纳消费税的消费品，所以进口环节不征收消费税。

（3）进口环节应纳增值税＝(7 000+1 050)×13%＝1 046.5（万元）

六、案例分析题

【案例】

思考一：请问小航的代购行为违反了关税相关哪些规定？

答：根据法律规定，进境物品的关税以及进口环节海关代征税合并为进口税，由海关依法征收。《中华人民共和国海关关于入境旅客行李物品和个人邮递物品征收进口税办法》为了照顾个人进口自用物品的合理需要，简化计税手续，准许应税进口的旅客行李物品、个人邮递物品以及其他个人自用物品，均由海关按照“入境旅客行李物品和个人邮递物品征收进口税税率表”征收进口税。进口税包括进口环节的关税、增值税、消费税。进境居民旅客携带在境外获取的个人自用进境物品，总值在5 000元以内（含5 000元）的，海关予以免税放行。超过5 000元的单一产品就要自行申报关税，超出自用范围则会被海关视为“货品”，需对超出部分征收进口税。

思考二：请从依法纳税角度，谈谈小航代购案对个人的启示。

答：只要谈及法律意识淡薄的危害，不可打法律法规的“擦边球”，不得钻执法成本的空子。在以后的工作中，要依法纳税、诚信做人、诚信行事等，言之有理即可。

第八章　资源税参考答案

一、单项选择题

1.【答案】B

【解析】选项A、选项B、选项D，资源税的纳税义务人是指在中华人民共和国领域及管辖海域开采应税矿产品或生产盐的单位和个人，资源税有进口不征、出口不退的特性；选项C，收购未税矿产品的独立矿山企业属于资源税的扣缴义务人。

2.【答案】C

【解析】选项A，开采的天然原油征收资源税，人造石油不征收资源税；选项B，开采的原煤和以未税原煤生产的洗选煤征收资源税；选项C，纳税人在开采主矿产品的过程中伴采的其他应税矿产品，也应征收资源税；选项D，资源税进口不征、出口不退。

3.【答案】D

【解析】纳税人开采或生产应税产品销售的，以实际销售数量为课税数量。

4.【答案】A

【解析】“资源税税目税率表”中规定可以选择实行从价计征或从量计征的税目，具体计征方式由省、自治区、直辖市人民政府提出，报同级人民代表大会常务委员会决定，并报全国人民代表大会常务委员会和国务院备案。

5.【答案】B

【解析】根据资源税的相关规定，原油、天然气资源税实行从价计征。

6.【答案】A

【解析】已税原煤生产的洗选煤不需要再缴纳资源税。纳税人采取分期收款结算方式销售应税产品的，其资源税纳税义务发生时间为销售合同规定的收款日期的当天。该煤矿企业当月应缴纳资源税 $=330\ 000\times\frac{1}{3}\times6\%=6\ 600$（元）

7.【答案】D

【解析】纳税人将其开采的原煤，自用于连续生产洗选煤的，在原煤移送使用环节不缴纳资源税。纳税人将其开采的原煤自用于其他方面（如用于职工宿舍）的，视同销售原煤，按同期对外销售价格计算应纳资源税。纳税人将其开采的原煤加工为洗选煤销售的，以洗选煤销售额乘以折算率作为应税煤炭销售额计算缴纳资源税，且洗选煤销售额中包含的运输费用以及随运销产生的装卸、仓储、港杂等费用应与煤价分别核算，凡取得相应凭据的，允许在计算煤炭计税销售额时予以扣减。该煤矿当月应缴纳资源税 $=400\times6\%+400\div4\times3\times6\%+(900-100)\times70\%\times6\%=75.6$（万元）

8.【答案】A

【解析】开采原油过程中用于加热、修井的原油，免征资源税；将开采的天然气用于换取机器设备，应按规定计算缴纳资源税。该油气开采企业 2020 年 12 月应缴纳资源税 $=5\ 000\times6\%+150\div80\times(80+20)\times6\%=311.25$（万元）

9.【答案】C

【解析】选项 C，对深水油气田资源税减征 30%。

10.【答案】C

【解析】选项 A，油田范围内运输稠油过程中用于加热的原油、天然气，免征资源税；选项 B，对深水油气田资源税减征 30%；选项 D，对依法在建筑物下通过充填开采方式采出的矿产资源，资源税减征 50%。

二、多项选择题

1.【答案】AD

【解析】选项 B，进口应税矿产品不缴纳资源税；选项 C，批发销售海盐的商贸企业不缴纳资源税。

2.【答案】BC

【解析】选项 B，纳税人开采或生产不同税目应税产品的，应当分别核算不同税目应税产品的销售额或销售数量；未分别核算或不能准确提供不同税目应税产品的销售额或销售数量的，从高适用税率。选项C，纳税人以一个月为一期纳税的，自期满之日起10日内申报缴纳资源税。

3. 【答案】BC

【解析】独立矿山、联合企业收购未税矿产品的单位，按照本单位应税产品税额、税率标准，依据收购的数量代扣代缴资源税；其他收购单位收购的未税矿产品，按税务机关核定的应税产品税额、税率标准，依据收购的数量代扣代缴资源税。

4. 【答案】ABC

【解析】选项D，采用从量定额方式计征资源税。

5. 【答案】ABC

【解析】纳税人在本省、自治区、直辖市范围开采或生产应税产品，其纳税地点需要调整的，由省级税务机关决定。

6. 【答案】BCD

【解析】资源税纳税人销售资源税应税产品，其纳税义务发生时间如下：

（1）纳税人采取分期收款结算方式的，其纳税义务发生时间为销售合同规定的收款日期的当天。

（2）纳税人采取预收货款结算方式的，其纳税义务发生时间为发出应税产品的当天。

（3）纳税人采取其他结算方式的，其纳税义务发生时间为收讫销售款或取得索取销售款凭据的当天。

（4）扣缴义务人代扣代缴税款的，纳税义务发生时间为支付首笔货款或首次开具支付货款凭据的当天。

（5）纳税人自产自用应税产品的，纳税义务发生时间为移送使用应税产品的当天。

7. 【答案】ABCD

8. 【答案】ABC

【解析】选项D，除农业生产取用水外，水资源税按季或按月征收，由主管税务机关根据实际情况确定。对超过规定限额的农业生产取用水，水资源税可以按年征收；不能按固定期限计算纳税的，可以按次申报纳税。

三、判断题

1. 【答案】×

【解析】纳税人将其开采的原煤，自用于除连续生产洗选煤的，在原煤移送使用环节不缴纳资源税；自用于其他方面的，按销售原煤计算缴纳资源税。

2. 【答案】×

【解析】纳税人开采或生产应税产品过程中，因意外事故遭受的重大损失，由省、自治区、直辖市人民政府斟酌决定减税或免税。

3. 【答案】√

4. 【答案】×

【解析】资源税纳税人按月或按季申报纳税的，应当自月度或季度终了之日起15日内，向税务机关办理纳税申报并缴纳税款；按次申报缴纳的，应当自纳税义务发生之日起15日内，向税务机关办理纳税申报并缴纳税款。

5.【答案】√

四、思考题

1. 简述资源税的特点。

答：（1）征税范围较窄。自然资源是生产资料或生活资料的天然来源，包括的范围很广，如矿产资源、土地资源、水资源、动植物资源等。目前，我国的资源税征税范围较窄，仅将部分级差收入差异较大、资源较为普遍、易于征收管理的矿产品和盐列为征税范围。随着我国经济的快速发展，对自然资源的合理利用和有效保护将越来越重要，因此资源税的征税范围应逐步扩大。

（2）实行差别税额从量征收。我国现行资源税实行从量定额征收，一方面，税收收入不受产品价格、成本和利润变化的影响，能够稳定财政收入；另一方面，有利于促进资源开采企业降低成本、提高经济效率。同时，资源税按照“资源条件好、收入多的多征，资源条件差、收入少的少征”的原则，根据矿产资源等级分别确定不同的税额，以有效调节资源级差收入。

（3）实行源泉课征。不论采掘或生产单位是否属于独立核算，资源税均规定在采掘或生产地源泉控制征收。这样既照顾了采掘地的利益，又避免了税款的流失。这与其他税种由独立核算的单位统一缴纳不同。

2. 简述资源税的纳税人。

答：资源税的纳税义务人是指在中华人民共和国领域及管辖海域开采应税资源的矿产品或生产盐的单位和个人。资源税的扣缴义务人是指收购未税矿产品的单位，包括独立矿山、联合企业、其他收购未税矿产品的单位。

3. 简述资源税的税收优惠政策。

（1）免税。

①在开采原油过程中，用于加热、修井的原油，免税。

②在油田范围内运输稠油过程中，用于加热、修井的原油，免税。

（2）酌情减免（权限在省、自治区、直辖市人民政府）。

①纳税人在开采或生产应税产品过程中，因意外事故或自然灾害等原因遭受重大损失的。

②鼓励利用的低品位矿、废石、尾矿、废渣、废水、废气等提取的矿产品。

③为促进共伴生矿的综合利用，纳税人开采销售共伴生矿，共伴生矿与主矿产品售额分开核算的，对共伴生矿暂不计征资源税。

（3）有减征比例。

①油气田三次采油资源税减征30%，低丰度油气田资源税暂减征20%，深水油气田资源税减征30%。

②铁矿石资源税减按40%征收资源税。

③实际开采年限在15年以上的衰竭期矿山开采的矿产资源，资源税减征30%。

④依法在建筑物、铁路、水体下通过充填开采方式采出的矿产资源，资源税减征 50%。

⑤页岩气资源税减征 30%。

五、计算问答题

1. 答：纳税人开采应税矿产品由其关联单位对外销售的，按其关联单位的销售额征收资源税。

应纳资源税 = 6 328×200÷(1+13%)×6% = 67 200（元）

2. 答：该油田 12 月应纳资源税 = 96÷8 000×(8 000+10)×6%+12×6% = 6.49（万元）

3. 答：（1）开采环节不需要计算缴纳资源税，应纳资源税为 0。

（2）应缴纳资源税 = 480×150×5% = 3 600（元）

（3）纳税人以自采原煤和外购原煤混合加工洗选煤的，应当准确核算外购原煤的数量、单价及运费，在确认计税依据时可以扣减外购相应原煤的购进金额。

应纳资源税 = [820×(300−50)×60%−500×120]×5% = 3 150（元）

（4）该煤矿当月应缴纳资源税 = 3 600+3 150 = 6 750（元）

六、案例分析题

思考一：请结合案例，谈谈开征资源税如何驱动企业“渣里淘金”?

答：《中华人民共和国资源税法》简并优化流程切实减轻负担，践行了以纳税人为中心的服务理念，统一了税制要素，简化了纳税申报，规范了优惠政策，在落实“放管服”改革要求、优化税收营商环境方面有明显突破，为企业减轻行政负担。

资源税减免税政策利好带来的“双向驱动”，让税收与行业发展的联结更为紧密。资源税通过税收优惠政策，不断引导企业加大技术研发投入，增添智能设备，提高资源利用效率，走绿色发展之路，逐渐成为促进资源节约集约利用、经济高质量发展的良性“催化剂”。

思考二：请从人与自然和谐相处的角度，谈谈青年人在生活中如何践行绿色发展理念。

答：（1）树立环保意识，提高环保素养。青年人不乏先进的知识理论，但是青年人的环保意识仍有待增强、环保素养仍有待提高。青年人要认识到环保的重要性，认识到资源不是取之不尽、用之不竭的，要形成“绿水青山就是金山银山”的环保意识，要明白人与自然和谐发展方是长久的生存之道。

（2）倡导绿色消费，让环保成为生活习惯。为避免有限资源的过度开采、使用以及现有环境的继续恶化，青年人在日常生活中应形成勤俭节约、绿色低碳、文明健康的消费和生活方式，可以在消费端践行绿色发展理念。

（3）加强环保宣传，让更多的人行动起来。青年人自己做到环保还远远不够，青年人的力量和能力是有限的。只有团结动员全社会的人行动起来，才能有力地解决环保问题。青年人可以通过义工的形式向社会传达环保理念，在小区宣传环保知识；也可以亲自察看和检测当地的环境污染状况，向有关部门反映；还可以向一些企业工厂提出环保建议等。此外，青年人还可以通过关心和支持国家有关环保的政策，来向社会宣传环保知识，积极响应国家出台的垃圾分类政策、野生动物保护政策等。

（4）应有全球视野，关注人类共同面对的环保问题。如今，世界性的饥荒、水荒、石油危机、海平面上升、气候恶化等问题日益突出，人类正面临着空前的全球性环境问题。《巴黎气候协定》、哥本哈根世界气候大会已经为我们敲响警钟，未来全球会有数以亿计的人成为“气候难民”。青年人应该加入维护世界和谐、保护地球这颗人类居住的唯一的星球的活动中来。每一个人都有践行环保理念、切实保护身边环境、自觉节约资源能源的责任和义务。青年人更应该以身作则、争当表率，不能让环保理念成为一个空洞的口号，要以实际行动推进人与自然的和谐共处。

第九章　环境保护税参考答案

一、单项选择题

1. 【答案】D

【解析】依法对畜禽养殖废弃物进行综合利用和无害化处理的，不属于直接向环境排放污染物，不缴纳相应污染物的环境保护税。

2. 【答案】C

【解析】环境保护税的纳税人是指在中华人民共和国领域和中华人民共和国管辖的其他海域，直接向环境排放应税污染物的企业事业单位和其他生产经营者，不包括政府机关、个人和家庭。

3. 【答案】D

【解析】选项 A、选项 B、选项 C，不属于直接向环境排放污染物，不缴纳相应污染物的环境保护税。

4. 【答案】D

【解析】选项 D，应税噪声按照超过国家规定标准的分贝数确定。

5. 【答案】C

【解析】选项 A 和选项 B，不属于直接向环境排放污染物，不缴纳相应污染物的环境保护税；选项 D，暂予免征环境保护税。

6. 【答案】B

【解析】纳税人应当向应税污染物排放地的税务机关申报缴纳环境保护税。

7. 【答案】B

【解析】水污染物的污染当量数 = 6 000÷30 = 200

应纳税额 = 200×3. 2 = 640（元）

二、多项选择题

1. 【答案】ABC

【解析】环境保护税税收收入全部归地方。

2. 【答案】ABC

【解析】环境保护税的税目包括大气污染物、水污染物、固体废物和噪声，其中噪声特指工业噪声，不包括建筑噪声和交通噪声。

3. 【答案】ABC

【解析】选项 D，应税噪声的应纳税额为超过国家规定标准的分贝数对应的具体适用税额。

4. 【答案】AC

【解析】选项 B，环境保护税按月计算，按季申报缴纳；不能按固定期限计算缴纳的，可以按次申报缴纳。选项 D，纳税人按次申报缴纳的，应当自纳税义务发生之日起 15 日内，向税务机关办理纳税申报并缴纳税款。

5. 【答案】ACD

【解析】选项 B，属于环境保护税的减征项目，即纳税人排放应税大气污染物的浓度值低于国家和地方规定污染物排放标准 30%的，减按 75%征收环境保护税。纳税人排放应税大气污染物或水污染物的浓度值低于国家和地方规定的污染物排放标准 50%的，减按 50%征收环境保护税。

三、判断题

1. 【答案】×

【解析】环境保护税的征收环节不在生产销售环节，也不在消费使用环节，而是在直接向环境排放应税污染物的排放环节。

2. 【答案】×

【解析】应税污染物具体适用税额的确定和调整，由省、自治区、直辖市人民政府在规定的税额幅度内提出，报同级人民代表大会常务委员会决定，并报全国人民代表大会常务委员会和国务院备案。

3. 【答案】√

4. 【答案】×

【解析】纳税人跨区域排放应税污染物，税务机关对税收管辖有争议的，由争议各方按照有利于征收管理的原则协商解决；不能协商一致的，报请共同的上级税务机关决定。

5. 【答案】√

四、思考题

1. 简述环境保护税的纳税人与征税对象。

答：根据《中华人民共和国环境保护税法》的规定，在中华人民共和国领域和中华人民共和国管辖的其他海域，直接向环境排放应税污染物的企事业单位和其他生产经营者为环境保护税的纳税人，应当缴纳环境保护税。环境保护税的征税对象是法定的大气污染物、水污染物、固体废物和噪声。大气污染物是指向大气排放的导致大气污染的物质，包括二氧化硫、氮氧化物、粉尘等；水污染物是指直接或间接向水体排放的，能导致水体污染的物质，包括重金属、悬浮物、动植物油等；固体废物是指在生产、生活和其他活动中产生的丧失原有利用价值，或者虽未丧失利用价值但被抛弃或放弃的固态、半固态和置于容器中的气态的物品、物质以及法律行政法规规定纳入固体废物管理的物品、物质，包括煤矸石、尾矿等；噪声是指工业噪声，即在工业生产活动中使用固定设备时产生的超过国家规定的环境噪声排放标准的、干扰周围生活环境的声音。

2. 简述环境保护税的减免税优惠。

答：（1）免征。

①农业生产（不包括规模化养殖）排放应税污染物的。

②机动车、铁路机车、非道路移动机械、船舶和航空器等流动污染源排放应税污染物的。

③依法设立的城乡污水集中处理、生活垃圾集中处理场所排放相应应税污染物，不超过国家和地方规定的排放标准的。

④纳税人综合利用的固体废物，符合国家和地方环境保护标准的。

⑤国务院批准免税的其他情形。

（2）减税。

①纳税人排放应税大气污染物或水污染物的浓度值低于国家和地方规定的污染物排放标准30%的，减按75%计征环境保护税。

②纳税人排放应税大气污染物或者水污染物的浓度值低于国家和地方规定的污染物排放标准50%的，减按50%计征环境保护税。

五、计算问答题

1. 答：应税固定废物的应纳税额=固体废物排放量×适用税额=(1 500－500－300)×15=10 500（元）

2. 答：水污染物污染当量数=80÷0. 5=160

应纳环境保护税额=160×2. 8=488（元）

3. 答：（1）污染当量数=该污染物的排放量÷该污染物的污染当量值

①硫化物污染当量数=100÷0. 125=800

②氟化物污染当量数=100÷0. 5=200

③甲醛污染当量数=90÷0. 125=720

④总铜污染当量数=90÷0. 1=900

⑤总锌污染当量数=200÷0. 2=1 000

⑥总锰污染当量数=120÷0. 2=600

（2）总锌污染当量数(1 000)>总铜污染当量数(900)>硫化物污染当量数(800)>甲醛污染当量数(720)>总锰污染当量数(600)>氟化物污染当量数(200)

每一排放口的应税水污染物，按照应税污染物和当量值表，区分第一类水污染物和其他类水污染物，按照污染当量数从大到小排序，对第一类水污染物按照前五项征收环境保护税，对其他类水污染物按照前三项征收环境保护税。

（3）应纳税额=(1 000+900+800)×3=8 100（元）

六、案例分析题

思考一：为什么要征收环境保护税？

答：环境保护税源于排污收费制度。我国于 1979 年开始排污收费试点，通过收费促使企业加强环境治理、减少污染物排放，对防治污染、保护环境起到了重要作用，但实际执行中存在着执法刚性不足等问题。为解决这些问题，党的十八届三中、四中全会明确提出“推动环境保护费改税”“用严格的法律制度保护生态环境”。2018 年，环境保护费改税后，排污单位不再缴纳排污费，改为缴纳环境保护税。

《中华人民共和国环境保护税法》是我国现代环境治理体系的重要组成部分，也是我国第一部专门体现“绿色税制”的单行税法。开征环境保护税的主要目的不是取得财政收入，而是使排污单位承担必要的污染治理与环境损害修复成本，并通过“多排多缴、少排少缴、不排不缴”的税制设计，发挥税收杠杆的绿色调节作用，引导排污单位增强环保意识，加大治理力度，加快转型升级，减少污染物排放，助推生态文明建设。

思考二：请谈谈环境保护税的开征对建设“绿色中国”的积极意义。

答：2016 年 12 月 25 日，第十二届全国人民代表大会常务委员会第二十五次会议通过《中华人民共和国环境保护税法》，这是我国“费改税”改革历史中具有重大意义的一步棋。在依法治国的大背景下，“费改税”有利于将财政收入纳入法治范畴，优化财政分配秩序，规范政府行为，提高税法权威，进而全面影响我国政治、经济和社会发展。

《中华人民共和国环境保护税法》的颁布和施行在我国税法改革进程中具有重要作用。虽然税额标准较排污费征收标准并没有明显提高，但环境保护税立法以后，更规范的征收程序、更强的执法刚性和更加严厉的威慑效果都有助于实现“保护和改善环境，减少污染物排放，推进生态文明建设”的立法目标。同时，《中华人民共和国环境保护税法》增加了税收优惠项目，企业履行环保责任，减少污染物排放，就可以少缴税，也有利于促进企业减少排放。

第十章　城镇土地使用税参考答案

一、单项选择题

1.【答案】A

【解析】拥有土地使用权的单位和个人为城镇土地使用税的纳税人；土地使用权共有的，由共有各方分别纳税，即几个人或几个单位共同拥有一块土地使用权的，各方应以其实际使用的土地面积占整个土地总面积的比例，分别计算缴纳土地使用税。本题中，甲企业拥有土地使用权，所以应当由甲企业缴纳全部的土地使用税。

2.【答案】A

【解析】选项 B，土地使用权未确定或权属纠纷未解决的，其实际使用人为纳税人；选项 C，土地使用权共有的，共有各方都是纳税人，由共有各方分别纳税；选项 D，纳税单位无偿使用免税单位的土地，由纳税单位照章纳税。

3.【答案】D

【解析】选项 A，咖啡厅属于经营用地，需要缴纳土地使用税；选项 B，开山填海整治的土地，从使用月份起免缴土地使用税 5~10 年；选项 C，对企业厂区以外的公共绿化用地和向社会开放的公园用地，暂免征收城镇土地使用税。

4.【答案】C

【解析】城镇土地使用税实行按年计算、分期缴纳的征收方法。

5.【答案】D

【解析】土地使用权共有的各方，应按其实际使用的土地面积占总面积的比例，分别计算缴纳土地使用税。

6.【答案】B

【解析】企业内部的医院以及盐场的盐滩、盐矿的矿井用地免征城镇土地使用税。应缴纳的城镇土地使用税 $=(20\ 000+50\ 000)\times1=70\ 000$（元）

7.【答案】C

【解析】纳税单位与免税单位共同拥有土地使用权的多层建筑，对纳税单位按照其占用的建筑面积占建筑总面积的比例计征城镇土地使用税。该公司全年应纳城镇土地使用税 $=3\ 000\times4\div(4+1)\times5=12\ 000$（元）

二、多项选择题

1.【答案】AD

【解析】名胜古迹设立的照相馆用地属于经营性用地，不属于免征土地使用税的范围；中国人民银行自用土地，免征城镇土地使用税。

2.【答案】AC

【解析】选项 A 和选项 B，2019 年 1 月 1 日至 2020 年 12 月 31 日，对向居民供热收取采暖费的供热企业，为居民供热所使用的厂房及土地免征城镇土地使用税；对供热企业其他厂房及土地，应当按照规定征收城镇土地使用税。选项 C，直接用于农、林、牧、渔业的生产用地，免征城镇土地使用税。这部分土地是指直接从事种植、养殖、饲养的专业用地，不包括农副产品加工场地和生活办公用地。选项 D，2019 年 1 月 1 日至 2021 年 12 月 31 日，对城市公交站场、道路客运站场、城市轨道交通系统运营用地，免征城镇土地使用税。

3.【答案】ACD

【解析】选项 B，纳税人使用的土地在同一省、自治区、直辖市范围内，但跨地区使用的，其纳税地点由省、自治区、直辖市税务局确定，而非人民政府确定。

4.【答案】BC

【解析】以出让方式或转让方式有偿取得土地使用权的，应由受让方从合同约定交付土地时间的次月起缴纳城镇土地使用税；合同未约定交付时间的，由受让方从合同签订的次月起缴纳城镇土地使用税。纳税人新征用的非耕地，应自批准征用次月起缴纳城镇土地使用税。

5.【答案】AC

【解析】纳税人使用的土地不属于同一省、自治区、直辖市管辖的，由纳税人分别向土地所在地的税务机关缴纳土地使用税；尚未核发土地使用证书的，应由纳税人申报土地面积，据以纳税，待核发土地使用证以后再进行调整。

6.【答案】AB

【解析】甲公司应缴税款 $=6\ 000\times2\div6\times6=12\ 000$（元）

乙公司应缴税款 $=6\ 000\times1\div6\times6=6\ 000$（元）

国家机关、人民团体、军队自用的土地享受城镇土地使用税的免征优惠。因此，本题中政府机关不缴纳城镇土地使用税。

三、判断题

1.【答案】×

【解析】土地使用权权属纠纷未解决的，由实际使用人纳税。

2.【答案】×

【解析】非社会性的公共用地不能免税，如企业内的广场、道路、绿化等占用的土地。

3.【答案】√

4.【答案】√

5.【答案】×

【解析】现行城镇土地使用税征税范围限定在城市、县城、建制镇、工矿区，上述范围之外的土地不属于城镇土地使用税的征税范围，不包括农村。

6.【答案】×

【解析】城镇土地使用税减免税审批权限下放至县以上税务机关。

四、思考题

1. 简述城镇土地使用税的特点。

答：城镇土地使用税具有以下特点：

（1）征税对象是城镇土地。

（2）征收对象范围广。

（3）实行差别幅度定额税率。

2. 简述城镇土地使用税的纳税人。

答：城镇土地使用税的纳税义务人是使用城市、县城、建制镇和工矿区土地的单位和个人，包括内资企业、外商投资企业和外国企业在华机构、事业单位、社会团体、国家机关、军队及其他单位。个体工商户及个人也是纳税人。纳税人通常包括以下几类：

（1）拥有土地使用权的单位和个人。

（2）拥有土地使用权的单位和个人不在土地所在地的，其土地的实际使用人和代管人为纳税人。

（3）土地使用权未确定或权属纠纷未解决的，其实际使用人为纳税人。

（4）土地使用权共有的，共有各方都是纳税人，由共有各方分别纳税。

3. 简述城镇土地使用税的计税依据。

答：（1）以测定面积为计税依据，适用于由省、自治区、直辖市人民政府确定的单位组织测定土地面积的纳税人。

（2）以证书确认的土地面积为计税依据，适用尚未组织测量土地面积，但持有政府部门核发的土地使用证书的纳税人。

（3）以申报的土地面积为计税依据，适用于尚未核发土地使用证书的纳税人。待核发土地使用证以后再进行调整。

（4）对单独建造的地下建筑用地暂按应纳税款的50%征收土地使用税。

①取得土地使用证，按证书面积。

②未取得土地使用证或证书未标明土地面积，按地下建筑物垂直投影面积。

4. 简述城镇土地使用税的税收优惠。

答：（1）法定免税项目。

①国家机关、人民团体、军队自用的土地。

②由国家财政部门拨付事业经费的单位自用的土地。

③宗教寺庙、公园、名胜古迹自用的土地。

④市政街道、广场、绿化地带等公共用地。

⑤直接用于农、林、牧、渔业的生产用地。

⑥经批准开山填海整治的土地和改造的废弃土地，从使用的月份起免缴土地使用税5~10年。

⑦非营利性医疗机构、疾病控制机构和妇幼保健机构等卫生机构自用的土地。

⑧企业办的学校、医院、托儿所、幼儿园，其用地能与企业其他用地明确区分的。

⑨行使国家行政管理职能的中国人民银行总行（含国家外汇管理局）所属分支机构自用的土地。

⑩免税单位无偿使用纳税单位的土地（如公安、海关等单位使用铁路、民航等单位的土地）。

⑪政策性免税：对石油天然气生产建设中用于地质勘探、钻井、井下作业、油气田地面工程等施工临时用地；企业的铁路专用线、公路等用地，在厂区以外、与社会用地段未隔离的；企业厂区以外的公共绿化用地和向社会开放的公园用地；盐场的盐滩、盐矿的矿井用地。

⑫对专营农产品的农产品批发市场、农贸市场的房产、土地，暂免征房产税和城镇土地使用税。

同时经营其他产品的农产品批发市场、农贸市场使用房产、土地，按其他产品与农产品交易场地面积的比例确定免征房产税和城镇土地使用税。

⑬对物流企业自有的（包括自用和出租）大宗商品仓储设施用地，减按所属土地等级适用税额标准的50%计征土地使用税。

（2）由省、自治区、直辖市地方税务局确定的减免税项目。

①个人所有的居住房屋及院落用地。

②房产管理部门在房租调整改革前经租的居民住房用地。

③免税单位职工家属的宿舍用地。

④集体和个人办的各类学校、医院、托儿所、幼儿园用地。

五、计算问答题

答：2020 年 1 月 1 日至 2022 年 12 月 31 日，物流企业自有的（包括自用和出租）大宗商品仓储设施用地，减按所属土地等级适用税额标准的 50%计征城镇土地使用税。物流企业的办公、生活区用地及其他非直接从事大宗商品仓储的用地，不在优惠范围内。

纳税人新占用非耕地的，自批准征用次月起缴纳城镇土地使用税；纳税人新占用耕地的，自批准征用之日起满 1 年时开始缴纳城镇土地使用税，因此 2020 年占用耕地不缴纳城镇土地使用税。

应缴纳城镇土地使用税 = 8 000×5×50%+3 000×5÷12×9 = 31 250（元）

六、案例分析题

思考一：该集团应如何降低城镇土地使用税？

答：经过多方考虑，该集团公司最终决定将生产基地建在江苏省沿海城市，这样不仅能享受其他税种（如所得税）的税收优惠，而且方便出口贸易，单是每年的城镇土地使用税也可节约不少。由于该地区的城镇土地使用税税率为每年 4 元/平方米，因此每年只需要缴纳城镇土地使用税 4 万元，节省城镇土地使用税 8 万元。

思考二：除了利用土地级别的不同进行税收筹划外，还有无其他税收筹划方法可以降低城镇土地使用税？

答：该集团利用税收优惠进行税收筹划。

（1）利用改造废弃土地进行税收筹划。税法规定，批准开山填海整治的土地和改造的废弃土地，从使用月份起免缴城镇土地使用税 5～10 年。纳税人可以充分利用城市、县城、建制镇和工矿区的废弃土地或进行开山填海利用土地，以获得免税机会。

（2）通过准确核算用地进行税收筹划。如果纳税人能准确核算用地，就可以充分享受针对土地使用税设定的优惠条款。例如，该集团可以将农、林、牧、渔业的生产用地与农副产品加工场地和生活办公用地分离，享受生产用地的免税条款。

（3）利用经营采摘、观光农业进行税收筹划。税法规定，在城镇土地使用税征收范围内经营采摘、观光农业的单位和个人，其直接用于采摘、观光的种植、养殖、饲养的土地，根据《中华人民共和国城镇土地使用税暂行条例》中关于直接用于农、林、牧、渔业的生产用地的规定，免征城镇土地使用税。

第十一章　耕地占用税参考答案

一、单项选择题

1.【答案】D

【解析】建设直接为农业生产服务的生产设施占用规定的农用地的，不征收耕地占用税。

2. 【答案】C

【解析】经济特区、经济技术开发区和经济发达、人均耕地特别少的地区，耕地占用税的适用税额可以适当提高，但最多不得超过当地适用税额的50%。

3. 【答案】B

【解析】铁路线路占用耕地、飞机场跑道占用耕地减按每平方米2元的税额征收耕地占用税；生产企业占用耕地不属于耕地占用税的减免税范围。

4. 【答案】C

【解析】耕地占用税是一次性课征的。

5. 【答案】A

【解析】农村居民占用耕地新建住宅，按照当地适用税额减半征收耕地占用税；飞机场跑道占用的耕地减按每平方米2元的税额征收耕地占用税；军事设施占用的耕地免征耕地占用税；供电部门占用耕地新建变电厂正常缴纳耕地占用税。

6. 【答案】A

【解析】应缴纳耕地占用税=40×20=800（万元）

开发经济林木占地属于耕地，不缴纳耕地占用税。

7. 【答案】A

【解析】农村居民经批准搬迁，新建自用住宅占用耕地不超过原宅基地面积的部分，免征耕地占用税。

8. 【答案】C

【解析】获准占用耕地的单位或个人应当在收到土地管理部门的通知之日起30日内缴纳耕地占用税。

9. 【答案】B

【解析】直接从事种植、养殖、饲养的专业用地免税。农副产品加工厂占地和从事农、林、牧、渔业生产单位的生活和办公用地不包括在免税范围内。企业内的道路和绿化占地不属于社会性公共用地，照章征税。

应缴纳城镇土地使用税=(40 000−20 000)×5=100 000（元）

10. 【答案】C

【解析】占用耕地改成果园，不征收耕地占用税；农村居民占用耕地新建住宅，按照当地适用税额减半征收耕地占用税；纳税人临时占用耕地的，应当照章缴纳耕地占用税。张某应纳耕地占用税=500×20×50%+1 000×20=25 000（元）

二、多项选择题

1. 【答案】ABCD

【解析】以上选项都属于耕地范畴。

2. 【答案】ABD

【解析】在中华人民共和国境内占用耕地建设建筑物、构筑物或从事非农业建设的单位和个人，为耕地占用税的纳税人。

3. 【答案】BCD

【解析】选项 B，军事设施、学校、幼儿园、社会福利机构、医疗机构占用耕地，免征耕地占用税；选项 C，铁路线路、公路线路、飞机场跑道、停机坪、港口、航道、水利工程占用耕地，减按每平方米 2 元的税额征收耕地占用税；选项 D，农村居民占用耕地改造为果园属于从事农业建设，不缴纳耕地占用税。农村居民占用耕地新建住宅，按照当地适用税额减半征收耕地占用税。

4. 【答案】ABCD

【解析】耕地占用税的纳税人是指在中华人民共和国境内占用耕地建设建筑物、构筑物或从事非农业建设的单位和个人。所称单位，包括国有企业、集体企业、私营企业、股份制企业、外商投资企业、外国企业以及其他企业和事业单位、社会团体、国家机关、军队以及其他单位；所称个人，包括个体工商户以及其他个人。

5. 【答案】CD

【解析】选项 A，建设直接为农业生产服务的生产设施而占用耕地的，不征收耕地占用税；选项 B，耕地占用税的纳税义务发生时间为纳税人收到自然资源主管部门办理占用耕地手续的书面通知的当日。纳税人应当自纳税义务发生之日起 30 日内申报缴纳耕地占用税。

6. 【答案】ABD

【解析】选项 C，耕地占用税的征税范围包括纳税人为建房或从事其他非农业建设而占用的国家所有和集体所有的耕地。

7. 【答案】ABC

【解析】选项 D，纳税人临时占用耕地，应当依照规定缴纳耕地占用税，纳税人在批准临时占用耕地的期限内恢复所占用耕地原状的，全额退还已经缴纳的耕地占用税。

8. 【答案】BCD

【解析】选项 A，飞机场跑道占用耕地减按每平方米 2 元的税额征收耕地占用税。

9. 【答案】ACD

【解析】选项 B，纳税人在批准临时占用耕地的期限内恢复所占用耕地原状的，全额退还已经缴纳的耕地占用税。

10. 【答案】AD

【解析】建造厂房占用的耕地应计征耕地占用税 = (3 500+500)×20 = 80 000（元）。

兴办学校占用耕地免征耕地占用税。临时占用耕地，应当缴纳耕地占用税。纳税人在批准临时占用耕地的期限内恢复所占用耕地原状的，全额退还已经缴纳的耕地占用税。

三、判断题

1. 【答案】√

【解析】农村居民占用耕地改造为果园属于从事农业建设，不缴纳耕地占用税。若农村居民占用耕地新建住宅，按照当地适用税额减半征收耕地占用税。

2.【答案】×

【解析】纳税人临时占用耕地，应当依照规定缴纳耕地占用税。

3.【答案】×

【解析】农村居民经批准搬迁，新建自用住宅占用耕地不超过原宅基地面积的部分，免征耕地占用税。

4.【答案】×

【解析】耕地占用税的纳税义务发生时间为纳税人收到自然资源主管部门办理占用耕地手续的书面通知的当日。

5.【答案】√

【解析】耕地占用税税额标准实行的是地区差别定额税额。

6.【答案】×

【解析】养老院占用耕地免征耕地占用税，停机坪占用耕地减征耕地占用税。

四、思考题

1. 简述耕地占用税的征税范围。

答：耕地占用税的征税范围包括纳税人占用耕地建设建筑物、构筑物或从事非农业建设的国家所有和集体所有的耕地。所谓耕地，是指用于种植农作物的土地和农用地，园地、林地、草地、农田水利用地、养殖水面、渔业水域滩涂以及其他农用地都属于耕地的范围。

2. 耕地占用税的计税依据是什么？

答：耕地占用税是以纳税人实际占用的应税土地面积为计税依据。实际占用的应税土地面积，包括经批准占用的耕地面积和未经批准占用的耕地面积。

3. 如何计算耕地占用税应纳税额？

答：耕地占用税以纳税人实际占用的属于耕地占用税征税范围的土地面积为计税依据，按应税土地当地适用税额计税，实行一次性征收。

耕地占用税的计算公式为

应纳税额=应税土地面积×适用税额

占用基本农田，加按150%征收耕地占用税，计算公式为

应纳税额=应税土地面积×适用税额×150%

4. 简述耕地占用税与城镇土地使用税、与土地增值税的关系。

答：(1) 耕地占用税与城镇土地使用税的关系如下：

①纳税人新征用的耕地，自批准征用之日起满1年时开始缴纳城镇土地使用税。

②纳税人新征用的非耕地，自批准征用的次月起缴纳城镇土地使用税。

(2) 耕地占用税与土地增值税的关系：耕地占用税计入房地产开发成本，成为计算土地增值税可扣除的项目。

5. 简述耕地占用税的税收优惠。

答：(1) 免征耕地占用税。

①军事设施占用耕地。

②学校、幼儿园、社会福利机构、医疗机构占用耕地。

③农村烈士遗属、因公牺牲军人遗属、残疾军人以及符合农村最低生活保障条件的农村居民，在规定用地标准以内新建自用住宅。

（2）减征耕地占用税。

①铁路线路、公路线路、飞机场跑道、停机坪、港口、航道、水利工程占用耕地，减按每平方米 2 元的税额征收耕地占用税。

②农村居民在规定用地标准以内占用耕地新建自用住宅，按照当地适用税额减半征收耕地占用税。其中，农村居民经批准搬迁，新建自用住宅占用耕地不超过原宅基地面积的部分，免征耕地占用税。

五、计算问答题

1. 答：纳税人占用耕地建房或从事其他非农业建设，需要缴纳耕地占用税。

2020 年企业应缴纳的耕地占用税 = 6 000×8 = 48 000（元）

2. 答：农村居民在规定用地标准以内占用耕地新建自用住宅，按照当地适用税额减半征收耕地占用税。其中，农村居民经批准搬迁，新建自用住宅占用耕地不超过原宅基地面积的部分，免征耕地占用税。

张某应缴纳耕地占用税 =（260－220）×20×50% = 400（元）

3. 答：学校、幼儿园、社会福利机构、医疗机构占用耕地，可以依法免征耕地占用税。铁路线路、公路线路、飞机场跑道、停机坪、港口、航道、水利工程占用耕地，减按每平方米 2 元的税额征收耕地占用税。

甲公司应缴纳耕地占用税 =（150 000－800－5 000－1 500）×30＋1 500×2 = 4 284 000（元）

六、案例分析题

思考一：为什么李某应缴纳耕地占用税？

答：耕地占用税的征税范围包括纳税人占用耕地建设建筑物、构筑物或从事非农业建设的国家所有和集体所有的耕地。在此案例中，李某将本该用于农业生产的耕地改变了用途，用于非农业生产，建了砖厂，因此李某应当缴纳耕地占用税。

思考二：耕地占用税的收入用途是什么？

答：征收的耕地占用税收入在地方建立农业发展基金，在中央建立农业综合开发基金后的基本用途和支出范围主要如下：

（1）繁育推广优良品种，采取先进农业科技措施的费用。

（2）实施开垦和整治宜农耕地工程等大面积开发项目及引进外资项目所需的前期勘测、论证、规划设计所需的配套资金。

（3）经当地人民政府批准，由银行贷款开发农用土地资源项目的贴息支出。

（4）用于提高耕地质量，改造中低产田，兴建排涝、改碱、荒滩治理、深翻改土、培养地力等工程措施所需的各项费用。

（5）扩大耕地数量，开垦宜耕荒地、滩涂、撂荒地、闲弃地等所需的费用。

（6）兴建和整修小型农田水利工程、灌区渠道、防渗工程、打井配套等工程所需的费用。

思考三：耕地占用税设立的现实意义是什么?

（1）耕地占用税是国家税收的重要组成部分。耕地占用税具有特定性、一次性、限制性和开发性等不同于其他税收的特点。经过多年的发展，之前的《中华人民共和国耕地占用税暂行条例》经过了修改、实施细则的配套和管理规程的补充，乘国家税制体制改革的东风，《中华人民共和国耕地占用税法》出台实施是发展的必然。该法的实施将利用经济手段限制乱占滥用耕地，补偿占用耕地所造成的农业生产力的损失，为大规模的农业综合开发提供必要的资金来源，促进农业生产的稳定发展。

（2）耕地是人类赖以生存的基本资源和条件。耕地属于不可再生的资源，合理地利用耕地是非常重要的。耕地非农化现象在世界范围内城市化进程中日益凸显，许多国家和地区普遍实施行政性措施来限制耕地非农化的发展速度，以期引导土地合理开发和利用，实现有限耕地资源的可持续利用。耕地占用税也对耕地非农化现象起到一定的限制作用。

第十二章　房产税参考答案

一、单项选择题

1.【答案】D

【解析】选项A，房屋出租的由出租人缴纳房产税；选项B，产权出典的由承典人缴纳房产税；选项C，房屋产权未确定的由代管人或使用人纳税。

2.【答案】C

【解析】纳税人经营自用房屋的房产税依照房产原值一次减除扣除比例后的余值计算缴纳。

3.【答案】C

【解析】选项A，房产税的征税范围不包括农村；选项B，建在室外的露天泳池不属于房产，不征收房产税；选项D，房地产开发企业建造的商品房，在出售前，不征收房产税，但对出售前房地产开发企业已使用或出租、出借的商品房应按规定征收房产税。

4.【答案】A

【解析】房产原值是指纳税人按照会计制度的规定，在账簿“固定资产”科目中记载的房屋原价。

5.【答案】B

【解析】选项A、选项C、选项D均免征房产税。

6.【答案】C

【解析】选项A，纳税人出租房产，自交付房产之次月起缴纳房产税；选项B，纳税人自行新建房屋用于生产经营，从建成之次月起缴纳房产税；选项D，房地产开发企业自用、出租、出借本企业建造的商品房，自房屋使用之次月起缴纳房产税。

7. 【答案】A

【解析】选项 B、选项 C、选项 D 都需要缴纳房产税。

8. 【答案】D

【解析】房产税按年计算缴纳，应纳房产税 = 200×12% = 24（万元）

9. 【答案】A

【解析】融资租赁的房产，由承租人自融资租赁合同约定开始日的次月起依照房产余值缴纳房产税。应纳房产税 = 1 000×(1−20%)×1.2%×6÷12 = 4.8（万元）

10. 【答案】C

【解析】对按照房产原值计税的房产，无论会计上如何核算，房产原值均应包括地价，包括为取得土地使用权支付的价款、开发土地发生的成本费用等。宗地容积率低于 0.5 的，按照房产建筑面积的 2 倍计算土地面积并据此确定计入房产原值的地价。该企业宗地容积率 = 1 800÷3 000 = 0.6，高于 0.5。该企业 2021 年应缴纳的房产税 = (2 000+900)×(1−20%)×1.2% = 27.84（万元）。

二、多项选择题

1. 【答案】AD

【解析】选项 A，对居民住宅区内业主共有的经营性房产，由实际经营（包括自营和出租）的代管人或使用人缴纳房产税；选项 D，对融资租赁房屋的情况，实际上是一种变相的分期付款购买固定资产的形式，因此在计征房产税时应以房产余值计算征收。

2. 【答案】BD

【解析】房产出租的，按租金收入计征房产税，税率为 12%；自 2008 年 3 月 1 日起，对个人出租住房，不区分用途，按 4%的税率征收房产税。

3. 【答案】ABD

【解析】房产税的计税依据是房产的计税价值或房产的租金收入。按照房产计税价值征税的，称为从价计征；按照房产租金收入计征的，称为从租计征。房产的计税价值是指依照房产原值一次减除 10%～30%后的余额。因此，房产的计税价值也叫房产余值。选项 C，按照房产的余值征税的，称为从价计征，而不是房产的账面价值。

4. 【答案】CD

【解析】选项 A，城乡信用合作社是营利性单位，而非实行全额差额预算管理的事业单位，应当征收房产税。选项 B，对居民住宅区内业主共有的经营性房产，要区分自营或出租，分别适用不同政策。自营的，依照房产原值减除 10%～30%后的余值计征，没有房产原值或不能将业主共有房产与其他房产的原值准确划分开的，由房产所在地税务机关参照同类房产核定房产原值；出租的，依照租金收入计征。

5. 【答案】ABCD

【解析】各选项描述均正确。房产税的纳税义务发生时间，除将原有房产用于生产经营从生产经营“之月”起外，其他情形下，均为“次月”。

6.【答案】BC

【解析】对于以房产投资联营，投资者参与投资利润分红，共担风险的情况，被投资方按房产余值作为计税依据计征房产税；对于以房产投资，收取固定收入，不承担联营风险的情况，实际上是以联营名义取得房产租金，应根据规定由出租方按不含税租金收入计算缴纳房产税。

乙企业应就A房产缴纳的房产税=800×(1-30%)×1.2%=6.72（万元）

甲企业应就B房产缴纳的房产税=60×12%=7.2（万元）

7.【答案】AB

【解析】选项C，房产原值应包括与房屋不可分割的各种附属设备或一般不单独计算价值的配套设施；选项D，与地上房屋相连的地下建筑以及完全建在地面以下的建筑、地下人防设施等，均应当依照有关规定征收房产税。

8.【答案】ABCD

【解析】企业和自收自支事业单位按政府规定价格向职工出租的单位自有住房，暂免征收房产税；军队自用房产和非营利性医疗机构自用的房产，免征房产税。

9.【答案】ABD

【解析】政府机关出租的房产应当从租计征房产税。外商投资企业应当依法纳税。产权未确定，由房产代管人或使用人纳税。产权出典的，由承典人纳税，产权出典人不缴纳房产税。

10.【答案】ABD

【解析】对出租房产，租赁双方签订的租赁合同约定有免收租金期限的，免收租金期间由“产权所有人”按照房产原值缴纳房产税。

三、判断题

1.【答案】×

【解析】根据规定，我国现行房产税采用比例税率。

2.【答案】√

【解析】个人出租住房，不区分用途，按4%的税率征收房产税。

3.【答案】×

【解析】国家机关自用的房产免征房产税，但非自身业务使用的生产、营业用房，不属于免税范围。自用的房产是指国家机关的办公用房和公务用房，附属工厂、商店、招待所等不属于办公用房和公务用房，应照章缴纳房产税。

4.【答案】×

【解析】有关房产税纳税义务发生时间，纳税人委托施工企业建设的房屋，自办理验收手续之次月起缴纳房产税。

5.【答案】√

【解析】产权出典的，由承典人缴纳房产税。

6.【答案】√

【解析】不可移动的房屋附属设施（如中央空调、智能化楼宇设施等），无论会计上是否单独核算，均应并入计征房产税的房产原值中。

四、思考题

1. 简述房产税的概念及其征收范围。

答：房产税是以房屋为征税对象，按照房屋的计税余值或租金收入，向产权所有人征收的一种财产税。

征税范围包括征税对象范围和开征区域范围。

（1）征税对象范围。房产税的征税对象是房产，即有屋面和围护结构，能够遮风避雨，可供人们在其中生产、学习、工作、娱乐、居住或储藏物资的场所。

（2）开征区域范围。房产税的征税范围包括城市、县城、建制镇和工矿区。

2. 房产税的纳税义务人包括哪些?

答：房产税的纳税义务人是征税范围内的房屋产权所有人，包括国家所有和集体、个人所有房屋的产权所有人、承典人、代管人或使用人三类。具体包括以下内容：

（1）产权属国家所有的，由经营管理单位纳税；产权属集体和个人所有的，由集体单位和个人纳税。

（2）产权出典的，由承典人纳税。

（3）产权所有人、承典人不在房屋所在地的，或者产权未确定及租典纠纷未解决的，由房产代管人或使用人纳税。

（4）无租使用其他房产的，由房产使用人纳税。

3. 房产税税率分为多少档? 对应的适用情况是什么?

答：房产税采用比例税率，有两档规定税率，另有一档优惠税率（见附表1）。

附表1　房产税税率

税率	税率适用情况
1.2%的规定税率	自有房产用于生产经营
12%的规定税率	出租非居住的房产
4%的优惠税率	个人出租住房（不分出租后用途）

4. 房产税的计税依据是什么?

答：房产税计税依据如下：一是从价计征，根据房地产余值缴税，通常是房地产原值扣除损耗价值后的余值；二是从租计征，以房地产不含增值税的租金收益来征缴。

五、计算问答题

1. 答：自用房产应纳房产税＝2 000×(1−20%)×1.2%＝19.2（万元）

出租房应纳房产税＝20×12×12%＝28.8（万元）

应缴纳的房产税合计＝19.2+28.8＝48（万元）

2. 答：（1）对于与地上房屋相连的地下建筑，如房屋的地下室、地下停车场、商场的地下部分等，应将地下部分与地上房屋视为一个整体按照地上房屋建筑的有关规定计算征收房产税。

（2）对于独立地下建筑物——工业用途房产，房产税的减征以房屋原价的50%~60%作为应税房产原值。

2020 年 4 月至 12 月应纳房产税 = (100+200×50%)×(1−30%)×1.2%÷12×9 = 1.26（万元）

3. 答：（1）对于以房产投资联营，投资者参与利润分红，共担风险的，由被投资方按照房产余值作为计税依据缴纳房产税。因此，甲食品加工厂作为投资方，无需缴纳此部分房产的房产税。

（2）出租的房产，出租前按照房产余值计算应纳房产税；自交付出租房产的次月起，按照不含增值税的租金收入计算应纳房产税。

（3）更换房屋附属设备和配套设施的，在将其价值计入房产原值时，可扣减原来相应设备和设施的价值；如果是更换易损坏、需要经常更换的零配件，不改变房屋原值。

甲食品加工厂 2020 年应纳房产税 = 200×(1−30%)×1.2%×11÷12+5×1×12%+1 000×(1−30%)×1.2%×10÷12+(1 000+100−50+10)×(1−30%)×1.2%×2÷12+(5 000−1 000−200−1 000)×(1−30%)×1.2% = 34.144（万元）

六、案例分析题

思考一：房屋买卖双方在交易过程中一共签订了两份合同，为何原告龚某与张某签订的某市房地产买卖合同无效？

答：此类案件在二手房交易中俗称“阴阳合同”或“鸳鸯合同”，就是买卖双方在签订第一份房屋买卖合同后，出于少缴税费等目的，向相关部门隐瞒房屋的总价，由此导致买卖双方因价格不同发生争议，两份合同的效力发生冲突。在此案中，买卖双方在签订第一份合同（“阴合同”）后，办理过户手续时，为了减少缴税，又签订了一份约定房价较低的合同（“阳合同”）。

合同双方为了少缴税，恶意串通降低成交金额，损害了国家利益，并且该合同的成交金额不是双方的真实意思表示，双方为少缴税款而将购房款写为 550 000 元，该行为损害了国家利益，即便是合同成立也不发生法律效力。

思考二：签订“阴阳合同”可能会给纳税人带来哪些风险？

答：“阴阳合同”是一种违规行为，在给纳税人带来“利益”的同时，更孕育着严重的风险。

（1）被追究法律责任的风险。用签订“阴阳合同”的方式少缴税款，一旦被税务机关查出存在偷税行为，不仅会被追缴税款，还可能被处以罚款，甚至可能因触犯法律而被追究刑事责任。

（2）卖家存在无法全额收回房款的风险。由于“阴阳合同”存在价格差异且无银行监督，买家有可能不按期支付“阳合同”以外的房款或恶意要求以“阴合同”的价格进行交易。卖方采取协商、起诉等方式催讨，将会付出更高的时间和金钱成本。就算最终法院认定按照实际价格交易，但由于双方在交易环节中涉嫌避税，也会被追究相应的法律责任。

（3）买家可能无法取得贷款的风险。由于在政府有关部门备案的“阳合同”中价格较低，买家在申请银行贷款时，银行将极有可能按照备案的价格发放贷款，这将造成买家实际贷款额降低。

（4）面临再次出售时承担较高费用的风险。由于在政府有关部门备案的价格低于实际成交的价格，将来卖家如果出售这套房屋，可能就要缴纳更多的个人所得税等涉及房屋买入价格的税费。

思考三：房产税对于国家而言有什么意义和作用?

答：（1）健全中国的财税体系。在正常的社会主义市场经济体系中，财税体制应该既有生产环节的生产税，也有财产持有环节的持有税。长远来说，两种税制并存是合理的体系，因此国家推进房产税，首先是为了健全税制。

（2）对整个房地产结构调整和调控具有一定意义。公租房基本以成本转租给老百姓，这是对中低收入者的保护、关怀。对买普通商品房的老百姓，要保证供应及价格不太高，国家在税收上有适当的优惠。独栋商品住宅和高档住房的调控主要体现在税收上，这样的住房在交易环节的契税、增值税会比普通商品房高，另外增加持有环节的房产税，会起到一定的遏制作用。从这个意义上讲，房产税对房地产市场有调控意义。

（3）有调节收入分配作用。交易契税、所得税、增值税都属于一次分配，房产税属于二次分配，二次分配有维护社会公平作用，可以调节收入分配。

（4）能够适当地改变社会的住房消费习惯。房产税实行以后，对于买房自住的人来说，买高档商品房会缴纳比较多的房产税，人们会根据自己的财力理性购买。如果要“炒房”，提高税收成本会减少“炒房”行为。长远来看，房产税会调节人们持有房屋的心理，改变住房的消费习惯，避免房地产市场泡沫化，促进宏观经济的和谐稳定运行。

第十三章　契税参考答案

一、单项选择题

1.【答案】B

【解析】契税的纳税义务人是境内转移土地、房屋权属，承受的单位和个人。选项 A，承受方缴纳契税，因此销售方不缴纳契税；选项 C 和选项 D，房屋产权没有发生转移，不缴纳契税。

2.【答案】A

【解析】在中华人民共和国境内转移土地、房屋权属，承受的单位和个人为契税的纳税人。特别注意契税的纳税人是买方而不是卖方，这与其他税种不同。此题中，选项 B 和选项 D，以房屋权属作价投资、将房产用于偿债均属于契税征税范围，但纳税人为房屋权属的承受人，因此张某和作为投资方的某企业不缴纳契税；选项 C，以自有房产作股投入本人独资经营的企业，不需要缴纳契税。

3.【答案】B

【解析】契税实行 3%~5%的幅度比例税率。

4.【答案】C

【解析】房屋交换，交换价格不相等时，由支付价格差额的一方缴纳契税。

5.【答案】A

【解析】选项B，土地使用权交换的，其计税依据为所交换的土地使用权的价格差额；选项C，采用分期付款方式购买房屋附属设施土地使用权、房屋所有权的，应以合同规定的总价款作为计税依据；选项D，以划拨方式取得土地使用权的，经批准转让房地产时，由房地产转让者补缴契税，计税依据为补缴的土地使用权出让费用或土地收益。

6.【答案】B

【解析】对承受国有土地使用权所应支付的土地出让金，要计征契税，不得因减免土地出让金而减免契税。

7.【答案】D

【解析】以无偿划拨方式取得土地使用权又转让的，由转让者按补缴的土地出让费或土地收益补缴契税。

8.【答案】D

【解析】房屋交换，以所交换房屋的价格差额为计税依据，由多支付货币等经济利益的一方缴纳契税。黄某应缴纳的契税税额=(96-72)×3%=0.72（万元）

9.【答案】C

【解析】债权人承受破产企业土地房屋权属以抵偿债务的，免征契税。

拍卖房地产的，承受方应纳契税税额=1 200×3%=36（万元）

在房屋交换中，由支付补价的一方按差价计算缴纳契税，税额=500×3%=15（万元）

当事人各方应缴纳契税合计=36+15=51（万元）

10.【答案】A

【解析】契税以承受方为纳税义务人，因此选项A不正确。

二、多项选择题

1.【答案】BCD

【解析】契税征税范围包括国有土地使用权出让，土地使用权转让（包括出售、赠与和交换），房屋买卖、房屋赠与、房屋交换。房屋出租不属于契税征税范围。

2.【答案】AD

【解析】契税应由承受土地、房屋权属的一方缴纳。

3.【答案】ABD

【解析】选项C，减免承受国有土地使用权应支付的土地出让金时，契税不得减免。

4.【答案】AC

【解析】甲自用住房不缴纳契税。甲将别墅抵债，是住房的出售方，不缴纳契税，而应该由承受方乙缴纳契税1 000 000×3%=30 000元。甲与丙换房，应该由支付差价的丙根据支付的差价缴纳契税200 000×3%=6 000元。甲将公寓房折成股份投入本人独资经营的企业并未涉及房屋产权变化，不用缴纳契税。

5.【答案】AB

【解析】债权人承受破产企业的房屋权属以抵偿债务的，免征契税，因此李先生不缴纳契税。契税由承受方缴纳，因此破产企业不缴纳契税。

乙企业缴纳的契税=(50+80)×3%=3.9（万元）

6.【答案】BD

【解析】选项A，已缴纳契税的购房单位和个人，在未办理房屋权属变更登记前退房的，退还已纳契税；在办理房屋权属变更登记之后退还的，不予退还已纳契税。选项C，契税的纳税义务发生时间是纳税人签订土地、房屋权属转移合同的当天。

7.【答案】AC

【解析】契税纳税义务的发生时间是纳税人签订土地、房屋权属转移合同的当天，或者纳税人取得具有转移合同性质凭证的当天。

8.【答案】CD

【解析】选项A，承受荒山用于农、林、牧、渔等生产的，免征契税；用于其他方面不免征契税。选项B，因不可抗力灭失住房而重新购买住房的，酌情减免契税。

9.【答案】ABD

【解析】个人购买家庭唯一住房，面积为90平方米及以下的，减按1%的税率征收契税。

10.【答案】BC

【解析】对已缴纳契税的购房单位和个人，在未办理房屋权属变更登记前退房的，退还已纳契税；在办理房屋权属变更登记后退房的，不退还已纳契税。

三、判断题

1.【答案】×

【解析】以实物交换房屋的，应该以房屋的现值作为契税的计税依据。

2.【答案】√

【解析】房屋的继承要区分法定继承和非法定继承，法定继承不征收契税，非法定继承属于契税的征税范围。

3.【答案】×

【解析】采用分期付款方式购买房屋附属设施土地使用权、房屋所有权的，应按合同规定的总价款计征契税。

4.【答案】×

【解析】承受国有土地使用权所应支付的土地出让金，要计征契税，不得因减免土地出让金而减免契税。

5.【答案】√

【解析】以房屋抵债或实物交换房屋，视同房屋买卖，由产权承受人按房屋现值缴纳契税。

6.【答案】×

【解析】以实物交换房屋，应该视同买房，以房屋现值缴纳契税。

四、思考题

1. 契税的课税对象是什么?

答：契税的课税对象是发生权属转移并签订转移契约的土地和房屋。

2. 契税的征税范围有哪些?

答：契税的征收范围包括所有在我国境内的单位和个人转移土地、房屋权属的行为，包括国有土地使用权出让、土地使用权转让、房屋买卖、房屋赠与、房屋交换。

3. 根据契税的有关规定，有些特殊方式转移土地房屋权属的，也将视同土地权转让、房屋买卖行为征收契税。这些特殊方式有哪些?

答：(1) 以房屋抵值或实物交换房屋，视同房屋买卖，由产权承受人按房屋现值缴纳契税。

(2) 以房产投资入股，应按规定办理房屋产权交易和产权变更登记手续，视同房屋买卖，由产权承受方按入股房产现值缴纳契税。

(3) 买房者不论其购买目的是拆用材料还是得到旧房后翻建成新房，都要涉及办理产权转移手续，发生房屋权属变化，就要照章缴纳契税。

(4) 对以国家作价出资（入股）方式转移国有土地使用权的行为，应视同土地使用权转让，由土地使用权的承受方按规定缴纳契税。

(5) 视同土地使用权转让、房屋买卖或赠与而缴纳契税的特殊规定还有：以获奖方式承受土地、房屋权属，以预购方式或预付集资建房款方式承受土地、房屋权属。这些情况均发生了土地房屋权属的变化。

4. 简述个人购买住房可以享受的不同的契税优惠政策。

答：个人购买住房可以享受的不同的契税优惠政策如附表 2 所示。

附表 2　个人购买住房可以享受的不同的契税优惠政策

个人购买住房	契税优惠政策
城镇职工按规定第一次购买公有住房（含按政策经批准的集资房、房改房）	免征契税
个人购买家庭唯一住房（家庭成员范围包括购房人、配偶以及未成年子女，下同)，面积为 90 平方米及以下的	减按 1%的税率征收契税
个人购买家庭唯一住房，面积为 90 平方米及以下的（不含北京、上海、广州、深圳的住房）	减按 1%的税率征收契税
个人购买家庭第二套改善性住房，面积为 90 平方米以上的（不含北京、上海、广州、深圳的住房）	减按 2%的税率征收契税

5. 辨析房屋赠与和房屋继承。

答：房屋赠与是指房屋所有者将其房屋无偿转让给受赠者的行为，应由受赠人按规定缴纳契税。

房屋继承要区分法定继承与非法定继承，法定继承不征收契税，非法定继承属于契税的征税范围。按照《中华人民共和国继承法》的规定，非法定继承人根据遗嘱承受死者生前的土地、房屋权属，属于赠与行为，应征收契税。

五、计算问答题

1. 答：（1）购买土地使用权应纳契税＝1 000×4%＝40（万元）

（2）抵债房屋，按房屋现值计征，应纳契税＝400×4%＝16（万元）

（3）房屋交换应纳契税＝(180−100)×4%＝3.2（万元）

（4）接受赠与的房屋，按市场同类房屋价值计征，应纳契税＝150×4＝6（万元）

（5）购买房屋应纳契税＝6 000×4%＝240（万元）

该企业2020年应纳契税总额＝40+16+3.2+6+240＝305.2（万元）

2. 答：契税以承受方为纳税人，居民之间等价交换房屋的免征契税。

李某应纳契税＝130×4%＝5.2（万元）

刘某应纳契税＝80×4%＝3.2（万元）

两人共应纳契税＝3.2+5.2＝8.4（万元）

六、案例分析题

【案例一】

思考一：请简述契税的纳税义务发生时间和纳税期限。

答：契税的纳税义务发生时间为纳税人签订土地、房屋权属转移合同的当天，或者取得其他具有土地、房屋权属转移合同性质凭证的当天。

契税纳税期限为纳税义务发生之日起10日内。

思考二：作为纳税个人，应如何规避契税税务风险？

（1）熟悉契税相关政策。目前，围绕房地产交易国家出台了减免税优惠政策，而这些政策涉及购房时间、面积、套数等关键问题。对于个人购房的时间，税务部门的规定是，以契税完税证明上的时间或取得房产证的时间，按照孰先原则确定。但现实中，纳税人购房后如因个人的原因，未及时办理契税缴纳和办理不动产权属证书，可能造成不能享受相应的税收优惠政策。

（2）按时按数缴纳契税。为了保障不动产所有人的合法权益，纳税人务必在完成房屋权属转移合同签订或取得合同性质凭证的10日内向土地、房屋所在地的契税征收机关办理纳税申报，并在契税征收机关核定的期限内缴纳税款。超出规定期限缴纳税款，将会产生滞纳金。因此，纳税人应按期履行纳税义务，免除后顾之忧。

2.【案例二】

思考一：A公司的契税纳税申报税额正确吗？请给出结论并说明原因。

答：不正确。A公司在办理土地使用权证后，又发生的属于契税计税依据范围内的土地出让金和相关费用未按规定申报缴纳契税。

根据相关规定，出让国有土地使用权的，其契税计税价格为承受人为取得该土地使用权而支付的全部经济利益。其中，以协议方式出让的，其契税计税价格为成交价格。成交价格包括土地出让金、土地补偿费、安置补助费、地上附着物和青苗补偿费、拆迁补偿费、市政建设配套费等承受者应支付的货币、实物、无形资产及其他经济利益。以竞价方式出让的，其契税计税价格一般应确定为竞价的成交价格，土地出让金、市政建设配套费以及各种补偿费用应包括在内。

由上可知，房地产开发企业在开发过程中支付的拆迁补偿款、安置补助费均应作为成交价格的一部分，计入土地使用权的契税计税依据中。提高出让合同约定的建筑容积率、增加建筑面积、补缴土地出让金以及相应增加的市政建设配套费也应作为契税的计税依据缴纳契税。

因此，A 公司应缴纳的契税计税依据应为土地出让金 5 000 万元、市政建设配套费 160 万元、拆迁补偿款 1 000 万元、安置补助费 400 万元、补缴的土地出让金 1 000万元以及由此增加的市政建设配套费 32 万元。

A 公司应纳契税 =（5 000+160+1 000+400+1 000+32）×4% = 303. 68 （万元）

因此，A 公司契税计税依据为 7 592 万元，应缴纳契税 303. 68 万元，需补缴契税 97. 28 万元。

思考二：你对 A 公司及李会计有什么建议吗?

答：房地产企业契税的计税依据较为复杂，纳税人应该明确，按照相关税收法律法规的规定，税务机关在房地产开发企业办理土地证时，已经征收契税。但在实际开发过程中，可能存在后续发生拆迁补偿费、安置补助费、增加容积率后补缴的土地出让金以及相应增加的市政建设配套费等费用，按照契税的计税依据（应支付的货币、实物、无形资产及其他经济利益），要及时申报缴纳契税。

根据《国家税务总局关于免征土地出让金出让国有土地使用权征收契税的批复》（国税函〔2 005〕436 号）的规定，承受国有土地使用权所应支付的土地出让金要计征契税，不得因减免土地出让金而减免契税。如果政府给企业减免了部分土地出让金，也要按照合同约定的土地出让金作为计税依据。

企业在相关政策的把握和运用上，必须做到全面细致。李会计作为 A 公司会计人员，因对取得土地成交价格的具体认定政策理解有误，没有按照应支付的金额计税，并且对于纳税义务发生时间及纳税期限规定掌握不充分，导致拿地后续发生的费用没有及时申报纳税，出现少缴契税的情况，最终需要进行补缴。

因此，税法要求进行纳税申报的相关财务及税务人员，对于税收最新政策要及时进行学习，细致研究，过程中如果遇到不确定的税务问题应及时咨询税务部门，精准定位和有效降低税收风险，规范纳税行为，诚信纳税，提升纳税遵从度。

思考三：你认为契税税收政策逐年的变化调整对我国经济和国民生活有何积极意义?

答：契税对增加国家财政收入和调控房地产市场都有积极作用。

（1）增加国家财政收入。随着当前我国房地产交易的日益活跃，近年来，地方契税收入呈上升趋势。契税系地方税，即征收后会留存地方，用于地方的经济发展与建设，其对促进社会收入分配公平有重要功能。因此，契税收入将成为地方财政收入的来源之一，契税与房地产税共同为当前地方税主体税种的确立提供了新的思路，对促进地方经济发展将起到积极作用。

（2）规范市场交易行为。契税采用 3%～5%的幅度税率，具体税率由各地方人民政府确定，有利于适应不同地区纳税人的负担水平，灵活调控房地产交易价格，在一定程度上可以抑制“炒买炒卖”的房地产投机行为，规范房地产市场交易行为，从而助力地方政府调控房地产市场。

（3）助力房地产市场去库存。未来我国房地产市场以存量房交易为发展趋势，但当前存量房税种集中于交易环节，房地产税费可以转嫁，高成本税费严重阻碍二手房的交易。当前，我国除一线城市和部分二线城市外，大部分城市房地产市场整体面临房地产去库存问题，居民购房意愿不足，房地产市场交易低迷。当前适用契税优惠政策的城市，既降低了首套居住房的购房成本，又鼓励居民购买二套改善住房，尤其是非一线城市的第二套购房，还会增加对新房的需求。因此，进一步降低契税、降低交易成本，有利于盘活城市存量房市场，促进房地产市场去库存。

（4）提供合法保障，减轻纳税负担。契税缴纳是保障不动产所有人合法权益一个重要途径。通过征税，契税征收机关便以政府名义颁发契证。契证作为合法的产权凭证，政府有承担保证产权的责任。另外，契税法紧跟时代步伐，将社会新变化及时纳入法律条文中，从中体现人文关怀，促进社会和谐稳定。例如，《中华人民共和国契税法》在纳税便利度上已有显著提升，将契税申报和缴纳时间合二为一，简化流程，避免纳税人“多次跑”，有利于提升纳税人获得感，减轻纳税人负担。

《中华人民共和国契税法》既为现行的优惠政策延续提供了法律依据，也给地方政府留下了授权空间，这有利于维护法律的稳定性和权威性。因此，无论契税税率上浮还是下调对于国民经济发展和人民生活都有极其特殊的积极意义。

第十四章　土地增值税参考答案

一、单项选择题

1.【答案】B

【解析】征收土地增值税必须满足三个判定标准：仅对转让国有土地使用权及其地上建筑物和附着物的行为征税，仅对产权发生转让的行为征税，仅对转让房地产并取得收入的行为征税。因此，只有 B 选项需要缴纳土地增值税。

2.【答案】C

【解析】土地增值税的课税对象是转让国有土地使用权及地上建筑物和其他附着物产权所取得的增值额。

3.【答案】C

【解析】征收土地增值税必须满足三个判定标准：仅对转让国有土地使用权及其地上建筑物和附着物的行为征税，仅对产权发生转让的行为征税，仅对转让房地产并取得收入的行为征税。

房地产所有人可以通过避免符合以上三个判定标准来避免成为土地增值税的征税对象。例如，所有人通过境内非营利的社会团体、国家机关将房屋产权、土地使用权赠与教育、民政和其他社会福利、公益事业；将房产、土地使用权租赁给承租人使用，由承租人向出租人支付租金；将房地产作价入股进行投资或作为联营条件等，均可免征土地增值税。

4.【答案】B

【解析】纳税人建造普通标准住宅（不包括高级公寓、别墅、度假村等）出售，增值额未超过扣除项目金额 20%的，免征土地增值税；增值额超过扣除项目金额 20%的，应就其全部增值额按规定计算缴纳土地增值税。

5.【答案】D

【解析】重置成本与成新度的乘积为评估价格。

评估价格 = 2 000×70% = 1 400（万元）

6.【答案】D

【解析】选项 A，属于暂不征收土地增值税，选项 B 和选项 C，均未发生房地产的权属变更，不是土地增值税的征收范围。

7.【答案】C

【解析】纳税人提供扣除项目金额不实的行为，应由评估机构按照房屋重置成本价乘以成新度折扣率计算的房屋成本价和取得土地使用权时的基准地价进行评估。

8.【答案】B

【解析】扣除项目金额 = 50+200+40+60+(50+200)×20% = 400（万元）

土地增值额 = 1 000−400 = 600（万元）

增值额与扣除项目之比 = 600÷400×100% = 150%

应纳土地增值税 = 600×50%−400×15% = 240（万元）

9.【答案】D

【解析】房地产开发费用中的财务费用，凡不能按转让房地产项目计算分摊银行借款利息的，房地产开发费用按地价款和房地产开发成本金额之和的 10%以内计算扣除。

应扣除的房地产开发费用 = 10 000×10% = 1 000（万元）

其他扣除是指按取得土地使用权支付的金额和房地产开发成本的 20%计算加计扣除费用。

其他扣除项目 = 10 000×20% = 2 000（万元）

应扣除的“房地产开发费用”项目和“其他扣除”项目 = 1 000+2 000 = 3 000（万元）

10.【答案】C

【解析】在房地产开发费用中，纳税人能够按转让房地产项目计算分摊利息支出，并能提供金融机构的贷款证明的，利息支出可以据实扣除，其他开发费用按取得土地使用权支付的金额和开发成本之和的 5%以内计算扣除。纳税人不能按转让房地产项目计算分摊利息支出，或者不能提供金融机构贷款证明的，房地产开发费用按取得土地使用权支付的金额和房地产开发成本金额之和的 10%以内计算扣除。

11.【答案】C

【解析】在土地增值税清算中，计算扣除项目金额时，其实际发生的支出应当取得但未取得合法凭据的不得扣除。

12.【答案】C

【解析】在土地增值税清算中，计算扣除项目金额时，其实际发生的支出应当取得合法有效凭证，不能提供合法有效凭证的不得扣除。

13. 【答案】B

【解析】房地产开发企业销售已装修的房屋，其装修费用可以计入房地产开发成本扣除。选项 A、选项 C、选项 D 均属于土地增值税清算时不能扣除的项目。

14. 【答案】D

【解析】房地产开发企业在计算土地增值税时，建筑安装施工企业就质量保证金对房地产开发企业开具发票的，按发票所载金额予以扣除。

15. 【答案】A

【解析】增值额 = 113 - 100 = 13（万元）

增值率 = 13÷100×100% = 13%

增值率未超过 20%，免征土地增值税。

16. 【答案】A

【解析】因城市实施规划的需要而搬迁，由纳税人自行转让原房地产的，免征土地增值税。

17. 【答案】C

【解析】房产所有人、土地使用权所有人通过中国境内非营利的社会团体、国家机关将房屋产权、土地使用权赠与教育、民政和其他社会福利、公益事业的，不属于土地增值税的征税范围。

18. 【答案】A

【解析】选项 B，房产所有人通过中国境内非营利的社会团体、国家机关将房屋产权赠与教育、民政和其他社会福利、公益事业的，不属于土地增值税的征税范围，不缴纳土地增值税。选项 C，一方出地、一方出资金，双方合作建房，建成后按比例分房自用的，暂免征收土地增值税。选项 D，房地产开发公司代客户进行房地产开发，开发完成后向客户收取代建收入，对于房地产开发公司而言，虽然取得了收入，但没有发生房地产权属的转移，其收入属于劳务收入性质，不属于土地增值税的征税范围。

19. 【答案】B

【解析】合作建房，建成后按比例分房自用的，暂免征土地增值税。

20. 【答案】B

【解析】“提供扣除项目金额不实的”是指纳税人在纳税申报时不据实提供扣除项目金额的行为。提供扣除项目金额不实的，应由评估机构按照房屋重置成本价乘以成新度折扣率计算的房屋成本价和取得土地使用权时的基准地价进行评估。税务机关根据评估价格确定扣除项目金额。

21. 【答案】B

【解析】增值额未超过扣除项目金额 50% 的部分，土地增值税适用税率为 30%。

22. 【答案】D

【解析】60% 的税率对应的速算扣除系数为 35%。

23. 【答案】A

【解析】纳税人是法人的，如果转让的房地产坐落地与其机构所在地或经营所在地不一致时，则应在房地产坐落地所管辖的税务机关申报纳税。

24.【答案】B

【解析】纳税人在项目全部竣工前转让房地产取得的收入可以预征土地增值税，具体办法由各省、自治区、直辖市税务局根据当地情况制定。

25.【答案】C

【解析】选项A，除保障性住房外，东部地区省份预征率不得低于2%；选项B，土地增值税的纳税人应在转让房地产合同签订后的7日内到房地产所在地主管税务机关办理纳税申报；选项D，土地增值税纳税人应向房地产所在地主管税务机关办理纳税申报，并在税务机关核定的期限内缴纳土地增值税。

26.【答案】B

【解析】纳税人是自然人的，当转让的房地产坐落地与其居住所在地一致时，则在住所所在地税务机关申报纳税；当转让的房地产坐落地与其居住所在地不一致时，在办理过户手续所在地的税务机关申报纳税。

二、多项选择题

1.【答案】ABCD

【解析】计算增值额的扣除项目包括取得土地使用权所支付的金额；开发土地的成本、费用；新建房及配套设施的成本、费用，或者旧房及建筑物的评估价格；与转让房地产有关的税金；财政部规定的其他扣除项目。

2.【答案】AC

【解析】土地增值税的纳税人是转让国有土地使用权及地上建筑物和其他附着物产权取得增值性收入的单位和个人。课税对象是转让国有土地使用权及地上建筑物和其他附着物产权所取得的增值额。

3.【答案】ABC

【解析】符合下列情形之一的，纳税人应进行土地增值税的清算：

（1）房地产开发项目全部竣工、完成销售的。

（2）整体转让未竣工决算房地产开发项目的。

（3）直接转让土地使用权的。

4.【答案】ACD

【解析】房地产开发企业销售已装修的房屋，其装修费用可以计入房地产开发成本扣除；选项A、选项C、选项D均属于土地增值税清算时不能扣除的项目。

5.【答案】ABC

【解析】税务机关转让自用的房产，是房产的转让行为，要缴纳土地增值税。

6.【答案】ABCD

【解析】各选项全都不是土地增值税的征税范围。

7.【答案】ABCD

【解析】土地增值税的纳税人应在转让房地产合同签订后的7日内，到房地产所在地主管税务机关办理纳税申报，并向税务机关提交房屋及建筑物产权、土地使用权证书，土地转让、房产买卖合同，房地产评估报告及其他与转让房地产有关的资料。

8.【答案】ABC

【解析】选项 D，不得作为开发费用在计算土地增值税中扣除。

9.【答案】ABD

【解析】重置成本要乘以成新率才是扣除的成本。

10.【答案】ABC

【解析】旧房的土地增值税计算和旧房的账面成本及累计折旧无关，因此选项 D 错误。

11.【答案】ABC

【解析】回迁户支付给房地产开发企业的补差价款，应抵减本项目拆迁补偿费。

12.【答案】ABD

【解析】个人转让经营性房产不属于土地增值税免税的范围。

13.【答案】BD

【解析】纳税人建造普通标准住宅出售，增值额未超过扣除项目金额 20% 的，免征土地增值税；超过 20% 的，应就其全部增值额按规定计税。

14.【答案】ABC

【解析】个人交换房产不需要缴纳土地增值税，但是企业交换房产要缴纳土地增值税。

15.【答案】ACD

【解析】对房地产的抵押，在抵押期间税务机关不征收土地增值税；待抵押期满后，税务机关视该房地产是否转移占有而确定是否征收土地增值税。以房地产抵债而发生房地产权属转让的，应列入土地增值税的征税范围。

16.【答案】BCD

【解析】房地产交换行为，如果发生了房产产权、土地使用权的转移，交换双方也取得了实物形态的收入，属于土地增值税的征税范围。但是，个人之间互换自有居住用房地产的，经当地税务机关核实，可以免征土地增值税。

17.【答案】ABC

【解析】选项 D，提供扣除项目金额不实的，应由评估机构按照房屋重置成本价乘以成新度折扣率计算的房屋成本价和取得土地使用权时的基准地价进行评估。

18.【答案】ABC

【解析】纳税人提供扣除项目金额不实的行为，应由评估机构按照房屋重置成本价乘以成新度折扣率计算的房屋成本价和取得土地使用权时的基准地价进行评估。

19.【答案】ABCD

【解析】根据规定，无论法人与自然人、内资企业与外资企业、中国公民与外籍个人、企业单位与事业单位，只要有偿转让房地产，都是土地增值税的纳税人。

20.【答案】ABCD

【解析】根据规定，无论法人与自然人、内资企业与外资企业、中国公民与外籍个人、企业单位与事业单位，只要转让国有土地使用权、地上建筑物及其附着物并取得收入，均是土地增值税的纳税义务人。

21.【答案】ABCD

【解析】根据规定，无论法人与自然人、内资企业与外资企业、中国公民与外籍个人、企业单位与事业单位，只要转让国有土地使用权、地上建筑物及其附着物并取得收入，均是土地增值税的纳税义务人。

22.【答案】ABC

【解析】出让国有土地使用权，不属于土地增值税的征税范围。

23.【答案】AC

【解析】土地增值税税率最高为60%、最低为30%。

24.【答案】BCD

【解析】土地增值税采用超率累进税率；房产用于抵押，所有权并未发生转移，不属于土地增值税的征税范围。

25.【答案】ACD

【解析】纳税人是自然人的，当转让的房地产坐落地与其居住所在地一致时，则在住所所在地税务机关申报纳税；当转让的房地产坐落地与其居住所在地不一致时，在办理过户手续所在地的税务机关申报纳税。

26.【答案】ABC

【解析】国有土地使用权出让，不征收土地增值税。

三、判断题

1.【答案】×

【解析】土地增值税是对在我国境内有偿转让国有土地使用权及地上建筑物和其他附着物产权、取得增值性收入的单位和个人征收的一种税。凡符合上述条件的均征收土地增值税，与房屋的新建与否并无关系。

2.【答案】×

【解析】纳税人建造普通标准住宅出售，增值额未超过扣除项目金额20%的，免征土地增值税；增值额超过扣除项目金额20%的，应就其全部增值额计算征收土地增值税。

3.【答案】×

【解析】个人之间互换自有住房不征收土地增值税，但转让照常征收土地增值税。

4.【答案】×

【解析】个人因工作调动和改善居住条件而转让原自有住房，经向税务机关申报核准，凡居住满3年未满5年的，减半征收土地增值税；凡居住满5年或5年以上的，免征土地增值税。

5.【答案】√

四、思考题

1. 房屋的继承与赠与在什么情况下不征收土地增值税？

答：房地产的继承不属于土地增值税的征税范围，不征收土地增值税（无收入）。房地产的赠与满足下列两种情况之一，则不属于土地增值税的征税范围：

（1）房地产所有人、土地使用权所有人将房屋产权、土地使用权赠与直系亲属或承担直接赡养义务人的行为。

（2）房地产所有人、土地使用权所有人通过中国境内非营利的社会团体、国家机关将房屋产权、土地使用权赠与教育、民政和其他社会福利、公益事业的行为。

除此以外的房屋赠与行为，均需要缴纳土地增值税。

2. 计算土地增值税增值额时允许扣除的项目有哪些？

答：计算增值额的扣除项目包括取得土地使用权所支付的金额；开发土地的成本、费用；新建房及配套设施的成本、费用，或者旧房及建筑物的评估价格；与转让房地产有关的税金；财政部规定的其他扣除项目。

五、计算问答题

1. 答：扣除项目金额＝50+200+40+9.41+(50+200)×20%＝349.41（万元）

不含增值税收入＝1 000−(1 000−50)÷(1+9%)×9%＝921.56（万元）

土地增值额＝921.56−349.41＝572.15（万元）

增值额与扣除项目金额的比率＝572.15÷349.41×100%＝163.75%

应纳土地增值税＝572.15×50%−349.41×15%＝233.66（万元）

2. 答：扣除项目金额＝50+200+10+(50+200)×5%+1 000÷(1+5%)×5%×(7%+3%)+(50+200)×20%＝327.26（万元）

土地增值额＝[1 000−1 000÷(1+5%)×5%]−327.26＝625.12（万元）

增值额与扣除项目金额的比率＝625.12÷327.26×100%＝191%

应纳土地增值税＝625.12×50%−327.26×15%＝263.47（万元）

3. 答：扣除项目金额＝1 400×50%+72＝772（万元）

土地增值额＝[1 200−1 200÷(1+5%)×5%]−772＝370.86（万元）

增值额与扣除项目金额的比率＝370.86÷772×100%＝48.04%

应纳土地增值税＝370.86×30%＝111.26（万元）

4. 答：收入总额＝4 000（万元）

扣除项目金额＝1 600+900+(210−30)+(1 600+900)×5%+220+(1 600+900)×20%＝3 525（万元）

土地增值额＝4 000−3 525＝475（万元）

增值额与扣除项目金额的比率＝475÷3 525×100%＝13.48%<20%，免征土地增值税。

5. 答：扣除项目金额＝(3 000−2 000)÷(1+5%)×5%×(7%+3%)+2 500+3 000×0.05%＝2 506.26（万元）

土地增值额＝3 000÷(1+5%)−2 506.26＝350.88（万元）

增值额与扣除项目金额的比率＝350.88÷2 506.26×100%＝14%<20%

对企事业单位、社会团体以及其他组织转让旧房作为公共租赁住房房源，且增值额未超过扣除项目金额20%的，免征土地增值税。

6. 答：未开发的土地直接转让不享受加计扣除的优惠。

可扣除项目金额＝1 200+40+35＝1 275（万元）

土地增值额＝2 800−1 275＝1 525（万元）

增值额与扣除项目金额的比率＝1 525÷1 275＝119.61%

应纳土地增值税＝1 525×50%−1 275×15%＝571.25（万元）

六、案例分析题

思考一：在什么情况下需要预征土地增值税？预征土地增值税的计税依据是什么？预征率是多少？

答：（1）《财政部 国家税务总局关于土地增值税一些具体问题规定的通知》（财税字〔1995〕48号）第十四条关于预售房地产所取得的收入是否申报纳税的问题的规定如下："根据细则的规定，对纳税人在项目全部竣工结算前转让房地产取得的收入可以预征土地增值税。具体办法由各省、自治区、直辖市地方税务局根据当地情况制定。因此，对纳税人预售房地产所取得的收入，当地税务机关规定预征土地增值税的，纳税人应当到主管税务机关办理纳税申报，并按规定比例预交，待办理决算后，多退少补；当地税务机关规定不预征土地增值税的，也应在取得收入时先到税务机关登记或备案。"

（2）《国家税务总局关于营改增后土地增值税若干征管规定的公告》（国家税务总局公告2016年第70号）第一条关于营改增后土地增值税应税收入确认问题的规定如下：营改增后，纳税人转让房地产的土地增值税应税收入不含增值税。适用增值税一般计税方法的纳税人，其转让房地产的土地增值税应税收入不含增值税销项税额；适用简易计税方法的纳税人，其转让房地产的土地增值税应税收入不含增值税应纳税额。

为方便纳税人，简化土地增值税预征税款计算，房地产开发企业采取预收款方式销售自行开发的房地产项目的，可按照以下方法计算土地增值税预征计征依据：

土地增值税预征的计征依据＝预收款−应预缴增值税税款

（3）《国家税务总局关于加强土地增值税征管工作的通知》（国税发〔2010〕53号）第二条规定："除保障性住房外，东部地区省份预征率不得低于2%，中部和东北地区省份不得低于1.5%，西部地区省份不得低于1%，各地要根据不同类型房地产确定适当的预征率（地区的划分按照国务院有关文件的规定执行）。"

思考二：请结合材料谈谈土地增值税的征收意义。

答：材料中的内容体现了国家对长江经济带、成渝双城经济圈区域发展的支持，主要是提升区域内跨省纳税人缴费人的纳税缴费便利性。其中，"指导长三角等地区探索制定土地增值税预征和核定征收的具体办法、统一房地产开发企业土地增值税清算条件"是以习近平新时代中国特色社会主义思想为指导，探索符合长三角地区的土地增值税预征和核定征收具体办法，是推进税收精确执法、精细服务、精准监管、精诚共治的体现。坚持以人民为中心的发展思想，突出"优化执法服务·办好惠民实事"的主题，统一房地产开发企业土地增值税清算条件是切实为群众办实事解难题，着力提升纳税人缴费人满意度和获得感，更好发挥税收在国家治理中的基础性、支柱性、保障性作用。这一举措使长三角地区的土地增值税征收更合理、办理更便捷，进而有利于增强国家对长三角地区房地产开发商和房地产交易市场的调控，有利于抑制长三角地区炒买炒卖土地获取暴利的行为，有利于增加国家财政收入，为长三角经济建设积累资金。

第十五章　车辆购置税参考答案

一、单项选择题

1.【答案】A

【解析】选项B，地铁、轻轨等城市轨道交通车辆，装载机、平地机、挖掘机、推土机等轮式专用机械车以及起重机（吊车）、叉车、电动摩托车，不属于应税车辆；选项C，排气量超过150毫升的摩托车，属于车辆购置税的征税范围；选项D，悬挂应急救援专用号牌的国家综合性消防救援车辆，免征车辆购置税。

2.【答案】D

【解析】选项D，代收款项应区别征收。凡使用代收单位（受托方）票据收取的款项，应视为代收单位价外费用，购买者支付的价费款，应并入计税价格中一并征税；凡使用委托方票据收取，受托方只履行代收义务收取手续费的款项，不并入计税价格中征收车辆购置税。

3.【答案】D

【解析】根据《中华人民共和国车辆购置税法》的规定，纳税人自产自用应税车辆，按照生产的同类应税车辆的销售价格计税。

4.【答案】A

【解析】选项B，2018年7月1日至2021年6月30日，购置挂车减半征收车辆购置税；选项C，设有固定装置的非运输专用作业车辆免税；选项D，长期来华定居专家进口1辆自用小汽车免税。

5.【答案】B

【解析】纳税人应当自纳税义务发生之日起60日内申报缴纳车辆购置税。

6.【答案】A

【解析】选项B，不在免税范围内；选项C，设有固定装置的非运输专用作业车辆免税；选项D，长期来华定居专家进口1辆自用小汽车免税。

7.【答案】C

【解析】选项A、选项B、选项D免征车辆购置税。

8.【答案】B

【解析】全部价款包括销售额和价外收费，价外向购买方收取的手续费、补贴、基金、集资费、返还利润、奖励费、违约金、滞纳金、延期付款利息、赔偿金、代收款项、代垫款项、包装费、优质费以及其他各种性质的价外收费，但不包括销售货物的同时代办保险等向购买方收取的保险费以及向购买方收取的代购买方缴纳的车辆购置税。

9.【答案】D

【解析】纳税人应当自纳税义务发生之日起 60 日内申报缴纳车辆购置税。

10.【答案】A

【解析】车辆购置税施行比例税率。

二、多项选择题

1.【答案】ABC

【解析】地铁、轻轨等城市轨道交通车辆，装载机、平地机、挖掘机、推土机等轮式专用机械车以及起重机（吊车）、叉车、电动摩托车，不属于应税车辆。

2.【答案】BD

【解析】应税车辆的受赠者及自产车辆的使用者是指车辆购置税的纳税义务人。车辆购置税的纳税义务人是指在中华人民共和国境内购置应税车辆的单位和个人。其中，购置是指购买使用行为、进口使用行为、受赠使用行为、自产自用行为、获奖使用行为以及以拍卖、抵债、走私、罚没等方式取得并使用的行为。

3.【答案】CD

【解析】选项 A，纳税人以受赠、获奖或其他方式取得自用应税车辆的计税价格，按照购置应税车辆时相关凭证载明的价格确定，不包括增值税税款。选项 B，免税、减税车辆因转让、改变用途等原因不再属于免税、减税范围的，纳税人应当在办理车辆转移登记或变更登记前缴纳车辆购置税。计税价格以免税、减税车辆初次办理纳税申报时确定的计税价格为基准，每满一年扣减 10%。

4.【答案】ABC

【解析】选项 D，回国服务的在外留学人员用现汇购买 1 辆个人自用国产小汽车，免征车辆购置税。

5.【答案】ACD

【解析】选项 B，纳税人以受赠、获奖或其他方式取得自用应税车辆的计税价格，按照购置应税车辆时相关凭证载明的价格确定，不包括增值税税款。

6.【答案】ABC

【解析】车辆购置税的纳税义务人是指在中华人民共和国境内购置应税车辆的单位和个人。其中，购置是指购买使用行为、进口使用行为、受赠使用行为、自产自用行为、获奖使用行为以及以拍卖、抵债、走私、罚没等方式取得并使用的行为。购买使用进口车辆，属于车辆购置税应税行为；馈赠车辆的行为，馈赠人在发生财产所有权转移后，应税行为一同转移，不再是车辆购置税纳税义务人。

7【答案】BC

【解析】选项 A 和选项 D 不属于免税项目。

8.【答案】ABC

【解析】在中华人民共和国境内购置汽车、有轨电车、汽车挂车、排气量超过 150 毫升的摩托车的单位和个人，为车辆购置税的纳税人，应当依照规定缴纳车辆购置税。

9. 【答案】ABC

【解析】购买使用行为、进口使用行为、受赠使用行为、自产自用行为、获奖使用行为以及以拍卖、抵债、走私、罚没等方式取得并使用的行为，这些行为都属于车辆购置税的应税行为。馈赠车辆的行为，不属于车辆购置税应税行为。

10. 【答案】ABC

【解析】选项 D，自 2019 年 7 月 1 日起，车辆购置税的征税范围包括汽车、有轨电车、汽车挂车、排气量超过 150 毫升的摩托车。

三、判断题

1. 【答案】×

【解析】地铁、轻轨等城市轨道交通车辆，装载机、平地机、挖掘机、推土机等轮式专用机械车以及起重机（吊车）、叉车、电动摩托车，不属于应税车辆。

2. 【答案】√

3. 【答案】×

【解析】纳税人以受赠、获奖或其他方式取得自用应税车辆的计税价格，按照购置应税车辆时相关凭证载明的价格确定，不包括增值税税款。

4. 【答案】×

【解析】本题涉及的知识点是车辆购置税的纳税地点。纳税人购置应税车辆，应当向车辆登记注册地的主管税务机关申报纳税；购置不需要办理车辆登记注册手续的应税车辆，应当向纳税人所在地的主管税务机关申报纳税。

四、思考题

1. 免税条件消失的车辆办理纳税申报时，应提供哪些资料？

答：免税条件消失的车辆，纳税人在办理纳税申报时，应如实填写纳税申报表，同时提供以下资料：发生二手车交易行为的，提供纳税人身份证明、二手车销售统一发票和车辆购置税完税证明正本原件；未发生二手车交易行为的，提供纳税人身份证明、完税证明正本原件以及有效证明资料。

2. 简述车辆购置税减税免税范围的具体规定。

答：（1）外国驻华使馆、领事馆和国际组织驻华机构及其外交人员自用车辆免税。

（2）中国人民解放军和中国人民武装警察部队列入军队武器装备订货计划的车辆免税。

（3）设有固定装置的非运输车辆免税。

（4）有国务院规定予以免税或减税的其他情形的，按照规定免税或减税。

3. 哪些情形下，车辆购置税计税价格为纳税人提供的有效价格证明注明的价格？

答：进口旧车、因不可抗力因素导致受损的车辆、库存超过 3 年的车辆、行驶 8 万千米以上的试验车辆、国家税务总局规定的其他车辆，计税价格为纳税人提供的有效价格证明注明的价格。纳税人无法提供车辆有效价格证明的，主管税务机关有权核定应税车辆的计税价格。

五、计算问答题

1. 答：小汽车车辆购置税=(50+50×20%)÷(1−25%)×10%=8（万元）

2. 答：车辆购置税=[234 000+(2 500+550+1 800+800)÷1.13]×10%=23 900（元）

3. 答：该公司应缴纳车辆购置税=3×（25+25×30%）÷（1−9%）×10%=10.71（万元）

六、案例分析题

思考一：《中华人民共和国车辆购置税法》有关车辆购置税的税收优惠政策有哪些？

答：《中华人民共和国车辆购置税法》规定，以下五类车辆免征车辆购置税：

（1）依照法律规定应当予以免税的外国驻华使馆、领事馆和国际组织驻华机构及其有关人员自用的车辆。

（2）中国人民解放军和中国人民武装警察部队列入装备订货计划的车辆。

（3）悬挂应急救援专用号牌的国家综合性消防救援车辆。

（4）设有固定装置的非运输专用作业车辆。

（5）城市公交企业购置的公共汽电车辆。

根据国民经济和社会发展的需要，国务院规定并报全国人民代表大会常务委员会备案的其他免征车辆购置税的车辆如下：

（1）回国服务的在外留学人员用现汇购买1辆个人自用国产小汽车。

（2）长期来华定居专家进口1辆自用小汽车。

（3）防汛部门和森林消防部门用于指挥、检查、调度、报汛（警）、联络的由指定厂家生产的设有固定装置的指定型号的车辆。

（4）“母亲健康快车”项目专用车辆。

（5）北京冬奥组委新购车辆。

（6）新能源汽车。

（7）原公安现役部队和原武警黄金、森林、水电部队改制后换发地方机动车牌证的车辆（公安消防、武警森林部队执行灭火救援任务的车辆除外）。

思考二：结合以上几则材料，谈谈车辆购置税优惠政策的意义。

2021年1月1日起，对新能源汽车免征2年车辆购置税，是对新能源行业的一项重要鼓励性政策，也是对之前新能源汽车免税政策的制度性完善，体现了积极的财政政策在新能源汽车领域给予的大力支持和发挥的重要作用，为稳定和扩大汽车消费，促进经济社会平稳运行起到积极作用。该政策有利于对新能源汽车领域进行必要的技术性规范，有利于鼓励我国新能源汽车企业加快转型升级，努力推动新能源汽车在动力、燃料等方面核心技术的快速突破，抓住国际国内汽车更新换代发展的大趋势，积极抢占新能源汽车领域的技术、市场、品牌等制高点，实现我国汽车领域的弯道超车。

第十六章 车船税和船舶吨税参考答案

一、单项选择题

1. 【答案】D

【解析】车船税＝4.3×10×50+2×530＝3 210（元）

2. 【答案】B

【解析】挂车年税额按照货车税额的50%计算缴纳车船税。

车船税＝6×3×60×50%÷12×9+300−300×2÷12＝655（元）

3. 【答案】D

【解析】车船税的征税范围包括依法应当在车船管理部门登记的机动车辆和船舶以及依法不需要在车船管理部门登记、在单位内部场所行驶或作业的机动车辆和船舶，因此选项D正确。

4. 【答案】C

【解析】选项A、选项B、选项D，属于免征车船税的范围。

5. 【答案】B

【解析】该企业2020年应缴纳车船税＝10×60×6+8×60×3×9÷12+360×4−360×2÷12＝6 060（元）

在一个纳税年度内，已完税的车船被盗抢、报废、灭失的，纳税人可以凭有关管理机关出具的证明和完税凭证，向纳税所在地的主管税务机关申请退还自被盗抢、报废、灭失月份起至该纳税年度终了期间的税款。

6. 【答案】C

【解析】拖船按照发动机功率每1千瓦折合净吨位0.67吨计算征收车船税。拖船、非机动驳船分别按照机动船舶税额的50%计算。应纳车船税＝1.3×3×30+5×0.67×3×50%+3 000×2×5×50%＝15 122.03（元）

7. 【答案】C

【解析】选项C，武警消防车辆属于车船税法定减免项目。

8. 【答案】B

【解析】需要办理登记的车船，纳税人自行申报缴纳车船税的，纳税地点为车船登记地的主管税务机关所在地。

9. 【答案】C

【解析】非机动驳船按相同净吨位船舶税率的50%计征税款。

应纳船舶吨税＝2 500×2.9×50%＝3 625（元）

10. 【答案】B

【解析】选项B，船舶吨税由海关负责征收。

11. 【答案】C

【解析】拖船、非机动驳船分别按相同净吨位船舶税率的50%计征税款，选项A和选项B错误；捕捞、养殖渔船，免征船舶吨税，选项C正确；吨税执照期满后

24 小时内不上下客货的船舶，免征船舶吨税，选项 D 错误。

12. 【答案】A

【解析】吨税由海关负责征收。

13. 【答案】A

【解析】应税船舶未按照规定交验吨税执照及其他证明文件的，由海关责令限期改正，处 2 000 元以上 3 万元以下罚款；不缴或少缴应纳税额的，处不缴或少缴税款 50%以上 5 倍以下的罚款，但罚款不得低于 2 000 元。

14. 【答案】A

【解析】拖船按照发动机功率每 1 千瓦折合净吨位 0.67 吨。拖船按照相同净吨位船舶税率的 50%计征税款。应缴纳船舶吨税 = 17.4×10 000+4 000×0.67×17.4×50% = 197 316（元）

15. 【答案】B

【解析】吨税设置普通税率和优惠税率。

二、多项选择题

1. 【答案】AB

【解析】纯电动乘用车和燃料电池乘用车，不属于征税范围；境内单位和个人租入外国籍船舶，不征收车船税。选项 C 和选项 D 为免税车船。

2. 【答案】ABC

【解析】机场、港口内部行驶或作业的车船，自《中华人民共和国车船税法》实施之日起 5 年内免征车船税，属于特定减免。

3. 【答案】BD

【解析】选项 A，挂车按照货车税额的 50%计算车船税；选项 C，非机动驳船按照机动船舶税额的 50%计算车船税。

4. 【答案】BD

【解析】选项 B，在一个纳税年度内，已完税的车船被盗抢，纳税人可以凭有关管理机关出具的证明和完税证明，向纳税所在地的主管税务机关申请退还自被盗抢、报废、灭失月份起至该纳税年度终了期间的税款；已办理退税的被盗抢车船失而复得的，纳税人应当从公安机关出具相关证明的当月起计算缴纳车船税。选项 D，车船税按年申报缴纳，具体申报纳税期限由省、自治区、直辖市人民政府规定。

5. 【答案】ABCD

【解析】各选项表述全部正确。

6. 【答案】AC

【解析】选项 B，拖船、非机动驳船分别按照船舶税额的 50%计算车船税；选项 D，依法不需要办理登记的车船，也要征收车船税。

【点评】本题考查的是车船税的税收优惠。相关知识总结如下：

法定减免内容如下：

（1）捕捞、养殖渔船。

（2）军队、武装警察部队专用的车船。

（3）警用车船。

（4）依照法律规定应当予以免税的外国驻华使领馆、国际组织驻华代表机构及其有关人员的车船。

（5）对节约能源的车船，减半征收车船税；对使用新能源的车船，免征车船税。纯电动汽车、燃料电池汽车不属于车船税征收范围，其他混合动力汽车按照同类车辆适用税额减半征税。

（6）省、自治区、直辖市人民政府根据当地实际情况，可以对公共交通车船，农村居民拥有并主要在农村地区使用的摩托车、三轮汽车和低速载货汽车定期减征或免征车船税。

特定减免内容如下：

（1）经批准临时入境的外国车船和香港特别行政区、澳门特别行政区、台湾地区的车船，不征收车船税。

（2）按照规定缴纳船舶吨税的机动船舶，自《中华人民共和国车船税法》实施之日起5年内免征车船税。

（3）依法不需要在车船登记管理部门登记的机场、港口、铁路站场内部行驶或作业的车船，自《中华人民共和国车船税法》实施之日起5年内免征车船税。

7.【答案】ACD

【解析】《中华人民共和国车船税法》及其实施条例的整备质量、净吨位、艇身长度等计税单位，有尾数的一律按照含尾数的计税单位据实计算车船税应纳税额；挂车按照货车税额的50%计算。

8.【答案】AC

【解析】商用货车、低速载货汽车以“整备质量”为计税依据，拖船以“净吨位”为计税依据。

9.【答案】ABC

【解析】已缴纳车船税的车船，在同一纳税年度内办理转让过户的，不另纳税，也不退税。

10.【答案】AB

【解析】选项C，非机动船舶（不包括非机动驳船），免征船舶吨税，但非机动驳船按相同净吨位船舶税率的50%计征船舶吨税；选项D，吨税执照期满后“24小时内”不上下客货的船舶，免征船舶吨税。

11.【答案】ABC

【解析】选项D，跨境电子商务零售进口商品自海关放行之日起30日内退货的，可以申请退税，并相应调整个人年度交易总额。

12.【答案】ABC

【解析】选项D，属于延期优惠。

13.【答案】ABC

【解析】选项D，应税船舶因不可抗力在未设立海关地点停泊的，船舶负责人应当立即向附近海关报告，并在不可抗力原因消除后，依照规定向海关申报纳税。

14. 【答案】ABCD

【解析】下列财产、权利可以用于担保：

（1）人民币、可自由兑换货币。

（2）汇票、本票、支票、债券、存单。

（3）银行、非银行金融机构的保函。

（4）海关依法认可的其他财产、权利。

三、判断题

1. 【答案】×

【解析】摩托车以“每辆”作为计税单位。

2. 【答案】√

3. 【答案】√

4. 【答案】×

【解析】自中华人民共和国境外港口进入境内港口的船舶，应当缴纳船舶吨税，包含中华人民共和国国籍的船舶。

5. 【答案】√

四、思考题

1. 车船税的征税范围是什么？

答：（1）依法应当在车船登记管理部门登记的机动车辆和船舶。

（2）依法不需要在车船登记管理部门登记、在单位内部场所行驶或作业的机动车辆和船舶。

2. 车船税有哪些税收优惠政策？

答：（1）法定减免。

①捕捞、养殖渔船，免税。

②军队、武装警察部队专用的车船，免税。

③警用车船，免税。

④依照法律规定应当予以免税的外国驻华使领馆、国际组织驻华代表机构及其有关人员的车船，免税。

⑤对节能汽车，减半征收车船税；对新能源车船，免征车船税。减半征收车船税的节能乘用车和商用车、免征车船税的新能源汽车和船舶，均应符合规定的标准。

⑥省、自治区、直辖市人民政府根据当地实际情况，可以对公共交通车船，农村居民拥有并主要在农村地区使用的摩托车、三轮汽车和低速载货汽车定期减征或者免征车船税。

⑦国家综合性消防救援车辆由部队号牌改挂应急救援专用号牌的，一次性免征改挂当年车船税。

（2）特定减免。

①经批准临时入境的外国车船和香港特别行政区、澳门特别行政区、台湾地区的车船，不征收车船税。

②按照规定缴纳船舶吨税的机动船舶，自《中华人民共和国车船税法》实施之日起5年内免征车船税

③依法不需要在车船登记管理部门登记的机场、港口、铁路站场内部行驶或者作业的车船，自《中华人民共和国车船税法》实施之日起5年内免征车船税。

3. 简述船舶吨税的征税范围及其税收优惠。

答：自中华人民共和国境外港口进入境内港口的船舶，应当缴纳船舶吨税。船舶吨税优惠包含直接优惠和延期优惠。

（1）直接优惠。下列船舶免征吨税：

①应纳税额在50元以下的船舶。

②自境外以购买、受赠、继承等方式取得船舶所有权的初次进口到港的空载船舶。

③吨税执照期满后4小时内不上下客货的船舶。

④非机动船舶（不包括非机动驳船）。

⑤捕捞、养殖渔船。

⑥避难、防疫隔离、修理、改造、终止运营或者拆解，并不上下客货的船舶。

⑦军队、武装警察部队专用或征用的船舶。

⑦警用船舶。

⑧依照法律规定应当予以免税的外国驻华使领馆、国际组织驻华代表机构及其有关人员的船舶。

⑩国务院规定的其他船舶。

符合上述第⑤至⑨项优惠规定的船舶，应当提供海事部门、渔业船舶管理部门等部门或机构出具的具有法律效力的证明文件或使用关系证明文件，申明免税的依据和理由。

（2）延期优惠。在吨税执照期限内，应税船舶发生下列情形之一的，海关按照实际发生的天数批注延长吨税执照期限：

①避难、防疫隔离、修理、改造，并不上下客货。

②军队、武装警察部队征用。

符合延期优惠规定的船舶，应当提供海事部门、渔业船舶管理部门等部门或机构出具的具有法律效力的证明文件或使用关系证明文件，申明延长吨税执照期限的依据和理由。

五、计算问答题

1. 答：捕捞、养殖渔船免征车船税，机动补给船和机动运输船应纳车船税。非机动驳船按机动船舶税额的50%计算车船税。

该渔业公司当年应缴纳车船税＝2×10×3×50%＋(15＋10×7)×3＝285（元）

2. 答：第一步，确定适用税率，净吨位9 000吨的货轮30天期的优惠税率为2.9元/净吨。

第二步，计算应纳税额。应纳船舶吨税＝9 000×2.9＝26 100（元）

3. 答：第一步，用发动机功率折算净吨位并确定税率。无法提供净吨位证明文

件的游艇，按照发动机功率每千瓦折合净吨位 0.05 吨。

该游艇折合净吨位 = 1 800×0.05 = 90（吨）

30 天期的优惠税率为 1.5 元/净吨。

第二步，计算应纳税额。应纳船舶吨税 = 90×1.5 = 135（元）

六、案例分析题

思考一：目前，我国有哪些车船税优惠政策？

答：目前，我国车船税优惠有法定减免和特定减免。

法定减免包括以下几种情况：

（1）捕捞、养殖渔船，免税。

（2）军队、武装警察部队专用的车船，免税。

（3）警用车船，免税。

（4）依照法律规定应当予以免税的外国驻华使领馆、国际组织驻华代表机构及其有关人员的车船，免税。

（5）对节能汽车，减半征收车船税；对新能源车船，免征车船税。减半征收车船税的节能乘用车和商用车、免征车船税的新能源汽车和船舶，均应符合规定的标准。

（6）省、自治区、直辖市人民政府根据当地实际情况，可以对公共交通车船，农村居民拥有并主要在农村地区使用的摩托车、三轮汽车和低速载货汽车定期减征或免征车船税。

（7）国家综合性消防救援车辆由部队号牌改挂应急救援专用号牌的，一次性免征改挂当年车船税。

特定减免包括以下几种情况：

（1）经批准临时入境的外国车船和香港特别行政区、澳门特别行政区、台湾地区的车船，不征收车船税。

（2）按照规定缴纳船舶吨税的机动船舶，自《中华人民共和国车船税法》实施之日起 5 年内免征车船税。

（3）依法不需要在车船登记管理部门登记的机场、港口、铁路站场内部行驶或者作业的车船，自《中华人民共和国车船税法》实施之日起 5 年内免征车船税。

思考二：从可持续发展的角度思考，国家为什么要推出上述优惠政策？

答：从可持续发展角度来看，我国能源环境需要转变。目前，我国原油对外依存度超过 70%，替代能源的重要性与日俱增。近年来，中国对原油需求的增长早已打破了能源自给自足的供求格局，虽然 2019 年我国原油产量呈现正增长态势，但原油进口量也突破了 5 亿吨。根据石油经济技术研究院发布的数据，2019 年我国原油对外依存度突破 70%，远超 50%的国际警戒线。因此，发展电能、氢能等替代能源也被提升到了国家战略高度，这对增强我国在世界能源市场中的竞争力，减轻潜在的国际局势动荡所带来的负面影响具有重要意义。多个国家已通过禁售燃油车法案，减轻对石油的依赖。我国海南省也制定了在 2030 年禁止销售燃油车的发展目标。车船税方面的优惠政策也体现着对新能源汽车的政策导向。

第十七章　印花税参考答案

一、单项选择题

1. 【答案】A

【解析】电网与用户之间签订的供用电合同，不征收印花税。

2. 【答案】C

【解析】技术咨询合同是合同当事人就有关项目的分析、论证、预测和调查订立的技术合同，而一般的法律、会计、审计等方面的咨询不属于技术咨询，其所立合同不贴印花。

3. 【答案】A

【解析】选项B，产品进出统计簿不属于印花税的征税范围，不贴印花；选项C，一般的法律、会计、审计等方面的咨询合同不属于技术咨询合同，不贴印花；选项D，电网与用户之间签订的供用电合同不属于印花税列举征税的凭证，不征收印花税。

4. 【答案】D

【解析】选项A、选项B、选项C均属于印花税的应税凭证，但选项A和选项C享受免税优惠政策。

5. 【答案】C

【解析】甲公司就这两项加工业务应纳印花税＝50×0.5‰×10 000+40×0.3‰×10 000+10×0.5‰×10 000＝420（元）

6. 【答案】D

【解析】在借款方因无力偿还借款而将抵押财产转移给贷款方时，应再就双方书立的产权书据，按产权转移书据的有关规定计税贴花。该运输公司的经济行为应纳印花税＝450 000×0.5‰+800 000×0.05‰+600 000×0.5‰＝565（元）

7. 【答案】C

【解析】对土地使用权转让（出让）合同、商品房销售合同按照“产权转移书据”征收印花税。企业取得土地使用证，按件贴花5元。该房地产开发企业应纳印花税＝20 000 000×0.05‰+26 000 000×0.5‰+5+292 000 000×0.5‰＝160 005（元）

8. 【答案】C

【解析】服装加工企业应纳印花税＝80×10 000×0.3‰+40×10 000×0.5‰＝440（元）

9. 【答案】A

【解析】选项B，同一种类的应税凭证，需要频繁贴花的，纳税人可以根据实际情况自行决定是否采用按期汇总缴纳印花税的方式；选项C，纳税人自行计算应纳税额、购买印花税票，自行一次贴足税票并加以注销或划销的，印花税纳税义务才算全部履行完毕；选项D，对已经贴花的应税凭证，凡多贴印花税票的，不得申请退税或抵用。

10. 【答案】C

【解析】选项A，由外国运输企业运输进出口货物的，外国运输企业所持的一份运输结算凭证免纳印花税；选项B，货物运输合同的计税依据是运输费用总额，不含装卸费和保险费；选项D，分包合同要按照该分包合同所载金额计算缴纳印花税。

11. 【答案】A

【解析】选项A，当事人的代理人有代理纳税义务；选项B和选项C，书立合同的当事人，不包括合同的担保人、证人、鉴证人；选项D，权利许可证照的领受人是印花税的纳税义务人。

12. 【答案】A

【解析】选项A，从2008年9月19日起，我国对证券交易印花税政策进行调整，由双边征收改为单边征收，即只对卖出方征收证券（股票）交易印花税，对买入方（受让方）不再征税；B选项，订立转移书据的，以立据人为纳税人；C选项，书立技术合同的应以“立合同人”为纳税人，立合同人不包括合同的担保人、证人、鉴定人；D选项，权利许可证照的印花税的纳税人是领受人。

13. 【答案】C

【解析】借贷双方签订的流动资金周转性借款合同，一般按年（期）签订，规定最高限额，借款人在规定的期限和最高限额内随借随还。为避免加重借贷双方的负担，对这类合同只以其规定的最高限额为计税依据。

14. 【答案】A

【解析】对已贴花的凭证，修改后所载金额增加的，其增加部分应当补贴印花税票。凡多贴印花税票者，不得申请退税或抵用。

15. 【答案】A

【解析】一份凭证应纳税额超过500元的，纳税人应向当地税务机关申请填写缴款书或完税凭证，将其中一联粘贴在凭证上或由税务机关在凭证上加注完税标记代替贴花，即“汇贴”办法。

16. 【答案】C

【解析】税务机关委托工商行政管理机关代收印花税票，按代收金额的5%支付代收手续费。

17. 【答案】D

【解析】凡多贴印花税票者，不得申请退税或抵扣。

18. 【答案】A

【解析】对已贴花的凭证，修改后所载金额增加的，其增加部分应当补贴印花税票。凡多贴印花税票者，不得申请退税或抵用。

19. 【答案】D

【解析】选项D，按照购销金额的0.3‰计算印花税。

20. 【答案】A

【解析】建设工程勘察设计合同、加工承揽合同、货物运输合同，按照0.5‰的税率征收印花税。

21. 【答案】D

【解析】产权转移书据主要包括财产所有权以及版权、商标专用权、专利权、专有技术使用权等转移书据和专利实施许可合同、土地使用权出让合同、土地使用权转让合同、商品房销售合同等权利转移书据。

22. 【答案】A

【解析】为了鼓励技术研究开发，对技术开发合同，只就合同所载的报酬金额计税，研究开发费用不作为计税依据。技术开发合同应纳印花税 =(4 000 000-1 000 000)×0.3‰=900（元）

销售合同应纳印花税 =3 000 000×0.3‰=900（元）

货物运输合同，不含所运货物的金额、装卸费和保险费，因此运输合同应纳印花税 =(4-0.5-0.5)×10 000×0.3‰=9（元）

该企业应纳印花税 =900+900+9=1 809（元）

23. 【答案】A

【解析】未分别记载金额的，按最高税率计税贴花。印花税 =500×0.5‰×10 000=2 500（元）

二、多项选择题

1. 【答案】ABCD

【解析】本题考核的是印花税的纳税人，各选项均符合相关规定。

2. 【答案】AD

【解析】专利申请权转让和非专利技术转让所书立的合同应按“技术合同”税目贴花；选项 B 和选择 C，按“产权转移书据”税目贴花。

3. 【答案】ABC

【解析】选项 D，按购销合同贴花。

4. 【答案】ABD

【解析】选项 C，货物运输合同的印花税税率为 0.5‰。

5. 【答案】ABC

【解析】权利、许可证照按件贴花，包括政府部门发给的房屋产权证、工商营业执照、商标注册证、专利证、土地使用证。

6. 【答案】BD

【解析】选项 A，凡一项信贷业务既签订借款合同，又一次或分次填开借据的，只以借款合同所载金额计税贴花；选项 C，对借款方以财产作抵押，从贷款方取得一定数量抵押贷款的合同，应按借款合同贴花，在借款方无力偿还借款而将抵押财产转移给贷款方时，应再就双方书立的产权书据，按产权转移书据的有关规定计税贴花。

7. 【答案】BD

【解析】选项 B，副本视同正本使用的应税合同应贴印花；选项 D，对房地产管理部门与个人签订的用于生活居住的租赁合同才能免征印花税。

8. 【答案】ABCD

【解析】各选项均免征印花税。

9.【答案】BCD

【解析】自行贴花是指纳税人自行计算应纳税额、自行购买印花税票、自行一次贴足印花税票并注销或划销。

10.【答案】AC

【解析】选项B，对技术开发合同，以合同所载的报酬金额作为计税依据，研究开发经费不作为计税依据；选项D，在应纳税凭证上未贴或少贴印花税票的或已粘贴在应税凭证上的印花税票未注销或未划销的，由税务机关追缴其不缴或少缴的税款、滞纳金，并处不缴或少缴的税款50%以上5倍以下的罚款。

11.【答案】ABD

【解析】选项C，电网与用户之间签订的供用电合同不属于印花税列举征税的凭证，不征收印花税。

12.【答案】BCD

【解析】副本或抄本作为正本使用的应当另行贴花。

13.【答案】ABC

【解析】选项D，没有此种缴纳方法。

14.【答案】ACD

【解析】内地投资者通过“沪港通”买卖、继承、赠与香港联交所上市股票，按香港特别行政区现行税法规定缴纳印花税。

15.【答案】AC

【解析】印花税的税率有两种形式：比例税率和定额税率。

16.【答案】BCD

【解析】副本或抄本作为正本使用的应当另行贴花。

17.【答案】ABC

【解析】选项D，按照借款合同贴花。

18.【答案】AC

【解析】选项B和选项D没有免税的规定。

19.【答案】AD

【解析】（1）权利、许可证照应纳印花税 = 4×5 = 20（元）

（2）买卖合同应纳印花税 = 1 000 000×0.3‰ = 300（元）

（3）租赁合同应纳印花税 = 1 000 000×1‰ = 1 000（元）

（4）加工合同应纳印花税 = 100 000×0.5‰+900 000×0.3‰ = 320（元）

该企业应纳印花税合计 = 20+300+1 000+320 = 1 640（元）

三、判断题

1.【答案】×

【解析】“权利、许可证照”只包括列举的房屋产权证、工商营业执照、商标注册证、专利证、土地使用证，不是各类证照。

2.【答案】√

3.【答案】√

4. 【答案】×

【解析】凡多贴印花税票者，不得申请退税或抵扣。

5. 【答案】√

四、思考题

1. 印花税的概念是什么？印花税的纳税人包括哪些？

答：印花税是以经济活动和经济交往中，书立、领受应税凭证的行为为征税对象征收的一种税。

印花税的纳税人是指在中国境内书立、使用、领受印花税法所列举的凭证，并应依法履行纳税义务的单位和个人。印花税的纳税人分为立合同人、立据人、立账簿人、领受人、使用人和各类电子应税凭证的签订人。

2. 简述印花税税率的相关规定。

答：购销合同包括供应、预购、采购、购销、结合及协作、调剂、补偿、易货等合同，按购销金额的0.3‰贴花。

加工承揽合同包括加工、定作、修缮、修理、印刷广告、测绘、测试等合同，按加工或承揽收入的0.5‰贴花。

建设工程勘察设计合同，包括勘察、设计合同，按收取费用的0.5‰贴花。

建筑安装工程承包合同，包括建筑、安装工程承包合同，按承包金额的0.3‰贴花。

财产租赁合同包括租赁房屋、船舶、飞机、机动车辆、机械、器具、设备等合同，按租赁金额的1‰贴花。税额不足1元的，按1元贴花。

货物运输合同包括民用航空运输、铁路运输、海上运输、内河运输、公路运输和联运合同，按运输费用的0.5‰贴花。

仓储保管合同包括仓储合同、保管合同，按仓储保管费用的1‰贴花。仓单或栈单作为合同使用的，按合同贴花。

借款合同，即银行及其他金融组织和借款人（不包括银行同业拆借）所签订的借款合同，按借款金额的0.05‰贴花。

财产保险合同包括财产、责任、保证、信用等保险合同，按保险费收入的1‰贴花。

技术合同，包括技术开发、转让、咨询、服务等合同，按所载金额的0.3‰贴花。

产权转移书据包括财产所有权和版权、商标专用权、专利权、专有技术使用权等转移书据，土地使用权出让合同，土地使用权转让合同，商品房销售合同，按所载金额的0.5‰贴花。

营业账簿，生产、经营用账册，记载资金的账簿，按实收资本和资本公积的合计金额的0.5‰贴花。

其他账簿按件贴花5元。权利、许可证照，包括政府部门发给的房屋产权证、工商营业执照、商标注册证、专利证、土地使用证，按件贴花5元。

五、计算问答题

1. 答：(1) 领受权利、许可证照应缴纳的印花税 = 5×3 = 15（元）

(2) 设置营业账簿应缴纳的印花税 = 6×5+5 000 000×0. 5‰ = 2 530（元）

(3) 在商品购销活动中，采用以货易货方式进行商品交易签订的合同，是反映既购又销双重经济行为的合同，应按合同所载购、销合计金额计税贴花。

签订以货易货合同应缴纳的印花税 =(100+150)×10 000×0. 3‰ = 750（元）

(4) 签订借款合同应缴纳的印花税 = 500 000×0. 05‰ = 25（元）

(5) 对于由受托方提供原材料的加工、定作合同，凡在合同中分别记载加工费金额和原材料金额的，应分别按“加工承揽合同”“购销合同”计税，两项税额相加数，即为合同应贴印花。

签订广告牌制作合同应缴纳的印花税 = 30 000×0. 5‰+70 000×0. 3‰ = 36（元）

(6) 有些合同在签订时无法确定计税金额，如财产租赁合同，只是规定了月（天）租金标准而无租赁期限。对这类合同，纳税人在签订时先按定额 5 元贴花，以后结算时再按实际金额计税，补贴印花。签订房屋租赁合同应缴纳的印花税为 5 元。

2. 答：(1) 该企业业务 (1) 应缴纳的印花税 = 600×5%×0. 3‰×10 000 = 90（元）

(2) 贴息贷款合同，免征印花税。

该企业业务 (2) 应缴纳的印花税 = 5 000×0. 05‰×10 000 = 2 500（元）

(3) 该企业业务 (3) 应缴纳的印花税 = 3 000×0. 5‰×10 000 + 10×5 = 15 050（元）

(4) 由外国运输企业运输进出口货物的，外国运输企业所持的一份运费结算凭证免纳印花税；托运方所持的一份运费结算凭证应缴纳印花税。

该企业业务 (4) 应缴纳的印花税 = 100×0. 5‰×10 000 = 500（元）

(5) 对技术开发合同，只就合同所载的报酬金额计税，研究开发经费不作为计税依据。

该企业业务 (5) 应缴纳的印花税 = 300×0. 3‰×10 000 = 900（元）

六、案例分析题

思考一：技术开发合同中的研发经费和报酬条款该怎样约定呢？

答：技术开发合同中的研发经费和报酬条款如何约定，似乎是企业可以自由裁定的，规定不是很明确。一般来说，研发经费是指完成本项研究开发工作所需的成本；报酬是甲方委托乙方开发本项目所支付的价款。在此案例中，税务机关认为当事人双方应当明确写明合同研究开发经费的总金额以及研究开发经费和报酬的来源。如果是合作开发，应明确双方分担经费的数额并在合同中分别写明。税务机关可以有依据判定是否缴纳印花税。如果企业笼统地将各种费用归类于经费，就有逃避缴纳印花税的嫌疑。

思考二：从国家角度考虑，为何要征收印花税？

答：印花税具有调控市场的作用，印花税税率的高低可以直接地改变股票的交易成本，因此监管层通过调整印花税税率可以起到调控股市的作用。印花税实行自行贴花纳税的方法，有利于培养纳税人自觉纳税的意识同时印花税又具有轻税重罚的特点，有助于增强纳税人的税收法制观念，有利于维护国家经济权益。随着我国改革开放的深入和经济高质量发展，涉外经济合同越来越多，在大多数国家都开征了印花税的情况下，我国征收印花税有利于贯彻对等原则，维护国家的经济利益。

第十八章　税收征收管理法参考答案

一、单项选择题

1. 【答案】D

【解析】对税务行政处罚的加处罚款比例较高，是根据对当事人的罚款数额，再按日加罚3%。

2. 【答案】B

【解析】行政复议机关应当自受理申请之日起60日内作出行政复议决定。情况复杂，不能在规定期限内重新作出行政复议决定的，经行政复议机关负责人批准，可以适当延期，并告知申请人和被申请人，但是延期不得超过30日。

3. 【答案】A

【解析】税务行政处罚的简易程序适用条件如下：一是案情简单、事实清楚、违法后果比较轻微且有法定依据应当给予处罚的违法行为；二是给予的处罚较轻，仅适用于对公民处以50元以下和对法人或组织处以1 000元以下罚款的违法案件。

4. 【答案】B

【解析】从税务行政处罚的地域管辖来看，税务行政处罚实行行为发生地原则。只有当事人违法行为发生地的税务机关才有权对当事人实施处罚，其他地方的税务机关则无权实施。

5. 【答案】B

【解析】从税务行政处罚的级别管辖来看，必须是县（市、旗）以上的税务机关。但是税务所可以实施罚款额在2 000元以下的税务行政处罚。这是《中华人民共和国税收征收管理法》对税务所的特别授权。选项B的表述过于绝对化了。

6. 【答案】B

【解析】各级税务机关的内设机构、派出机构不具有处罚主体，不能以自己的名义实施税务行政处罚。但是税务所可以实施罚款额在2 000元以下的税务行政处罚。

7. 【答案】A

【解析】选项A，税务行政处罚的实施主体主要是县以上的税务机关。

8. 【答案】A

【解析】税务行政处罚的实施主体主要是县以上的税务机关。

9. 【答案】D

【解析】申请人、第三人可以委托代理人代为参加行政复议，被申请人不得委托代理人代为参加行政复议。

10.【答案】C

【解析】税务所作为税务局的派出机构，经法律、法规的授权，有一定的税务行政处罚权（2 000 元以内罚款的处罚权）。税务所只要满足两个条件，即一是法律、法规对税务所有授权，二是税务所以自己的名义作出具体行政行为，就可以成为税务行政复议的被申请人。

11.【答案】D

【解析】核定税额属于征税问题，解决争议必经复议；核定税额也属于行使自由裁量权的具体行政行为，申请人和被申请人在行政复议机关作出行政复议决定以前可以达成和解，行政复议机关也可以调解。

12.【答案】C

【解析】纳税人对各级税务局的具体行政行为不服的，向其上一级税务局申请行政复议。

13.【答案】A

【解析】税务机关对当事人作出罚款行政处罚决定的，当事人应当在收到行政处罚决定书之日起 15 日内缴纳罚款，到期不缴纳的，税务机关可以对当事人每日按罚款数额的 3%加处罚款。

14.【答案】D

【解析】选项 D，纳税人对计划单列市税务局的具体行政行为不服的，向国家税务总局申请行政复议。

15.【答案】C

【解析】纳税人对税务所（分局）、各级税务局的稽查局的具体行政行为不服的，向其所属税务局申请行政复议。

16.【答案】B

【解析】选项 A 和选项 D，属于行政复议终止的情形；选项 C，属于行政复议期间具体行政行为停止执行的情形。

17.【答案】D

【解析】选项 D，被申请人应当自收到申请书副本或申请笔录复印件之日起 10 日内提出书面答复，并提交当初作出具体行政行为的证据、依据和其他有关材料。

18.【答案】C

【解析】税务行政诉讼的管辖分为级别管辖、地域管辖和裁定管辖。级别管辖是上下级人民法院之间受理第一审税务案件的分工和权限；地域管辖是同级人民法院之间受理第一审行政案件的分工和权限；裁定管辖是指人民法院依法自行裁定的管辖。

19.【答案】D

【解析】申请人对“征税行为”以外的其他行为不服的，可以申请行政复议，也可以直接向人民法院提起行政诉讼。征税行为包括确认纳税主体、征税对象、征税范围、减税、免税、退税、抵扣税款、适用税率、计税依据、纳税环节、纳税期限、纳税地点和税款征收方式等具体行政行为，征收税款、加收滞纳金，扣缴义务人、受税务机关委托的单位和个人作出的代扣代缴、代收代缴、代征行为等。

20.【答案】B

【解析】从当事人主观方面说，并不区分是否具有主观故意或过失。只要有税务违法行为存在，并有法定依据给予行政处罚的，就要承担行政责任，依法给予税务行政处罚。

21.【答案】D

【解析】全国人民代表大会及其常务委员会可以通过法律的形式设定各种税务行政处罚，国家税务总局可以通过规章的形式设定警告和罚款。

22.【答案】C

【解析】选项C，纳税人、扣缴义务人逃避、拒绝或以其他方式阻挠税务机关检查，税务机关责令其改正，可以处1万元以下的罚款；情节严重的，可以处1万元以上5万元以下的罚款。

23.【答案】A

【解析】行政处罚的设定权集中于中央政府，除全国人大外，国务院可以通过行政法规的形式，设定除限制人身自由以外的税务行政处罚。国家税务总局作为国务院直属的税收工作的主管部门，可以通过规章的形式设定警告和罚款。税务行政规章对非经营活动中的违法行为设定罚款不得超过1 000元。

24.【答案】C

【解析】根据税法的规定，现行税务行政处罚主要有罚款，没收财物违法所得，停止出口退税权，法律、法规和规章规定的其他行政处罚。

25.【答案】B

【解析】纳税人选项A，应该是全国人大及其常委会；选项C，应该是全国人大及其常委会；选项D，税务局可以制定税收法律、法规、规章之外的规范性文件。

26.【答案】D

【解析】纳税人、扣缴义务人编造虚假计税依据的，税务机关责令其限期改正，并处5万元以下的罚款。

27.【答案】B

【解析】纳税人对税务机关作出的征税行为，必须先向税务机关提出复议；对复议结果不服的，可以再向人民法院提出行政诉讼。本题只有选项B属于征税行为。

28.【答案】D

【解析】因税款征收行为引起的争议，必经行政复议程序。

29.【答案】B

【解析】对下列税务行政复议事项，依照自愿、合法的原则，申请人和被申请人在行政复议机关作出行政复议决定以前可以达成和解，税务行政复议机关也可以调节：行使自由裁量权作出的税务具体行政行为，如行政处罚、核定税额、确定应税所得率等，行政赔偿，行政奖励，存在其他合理性问题的具体行政行为。

30.【答案】D

【解析】人民法院独立行使审判权，实行合议、回避、公开、辩论、两审、终审等不属于税务行政诉讼的特有原则，属于诉讼的共有原则。

31.【答案】B

【解析】国家税务总局可以通过规章的形式设定警告和罚款，省税务局没有这样的权利，因此选项 A 不正确；省以下税务局的稽查局具有税务行政处罚主体资格，因此选项 C 不正确；税务所可以在特别授权的情况下实施罚款 2 000 元以下的税务行政处罚，因此选项 D 不正确。

32.【答案】C

【解析】纳税人对税务机关作出的征税行为不服，必须先经过税务行政复议程序，对复议决定不服的，才可以提起税务行政诉讼。

对征税行为不服，必须经过复议程序的是税务机关作出的具体征税行为：确认纳税主体、征税对象、征税范围、减税、免税及退税、适用税率、计税依据、纳税环节、纳税期限、纳税地点以及税款征收方式等具体行政行为，征收税款、加收滞纳金以及扣缴义务人、受税务机关委托征收的单位作出的代扣代缴、代收代缴、代征行为等。

二、多项选择题

1.【答案】ABD

【解析】税务行政执法人员当场作出税务行政处罚决定时，应当听取当事人陈述申辩意见

2.【答案】AC

【解析】选项 B 和选项 D 为具体征税行为不服的争议，属于必经复议的受案范围。

3.【答案】BC

【解析】选项 A，国务院的裁决为终局裁决，对国务院的行政复议裁决不服的，不能再向人民法院提出行政诉讼；选项 D，对被撤销的税务机关在撤销以前所作出的具体行政行为不服的，向继续行使其职权的税务机关的上一级税务机关申请行政复议。

4.【答案】ACD

【解析】作为申请人的公民下落不明或被宣告失踪的，行政复议中止。只有在没有近亲属，或者其近亲属放弃行政复议权利的，此时才是终止。因此，B 选项的陈述不正确。

5.【答案】AB

【解析】行政复议期间，有下列情形之一的，行政复议中止：

（1）作为申请人的公民死亡，其近亲属尚未确定是否参加行政复议的。

（2）作为申请人的公民丧失参加行政复议的能力，尚未确定法定代理人参加行政复议的。

（3）作为申请人的法人或其他组织终止，尚未确定权利义务承受人的。

（4）作为申请人的公民下落不明或被宣告失踪的。

（5）申请人、被申请人因不可抗力，不能参加行政复议的。

（6）行政复议机关因不可抗力原因暂时不能履行工作职责的。

（7）案件涉及法律适用问题，需要有权机关作出解释或者确认的。

（8）案件审理需要以其他案件的审理结果为依据，而其他案件尚未审结的。

（9）其他需要中止行政复议的情形。

行政复议中止的原因消除以后，行政复议机构应当及时恢复行政复议案件的审理。行政复议机构中止、恢复行政复议案件的审理，应当告知申请人、被申请人、第三人。

6.【答案】BCD

【解析】税务行政诉讼的管辖分为级别管辖、地域管辖和裁定管辖。

7.【答案】ACD

【解析】税务行政诉讼具有“不适用调解原则”的特点，人民法院不能对税务行政诉讼法律关系的双方当事人进行调解。

8.【答案】ABCD

【解析】税务行政诉讼的受案范围共 8 项，除选项 A、选项 B、选项 C、选项 D 所述 4 项外，还包括税务机关作出的征税行为；责令纳税人提交纳税保证金（或提供担保）行为；阻止出境行为；认为符合法定条件申请税务机关颁发税务登记证和发售发票，税务机关拒绝颁发、发售或不予答复的行为。

9.【答案】ABCD

【解析】对下列行政复议事项，按照自愿、合法的原则，申请人和被申请人在行政复议机关作出行政复议决定以前可以达成和解，行政复议机关也可以调解：

（1）行使自由裁量权作出的具体行政行为，如行政处罚、核定税额、确定应税所得率等。

（2）行政赔偿。

（3）行政奖励。

（4）存在其他合理性问题的具体行政行为。

10.【答案】ABC

【解析】给予行政处罚的主体是税务机关。

11.【答案】ABC

【解析】全国人民代表大会及其常务委员会可以通过法律的形式设定各种税务行政处罚，国家税务总局可以通过规章的形式设定警告和罚款。

12.【答案】CD

【解析】当事人不服税务机关的征税行为，必须先向原处理机关的上一级税务机关申请行政复议，对行政复议决定仍不服的，还可以向法院提起行政诉讼。此时税务行政复议是税务行政诉讼的必经前置程序。本题中，选项 C 和选项 D 均属于征税行为。

13.【答案】ABCD

【解析】税务行政处罚的原则如下：法定原则；公正、公开原则；以事实为依据原则；过罚相当原则；处罚与教育相结合原则；监督、制约原则。

14.【答案】ABD

【解析】扣缴义务人未按规定的期限向税务机关代扣代缴、代收代缴税款报告表和有关资料的，税务机关责令其限期改正，可以处 2 000 元以下的罚款；情节严重的，可以处 2 000 元以上 1 万元以下的罚款。

15.【答案】ABD

【解析】从税务行政处罚的地域管辖来看，税务行政处罚实行行为发生地原则；从税务行政处罚的级别管辖来看，必须是县（市、旗）以上税务机关，法律特别授权的税务所除外。

16.【答案】BC

【解析】国家税务总局可以通过规章的形式设定警告和罚款，税务局只能具体执行，不能对税务行政处罚进行设定；国务院可以通过行政法规的形式设定除限制人身自由以外的税务行政处罚。

17.【答案】ABD

【解析】纳税人、扣缴义务人逃避、拒绝或以其他方式阻挠税务机关检查，税务机关责令其改正，可以处 1 万元以下的罚款；情节严重的，可以处 1 万元以上 5 万元以下的罚款。

18.【答案】BC

【解析】纳税人对税务机关作出的征收税款、加收滞纳金决定不服的，必须先经过税务行政复议程序，对复议决定不服的，才可以提起税务行政诉讼。

19.【答案】AC

【解析】选项 A 和选项 C 为税务机关作出的征税行为，是必经复议的行为。

20.【答案】ABCD

【解析】各选项均为调解应当符合的要求。

21.【答案】BCD

【解析】选项 A，不适用调解原则。

22.【答案】ABCD

【解析】各选项全部正确。

23.【答案】ABD

【解析】在行政复议过程中，被申请人不得自行向申请人和其他有关组织或个人收集证据，选项 C 的说法不符合规定。

24.【答案】ABC

【解析】需要现场勘察的，现场勘察所用时间不计入行政复议审理期限。

25.【答案】ABCD

【解析】行政复议证据包括书证、物证、视听资料、证人证言、当事人陈述、鉴定意见、勘验笔录、现场笔录。

26.【答案】ABCD

【解析】税务行政诉讼的原则如下：人民法院特定主管原则；合法性审查原则；不适用调解原则；起诉不停止执行原则；税务机关负举证责任原则；由税务机关负责赔偿原则。

27.【答案】AB

【解析】下列证据材料不得作为定案依据：

（1）违反法定程序收集的证据材料。

（2）以偷拍、偷录、窃听等手段获取侵害他人合法权益的证据材料。

（3）以利诱、欺诈、胁迫、暴力等不正当手段获取的证据材料。

（4）当事人无正当事由超出举证期限提供的证据材料。

（5）当事人无正当理由拒不提供原件、原物，又无其他证据印证，并且对方当事人不予认可的证据的复制件或复制品。

（6）无法辨明真伪的证据材料。

（7）不能正确表达意志的证人提供的证言。

（8）不具备合法性和真实性的其他证据材料。

28.【答案】ABD

【解析】税务行政诉讼的原则如下：人民法院特定主管原则；合法性审查原则；不适用调解原则；起诉不停止执行原则；税务机关负举证责任原则；由税务机关负责赔偿原则。

三、判断题

1.【答案】√

2.【答案】√

3.【答案】×

【解析】发票应当使用中文印制。民族自治地方的发票，可以加印当地一种通用的民族文字。有实际需要的，发票也可以同时使用中外两种文字印制。

4.【答案】×

【解析】增值税专用发票只限于增值税一般纳税人领购使用，有法定情形的一般纳税人及小规模纳税人不得领购使用增值税专用发票。

5.【答案】√

6.【答案】×

【解析】从税务行政处罚的地域管辖来看，税务行政处罚实行行为发生地原则。只有当事人违法行为发生地的税务机关才有权对当事人实施处罚，其他地方的税务机关则无权实施。

7.【答案】√

8.【答案】√

9.【答案】√

10.【答案】√

11.【答案】×

【解析】纳税人、扣缴义务人逃避、拒绝或以其他方式阻挠税务机关检查，税务机关责令其改正，可以处1万元以下的罚款；情节严重的，可以处1万元以上5万元以下的罚款。

四、思考题

1. 按照《税务行政复议规则（暂行）》的规定，不得作为定案依据的证据材料有哪些？

答：下列证据材料不得作为定案依据：

（1）违反法定程序收集的证据材料。

（2）以偷拍、偷录、窃听等手段获取侵害他人合法权益的证据材料。

（3）以利诱、欺诈、胁迫、暴力等不正当手段获取的证据材料。

（4）当事人无正当事由超出举证期限提供的证据材料。

（5）当事人无正当理由拒不提供原件、原物，又无其他证据印证，并且对方当事人不予认可的证据的复制件或者复制品。

（6）无法辨明真伪的证据材料。

（7）不能正确表达意志的证人提供的证言。

（8）不具备合法性和真实性的其他证据材料。

2. 税务行政诉讼的原则有哪些？

答：税务行政诉讼的原则如下：

（1）人民法院特定主管原则。

（2）合法性审查原则。

（3）不适用调解原则。

（4）起诉不停止执行原则。

（5）税务机关负举证责任原则。

（6）由税务机关负责赔偿原则。

3. 税务行政处罚的原则有哪些？

答：税务行政处罚的原则如下：

（1）法定原则。

（2）公正、公开原则。

（3）以事实为依据原则。

（4）过罚相当原则。

（5）处罚与教育相结合原则。

（6）监督、制约原则。

4. 可导致行政复议中止的情况有哪几种？

答：行政复议期间，有下列情形之一的，行政复议中止：

（1）作为申请人的公民死亡，其近亲属尚未确定是否参加行政复议的。

（2）作为申请人的公民丧失参加行政复议的能力，尚未确定法定代理人参加行政复议的。

（3）作为申请人的法人或其他组织终止，尚未确定权利义务承受人的。

（4）作为申请人的公民下落不明或被宣告失踪的。

（5）申请人、被申请人因不可抗力，不能参加行政复议的。

（6）行政复议机关因不可抗力原因暂时不能履行工作职责的。

（7）案件涉及法律适用问题，需要有权机关作出解释或确认的。

（8）案件审理需要以其他案件的审理结果为依据，而其他案件尚未审结的。

（9）其他需要中止行政复议的情形。

行政复议中止的原因消除以后，行政复议机构应当及时恢复行政复议案件的审理。行政复议机构中止、恢复行政复议案件的审理，应当告知申请人、被申请人、第三人。

五、计算问答题

1. 答：税务机关对当事人作出罚款行政处罚决定的，当事人应当在收到行政处罚决定书之日起 15 日内缴纳罚款，到期不缴纳的，税务机关可以对当事人每日按罚款数额的 3%加处罚款。该企业在 2020 年 4 月 5 日缴纳罚款时的总金额 = (16+5)×8 000×3%+8 000 = 13 040（元）

六、案例分析题

【案例一】

思考：疫情之下数字经济蓬勃兴起，为经济发展提供了新路径，对税收工作提出了新要求。结合材料谈谈如何进一步加强新冠肺炎疫情背景下的全球税收信息化发展规划与务实合作?

答：进一步发挥多边税收平台作用。各方应充分认识团结互助和多边合作的重要意义与积极作用，遵循合作机制框架下的共商共建共享原则，坚持互利合作、与时俱进，集税收之众力为数字经济营造有利的发展环境，聚税收之众智破解数字经济带来的征收管理难题。

进一步深化信息化技术重要应用。各方应高度重视并大力发展信息化技术在税收领域的重要应用，全面推进税收信息化建设，促进形成信息化、智能化的税收治理体系和纳税服务生态，并坚持经验分享与信息共享，共同加快税收征管现代化进程。

进一步推进合作机制规划建设。各方应不断健全完善合作机制组织架构，聚焦"税收信息化"主题，发挥联盟、工作组等功能作用，深化网站、期刊等载体建设，打造多位一体的长效工作机制，以合作机制的高效运转助力各国（地区）税收信息化水平提升。

持续加强多边税收合作。各方应秉持"共商共建共享"原则，深化加强"一带一路"税收征管合作的共识，促进"一带一路"国家（地区）的贸易和投资自由化、便利化，推动落实联合国《2030 年可持续发展议程》提出的包容性和可持续发展；继续推动建立跨境、跨部门、跨业务的国际合作机制，共同巩固抗疫成果，推进构建增长友好型的税收环境；加强合作，共同应对数字经济挑战。

深入推进税收信息化发展。各方应重视信息技术革命对全球经济和税收的深远影响；突出税收信息化发展规划的引导作用；鼓励发展以纳税人为中心的"非接触式"纳税服务，促进形成信息化、智能化纳税服务生态；对于信息化使用能力和基础设施薄弱的纳税人群体给予关怀，充分保障其同等享受纳税服务的权利；尊重关于数据安全保护的规则，加快推进智慧税务建设，更好地服务国家（地区）治理；加强税收大数据基础建设、质量管控以及分析应用，充分发挥税收大数据的优势，助力企业复工复产和经济回升。

不断完善合作机制建设。各方应健全合作机制组织架构；深入落实《乌镇行动计划（2019—2021）》的各项目标任务；继续以“一带一路”税收征管能力促进联盟为依托，建立常态化的线上培训机制；加强合作机制官方网站、《“一带一路”税收（英文）》期刊等平台建设，促进提升各国（地区）税收信息化水平；持续加强专家咨询委员会建设；全力支持“一带一路”税收征管合作论坛等。

【案例二】

思考一：结合材料谈谈“首违不罚”的意义。

答：“首违不罚”是一项非常有益的制度创新。首次纳税违法行为产生的原因有很多，不知晓政策细节和疏忽大意是很多中小企业和纳税人初次违法的原因。“首违不罚”有利于提升执法效率，降低遵从成本，促进税收遵从。

“首违不罚”体现税收执法温度。推行全国统一的“首违不罚”清单制度，一方面有利于规范税务行政执法行为，提高执法行为的公平性、公正度；另一方面有利于增进征纳双方的相互理解和支持，彰显税务机关惩教结合、包容审慎的现代柔性监管理念。

思考二：谈谈税务系统是如何体现“以人民为中心”的发展思想的。

答：党的十八大以来，税务系统推行以“便民办税春风行动”为代表的一系列重大改革服务举措，反映“以人民为中心”的发展思想在税务系统落地生根。税务系统持之以恒开展“便民办税春风行动”，保障了税收政策贯彻落实的科学性、准确性与连贯性。

“便民办税春风行动”使办税缴费更加智能便民。发票电子化改革和税收征管制度便捷化大幅减轻了纳税人和缴费人的负担，数字技术与税收管理业务的深度融合，加之部门间更高效畅通的协同合作，使数据“多跑路”，纳税人“少跑路”，纳税人满意度不断提升。“非接触式”办税缴费服务更为精准高效，智能便利的办税缴费进一步优化我国税收营商环境。

“便民办税春风行动”使税费征纳更加利民惠民。减税降费优惠直达快享制度能够针对性解决政策落地环节的各项问题，尤其依靠云平台大数据筛选符合条件的市场主体，为政策享受提供了有力保障。小微企业“春雨润苗”专项行动等分类服务更加注重满足办税缴费群体的“个性化”需求，使国家治理更为精准施策。诚信纳税激励制度积极保障纳税人权益，使诚信纳税者获得更多便利及回报。国别（地区）投资税收指南为企业“走出去”增强税收确定性，投资更为准确，预期更为清晰。一系列的便民利民措施使税费服务提质升级。

“便民办税春风行动”使税务执法更加包容审慎。“我为纳税人缴费人办实事暨便民办税春风行动”通过优化制度安排、简化办税流程、拓展服务方式，有针对性地解决了行政审批、办税效率、税务执法等方面存在的问题。“首违不罚”制度减轻市场主体经营压力，规范税务行政执法行为，增进征纳双方相互理解，节约执法成本，提高执法效率，体现了“处罚与教育相结合”的原则，反映了新时期税务执法理念的转变，彰显了包容审慎的现代柔性管理思路。税务执法方式更加科学优化，这对于我国建立现代化的税收征管体系具有重要的实践意义。

长期以来，“便民办税春风行动”服务纳税人和缴费人，不断降低征纳成本，优化税收营商环境，提高税法遵从度，有力推进税收治理现代化，成为我国国家治理体系中的一道亮丽风景。这一行动从 2014 年 2 月启动，已持续了 7 年，证明了“以人民为中心”的发展思想正在税务系统落地生根。

图书在版编目(CIP)数据

税法课程思政案例与习题/刘伟,李志凤主编.—成都:西南财经大学出版社,2021.6(2023.8重印)
ISBN 978-7-5504-4854-4

Ⅰ.①税… Ⅱ.①刘…②李… Ⅲ.①税法—中国—资格考试—自学参考资料 Ⅳ.①D922.22

中国版本图书馆CIP数据核字(2021)第078328号

税法课程思政案例与习题

主　编　刘　伟　李志凤
副主编　李秋茹　张嘉明　焦　熙　殷苑秋

责任编辑:李晓嵩
责任校对:王甜甜　杜显钰
封面设计:何东琳设计工作室
责任印制:朱曼丽

出版发行	西南财经大学出版社(四川省成都市光华村街55号)
网　　址	http://cbs.swufe.edu.cn
电子邮件	bookcj@swufe.edu.cn
邮政编码	610074
电　　话	028-87353785
照　　排	四川胜翔数码印务设计有限公司
印　　刷	郫县犀浦印刷厂
成品尺寸	185mm×260mm
印　　张	20.5
字　　数	488千字
版　　次	2021年6月第1版
印　　次	2023年8月第3次印刷
印　　数	5001—7000册
书　　号	ISBN 978-7-5504-4854-4
定　　价	49.80元